2013

大中型批发零售和住宿餐饮企业统计年鉴

国 家 统 计 局 贸 易 外 经 统 计 司　编

图书在版编目（CIP）数据

大中型批发零售和住宿餐饮企业统计年鉴 . 2013/
国家统计局贸易外经统计司编 .
-- 北京：中国统计出版社，2013.10
ISBN 978-7-5037-6943-6

Ⅰ . ①大… Ⅱ . ①国… Ⅲ . ①批发业 - 统计资料
- 中国 -2013- 年鉴②零售业 - 统计资料
- 中国 -2013- 年鉴③饭店业 - 统计资料
- 中国 -2013- 年鉴④饮食业 - 统计资料
- 中国 -2013- 年鉴 Ⅳ . ① F721.7-54 ② F719-54

中国版本图书馆 CIP 数据核字（2013）第 206855 号

大中型批发零售和住宿餐饮企业统计年鉴 -2013

作　　者 / 国家统计局贸易外经统计司
责任编辑 / 马　平
封面设计 / 李雪燕
出版发行 / 中国统计出版社
通信地址 / 北京市丰台区西三环南路甲 6 号　邮政编码 /100073
电　　话 / 邮购（010）63376909　书店（010）68783171
印　　刷 / 河北天普润印刷厂
经　　销 / 新华书店
开　　本 /880×1230 毫米　1/16
字　　数 /836 千字
印　　张 /26.75
版　　别 /2013 年 10 月第 1 版
版　　次 /2013 年 10 月第 1 次印刷
定　　价 / 380.00 元

如有印装差错，由本社发行部调换。

《大中型批发零售和住宿餐饮企业统计年鉴—2013》

编辑成员

编辑说明

一、《大中型批发零售和住宿餐饮企业统计年鉴—2013》系统收录了全国和各省、自治区、直辖市大中型批发零售和住宿餐饮业企业基本情况、经营情况和主要财务情况的2012年年报统计数据，是一部全面反映中国大中型批发和零售业、住宿和餐饮业企业改革和发展状况的资料性年刊。

二、本年鉴正文内容分为四个部分：1. 综合篇；2. 地区篇；3. 行业篇；4. 企业篇。同时设有三个附录：1. 统计上大中小微型企业划分办法；2. 批发和零售业、住宿和餐饮业统计限额标准；3. 主要统计指标解释。

三、为便于读者使用，本年鉴对所用略语和主要统计指标解释、统计范围和统计方法作了简要说明。

四、本年鉴中所使用的企业划型标准，采用国家统计局于2011年9月印发的《统计上大中小微型企业划分办法》。

五、本年鉴中涉及的全国性统计资料，均未包括香港、澳门特别行政区和台湾省数据。

六、本年鉴中所使用的度量衡单位，均为国际统一标准计量单位。

七、本年鉴表中的“空格”表示该项统计指标数据不足本表最小单位数、不详或无该项数据。

目 录

综合篇

地区篇

行业篇

企业篇

附 录

综合篇

简要说明：

一、本篇资料主要内容为全国大中型批发和零售业、住宿和餐饮业企业单位数和从业人员数情况；大中型批发和零售业企业商品购、销、存情况；大中型住宿和餐饮业企业经营情况；大中型批发和零售业、住宿和餐饮业企业主要财务及经济效益分析指标等。

二、大中型批发和零售业、住宿和餐饮业企业采用全面调查方法。

三、批发和零售业、住宿和餐饮业大中型企业划分依据《统计上大中小微型企业划分办法》，具体见附件Ⅰ。

1-1 大中型批发和零售业企业基本情况

项目	批发业					
	大中型		大型		中型	
	2012年	2011年	2012年	2011年	2012年	2011年
一、法人单位数(个)	**23925**	**22188**	**2099**	**1977**	**21826**	**20211**
二、年末从业人数(万人)	**331.9**	**297.0**	**169.8**	**147.7**	**162.1**	**149.3**
三、商品购、销、存情况(亿元)						
商品购进额	234649.6	207257.7	104805.4	90971.7	129844.2	116286.0
商品销售额	254620.2	226631.6	119246.4	102793.2	135373.7	123838.4
期末商品库存额	16087.2	14752.6	6669.8	5957.7	9417.4	8795.0
四、实收资本及构成(亿元)						
实收资本	12191.9	10305.7	4712.1	4139.6	7479.7	6166.1
国家资本	3390.7	2907.1	1859.0	1528.0	1531.7	1379.1
集体资本	215.8	235.7	42.8	38.8	173.0	196.9
法人资本	4540.1	3714.3	1487.9	1325.5	3052.2	2388.8
个人资本	2324.2	1968.6	354.3	342.8	1969.9	1625.8
港澳台资本	543.5	453.1	250.3	218.5	293.2	234.5
外商资本	1177.7	1026.9	717.9	686.0	459.7	340.9
五、主要财务指标(亿元)						
(一)年末资产负债						
流动资产合计	76762.7	66339.4	31600.7	26739.0	45162.0	39600.4
固定资产原价	7518.8	6216.2	4357.4	3556.7	3161.5	2659.6
累计折旧	2511.5	2135.1	1493.1	1268.9	1018.4	866.1
资产总计	98824.7	84052.5	42697.3	35476.3	56127.4	48576.2
负债合计	71669.3	60726.4	28362.5	23301.4	43306.8	37425.0
所有者权益	27157.8	23326.1	14337.4	12174.9	12820.4	11151.2
(二)损益及分配						
主营业务收入	228469.1	202340.1	105409.9	90724.3	123059.3	111615.9
主营业务成本	212290.4	187787.7	95511.7	82049.0	116778.7	105738.6
主营业务税金及附加	1021.3	931.7	740.5	595.2	280.8	336.6
主营业务利润	15157.4	13620.7	9157.6	8080.1	5999.8	5540.7
其他业务利润	516.0	480.2	243.5	220.0	272.5	260.2
销售费用	6189.3	5369.5	3815.0	3129.4	2374.3	2240.0
管理费用	3241.9	2762.6	1772.3	1473.4	1469.7	1289.2
财务费用	928.9	642.5	211.1	92.9	717.7	549.6
营业利润	5475.4	5519.1	3699.6	3612.7	1775.8	1906.4
利润总额	5775.2	5633.2	3930.1	3724.4	1845.1	1908.8
应交所得税	1260.0	1190.1	854.7	792.8	405.2	397.3
应付职工薪酬	2675.1	1947.4	1638.1	1160.3	1037.0	787.1
应交增值税	2601.8	2582.5	1547.4	1341.1	1054.4	1241.4

1-1 续表

项　　目	零售业					
	大中型		大型		中型	
	2012年	2011年	2012年	2011年	2012年	2011年
一、法人单位数(个)	**22795**	**20787**	**2042**	**2111**	**20753**	**18676**
二、年末从业人数(万人)	**500.4**	**454.2**	**232.6**	**214.3**	**267.8**	**239.9**
三、商品购、销、存情况(亿元)						
商品购进额	59033.0	50323.6	27365.9	25437.0	31667.1	24886.6
商品销售额	67280.5	58486.6	32984.1	30888.5	34296.4	27598.1
期末商品库存额	6241.5	5325.7	2581.5	2399.2	3660.0	2926.5
四、实收资本及构成(亿元)						
实收资本	4918.4	4530.8	2309.0	2187.1	2609.4	2343.7
国家资本	879.2	875.6	673.4	676.9	205.9	198.7
集体资本	141.2	139.3	55.5	53.7	85.7	85.7
法人资本	1940.2	1630.7	785.1	682.0	1155.1	948.7
个人资本	1053.7	1045.0	262.0	247.7	791.7	797.3
港澳台资本	430.0	369.7	222.4	189.8	207.6	179.9
外商资本	474.1	470.5	310.6	337.1	163.5	133.5
五、主要财务指标(亿元)						
(一)年末资产负债						
流动资产合计	21087.7	17218.2	10195.3	8711.0	10892.4	8507.2
固定资产原价	6583.7	5550.3	3564.1	3182.3	3019.6	2368.0
累计折旧	2012.2	1716.4	1140.1	1013.0	872.1	703.4
资产总计	31016.4	25746.3	15866.4	13769.4	15150.0	11976.8
负债合计	22781.0	18666.8	11131.4	9655.0	11649.6	9011.8
所有者权益	8249.9	7109.5	4749.5	4116.8	3500.4	2992.7
(二)损益及分配						
主营业务收入	58683.4	51416.3	28271.4	26691.0	30412.0	24725.4
主营业务成本	52031.2	45598.6	24750.1	23491.4	27281.2	22107.2
主营业务税金及附加	264.3	224.3	131.1	120.9	133.1	103.4
主营业务利润	6388.0	5593.4	3390.3	3078.7	2997.7	2514.7
其他业务利润	843.9	835.0	510.4	576.8	333.5	258.2
销售费用	3718.7	3087.6	2135.4	1845.8	1583.3	1241.7
管理费用	1876.0	1565.6	910.0	801.2	966.0	764.4
财务费用	403.9	297.1	115.4	103.6	288.5	193.6
营业利润	1165.9	1544.8	747.2	965.3	418.7	579.5
利润总额	1194.0	1408.9	780.1	949.3	413.9	459.6
应交所得税	298.0	300.1	172.3	183.1	125.6	117.0
应付职工薪酬	1981.3	1403.2	927.5	755.7	1053.8	647.5
应交增值税	1206.0	1076.3	615.6	577.3	590.4	499.0

1-2 大中型批发和零售业企业单位数和从业人数

项目	法人单位数(个)		年末从业人数(人)	
	限额以上	大中型企业	限额以上	大中型企业
总计	**138865**	**46720**	**9856498**	**8322926**
一、批发业	**72944**	**23925**	**4104308**	**3318996**
(一)按登记注册类型分				
1. 内资企业	**69356**	**21895**	**3512493**	**2756690**
国有企业	4005	2455	634886	591938
集体企业	944	336	62436	45461
股份合作企业	352	99	18355	12649
联营企业	131	59	10262	8673
国有联营企业	57	30	3018	2312
集体联营企业	23	5	1435	1183
国有与集体联营企业	20	13	2065	1974
其他联营企业	31	11	3744	3204
有限责任公司	18847	7318	1055477	858927
国有独资公司	597	373	70019	65485
其他有限责任公司	18250	6945	985458	793442
股份有限公司	1606	939	408951	400618
私营企业	41650	10160	1246530	785635
私营独资企业	2343	600	66504	36762
私营合伙企业	460	106	13975	9006
私营有限责任公司	37652	9099	1119662	705458
私营股份有限公司	1195	355	46389	34409
其他企业	1821	529	75596	52789
2. 港、澳、台商投资企业	**1327**	**764**	**249741**	**237586**
合资经营企业	215	132	33126	29874
合作经营企业	18	9	6470	6253
独资经营企业	1056	601	197460	189083
投资股份有限公司	35	20	11250	11021
其他港澳台商投资企业	3	2	1435	1355
3. 外商投资企业	**2261**	**1266**	**342074**	**324720**
中外合资经营企业	354	209	41133	37747
中外合作经营企业	23	16	2854	2680
外资企业	1837	1017	290356	277286
外商投资股份有限公司	33	19	5299	4921
其他外商投资企业	14	5	2432	2086

1-2 续表 1

项　　目	法人单位数(个)		年末从业人数(人)	
	限额以上	大中型企业	限额以上	大中型企业
(二)按国民经济行业分				
农、林、牧产品批发	2922	1112	150051	105938
食品、饮料及烟草制品批发	6370	2840	758844	664944
米、面制品及食用油批发	1171	514	80151	64065
肉、禽、蛋、奶及水产品批发	830	310	75880	61511
酒、饮料及茶叶批发	1360	579	153311	130546
烟草制品批发	598	544	261202	266519
纺织、服装及家庭用品批发	8764	3222	697477	593805
服装批发	2043	929	200945	174444
鞋帽批发	613	215	51642	44734
家用电器批发	1266	612	154155	141232
文化、体育用品及器材批发	1645	642	133647	113073
文具用品批发	585	198	19805	13865
体育用品及器材批发	128	56	10191	8831
图书批发	221	109	30412	26127
医药及医疗器材批发	4335	2609	378440	332726
西药批发	2504	1647	221876	195160
中药批发	1040	632	100624	90523
矿产品、建材及化工产品批发	33376	8214	1217866	912375
煤炭及制品批发	5215	1661	196343	145407
石油及制品批发	3417	1385	448037	423022
金属及金属矿批发	12487	2334	232856	136735
建材批发	3514	790	97244	57587
化肥批发	1424	465	70094	48785
农药批发	168	71	9207	7360
机械设备、五金产品及电子产品批发	11491	4152	617907	490481
汽车批发	1258	479	93867	81269
计算机、软件及辅助设备批发	1420	530	66683	51457
通讯及广播电视设备批发	569	259	71513	66214
贸易经纪与代理	949	327	41017	33551
其他批发业	3092	807	109059	72103
(三)按控股情况分				
国有控股	7529	4714	1212309	1152277
集体控股	2083	851	136152	105810
私人控股	54585	14322	1852884	1239814
港澳台控股	1297	748	244408	233146
外商控股	2124	1176	323627	307935

1-2 续表 2

项　　目	法人单位数(个)		年末从业人数(人)	
	限额以上	大中型企业	限额以上	大中型企业
二、零售业	**65921**	**22795**	**5752190**	**5003930**
(一)按登记注册类型分				
1. 内资企业	**64086**	**21372**	**5007215**	**4269585**
国有企业	2887	1202	295231	262117
集体企业	2180	584	121181	89396
股份合作企业	589	169	40841	33261
联营企业	239	57	12461	8946
国有联营企业	72	16	4987	3850
集体联营企业	58	17	2975	2177
国有与集体联营企业	55	10	2038	1226
其他联营企业	54	14	2461	1693
有限责任公司	19152	8302	2025033	1825426
国有独资公司	264	116	25535	21731
其他有限责任公司	18888	8186	1999498	1803695
股份有限公司	1951	1077	535215	530678
私营企业	34411	9190	1820458	1394239
私营独资企业	6114	980	197354	117359
私营合伙企业	856	168	29222	19863
私营有限责任公司	26139	7675	1496505	1174300
私营股份有限公司	1302	367	97377	82717
其他企业	2677	791	156795	125522
2. 港、澳、台商投资企业	**915**	**725**	**351523**	**352412**
合资经营企业	225	181	76059	76384
合作经营企业	34	18	7083	6780
独资经营企业	616	494	237475	236154
投资股份有限公司	29	23	7171	9184
其他港澳台商投资企业	11	9	23735	23910
3. 外商投资企业	**920**	**698**	**393452**	**381933**
中外合资经营企业	296	214	166611	156443
中外合作经营企业	41	30	16988	16753
外资企业	542	419	202449	201482
外商投资股份有限公司	30	25	5346	5227
其他外商投资企业	11	10	2058	2028

1-2 续表 3

项目	法人单位数(个)		年末从业人数(人)	
	限额以上	大中型企业	限额以上	大中型企业
(二)按国民经济行业分				
综合零售	10726	6683	2432614	2374110
百货零售	4933	3022	1055734	1020156
超级市场零售	4482	3165	1250052	1243567
食品、饮料及烟草制品专门零售	4374	981	238637	178203
粮油零售	573	101	26376	17865
肉、禽、蛋、奶及水产品零售	661	197	42698	34765
酒、饮料及茶叶零售	1434	197	52560	32134
烟草制品零售	365	109	18250	13328
纺织、服装及日用品专门零售	3779	1491	434724	393236
服装零售	1994	953	289500	267990
文化、体育用品及器材专门零售	3155	934	214162	170576
体育用品及器材零售	117	43	14295	12919
图书、报刊零售	1437	542	119291	100085
医药及医疗器材专门零售	3762	1661	376202	339204
药品零售	3165	1604	360241	332358
汽车、摩托车、燃料及零配件专门零售	24396	8258	1306382	1018114
汽车零售	17365	7444	966081	771701
机动车燃料零售	4815	612	290826	227674
家用电器及电子产品专门零售	9127	1703	460261	328190
日用家电设备零售	4012	804	230333	172009
计算机、软件及辅助设备零售	2545	302	81541	45229
通信设备零售	829	269	64860	54074
五金、家具及室内装饰材料专门零售	3660	583	150572	101706
货摊、无店铺及其他零售业	2942	501	138636	100591
互联网零售	148	82	45461	46261
(三)按控股情况分				
国有控股	5268	2609	871498	824516
集体控股	3424	1221	337517	297019
私人控股	49323	14755	3133131	2535648
港澳台控股	866	689	309345	309534
外商控股	769	597	332105	331464

1-3 大中型批发和零售业

项　　目	商品购进额		进　口	
	限额以上	大中型企业	限额以上	大中型企业
总　计	**3783148300**	**2936825905**	**315246642**	**258473165**
一、批发业	**3042868686**	**2346496017**	**292886601**	**239282253**
(一)按登记注册类型分				
1. 内资企业	**2708920212**	**2046831077**	**183385198**	**139616137**
国有企业	613573804	573541712	38199535	32350308
集体企业	18849920	13765496	1893786	1796078
股份合作企业	7827441	6052789	365729	325414
联营企业	7421380	5769679	211206	64335
国有联营企业	3858950	2991037	153485	16586
集体联营企业	390704	113071	4371	
国有与集体联营企业	2130898	1975669	7175	1593
其他联营企业	1040828	689902	46176	46156
有限责任公司	1007927126	770967610	90473982	70799931
国有独资公司	116589864	102585842	11606124	10884556
其他有限责任公司	891337263	668381768	78867858	59915375
股份有限公司	330166332	301604290	12821916	11766248
私营企业	686047325	351313670	37983591	21429660
私营独资企业	26544866	11490580	481618	204818
私营合伙企业	8586981	5183784	53099	10878
私营有限责任公司	630005124	322860334	35813213	20388997
私营股份有限公司	20910354	11778973	1635660	824967
其他企业	37106883	23815831	1435454	1084164
2. 港、澳、台商投资企业	**89092088**	**73618883**	**24088415**	**20364146**
合资经营企业	15274688	13664020	1876625	1785154
合作经营企业	1032123	1002095	469	
独资经营企业	71071476	57885294	22176226	18544955
投资股份有限公司	1631313	987873	34917	34037
其他港澳台商投资企业	82489	79601	177	
3. 外商投资企业	**244856386**	**226046057**	**85412988**	**79301971**
中外合资经营企业	60684234	57991879	3589307	2194178
中外合作经营企业	8131188	8108095	55628	51208
外资企业	172808617	156967855	81660311	77004452
外商投资股份有限公司	3044834	2826394	82971	52134
其他外商投资企业	187513	151835	24771	

企业商品购、销、存情况

单位：万元

商品销售额				期末商品库存额	
		出口			
限额以上	大中型企业	限额以上	大中型企业	限额以上	大中型企业
4105326515	**3219006793**	**200048354**	**154023784**	**290006057**	**223286948**
3270913219	**2546201514**	**199398382**	**153681962**	**212652452**	**160871837**
2863885895	**2175735718**	**170490135**	**128581278**	**181925806**	**132730657**
668794928	625594990	28768318	26913174	38111002	34560804
19967027	14514351	996074	821125	1902083	1664512
8181792	6330577	180139	128428	957928	834390
7685519	5970975	354957	179382	595950	372603
3962419	3097630	233908	149811	224993	62232
431550	115434	51372	57	53810	17676
2181475	2018348	42559	29515	119937	115928
1110075	739564	27118		197211	176767
1055869629	811895190	66135489	53515474	63621433	48849365
127542171	112940252	5445412	5119006	8422475	7900236
928327459	698954938	60690077	48396468	55198957	40949129
337728768	312070630	15207304	14367453	28938607	18162133
726004799	373517647	57689859	32106886	45330005	26562828
28125374	12422692	1374141	770067	1201589	620689
8894772	5307530	480590	365429	304808	140675
666522715	343057619	54392690	30113655	42298127	24818835
22461938	12729806	1442438	857735	1525482	982629
39653432	25841358	1157994	549357	2468798	1724021
103131159	**86644109**	**9240745**	**8321928**	**9456567**	**8492838**
16466734	14780405	448837	402365	1371963	1286334
1138983	1106585	7898		29795	26567
83672757	69563286	8766272	7903920	7857176	6988023
1763551	1108939	17738	15643	179922	174424
89133	84895			17712	17490
303896166	**283821687**	**19667503**	**16778756**	**21270079**	**19648342**
82213562	79295700	1916110	1463588	3654475	3522318
8562585	8501862	688		172726	170735
209205893	192751991	17398616	15311393	17259451	15874559
3695770	3094204	341241	3775	167175	67763
218357	177930	10847		16252	12968

1-3 续表 1

项　　目	商品购进额		进　　口	
	限额以上	大中型企业	限额以上	大中型企业
(二)按国民经济行业分				
农、林、牧产品批发	58405389	44575113	8304529	7233609
食品、饮料及烟草制品批发	229424284	198365855	10060574	6927383
米、面制品及食用油批发	36298455	29091815	4881583	3583479
肉、禽、蛋、奶及水产品批发	14013568	10685926	869176	455817
酒、饮料及茶叶批发	32989123	26985170	1377635	470383
烟草制品批发	110532640	105194736	1285582	1273757
纺织、服装及家庭用品批发	228715334	180386180	26612737	22878755
服装批发	56172723	47405580	4739928	3433894
鞋帽批发	10113137	7511350	1022159	841817
家用电器批发	76607981	64970738	12162874	11731927
文化、体育用品及器材批发	46709453	38723696	3114572	2147280
文具用品批发	11050586	8594269	873032	578669
体育用品及器材批发	1778510	1380028	69359	47576
图书批发	6123768	5708803	120782	111259
医药及医疗器材批发	111431396	100688718	9168306	7906557
西药批发	75536970	69166290	4030346	3299337
中药批发	24117611	21944785	1019833	920829
矿产品、建材及化工产品批发	1898632546	1392603620	133896079	99911912
煤炭及制品批发	264306153	200886444	10551142	8544118
石油及制品批发	584479570	513396157	36560002	24813492
金属及金属矿批发	688843146	430312429	52342421	40006637
建材批发	94499681	63685771	8171609	6136287
化肥批发	46299975	38155325	1708864	1549407
农药批发	3635656	3009258	679463	676645
机械设备、五金产品及电子产品批发	366650540	318178439	83285007	77203550
汽车批发	117857321	111311206	35367580	34848205
计算机、软件及辅助设备批发	39229617	32774552	7893564	6640073
通讯及广播电视设备批发	54199191	50936224	14349462	14297773
贸易经纪与代理	36832373	28369571	6039885	4666903
其他批发业	66067371	44604826	12404912	10406305
(三)按控股情况分				
国有控股	1415329284	1272724930	108288925	88943422
集体控股	77081563	60754858	4420258	3929526
私人控股	1007444719	559250441	53485828	32654361
港澳台控股	85007410	69593329	23259305	19526395
外商控股	214563396	196924688	83586032	77922211

单位：万元

商品销售额		出口		期末商品库存额	
限额以上	大中型企业	限额以上	大中型企业	限额以上	大中型企业
59857507	45466287	1102952	750256	12131831	9630426
278556361	244716446	5714893	3690483	25134113	21774833
37806837	30524191	1244735	1080567	7935408	6801758
15561172	11926241	1990846	1167321	694417	536839
41896326	35182241	431609	272978	3190208	2318839
143306015	137079498	261409	257017	10480711	10077309
258255705	206179368	70076372	52604003	20531516	17457231
66190514	56377007	24469710	19120635	5104481	4546890
13044952	10071831	6083352	4136355	925491	816765
81293496	69269590	7484614	6330537	7249903	6177552
51622354	42856102	4277479	2933820	6263020	5491266
11602947	9009201	648704	438007	736005	518603
2372022	1856193	682881	529745	269899	247235
6077022	5608495	53591	40606	1405767	1326451
122979861	111499875	2834934	2450049	12196214	11013686
81242054	74658554	1818711	1619077	7927799	7190247
26641895	24238855	328548	283269	2365830	2150800
1966244674	1447017393	49863523	39345192	95530197	59738115
277177683	210264396	2736913	2566678	9478894	6664573
606654882	538875973	7648761	7394526	21282333	14890243
704405990	440723953	19172684	14448678	44056344	23487313
99806826	65583246	4736630	3412837	4900990	2961245
47936580	39559548	1476031	1364458	6112392	5191681
3488106	2826025	456754	350809	537410	461268
421686425	369083392	43524795	35532620	33456491	29935894
151776393	144954184	3121796	2998273	11918299	11460581
41406463	34643483	2892279	2657043	3206012	2848717
56269819	52895522	3204815	2966532	3297593	3078798
40354985	31213549	10757059	7188223	2326111	1810326
71355347	48169101	11246375	9187315	5082960	4020061
1497008059	1355002320	62940243	58734103	85547439	73807574
81557327	64408355	6360180	5652397	6896217	6062973
1062472647	592226895	87224495	53572202	67365414	42889864
98656637	82240955	9306965	8388896	9162216	8171164
271687331	252782758	18299423	15680190	19381848	17823362

1-3 续表 2

项　　目	商品购进额		进　　口	
	限额以上	大中型企业	限额以上	大中型企业
二、零售业	**740279614**	**590329888**	**22360041**	**19190912**
(一)按登记注册类型分				
1.内资企业	**651463499**	**507289440**	**16858377**	**13785273**
国有企业	53376609	46627948	483606	418814
集体企业	13439466	7245527	17755	6991
股份合作企业	4713840	3110287	18329	11006
联营企业	2194873	1077268	20705	9143
国有联营企业	885990	468915	4197	4197
集体联营企业	337372	168380	4946	4946
国有与集体联营企业	565288	239667	2562	
其他联营企业	406223	200306	9000	
有限责任公司	247085161	206106588	8293571	7187340
国有独资公司	3593372	2607098	286208	121093
其他有限责任公司	243491788	203499490	8007363	7066247
股份有限公司	90701671	86046334	408033	401671
私营企业	222335175	145911057	6740318	4952216
私营独资企业	21236019	8666236	292484	258237
私营合伙企业	3530991	1603804	21754	6524
私营有限责任公司	185403536	128524033	6159429	4454572
私营股份有限公司	12164628	7116985	266650	232883
其他企业	17616706	11164431	876061	798091
2.港、澳、台商投资企业	**41406851**	**40506307**	**3810152**	**3750661**
合资经营企业	10339805	10023897	1220967	1195159
合作经营企业	4581122	4516786		
独资经营企业	22626646	22118724	2402460	2368777
投资股份有限公司	737620	735293	130150	130150
其他港澳台商投资企业	3121657	3111607	56576	56576
3.外商投资企业	**47409265**	**42534141**	**1691511**	**1654978**
中外合资经营企业	22829568	18882735	281071	280868
中外合作经营企业	2432458	2365740	2712	2712
外资企业	21309288	20460230	1338783	1302513
外商投资股份有限公司	575899	564959	8817	8756
其他外商投资企业	262052	260477	60129	60129

单位：万元

商品销售额				期末商品库存额	
		出　口			
限额以上	大中型企业	限额以上	大中型企业	限额以上	大中型企业
834413296	**672805279**	**649972**	**341822**	**77353605**	**62415111**
727556792	**575286310**	**509682**	**210475**	**67431725**	**53006473**
60635868	53010952	59860	59699	3595088	3055905
14447433	8022110	1085		822615	509273
5349098	3675171	100	100	332404	228690
2377710	1202042			144784	90105
975408	526629			56818	33367
357374	193144			38566	22769
618774	271133			19477	14504
426153	211136			29923	19465
269096317	226181708	141968	59556	28035022	23681484
3801708	2815764	334	334	420093	310432
265294609	223365944	141633	59222	27614929	23371053
117732581	112290743	23381	20005	7192612	6792862
239081281	158909479	266670	70079	25343259	17455455
22575987	9357508	6574	1884	1657049	832334
3734503	1720398	4683		297274	142013
199797406	140047520	250890	65713	21765461	15650826
12973385	7784052	4523	2481	1623475	830282
18836505	11994104	16618	1036	1965942	1192699
49364418	**48373975**	**115441**	**111904**	**5074991**	**4931503**
12714072	12387017	19044	17638	967805	922333
4515124	4443769			169886	167834
28340253	27769669	7088	4957	3570104	3475515
950072	938655	89309	89309	148573	147287
2844897	2834867			218624	218535
57492086	**49144994**	**24850**	**19443**	**4846889**	**4477135**
28643668	21386954	2863	1754	1595045	1371747
2738360	2661693			165486	162681
25081451	24082643	19788	17689	2964587	2822242
696921	684023	2200		65213	64028
331685	329682			56559	56438

1-3 续表 3

项　　目	商品购进额			
			进　口	
	限额以上	大中型企业	限额以上	大中型企业
(二)按国民经济行业分				
综合零售	185106331	169595083	1421034	1354497
百货零售	100344844	92161523	930859	889157
超级市场零售	76198311	71570392	469690	456410
食品、饮料及烟草制品专门零售	21808112	12993667	116296	57236
粮油零售	6475614	4985182	8534	
肉、禽、蛋、奶及水产品零售	3141709	1815412	3608	3084
酒、饮料及茶叶零售	4655831	2037077	31315	9824
烟草制品零售	2042732	1235828	43655	33344
纺织、服装及日用品专门零售	26835365	19851971	1300063	1234469
服装零售	18047887	14089187	910733	896203
文化、体育用品及器材专门零售	19303200	13470394	814653	777126
体育用品及器材零售	1523320	1315884	65	5
图书、报刊零售	8054032	6276741	256386	235554
医药及医疗器材专门零售	35321419	29330001	272660	123938
药品零售	33149369	28625163	31854	26593
汽车、摩托车、燃料及零配件专门零售	347369683	276336347	17227256	15025894
汽车零售	242491910	194619481	16956050	14824125
机动车燃料零售	97615351	79066142	101639	64391
家用电器及电子产品专门零售	61909165	43702288	353312	113040
日用家电设备零售	30686369	22300271	49352	19326
计算机、软件及辅助设备零售	15241383	10326179	126631	47173
通信设备零售	6832326	5137969	97545	18068
五金、家具及室内装饰材料专门零售	17999256	9025484	80933	39712
货摊、无店铺及其他零售业	24627082	16024655	773835	464999
互联网零售	9258919	8723371	362604	358702
(三)按控股情况分				
国有控股	160129481	144652822	1709471	1409461
集体控股	37509773	28113911	341240	320514
私人控股	378220735	270667037	12332442	9986871
港澳台控股	37550396	36712033	3549946	3483539
外商控股	40478426	37539214	1643205	1498513

单位：万元

商品销售额				期末商品库存额	
		出口			
限额以上	大中型企业	限额以上	大中型企业	限额以上	大中型企业
216455438	200396866	54699	25542	19637094	18128245
121954454	113652065	40843	18966	9224742	8459152
85116014	80349592	7043	5954	9659319	9130830
24052982	14555369	55827	5569	2252972	1357818
6396000	4881093	842		562163	320067
3399517	1997464	6099		135823	77626
5279095	2478913	1803	80	716168	417184
2410015	1501689	36314		416974	303099
33781246	25876930	166720	112086	5838202	4971098
22290270	17789908	102580	92172	3439961	2901451
20780718	14597291	42441	17445	5312803	4150428
1440892	1214883	2758		541457	494209
8314912	6477860	6993	6993	1699568	1436268
38638008	32007889	2772	222	3838962	3284908
36065177	31198348	566	222	3627782	3211964
382925422	305433959	175318	138511	30653285	23840574
249531772	200317257	131355	117902	26702979	21130339
125704715	102306805	10047	3749	3011392	2385262
69030626	50114755	58941	16875	6265748	4320692
36101886	27596583	18343	9453	3361203	2382383
15913726	10697592	2807	20	1065088	680430
7284146	5531346	6476	5896	815209	632823
20670106	11010642	45365	2826	1340118	719910
28078750	18811578	47891	22746	2214421	1641440
11223013	10651010	2217	2217	1126073	1064051
199006498	179196554	116268	76805	11477065	10306828
40709748	30901987	6052	4448	3474302	2903557
405780459	293002593	375642	121155	43757607	32424398
45260361	43851166	103549	100013	4783370	4649569
46265848	43131378	21987	17689	4535601	4172741

1-4 大中型批发和零售业

项 目	流动资产合计		固定资产原价	
	限额以上	大中型企业	限额以上	大中型企业
总 计	**1268979034**	**978503957**	**169132877**	**141025332**
一、批发业	**1009168329**	**767627331**	**90887213**	**75188345**
(一)按登记注册类型分				
1.内资企业	**878129520**	**651126646**	**83309118**	**68144371**
国有企业	158477710	146465387	23707695	22217697
集体企业	7157267	5798904	1062232	766558
股份合作企业	2216959	1675785	266552	199241
联营企业	2677277	1781473	194978	162161
国有联营企业	814904	515775	86919	68423
集体联营企业	204468	47912	15597	11598
国有与集体联营企业	623093	612869	48872	45135
其他联营企业	1034812	604916	43591	37005
有限责任公司	351566644	270236961	20209707	15482245
国有独资公司	49295557	46186082	3217027	2974865
其他有限责任公司	302271087	224050879	16992681	12507381
股份有限公司	85292982	80718674	14597154	14239696
私营企业	258503423	136788964	21821596	13979729
私营独资企业	7122014	3494707	1349735	620677
私营合伙企业	2257539	1216751	124160	62407
私营有限责任公司	238990587	125295206	19487174	12693538
私营股份有限公司	10133283	6782300	860527	603108
其他企业	12237258	7660498	1449204	1097044
2.港、澳、台商投资企业	**41111484**	**34952481**	**2291294**	**2074897**
合资经营企业	6183961	5418159	405652	331392
合作经营企业	236800	215673	13254	9888
独资经营企业	33811161	28771754	1765780	1627830
投资股份有限公司	798339	466621	105508	105036
其他港澳台商投资企业	81224	80273	1101	751
3.外商投资企业	**89927326**	**81548205**	**5286802**	**4969077**
中外合资经营企业	16795183	14805126	814392	729741
中外合作经营企业	889765	871617	48786	46850
外资企业	70629242	64661477	4191640	3963251
外商投资股份有限公司	1512508	1138875	218300	216922
其他外商投资企业	100628	71111	13685	12313

企业年末资产负债

单位：万元

累计折旧		资产总计		负债合计		所有者权益合计	
限额以上	大中型企业	限额以上	大中型企业	限额以上	大中型企业	限额以上	大中型企业
53527117	**45236777**	**1652314017**	**1298411065**	**1209480883**	**944503401**	**443001980**	**354076734**
29863137	**25114638**	**1275040952**	**988247216**	**938175766**	**716693299**	**336889390**	**271578045**
26739119	**22186174**	**1116055198**	**845941755**	**830080909**	**620497789**	**285998492**	**225468093**
8825010	8284725	208639646	193406813	133118917	121812024	75520517	71594578
358339	273332	9248224	7435157	7413269	6077432	1834955	1357725
82211	56113	2586117	1941437	2035595	1538667	550521	402770
59739	48902	3031660	2082578	2562611	1701992	469049	380586
33133	27588	928058	598187	717522	440709	210536	157478
4458	2092	236947	73525	209374	69884	27573	3640
8395	7207	697375	684555	588448	580856	108928	103699
13754	12015	1169279	726311	1047268	610542	122011	115769
6126725	4899507	434991730	336567745	343478106	267598346	91511278	68967086
946828	865237	68086539	64469728	51248441	48492027	16838098	15977701
5179897	4034270	366905191	272098017	292229665	219106319	74673180	52989385
5210808	5106362	133248636	127611315	85206700	80794589	48068588	46843379
5736644	3261875	308985517	167076224	244786076	133800517	64199550	33275707
288175	138130	9853730	5004542	6861992	3427607	2991738	1576935
33670	17442	2459807	1326370	2052104	1117892	407703	208478
5185494	2939664	284591024	152496774	226285985	122692210	58305149	29804563
229306	166639	12080956	8248539	9585996	6562809	2494960	1685730
339644	255359	15323669	9820487	11479635	7174223	3844034	2646264
798342	**726389**	**49244794**	**42007595**	**34695834**	**29573064**	**14548960**	**12434531**
135265	108496	7932107	6680176	5669456	4949317	2262651	1730859
6811	5708	264900	225464	157820	144057	107080	81407
618845	575057	39989278	34401181	28024017	23942933	11965261	10458248
37022	36847	972669	616142	770706	463850	201963	152292
400	282	85841	84631	73836	72907	12005	11724
2325676	**2202074**	**109740960**	**100297867**	**73399022**	**66622446**	**36341938**	**33675421**
339665	305903	20050647	17904904	15482009	13819236	4568637	4085668
16480	15705	1073470	1054078	730421	719041	343050	335037
1870620	1782951	86825489	79972838	55692871	50952856	31132619	29019982
89574	88984	1679802	1286968	1404944	1064711	274859	222257
9337	8531	111552	79080	88777	66602	22774	12478

1-4 续表 1

项目	流动资产合计		固定资产原价	
	限额以上	大中型企业	限额以上	大中型企业
(二)按国民经济行业分				
农、林、牧产品批发	33324100	26846039	5253840	3936182
食品、饮料及烟草制品批发	101839539	89555724	16673742	14877179
米、面制品及食用油批发	22638796	18465451	2035021	1534144
肉、禽、蛋、奶及水产品批发	3973436	3195043	1218867	1045225
酒、饮料及茶叶批发	19212797	16787740	1087910	881946
烟草制品批发	42788831	41358599	9586480	9464071
纺织、服装及家庭用品批发	96347640	77286197	6167743	5016925
服装批发	25096810	21150377	2059105	1822299
鞋帽批发	5218166	4163641	510979	462716
家用电器批发	30386888	26583139	843515	742458
文化、体育用品及器材批发	23839769	20079986	4466647	4229433
文具用品批发	4889236	3767740	235302	161888
体育用品及器材批发	1214168	967238	148958	137843
图书批发	4831754	4465975	894795	828730
医药及医疗器材批发	49526234	44549643	3689077	3254288
西药批发	31457535	28617152	1975129	1726002
中药批发	11186497	10169809	728081	618584
矿产品、建材及化工产品批发	492538898	332556917	43430960	35015169
煤炭及制品批发	84857370	64571771	5910866	4426898
石油及制品批发	81945688	61205998	23122869	21318860
金属及金属矿批发	213459584	132995065	7254620	4698453
建材批发	34377118	19681728	2635924	1678213
化肥批发	20692261	18069294	1399991	988749
农药批发	1837441	1587392	160886	145897
机械设备、五金产品及电子产品批发	154601376	132071577	8326152	6765336
汽车批发	41048279	38440939	1383612	1167757
计算机、软件及辅助设备批发	12812203	9823387	380161	286206
通讯及广播电视设备批发	16913331	15047654	1142096	1093702
贸易经纪与代理	31077649	27321262	767150	645753
其他批发业	26073123	17359988	2111903	1448080
(三)按控股情况分				
国有控股	374452488	336814580	46574910	43320718
集体控股	31781743	25430933	2436307	1840285
私人控股	387101271	224408399	30036103	19623892
港澳台控股	40089246	33947368	2174966	2004231
外商控股	83591926	75681909	4587201	4309127

单位：万元

累计折旧		资产总计		负债合计		所有者权益合计	
限额以上	大中型企业	限额以上	大中型企业	限额以上	大中型企业	限额以上	大中型企业
1478036	1126221	47102875	38788312	35174632	28800037	11928243	9988275
6266365	5760981	128036150	112835758	65787546	54014055	62247079	58821703
570945	424748	26861136	21827577	23305696	18916531	3555440	2911046
379276	329750	5838772	4801705	3931313	3180856	1907460	1620849
362315	299767	22982783	20152465	13584281	11573191	9398502	8579274
4194224	4138169	52357598	50834983	11307083	10165652	41050515	40669331
2170503	1760046	114392328	92797057	87626797	70281584	26765531	22515472
725744	647986	30531307	25926184	21748235	18143128	8783072	7783056
140673	123400	6523577	5377331	4820165	3933250	1703412	1444081
243129	205050	33612738	29611153	28189856	24517910	5422882	5093242
591637	506068	32629880	28263179	23122134	19893060	9505821	8368193
75897	50633	5447515	4179894	4506107	3515084	941408	664810
60184	54775	1437458	1150789	1132599	902128	302933	246736
267396	244393	7560903	7088402	4085991	3782459	3474912	3305944
1288258	1153482	57847881	52065632	44475403	40093647	13372478	11971985
622977	546743	36804439	33418872	28698573	26100221	8105866	7318651
240708	210924	12942421	11773233	10068580	9208632	2873841	2564600
14144814	11654825	639072923	450109815	490617817	343332746	148481126	106803122
1677765	1136820	111521167	87403043	80361500	63013752	31159279	24388903
8000452	7574691	125541882	98875589	88388590	69402461	37179733	29499569
2242912	1444534	259555166	166905130	211780502	136432394	47774664	30472735
770317	548998	43815076	26435709	33526330	19812123	10288747	6623587
351096	277389	26561538	23342489	21275681	18746041	5285856	4596448
50500	46581	2420917	2135466	1922882	1736061	498035	399406
3017397	2464295	188242422	160183945	137132243	117111339	51110179	43072606
429828	374321	50086951	46446413	38089992	35246768	11996959	11199645
144757	102873	14150618	10765820	10702522	8159388	3448095	2606432
526550	504268	21154407	19180437	14418195	12815076	6736212	6365360
281604	243466	35035208	30829744	29248313	26197418	5788529	4632326
624524	445253	32681284	22373774	24990880	16969413	7690404	5404361
16563846	15644915	512658985	465100626	347507994	312786735	165177043	152339943
818190	636704	37999635	30271045	31361227	25050537	6638408	5220507
8157527	4970822	468141674	276827438	370009737	220377771	98130121	56447742
751843	696666	47729698	40652757	33998875	28939956	13730823	11712801
2043042	1932992	102113208	93216908	68049322	61667157	34063886	31549751

1-4 续表 2

项　　目	流动资产合计		固定资产原价	
	限额以上	大中型企业	限额以上	大中型企业
二、零售业	**259810705**	**210876626**	**78245663**	**65836987**
(一)按登记注册类型分				
1.内资企业	**219333678**	**172058339**	**66836473**	**54709645**
国有企业	10715654	8805701	6445175	5716098
集体企业	2123580	1286321	1305882	838058
股份合作企业	937712	683410	627869	514476
联营企业	348444	219487	147707	88947
国有联营企业	110286	65718	56820	40479
集体联营企业	68044	52250	19247	7963
国有与集体联营企业	98875	65516	38397	18703
其他联营企业	71240	36003	33244	21802
有限责任公司	89418982	74494428	22584258	19514042
国有独资公司	1286666	990943	769185	662819
其他有限责任公司	88132316	73503485	21815072	18851223
股份有限公司	29711391	28591915	15339349	14900980
私营企业	80434212	54169285	18785422	12059173
私营独资企业	5652702	2587872	2710229	873235
私营合伙企业	754883	411227	256610	113375
私营有限责任公司	68469424	47874136	14918719	10518204
私营股份有限公司	5557202	3296051	899865	554360
其他企业	5643703	3807793	1600812	1077872
2.港、澳、台商投资企业	**19370359**	**18617749**	**5029380**	**4901449**
合资经营企业	5552904	5454874	1428160	1385548
合作经营企业	1888140	1875546	166868	162777
独资经营企业	10574669	10198249	3015012	2936126
投资股份有限公司	517422	254063	162040	160953
其他港澳台商投资企业	837224	835018	257300	256046
3.外商投资企业	**21106668**	**20200537**	**6379811**	**6225894**
中外合资经营企业	6522452	6013948	2564996	2489988
中外合作经营企业	883928	873077	296340	288359
外资企业	13382219	12998219	3402302	3332445
外商投资股份有限公司	246942	244655	72454	71642
其他外商投资企业	71126	70638	43719	43460

单位：万元

累计折旧		资产总计		负债合计		所有者权益合计	
限额以上	大中型企业	限额以上	大中型企业	限额以上	大中型企业	限额以上	大中型企业
23663980	**20122139**	**377273065**	**310163849**	**271305117**	**227810102**	**106112590**	**82498689**
19637822	**16170007**	**320588162**	**255838110**	**229364212**	**187625037**	**91368592**	**68358015**
1973027	1720472	20392091	17628244	12479307	10840933	8090808	6965335
421053	276962	3681168	2204828	2374592	1533146	1306576	671682
145630	107574	1820491	1418404	1217498	967046	602994	451358
52551	24430	586619	386373	347691	268801	238928	117572
20275	12208	231330	150079	123654	102440	107676	47639
6865	3068	96399	68352	66484	52106	29915	16246
17338	5218	142731	96811	93969	77318	48762	19493
8074	3936	116159	71132	63584	36938	52575	34194
6786019	5958341	122703249	102435956	93873770	80277624	28829479	22158331
248849	218902	2362644	1895546	1334148	1050457	1028495	845090
6537170	5739438	120340605	100540409	92539621	79227168	27800984	21313242
4501586	4393538	56118501	54258545	34860146	33719736	21225273	20505727
5317535	3360388	107350207	72132890	78516051	55805238	28833857	16327652
533591	189579	8682263	3707096	4527267	2611739	4154996	1095356
68418	28244	1146167	568155	712575	418474	433593	149681
4474534	2991282	89624320	63057935	68444560	50011639	21179460	13046296
240993	151284	7897457	4799704	4831648	2763386	3065808	2036319
440420	328303	7935836	5372871	5695158	4212512	2240678	1160359
1631532	**1596620**	**27567535**	**26442714**	**19127142**	**18416264**	**8440393**	**8026451**
506650	493188	7698959	7549707	5181880	5095942	2517078	2453765
72471	70521	2624446	2608217	1780384	1777699	844062	830519
926963	908543	14982784	14499973	10654191	10415956	4328593	4084016
50929	49963	949530	476345	701843	319735	247687	156611
74520	74405	1311818	1308471	808845	806932	502973	501539
2394626	**2355512**	**29117367**	**27883025**	**22813763**	**21768801**	**6303605**	**6114224**
1012004	1000015	9541706	8805239	7339154	6682395	2202553	2122845
177201	175753	1192240	1169923	913948	901526	278292	268398
1166080	1140836	17911466	17453242	14217169	13849289	3694297	3603954
26924	26638	347780	337019	255454	253928	92327	83091
12418	12270	124175	117601	88039	81664	36137	35937

1-4 续表 3

项　　目	流动资产合计		固定资产原价	
	限额以上	大中型企业	限额以上	大中型企业
(二)按国民经济行业分				
综合零售	73422095	69525437	34094443	32484639
百货零售	43641067	41816477	21894312	20858530
超级市场零售	28002323	26329067	11262483	10901785
食品、饮料及烟草制品专门零售	8164966	5585277	2324891	1477689
粮油零售	2528027	1944900	416800	192762
肉、禽、蛋、奶及水产品零售	687092	495444	354630	216702
酒、饮料及茶叶零售	2415780	1527171	673649	459401
烟草制品零售	864891	627859	133176	80680
纺织、服装及日用品专门零售	13058592	11021068	3786085	2830959
服装零售	8770598	7582726	2815401	2108734
文化、体育用品及器材专门零售	11058896	8354833	3396371	2696482
体育用品及器材零售	758989	627671	91254	69323
图书、报刊零售	4762732	3877876	2431080	2062395
医药及医疗器材专门零售	15501738	13012738	1802790	1425519
药品零售	14226730	12588788	1672727	1382869
汽车、摩托车、燃料及零配件专门零售	94850103	71913875	24783691	19649482
汽车零售	78209741	60837810	13802035	10868735
机动车燃料零售	14235436	10037688	10471959	8625089
家用电器及电子产品专门零售	29150275	23522341	3239812	2244571
日用家电设备零售	19061799	16734489	1976507	1490873
计算机、软件及辅助设备零售	3759801	2236179	501308	273988
通信设备零售	2157215	1505272	204571	131896
五金、家具及室内装饰材料专门零售	5529710	2851887	2528179	1749820
货摊、无店铺及其他零售业	9074330	5089170	2289401	1277826
互联网零售	2666047	2535154	136828	130179
(三)按控股情况分				
国有控股	40793327	37203300	21362008	20136536
集体控股	10033066	8592315	4460074	3733581
私人控股	138632469	101095562	33409333	24304081
港澳台控股	17385707	16628606	4581508	4470287
外商控股	19668609	18746319	5517469	5378605

单位：万元

累计折旧		资产总计		负债合计		所有者权益合计	
限额以上	大中型企业	限额以上	大中型企业	限额以上	大中型企业	限额以上	大中型企业
10661187	10253891	118349947	112126070	86893043	82722143	31456904	29403926
6427422	6164289	73971551	70758151	51613066	49705811	22358486	21052340
3929565	3839084	41520630	39169599	33163075	31307330	8357554	7862269
592890	397746	12134870	8146426	7039821	4930000	5095049	3216426
115656	57459	3599258	2733780	2455098	1883242	1144160	850538
83555	59005	1170954	824931	609046	432799	561908	392132
171387	121247	3501950	2104325	2106227	1424124	1395722	680201
46420	28539	1136910	797218	435537	299195	701373	498023
1324158	851249	18310858	15399802	13392377	11480708	4918481	3919094
1023866	607769	12497987	10748291	9494604	8276090	3003383	2472201
1154685	937309	15624416	11982015	9419746	7415489	6204671	4566526
28250	22199	871936	718518	621353	518090	250583	200428
875777	737951	7829934	6500809	4173996	3581277	3655938	2919532
582097	474172	19318029	16266796	14835145	12698811	4482884	3567985
543911	457828	17913271	15805156	13769605	12343865	4143666	3461291
7218388	5931678	135809208	104809139	97626758	77204141	38327391	27749939
3891099	3208282	100377198	77629871	79111017	62479655	21266181	15150216
3182279	2674351	32308326	25905549	16436383	13738829	16016885	12311661
778077	506478	36030055	29043640	26426432	21893512	9603323	7150128
440495	320125	23311751	20357928	18053187	16020277	5258564	4337652
136967	55348	4648683	2846999	3084333	2101317	1564350	745681
71362	49366	2621705	1839224	1938567	1414408	682838	424816
603264	421219	9137615	5091013	5902267	3273148	3235348	1817865
749235	348396	12558067	7298949	9769528	6192150	2788539	1106799
44924	43210	3157634	2982491	3411346	3266339	-253712	-283847
6595663	6169220	75173144	69931495	46188820	43163634	29129266	26912803
1382162	1153020	15940612	13506698	11639652	10205486	4300961	3301212
9284731	6749826	189245733	138645844	140319599	107238485	48925834	31407359
1484390	1455094	24608661	23497635	17377880	16657400	7230781	6840235
2168916	2130754	26251376	25004784	20955458	19942730	5295918	5062054

1-5 大中型批发和零售业

项　　目	实收资本		国家资本		集体资本	
	限额以上	大中型企业	限额以上	大中型企业	限额以上	大中型企业
总　　计	**252595618**	**171102629**	**49148271**	**42698969**	**5470694**	**3570364**
一、批发业	**181407082**	**121918517**	**39614139**	**33906521**	**3484816**	**2158106**
(一)按登记注册类型分						
1.内资企业	**159119851**	**103159792**	**39231208**	**33550607**	**3452869**	**2139242**
国有企业	23712563	21485561	13936301	12291734	78825	74119
集体企业	856007	604942	4839	2186	647126	459870
股份合作企业	335675	224381	11329	8953	40239	26041
联营企业	274472	196917	75169	53714	23471	19457
国有联营企业	117486	71913	59146	38496	456	456
集体联营企业	37422	24698	167		11188	9479
国有与集体联营企业	51750	50283	12810	12180	3118	2840
其他联营企业	67814	50023	3047	3038	8709	6682
有限责任公司	55902573	37557040	11988357	8695925	1981650	1046693
国有独资公司	8411365	7934648	4592463	4320268	16993	12763
其他有限责任公司	47491208	29622392	7395895	4375657	1964657	1033930
股份有限公司	23703790	20210052	12879674	12203018	363144	337052
私营企业	52232623	21659350	308466	272470	258752	131860
私营独资企业	1942160	848358	2235	1000	16908	11869
私营合伙企业	312292	123582	3027		120	
私营有限责任公司	48077651	19590571	301306	270331	238514	118447
私营股份有限公司	1900520	1096838	1898	1138	3210	1544
其他企业	2102150	1221550	27074	22608	59664	44149
2.港、澳、台商投资企业	**7568034**	**5830978**	**34735**	**19628**	**16731**	**4875**
合资经营企业	1398811	985854	34735	19628	16731	4875
合作经营企业	34632	24093				
独资经营企业	6037241	4770936				
投资股份有限公司	90229	43178				
其他港澳台商投资企业	7121	6916				
3.外商投资企业	**14719198**	**12927748**	**348195**	**336286**	**15215**	**13989**
中外合资经营企业	1917179	1569776	205880	195178	15163	13936
中外合作经营企业	212903	202395	3260	2302		
外资企业	12352578	10926561	50248	50000		
外商投资股份有限公司	219042	216319	88771	88771		
其他外商投资企业	17495	12696	35	35	53	53

企业实收资本及构成

单位：万元

法人资本		个人资本		港澳台资本		外商资本	
限额以上	大中型企业	限额以上	大中型企业	限额以上	大中型企业	限额以上	大中型企业
94796980	**64802538**	**73604439**	**33778920**	**11374630**	**9734290**	**18200605**	**16517548**
67199846	**45400590**	**51069902**	**23241685**	**6794591**	**5434786**	**13243790**	**11776829**
65144355	**44010182**	**50882434**	**23109332**	**176262**	**142348**	**232722**	**208081**
9555919	8995631	128534	111093	1027	1027	11958	11958
135624	80166	68418	62720				
144118	114254	139328	74978	494	154	166	
127020	93227	48812	30519				
40401	28305	17483	4655				
24998	14550	1069	669				
27173	27073	8650	8190				
34449	23299	21610	17004				
31594971	22378634	10209338	5320483	17156	9943	111101	105361
3787510	3590288	13877	10807	92	92	430	430
27807461	18788346	10195461	5309676	17064	9851	110671	104932
4885120	4485829	5499157	3108365	56234	55569	20462	20220
17938600	7426630	33614315	13731355	66530	63245	45961	33789
762955	387529	1134624	422521	25439	25439		
73743	36063	235332	87519			70	
16444708	6679200	31006141	12450998	41091	37806	45891	33789
657194	323839	1238218	770316				
762983	435811	1174533	669819	34821	12410	43075	36753
917509	**555206**	**86879**	**70572**	**6418423**	**5104290**	**93757**	**76406**
623586	401218	79214	69443	596051	457210	48493	33480
24601	22006	454	129	9514	1959	64	
267587	130970	7090	1000	5717957	4596633	44607	42333
1734	1012	121		87781	41573	593	593
				7121	6916		
1137982	**835202**	**100589**	**61781**	**199906**	**188148**	**12917311**	**11492342**
641977	574968	99271	61498	77264	70456	877626	653740
78732	77557	166	166	4483	4483	126263	117888
411302	177789	671	50	118159	113209	11772198	10585514
2383	2332					127888	125215
3588	2556	482	68			13337	9985

1-5 续表 1

项目	实收资本		国家资本		集体资本	
	限额以上	大中型企业	限额以上	大中型企业	限额以上	大中型企业
(二)按国民经济行业分						
农、林、牧产品批发	5448052	3972355	2098332	1740881	198214	160051
食品、饮料及烟草制品批发	13088431	11016988	2973628	2669052	272547	193388
米、面制品及食用油批发	2035433	1452447	623430	523381	32978	6484
肉、禽、蛋、奶及水产品批发	908400	716938	254502	243159	13099	6436
酒、饮料及茶叶批发	3628902	3228786	118498	90509	98402	91619
烟草制品批发	3270555	3240970	1330259	1309034	3305	2804
纺织、服装及家庭用品批发	14081213	10009469	909616	835104	306060	265034
服装批发	4532971	3097059	328518	320120	96181	85489
鞋帽批发	700761	492786	48471	46603	2684	1850
家用电器批发	2727577	2275944	21859	17726	53106	48428
文化、体育用品及器材批发	4107909	3273125	1514570	1467153	49289	45506
文具用品批发	700917	465400	50654	41860	11318	10308
体育用品及器材批发	156948	89950	100	100	100	50
图书批发	1368664	1283754	885961	855483	22778	22460
医药及医疗器材批发	7805383	6726132	1131108	980921	157851	135655
西药批发	5460030	4824022	955982	818494	125374	108164
中药批发	1534442	1260786	132192	121940	30553	26351
矿产品、建材及化工产品批发	105038743	64509263	28140623	23582010	2164666	1143358
煤炭及制品批发	18106756	10269991	2428579	2294731	215471	137867
石油及制品批发	29501604	21383228	16379641	13331286	124797	100453
金属及金属矿批发	34998189	20188084	7502222	6345848	640759	431486
建材批发	8264998	3431999	495767	397773	64614	37599
化肥批发	3056570	2572591	338752	317409	406280	323154
农药批发	185724	98344	11837	8681	17856	15721
机械设备、五金产品及电子产品批发	23898880	17379561	1532819	1395497	211215	144236
汽车批发	4374915	3651235	146717	79563	50383	41909
计算机、软件及辅助设备批发	2633692	1829876	107168	99401	51454	43253
通讯及广播电视设备批发	2565081	2220090	64185	55334	6450	3350
贸易经纪与代理	2974201	2304322	979350	953709	24732	16199
其他批发业	4964272	2727304	334092	282194	100243	54681
(三)按控股情况分						
国有控股	70334478	60531382	38574391	33017578	237722	209973
集体控股	3582201	2631909	32914	18098	1816656	1324418
私人控股	75874240	34222933	401108	341247	424201	266189
港澳台控股	7281648	5618161	14795	12795	11545	
外商控股	13857248	12190553	111123	109739	4776	4093

单位：万元

法人资本		个人资本		港澳台资本		外商资本	
限额以上	大中型企业	限额以上	大中型企业	限额以上	大中型企业	限额以上	大中型企业
1554090	1093002	1304821	704469	67572	61144	225024	212808
5824119	5076128	3111078	2304922	461902	394187	445157	379311
798145	581793	462890	253009	34164	6601	83827	81179
343959	286438	255865	160311	20149	16159	20826	4435
1431886	1260905	1627124	1469771	245351	224359	107641	91624
1932843	1928612	4148	520				
4454148	2905503	4420365	2369713	1432078	1180355	2558946	2453761
1811829	1030720	1208142	714404	699552	588792	388749	357535
247030	178548	234215	139483	119208	91213	49153	35089
697313	514067	562663	322403	15694	9891	1376942	1363428
1149580	810135	663940	356682	391052	275095	339479	318555
223439	160217	240599	91722	9999	972	164910	160321
41516	23447	33629	22863	65536	36319	16068	7171
366153	340884	72656	46810	3000		18117	18117
3632859	3241291	2226061	1759279	255471	248084	402032	360902
2580596	2360734	1415430	1171129	135569	132502	247080	233000
778081	661252	527444	403102	26603	26588	39569	21552
38358128	23905523	30808641	11555172	1872250	1430612	3694435	2892588
8197404	4968505	7170781	2843379	36596	24735	57925	774
9875248	5884755	2223232	1261637	338391	310474	560296	494623
12579456	7922114	12862403	4680266	502341	278442	911008	529929
2367790	1330982	4493740	998680	693724	580087	149364	86878
1001463	850930	531036	313833	5900	4900	773140	762366
60940	41119	91884	29913	298		2910	2910
9233937	6384043	6381655	3561129	1584255	1272084	4954999	4622573
1633028	1242054	952568	704829	98440	91325	1493779	1491556
964757	693158	789354	455124	404458	255532	316500	283408
812728	713532	411384	277596	277530	271901	992804	898378
1285163	912749	277304	114800	130495	51624	277157	255241
1707822	1072217	1876037	515520	599518	521603	346560	281090
29314630	25226324	1811864	1714550	112114	93140	283757	269817
1428123	1038557	290462	242657	6005	5920	8041	2258
28161149	13458380	46716837	20023675	89807	78843	81139	54600
723611	401329	44205	37589	6440212	5126044	47280	40404
903082	637249	39856	31158	112606	111860	12685806	11296455

1-5 续表 2

项 目	实收资本					
			国家资本		集体资本	
	限额以上	大中型企业	限额以上	大中型企业	限额以上	大中型企业
二、零售业	**71188536**	**49184111**	**9534132**	**8792448**	**1985878**	**1412258**
(一)按登记注册类型分						
1.内资企业	**59663670**	**38246463**	**9272875**	**8538465**	**1879274**	**1309189**
国有企业	5136759	4560258	4135403	3713825	25819	18955
集体企业	788027	390465	6883	5515	635393	310312
股份合作企业	416993	210054	11127	8574	44002	27359
联营企业	148596	85689	47840	40802	16864	9445
国有联营企业	73157	35362	31293	27095	263	198
集体联营企业	19657	11736	130		12515	8306
国有与集体联营企业	20467	11938	7300	4801	2393	172
其他联营企业	35315	26653	9117	8905	1693	770
有限责任公司	20317305	13810426	1988732	1744572	719277	606157
国有独资公司	497970	402110	381969	302124		
其他有限责任公司	19819335	13408315	1606763	1442448	719277	606157
股份有限公司	8542759	8076874	3008374	2976453	260615	233454
私营企业	22765211	10305427	52773	40430	120991	79148
私营独资企业	2499604	782496	19144	14047	4602	1031
私营合伙企业	319432	98324	560	400	576	
私营有限责任公司	18690981	8884854	32062	25983	111703	75984
私营股份有限公司	1255194	539754	1007		4110	2132
其他企业	1548021	807270	21743	8295	56313	24360
2.港、澳、台商投资企业	**5323578**	**5003326**	**26796**	**20937**	**35074**	**32323**
合资经营企业	1121627	1072003	20085	15771	34365	32323
合作经营企业	324789	314016	2505	961	709	
独资经营企业	3590642	3362251				
投资股份有限公司	129105	99341	4205	4205		
其他港澳台商投资企业	157415	155715				
3.外商投资企业	**6201288**	**5934322**	**234461**	**233046**	**71531**	**70745**
中外合资经营企业	1916157	1802176	217339	215923	54990	54205
中外合作经营企业	257286	250840	515	515	4685	4685
外资企业	3914321	3779967			11855	11855
外商投资股份有限公司	75781	63796	16608	16608		
其他外商投资企业	37744	37544				

单位：万元

法人资本		个人资本		港澳台资本		外商资本	
限额以上	大中型企业	限额以上	大中型企业	限额以上	大中型企业	限额以上	大中型企业
27597134	**19401948**	**22534538**	**10537235**	**4580039**	**4299504**	**4956816**	**4740718**
25738923	**17647035**	**22438439**	**10449099**	**160878**	**149204**	**173281**	**153471**
941928	800013	33540	27397	10	10	58	58
91840	37715	53668	36923	107		136	
173166	137415	186123	34236	777	722	1798	1748
72763	28053	11129	7389				
36561	4378	5041	3691				
6345	3430	666					
9476	6275	1298	690				
20381	13970	4124	3009				
10784985	8332828	6685043	3005104	66184	61962	73084	59802
112764	99306	3238	680				
10672222	8233522	6681805	3004424	66184	61962	73084	59802
3806194	3562577	1337527	1175162	64444	63634	65605	65595
9128652	4320996	13438720	5842105	7413	6466	16662	16283
777997	376720	1692582	385695	122	2	5158	5001
90630	29004	227666	68919				
7695253	3673554	10833245	5091587	7291	6464	11427	11282
564772	241718	685227	295905			78	
739395	427438	692690	320782	21943	16410	15937	9985
691387	**647895**	**71593**	**66990**	**4357129**	**4098477**	**141600**	**136703**
245007	229698	60500	58680	666485	643387	95185	92144
21224	15886	822		283969	281608	15560	15560
291513	268667	1315	1055	3268866	3065437	28948	27092
17883	17883	7206	7206	97905	68140	1907	1907
115761	115761	1750	50	39904	39904		
1166824	**1107018**	**24506**	**21146**	**62032**	**51823**	**4641935**	**4450544**
685796	651678	19837	17574	39432	37684	898763	825113
52465	51281			8973	5293	190649	189067
417787	393283	2221	1324	8258	3477	3474200	3370027
7026	7026	798	798	1400	1400	49949	37964
3750	3750	1650	1450	3970	3970	28374	28374

1-5 续表 3

项目	实收资本		国家资本		集体资本	
	限额以上	大中型企业	限额以上	大中型企业	限额以上	大中型企业
(二)按国民经济行业分						
综合零售	17910379	16222691	1151525	1065506	1019134	838774
百货零售	10700932	9664607	900721	836170	614294	503618
超级市场零售	6381444	5918873	194485	189597	274223	262186
食品、饮料及烟草制品专门零售	2489280	1189344	293482	158553	105341	56973
粮油零售	463856	291789	94181	31005	16069	7275
肉、禽、蛋、奶及水产品零售	281643	168017	31835	24841	10532	7456
酒、饮料及茶叶零售	850609	241985	52583	12368	20277	8568
烟草制品零售	184320	117983	71953	54272	16941	9847
纺织、服装及日用品专门零售	3935279	3071878	141753	124817	68887	39467
服装零售	2619444	2067571	32719	25374	32835	16708
文化、体育用品及器材专门零售	3174647	2215168	974566	704605	58848	36514
体育用品及器材零售	189122	147594	2839	2000		
图书、报刊零售	1566805	1174763	909438	660724	11200	1751
医药及医疗器材专门零售	2609930	1915082	462959	443489	72336	61496
药品零售	2407776	1857908	461202	443374	71646	61496
汽车、摩托车、燃料及零配件专门零售	30153435	18344086	6171253	6005108	453623	268281
汽车零售	19431663	10439700	423787	361704	270810	227064
机动车燃料零售	9971660	7722565	5737757	5636525	179036	39749
家用电器及电子产品专门零售	5656069	3590840	61118	41274	89267	52487
日用家电设备零售	2854419	2160579	15683	9975	32050	20178
计算机、软件及辅助设备零售	1425699	615441	28437	17525	18419	126
通信设备零售	555147	335041	3488	3484	4917	4013
五金、家具及室内装饰材料专门零售	2173816	1128288	57042	48553	58633	33005
货摊、无店铺及其他零售业	3085701	1506735	220434	200543	59810	25261
互联网零售	772652	712962	39400	39400	700	200
(三)按控股情况分						
国有控股	14291509	13111566	8934187	8259155	86079	75772
集体控股	2180632	1544375	27529	24076	1281282	858629
私人控股	37375154	19635819	131949	97224	316148	229816
港澳台控股	5009881	4707605	12209	7118	5353	4423
外商控股	5436983	5171856	30783	30439	41994	41109

单位：万元

法人资本		个人资本		港澳台资本		外商资本	
限额以上	大中型企业	限额以上	大中型企业	限额以上	大中型企业	限额以上	大中型企业
7267877	6562728	3820066	3169226	2220479	2181188	2431297	2405269
4609709	4106130	2142731	1836090	1440310	1405885	993167	976715
2411820	2260464	1511909	1227168	703660	698796	1285347	1280662
748314	364004	1040091	343718	264648	257430	37405	8666
51384	19445	96814	28656	205408	205408		
109886	73176	121346	54501	6216	6216	1828	1828
310548	115069	440753	83459	24040	21199	2408	1321
66900	44147	28525	9718				
1425362	1089748	903925	531655	765991	712918	629361	573273
1022763	790168	581444	363477	456039	425636	493645	446209
1107782	762785	632107	343663	139001	117047	262343	250554
27012	16849	23245	14790	85820	66746	50207	47209
543176	433152	68093	44639			34898	34498
982375	775840	989404	555703	39645	39247	63212	39308
939181	767243	881321	531450	38322	38320	16104	16024
11099956	6959111	11307447	4095404	641065	578119	480092	438063
8597242	5152947	9272812	3899589	624920	571007	242093	227388
2219587	1725165	1597121	115561	13631	4704	224528	200861
2857388	2141513	2103815	868291	306229	257281	238252	229995
1734825	1451570	754007	361761	172815	172560	145040	144535
514178	284338	718595	179328	86942	81212	59128	52912
251710	175597	231096	131363	43433	510	20503	20073
699435	324823	984845	391204	56662	20345	317199	310358
1408645	421397	752839	238372	146319	135929	497655	485234
170918	123850	52367	41166	84355	84318	424912	424028
4437297	3996151	623123	573789	69597	68972	141226	137726
696301	541777	148690	106806	3659	2202	23172	10886
16736589	10040389	20037740	9132403	69735	60710	82993	75278
537442	504013	18020	16700	4361126	4101465	75731	73887
980047	896096	7796	6537	6333	5318	4370030	4192358

1-6 大中型批发和零售业

项 目	主营业务收入		主营业务成本	
	限额以上	大中型企业	限额以上	大中型企业
总 计	**3649019336**	**2871525411**	**3382121535**	**2643215982**
一、批发业	**2921835854**	**2284691077**	**2736184200**	**2122903701**
(一)按登记注册类型分				
1.内资企业	**2562406394**	**1958805187**	**2420305041**	**1837841002**
国有企业	593554984	558031168	549253501	512704650
集体企业	18718703	13800607	17439463	12921996
股份合作企业	7320767	5625288	6775642	5183652
联营企业	7056897	5464689	6756063	5221672
国有联营企业	3603123	2815814	3513420	2744447
集体联营企业	421360	112223	401984	103743
国有与集体联营企业	2026748	1870317	1941811	1786920
其他联营企业	1005665	666335	898849	586561
有限责任公司	936361902	718861917	895695565	684850808
国有独资公司	104948733	91880833	100119526	87363987
其他有限责任公司	831413169	626981084	795576039	597486821
股份有限公司	304074248	292750799	289732391	279099421
私营企业	658358050	340628282	620354908	316234133
私营独资企业	25968829	11556443	23406981	10099138
私营合伙企业	8444920	5138252	7935396	4793038
私营有限责任公司	603480368	312021803	569612363	290358577
私营股份有限公司	20463934	11911785	19400168	10983379
其他企业	36960844	23642437	34297507	21624671
2.港、澳、台商投资企业	**92743634**	**78002408**	**81712619**	**67833642**
合资经营企业	13701038	12251116	12715388	11347384
合作经营企业	1001916	972021	819306	793138
独资经营企业	76413816	63730309	66812086	54893411
投资股份有限公司	1538347	964068	1297160	733601
其他港澳台商投资企业	88518	84895	68678	66110
3.外商投资企业	**266685826**	**247883482**	**234166541**	**217229056**
中外合资经营企业	72052586	69267853	66928582	64348039
中外合作经营企业	7076169	7018065	6860967	6807318
外资企业	184070284	168747491	157613650	143851973
外商投资股份有限公司	3279822	2681890	2596137	2088914
其他外商投资企业	206965	168182	167206	132811

企业损益及分配

单位：万元

主营业务税金及附加		主营业务利润		其他业务利润		销售费用	
限额以上	大中型企业	限额以上	大中型企业	限额以上	大中型企业	限额以上	大中型企业
15088037	**12855500**	**251809764**	**215453929**	**15458073**	**13599464**	**114481910**	**99080123**
11329250	**10212986**	**174322404**	**151574390**	**6120889**	**5160363**	**71781770**	**61892884**
10079401	**9011378**	**132021952**	**111952806**	**4186839**	**3294332**	**47972534**	**39273523**
6119403	6027623	38182080	39298895	759661	696022	8114345	7616281
53305	37790	1225935	840821	44998	28151	422623	309654
24214	17623	520910	424013	14394	6003	155444	118076
9517	8269	291317	234749	5194	2569	104216	87313
5811	5514	83893	65854	2332	619	30570	24185
521	94	18856	8385	1874	1576	10647	5017
1152	1122	83785	82274	523	374	38374	37681
2034	1538	104783	78236	465		24626	20430
1810057	1469183	38856280	32541926	1854479	1568207	17231215	14680871
310591	279638	4518616	4237208	311788	292691	1523588	1452619
1499467	1189545	34337663	28304718	1542690	1275515	15707627	13228252
398414	382799	13943443	13268579	300137	285568	6097353	5950369
1555949	1001572	36447193	23392577	1125678	642866	15048152	9926274
173732	101419	2388116	1355886	25256	11843	610845	398019
15402	7409	494122	337805	3883	3339	194052	136008
1309843	852759	32558162	20810466	1062179	602700	13754511	9069172
56973	39985	1006793	888421	34360	24984	488744	323075
108542	66520	2554796	1951246	82297	64946	799186	584686
193022	**164883**	**10837993**	**10003883**	**543792**	**520677**	**5446916**	**5032708**
31448	16058	954201	887674	98755	95440	484821	457986
1385	1351	181224	177533	184	184	51275	49257
155612	143207	9446117	8693692	416160	396601	4698075	4314594
4253	3971	236935	226496	23783	23543	195836	194032
324	296	19516	18490	4910	4910	16910	16839
1056827	**1036725**	**31462458**	**29617701**	**1390259**	**1345354**	**18362319**	**17586654**
67763	65090	5056241	4854724	64573	65586	3276002	3225369
2783	2685	212418	208062	5678	5120	61666	58085
981897	965306	25474738	23930212	1316059	1271406	14596824	13930419
3656	3008	680030	589968	2464	2051	399247	345467
728	635	39031	34736	1484	1191	28580	27315

1-6 续表 1

项　　目	管理费用		财务费用		营业利润	
	限额以上	大中型企业	限额以上	大中型企业	限额以上	大中型企业
总　计	**62400994**	**51179132**	**18218664**	**13327495**	**77310471**	**66413478**
一、批发业	**39349644**	**32419305**	**13218555**	**9288768**	**60179957**	**54754265**
(一)按登记注册类型分						
1.内资企业	**30056887**	**23860020**	**12544086**	**8717739**	**49191912**	**44268349**
国有企业	8830000	8389586	1220454	1052083	21080954	20371307
集体企业	362653	246860	114835	92564	435171	296858
股份合作企业	96637	67987	27070	20888	223790	200108
联营企业	71798	60971	29893	19196	98004	81040
国有联营企业	25064	19711	11147	6022	23313	21266
集体联营企业	3983	2012	2606	1632	3258	1247
国有与集体联营企业	10430	9808	7399	7066	28533	28269
其他联营企业	32322	29440	8741	4476	42901	30258
有限责任公司	8500489	6934195	4840473	3669945	10739722	9513622
国有独资公司	1132943	1061223	640983	600698	1367038	1229962
其他有限责任公司	7367547	5872972	4199491	3069247	9372684	8283660
股份有限公司	2709527	2568007	1168816	1088719	6746756	6437553
私营企业	9065133	5311578	4930110	2633618	8776042	6476112
私营独资企业	399847	220414	174057	85867	1223284	673878
私营合伙企业	76317	43740	40714	23961	183785	136021
私营有限责任公司	8286398	4844727	4533210	2412324	7044811	5377498
私营股份有限公司	302570	202698	182129	111466	324162	288716
其他企业	420649	280836	212436	140726	1091474	891750
2.港、澳、台商投资企业	**2798707**	**2498868**	**359341**	**311458**	**2731246**	**2741768**
合资经营企业	205516	185675	69893	57601	311979	314042
合作经营企业	8828	6912	695	638	120539	120910
独资经营企业	2499616	2224175	276754	242407	2356058	2366487
投资股份有限公司	79552	77710	12028	10839	-59680	-61862
其他港澳台商投资企业	5195	4396	-29	-27	2350	2192
3.外商投资企业	**6494050**	**6060417**	**315128**	**259571**	**8256800**	**7744148**
中外合资经营企业	446368	404458	131073	115717	1244658	1152350
中外合作经营企业	13760	11648	623	616	150399	151305
外资企业	5972086	5587773	165455	123332	6645733	6262428
外商投资股份有限公司	51917	48068	17425	19553	214084	177878
其他外商投资企业	9918	8471	551	353	1927	186

单位：万元

利润总额		应交所得税		应付职工薪酬		应交增值税	
限额以上	大中型企业	限额以上	大中型企业	限额以上	大中型企业	限额以上	大中型企业
80231642	**69691393**	**17904141**	**15579390**	**54733925**	**46564035**	**47001236**	**38077851**
63950620	**57751551**	**14205469**	**12599802**	**31431789**	**26751258**	**31979595**	**26017962**
51260029	**45767030**	**11193518**	**9783698**	**23944154**	**19710553**	**27142609**	**21421834**
22277053	21402590	5115351	4910704	7085753	6793740	8667479	8340869
461574	312822	51230	40686	193538	144794	158764	105850
167495	145958	60708	56755	74024	54359	62007	48600
103508	84895	21720	18820	47906	41657	101098	100843
27267	23339	7187	5839	19329	16553	9064	12989
4116	1908	569	1	3517	2329	3035	696
29173	28876	7697	7586	10897	10289	11165	10946
42951	30773	6267	5395	14164	12487	77835	76212
11775349	10495542	2944845	2509889	7205375	5957062	8705579	6209782
1867470	1703225	457709	422536	745385	701507	1037916	809273
9907879	8792317	2487136	2087353	6459990	5255555	7667663	5400509
6850631	6520140	988032	885121	2965718	2819368	3235169	3171511
8907048	6227029	1903010	1276453	6018408	3682446	5876920	3223675
1138034	645253	163976	94924	210456	122104	344112	183750
167361	127706	37790	31770	96441	27985	67081	40133
7244819	5141176	1613753	1076472	5523092	3393607	5285366	2883349
356833	312894	87491	73287	188419	138749	180361	116444
717372	578055	108623	85271	353432	217127	335592	220705
3204899	**3063478**	**828662**	**766635**	**2196068**	**2040680**	**1356730**	**1240196**
358102	347791	58618	52723	211653	196099	164837	130032
122069	124191	31195	31135	22979	21456	5589	5276
2775370	2643879	730951	675237	1891069	1754524	1157671	1078749
-53530	-55112	7100	6769	62985	61643	26922	24617
2889	2731	798	770	7383	6958	1710	1523
9485692	**8921043**	**2183289**	**2049468**	**5291567**	**5000026**	**3480257**	**3355932**
1280418	1180891	293768	262469	560980	522059	510939	500057
62485	63293	11921	11681	34380	32643	18574	18088
7825459	7395647	1773283	1680591	4638394	4390602	2840181	2729350
314907	280523	103623	94331	49601	47403	104945	103341
2424	687	695	396	8212	7319	5618	5096

1-6 续表 2

项　　目	主营业务收入		主营业务成本	
	限额以上	大中型企业	限额以上	大中型企业
(二)按国民经济行业分				
农、林、牧产品批发	56587939	43223525	53188598	40575528
食品、饮料及烟草制品批发	245969686	215889769	197981535	171105367
米、面制品及食用油批发	33147783	26408378	30869842	24464056
肉、禽、蛋、奶及水产品批发	14520328	11299252	13034346	10124023
酒、饮料及茶叶批发	36872011	30816073	26815115	21713260
烟草制品批发	126369839	121243654	97036903	92629985
纺织、服装及家庭用品批发	231997293	183916634	206014615	160688658
服装批发	61028477	51765123	52130005	43423315
鞋帽批发	11979945	9127341	10016898	7340031
家用电器批发	68455965	57947676	63196681	53225325
文化、体育用品及器材批发	46868334	38905825	41751469	34292271
文具用品批发	10406579	8082050	9876910	7666153
体育用品及器材批发	2097296	1621614	1730793	1333225
图书批发	5044853	4624293	4375952	4027520
医药及医疗器材批发	107726359	99085556	96778108	89087191
西药批发	70251041	65905477	65001294	61111408
中药批发	23689174	21606447	21058610	19173178
矿产品、建材及化工产品批发	1757008565	1305443694	1701920107	1260997220
煤炭及制品批发	245616936	187250643	234052627	178570001
石油及制品批发	555796205	496547214	535783927	477865368
金属及金属矿批发	612328525	387011516	602685599	379143914
建材批发	89940255	59338546	85763509	56861448
化肥批发	46633334	38844247	44900614	37407786
农药批发	3416366	2786489	3154244	2582462
机械设备、五金产品及电子产品批发	372112192	324114287	340994393	296472090
汽车批发	133263742	127137248	121128475	115438038
计算机、软件及辅助设备批发	36520929	30560240	34572986	28873465
通讯及广播电视设备批发	42481541	39486272	39767694	36920086
贸易经纪与代理	37411683	28840029	35517818	27301585
其他批发业	66153803	45271758	62037558	42383791
(三)按控股情况分				
国有控股	1323011213	1211578873	1250210463	1139329495
集体控股	75422461	59866153	71803988	57055374
私人控股	964062375	539243742	908243778	501630233
港澳台控股	88735092	74030808	78005075	64176286
外商控股	238071286	220440494	207087339	191286036

单位：万元

主营业务税金及附加		主营业务利润		其他业务利润		销售费用	
限额以上	大中型企业	限额以上	大中型企业	限额以上	大中型企业	限额以上	大中型企业
117007	83609	3282334	2564388	178358	97514	1197962	929400
6657169	6508077	41330982	38276325	611102	521744	11187995	10142588
66607	47029	2211334	1897294	150122	123924	1467813	1277143
93966	83490	1392016	1091739	53631	45979	533563	441432
297422	271192	9759475	8831621	91584	75608	4001995	3678030
6034001	5981848	23298935	22631822	133845	131526	2922694	2842830
527529	447340	25455149	22780636	848184	764735	14065195	12832057
187902	173970	8710570	8167839	275227	251069	3548821	3330793
56004	50397	1907043	1736914	15270	12457	699812	624056
95616	86405	5163668	4635946	158264	145162	3899344	3540610
190003	177204	4926862	4436350	153591	133906	1743717	1541842
10940	7812	518728	408086	31917	23236	226414	175698
6084	4875	360420	283515	25470	25109	256042	225751
13928	12113	654972	584661	57353	54113	320187	291331
232679	206000	10715572	9792364	549756	517781	5478206	4977752
131468	119019	5118279	4675051	235887	224452	2627327	2371282
60457	53959	2570108	2379311	90927	78977	1303331	1187501
1929384	1373501	53159074	43072974	1802715	1359300	21075034	16137109
506604	378182	11057705	8302461	393094	342744	4489655	3261590
407503	339563	19604775	18342283	367287	260617	6970767	6559579
467760	297934	9175166	7569667	592373	436100	4181508	2627941
186585	113043	3990161	2364055	142569	98622	1132363	699641
113420	87478	1619300	1348983	32476	25369	770043	627419
3880	2727	258242	201300	8815	7889	105129	88763
1394640	1250297	29723159	26391900	1652299	1518376	14562416	13346542
911065	866676	11224203	10832534	377824	361989	6106931	5969104
72799	63683	1875144	1623092	93578	76819	957546	865014
77577	73753	2636271	2492433	351653	341378	1311531	1260240
57717	45244	1836148	1493200	167068	155314	1004062	881963
223123	121714	3893123	2766253	157816	91694	1467183	1103632
7326140	7166166	65474610	65083213	1883150	1732024	19575205	18560376
209592	181423	3408882	2629356	153514	115874	1259260	1019239
2208869	1410520	53609728	36202989	1811663	1187675	22458450	15705493
186367	158800	10543649	9695722	461416	439051	5345428	4933590
1031284	1011369	29952662	28143089	1346658	1301985	17458324	16702498

1-6 续表 3

项　　目	管理费用		财务费用		营业利润	
	限额以上	大中型企业	限额以上	大中型企业	限额以上	大中型企业
(二)按国民经济行业分						
农、林、牧产品批发	964840	737281	869722	706531	699964	550717
食品、饮料及烟草制品批发	8662483	8065640	225354	42157	21917316	20545673
米、面制品及食用油批发	509728	418038	371716	284659	-220522	-183086
肉、禽、蛋、奶及水产品批发	328615	252123	75592	56293	524872	407324
酒、饮料及茶叶批发	853764	746411	43952	22033	4974101	4507078
烟草制品批发	5900758	5835423	-529512	-516559	15068762	14524741
纺织、服装及家庭用品批发	5418837	4622030	791643	518857	6512475	6079153
服装批发	1929765	1691726	236935	171890	3501563	3490081
鞋帽批发	640596	594447	49387	39586	580037	542072
家用电器批发	908730	802096	26745	7961	537534	490600
文化、体育用品及器材批发	1184437	1020689	163847	132945	1978238	1921142
文具用品批发	153139	109528	59285	46059	109963	94688
体育用品及器材批发	107517	93353	24055	20639	-60481	-31033
图书批发	265002	233527	-13857	-14714	235866	224540
医药及医疗器材批发	2701040	2414486	548531	507966	2512762	2325634
西药批发	1265173	1128433	403012	380192	1175328	1081152
中药批发	486089	430628	135664	123897	573254	544637
矿产品、建材及化工产品批发	11353271	8091406	8741259	5892547	15962674	13891082
煤炭及制品批发	2148401	1658948	1558761	1147786	4374909	3856929
石油及制品批发	2599079	2256390	1074493	838817	6900920	6619606
金属及金属矿批发	2889908	1821667	4182756	2659074	1460942	1055269
建材批发	1104956	583847	641031	350183	1290897	913872
化肥批发	417802	326234	402058	352846	354748	264251
农药批发	65341	56780	48254	45241	42488	31439
机械设备、五金产品及电子产品批发	7434273	6237788	1131645	938741	8961783	8170184
汽车批发	1127440	1047259	329449	283733	4238182	4071532
计算机、软件及辅助设备批发	622291	425542	66894	58931	374010	433021
通讯及广播电视设备批发	1155114	1100484	93840	76199	578366	538273
贸易经纪与代理	561451	462789	132285	112776	780255	649573
其他批发业	1069011	767196	614269	436249	854491	621107
(三)按控股情况分						
国有控股	14559083	13750432	3768995	3320512	32251878	31056967
集体控股	869191	657895	454815	368943	1038869	845498
私人控股	12800324	8003137	7237537	4238857	13131392	9956024
港澳台控股	2732294	2435560	353933	309534	2523950	2525299
外商控股	6291829	5871123	277158	224818	7874462	7360954

单位：万元

利润总额		应交所得税		应付职工薪酬		应交增值税	
限额以上	大中型企业	限额以上	大中型企业	限额以上	大中型企业	限额以上	大中型企业
1213866	973240	135586	101497	603276	405819	1072458	135546
23303927	21666781	5258944	4961692	7047998	6604011	7641876	7289400
242368	138414	40219	31236	395363	332870	169302	135456
475149	361942	50385	42553	273796	224916	87632	75776
5145509	4679914	1165228	1060100	888343	807539	1416563	1315934
15889089	15326764	3754841	3614336	4615780	4570627	5454314	5336153
6797093	6204672	1552661	1423811	4460831	3741702	3315577	2700995
3398980	3237474	770527	746645	1242845	1129402	903506	838498
611490	573842	145873	134495	345043	315059	236254	216128
686260	637850	148620	135956	1013230	883023	739544	674508
2025545	1947187	342367	317167	1133191	964987	381279	312648
105105	94499	13982	10858	301515	239378	50285	34494
-55090	-34696	17591	16678	64893	51656	39474	29236
260812	246480	19322	16266	205123	183535	68265	60599
2609524	2428165	611599	572601	2299283	2106217	1892699	1743983
1222176	1125344	287905	268825	1252089	1153335	1032575	970018
583789	557607	121824	115562	445835	401865	470264	432912
16285255	13940653	3643782	2845028	8748946	6865246	12379185	9744176
4268680	3797588	708562	582650	1598830	1181015	2699860	2166164
6705392	6402233	1445640	1296095	3110274	2870755	4805399	4282789
1750413	1353176	742835	457755	1758807	1160156	2861555	1985636
982444	695763	191229	107794	570428	395096	582919	343209
489486	358654	94393	76706	296450	227796	162380	126260
66877	55218	10288	8608	50094	43338	-4263	-7549
9799375	9100179	2170351	1982613	6053741	5231799	3701877	3158609
4434830	4367719	1032715	1015923	1001067	953647	1086001	1044946
328068	388219	80333	68621	507434	357601	67037	21365
915091	878036	125246	118031	1039522	1008824	436899	383023
859530	712838	216651	184649	413045	358402	123411	98033
1056506	777838	273529	210744	671479	473077	1471231	834571
34381386	32920547	7484540	7064479	12478004	11783310	15657516	13979563
1130006	906303	218529	188566	556199	453516	641059	519113
13110093	9668792	2867633	2003870	9366535	6243676	9024840	5469893
3004507	2848045	783599	721504	2124748	1971227	1315283	1211296
9095057	8532547	2097375	1965035	5050944	4783480	3316426	3178374

1-6 续表 4

项　　目	主营业务收入		主营业务成本	
	限额以上	大中型企业	限额以上	大中型企业
二、零售业	**727183483**	**586834334**	**645937335**	**520312281**
(一)按登记注册类型分				
1.内资企业	**637669074**	**501095391**	**570872055**	**448444564**
国有企业	53119032	47046754	48033096	42891476
集体企业	13099267	7253813	11360669	6192476
股份合作企业	4577435	3076757	4092183	2741078
联营企业	2185559	1111059	1982161	994288
国有联营企业	909303	497566	828086	449963
集体联营企业	331499	177811	287861	153384
国有与集体联营企业	548282	245531	510283	224893
其他联营企业	396475	190151	355931	166049
有限责任公司	237141472	197622149	211076173	175516015
国有独资公司	3350446	2483336	2922229	2115191
其他有限责任公司	233791027	195138814	208153944	173400824
股份有限公司	97649856	93850568	88307739	85025435
私营企业	212885974	140334457	191126872	125468478
私营独资企业	21133827	8683012	19632143	7528410
私营合伙企业	3438820	1598712	2992987	1382628
私营有限责任公司	177022118	123031633	158548916	110332286
私营股份有限公司	11291210	7021100	9952825	6225154
其他企业	17010479	10799834	14893162	9615318
2.港、澳、台商投资企业	**43809257**	**42899134**	**36668493**	**35902745**
合资经营企业	11231764	10932907	9451814	9188353
合作经营企业	3957251	3887273	3692689	3632070
独资经营企业	25318274	24796432	20885244	20458338
投资股份有限公司	850793	839690	613622	604879
其他港澳台商投资企业	2451176	2442832	2025123	2019104
3.外商投资企业	**45705152**	**42839810**	**38396788**	**35964973**
中外合资经营企业	20589011	18551779	17897891	16130944
中外合作经营企业	2456794	2388972	2101791	2047057
外资企业	21757109	21010555	17610857	17012390
外商投资股份有限公司	621014	609010	552949	542430
其他外商投资企业	281225	279494	233301	232152

单位：万元

主营业务税金及附加		主营业务利润		其他业务利润		销售费用	
限额以上	大中型企业	限额以上	大中型企业	限额以上	大中型企业	限额以上	大中型企业
3758787	**2642514**	**77487361**	**63879539**	**9337184**	**8439101**	**42700140**	**37187239**
3302324	**2200709**	**63494695**	**50450118**	**7217635**	**6487906**	**33046403**	**27932569**
161703	112969	4924233	4042308	365252	309095	2206502	1932411
110996	57989	1627602	1003349	67685	53504	421956	274182
27670	15966	457582	319714	47787	41808	164236	110554
11764	7313	191634	109458	5658	4544	80449	55648
4407	2933	76810	44671	2254	1474	33703	23793
3830	2165	39808	22262	257	71	16702	13278
1350	990	36650	19649	2612	2538	13508	6883
2178	1226	38366	22876	534	461	16535	11694
1053920	849932	25011379	21256202	3528921	3226145	14689772	12967602
19516	17150	408701	350994	82432	78825	197880	167703
1034404	832782	24602679	20905208	3446489	3147320	14491892	12799898
412491	369506	8929626	8455626	1299115	1284041	4720826	4565783
1363636	710459	20395466	14155520	1754858	1470341	10023129	7484858
299869	90900	1201815	1063702	76115	43246	737162	378079
47832	20828	398001	195256	17241	13996	147454	81146
943622	560579	17529580	12138768	1559897	1336892	8412539	6585256
72313	38152	1266072	757794	101604	76208	725974	440377
160145	76576	1957172	1107940	148359	98428	739535	541532
270924	**265044**	**6869840**	**6731345**	**884985**	**866734**	**4265538**	**4195906**
62499	61290	1717451	1683264	294114	292201	982289	968828
3689	3507	260873	251696	6393	5928	55384	53234
183703	180163	4249327	4157931	522933	514886	2881842	2830433
5091	4180	232080	230631	23067	15287	76094	74371
15943	15904	410110	407824	38478	38431	269930	269040
185539	**176761**	**7122825**	**6698076**	**1234564**	**1084460**	**5388199**	**5058764**
69132	65587	2621989	2355248	703927	568361	2055178	1815560
8778	8390	346225	333526	72418	71293	270529	266575
104033	99228	4042218	3898937	445929	433285	2990285	2906612
2193	2166	65872	64414	7608	6840	37640	36094
1403	1391	46522	45951	4681	4681	34567	33924

1-6 续表 5

项　　目	管理费用		财务费用		营业利润	
	限额以上	大中型企业	限额以上	大中型企业	限额以上	大中型企业
二、零售业	**23051351**	**18759827**	**5000109**	**4038727**	**17130514**	**11659213**
(一)按登记注册类型分						
1.内资企业	**18917615**	**14793084**	**4578569**	**3649404**	**15059775**	**9778008**
国有企业	1270335	947500	152503	134164	1577198	1242458
集体企业	391152	238952	72540	46656	631873	392817
股份合作企业	156022	112633	31231	25131	163524	115154
联营企业	35055	20373	8215	6378	72537	31469
国有联营企业	12079	7286	2890	2340	29420	13675
集体联营企业	6798	2565	1562	840	15982	6223
国有与集体联营企业	6956	5083	1704	1596	15867	6808
其他联营企业	9222	5440	2059	1602	11268	4764
有限责任公司	7159631	6043988	1736648	1445641	4032639	3040267
国有独资公司	150383	128631	2291	-231	155787	149984
其他有限责任公司	7009248	5915358	1734357	1445871	3876852	2890283
股份有限公司	2641631	2533940	430356	402438	3188279	3001517
私营企业	6789321	4570422	2007180	1487003	4725826	1741975
私营独资企业	676707	272438	176350	84511	1549974	387864
私营合伙企业	109165	56171	28346	13995	187258	54701
私营有限责任公司	5662848	4014655	1713185	1336331	2787567	1162746
私营股份有限公司	340601	227158	89299	52166	201027	136664
其他企业	474468	325277	139897	101995	667899	212350
2.港、澳、台商投资企业	**2060023**	**2025475**	**221997**	**211254**	**1387029**	**1319569**
合资经营企业	409052	400133	96015	93082	598831	585650
合作经营企业	133359	131914	-3243	-3435	252286	246527
独资经营企业	1334234	1310988	115066	113455	368350	341889
投资股份有限公司	109604	109290	11622	5738	78169	56806
其他港澳台商投资企业	73774	73151	2537	2414	89393	88697
3.外商投资企业	**2073713**	**1941269**	**199543**	**178069**	**683710**	**561637**
中外合资经营企业	664187	585826	59123	53735	515261	437754
中外合作经营企业	84118	83235	1474	1205	60173	51377
外资企业	1286919	1234634	133539	117812	95968	59802
外商投资股份有限公司	28121	27346	3296	3205	6819	7007
其他外商投资企业	10368	10228	2112	2111	5489	5698

单位：万元

利润总额		应交所得税		应付职工薪酬		应交增值税	
限额以上	大中型企业	限额以上	大中型企业	限额以上	大中型企业	限额以上	大中型企业
16281022	**11939842**	**3698672**	**2979588**	**23302136**	**19812777**	**15021641**	**12059889**
14095358	**9940989**	**2913848**	**2226054**	**19925571**	**16496990**	**12955140**	**10083806**
1478984	1217520	194615	147104	1583955	1420233	977731	866362
502641	301653	69393	40601	317038	208395	178552	98990
146462	104772	18796	11467	123960	97478	69835	51951
70739	32127	10501	2753	61925	28989	45833	30305
28416	13285	4262	1462	39038	14990	16155	11406
13323	5666	1668	545	7244	4948	12107	9626
17354	8306	2543	48	7797	3911	9568	6675
11646	4870	2029	698	7847	5140	8003	2598
4034956	3216678	1169327	1017981	7859523	6820988	4706084	4215072
170275	158674	38135	36230	152135	132735	80320	72615
3864681	3058004	1131192	981751	7707388	6688252	4625764	4142457
3172479	3033275	479408	460825	2878836	2752764	2079628	2026586
4240083	1855363	897292	508422	6595396	4837615	4589301	2569895
1360157	324747	178789	53694	569434	266603	395658	177760
134874	32647	16017	3422	77969	44222	52654	22549
2597919	1390349	658393	425614	5661305	4293104	3998826	2258356
147133	107620	44093	25693	286688	233687	142164	111229
449014	179600	74517	36901	504938	330530	308178	224646
1470623	**1408751**	**404139**	**397695**	**1599244**	**1572270**	**1125122**	**1103786**
624646	612739	125475	124045	437684	429467	312984	308857
267901	263751	38752	38044	25975	24800	17128	16183
407854	383889	213948	209672	1003498	986539	703572	687608
79559	58405	10784	10777	35157	34608	35015	34730
90664	89968	15181	15157	96930	96857	56422	56407
715041	**590101**	**380685**	**355839**	**1777321**	**1743517**	**941379**	**872297**
526046	444074	177063	162804	635300	627430	377627	336964
62973	54153	15675	14252	75769	74657	43146	41416
109966	75429	184014	174855	1037032	1012833	493425	467318
10560	10745	3281	3276	22816	22321	22869	22399
5497	5699	652	652	6404	6276	4312	4200

1-6 续表 6

项　　目	主营业务收入		主营业务成本	
	限额以上	大中型企业	限额以上	大中型企业
(二)按国民经济行业分				
综合零售	182836933	168435800	154780700	142569955
百货零售	99239719	92893021	83331959	78027544
超级市场零售	75061157	69787882	64390974	59788032
食品、饮料及烟草制品专门零售	22098354	13410810	18322369	10947357
粮油零售	5814353	4324738	5421236	4082922
肉、禽、蛋、奶及水产品零售	3146701	1872679	2717581	1616270
酒、饮料及茶叶零售	4815005	2368348	3571326	1587523
烟草制品零售	2195102	1350953	1792422	1070694
纺织、服装及日用品专门零售	29454503	22599597	21844059	16229613
服装零售	19231581	15396446	14109407	11003716
文化、体育用品及器材专门零售	18791804	13202917	15042301	10375044
体育用品及器材零售	1336107	1128115	1095367	914317
图书、报刊零售	7544229	5900710	5840900	4575381
医药及医疗器材专门零售	33446425	27635973	29624791	24600315
药品零售	31150667	26876659	27764914	24014519
汽车、摩托车、燃料及零配件专门零售	339774038	274877485	318219694	257319059
汽车零售	227467631	182471957	211935871	170550388
机动车燃料零售	105174395	89811738	100017067	84429189
家用电器及电子产品专门零售	58383887	41064507	51740207	36434043
日用家电设备零售	29109906	21185934	25381873	18369231
计算机、软件及辅助设备零售	14035220	9351632	12961320	8782431
通信设备零售	6528127	4958145	5854196	4487570
五金、家具及室内装饰材料专门零售	17316270	9058823	13912454	6908587
货摊、无店铺及其他零售业	25081269	16548424	22450760	14928309
互联网零售	9631516	9117208	9140416	8668107
(三)按控股情况分				
国有控股	164507447	152333324	148311993	137689412
集体控股	36372644	27345701	31968238	23846329
私人控股	361103905	258232959	323408273	230848530
港澳台控股	39744624	38903262	33429235	32718360
外商控股	40149840	37492078	33680983	31406484

单位：万元

主营业务税金及附加		主营业务利润		其他业务利润		销售费用	
限额以上	大中型企业	限额以上	大中型企业	限额以上	大中型企业	限额以上	大中型企业
1443990	1281709	26612243	24584136	5943360	5605588	16565454	15659010
902185	812553	15005575	14052924	2753779	2691049	6971129	6725545
459715	424382	10210468	9575468	3031845	2766683	8880686	8310441
211408	110634	3564577	2352819	137310	72604	1471357	1097582
19773	6836	373345	234981	19347	12736	113039	74682
40098	21401	389022	235008	11302	9462	131898	95018
75697	41879	1167982	738946	19618	10976	542371	396506
13683	8323	388996	271936	45983	18550	110063	74629
271825	195283	7338620	6174701	316481	269857	4303581	3885758
185413	142336	4936761	4250395	205963	177017	2946560	2693096
173247	111685	3576256	2716188	243002	191522	1791046	1476261
5943	5177	234797	208622	1847	689	124384	108297
28410	22017	1674920	1303311	154239	123294	777905	630952
136726	94477	3684908	2941181	150269	125397	2017182	1737027
121516	89674	3264236	2772465	140659	123627	1820866	1648421
787415	433063	20766929	17125363	1538782	1337292	10128397	8219619
536862	327798	14994899	11593770	1307548	1154576	6652114	5276127
181424	98075	4975903	5284474	202226	171400	3242407	2845340
298138	164877	6345542	4465587	630012	540213	3859639	3195710
172605	100497	3555427	2716206	308875	287794	2243021	1920522
50965	22481	1022935	546720	84898	58018	534796	383871
26799	16402	647133	454174	178345	149221	458685	385235
305462	195500	3098354	1954736	258508	210101	1048395	744994
130577	55286	2499932	1564829	119461	86527	1515088	1171277
15512	14252	475587	434848	17643	17373	759328	716969
565742	489437	15629712	14154475	1792411	1705146	7904725	7368374
220381	147357	4184025	3352015	625852	572552	1839071	1597679
2125264	1245560	35570367	26138869	3737722	3215538	18679789	14797923
247741	241725	6067648	5943178	861990	839865	3901195	3826314
163206	156972	6305651	5928622	1104755	962388	4934690	4637368

1-6 续表 7

项　　目	管理费用		财务费用		营业利润	
	限额以上	大中型企业	限额以上	大中型企业	限额以上	大中型企业
(二)按国民经济行业分						
综合零售	8454479	7931879	1240295	1120753	6063909	5228274
百货零售	5312660	5041674	914409	850862	4480638	4078036
超级市场零售	2780046	2602487	279925	240570	1290660	1114783
食品、饮料及烟草制品专门零售	853762	555482	126128	69510	1447311	912789
粮油零售	169005	122002	19626	6464	263705	216472
肉、禽、蛋、奶及水产品零售	99566	63267	22415	14748	151802	77384
酒、饮料及茶叶零售	195475	101169	46577	27645	414114	222158
烟草制品零售	115856	80609	1722	-754	217871	155193
纺织、服装及日用品专门零售	1960477	1709971	206518	165556	1277929	785637
服装零售	1386282	1246545	136194	111933	803927	497676
文化、体育用品及器材专门零售	1297614	1012632	134788	90116	610364	356249
体育用品及器材零售	94013	86157	7557	6511	14921	12024
图书、报刊零售	726931	586425	-8270	-9425	334178	232143
医药及医疗器材专门零售	1119623	873133	255175	223429	898223	666600
药品零售	979003	826179	243691	219565	814086	635751
汽车、摩托车、燃料及零配件专门零售	6160947	4615855	2528793	2079971	4336436	2748454
汽车零售	4829836	3772983	2287042	1934457	1383867	788871
机动车燃料零售	1136253	774239	193092	127649	2650643	1902504
家用电器及电子产品专门零售	1633752	1107336	233143	134497	1072738	407367
日用家电设备零售	867940	667551	107592	57333	517530	202021
计算机、软件及辅助设备零售	321472	160698	45118	25285	187940	46300
通信设备零售	188862	129260	40327	30473	94885	21792
五金、家具及室内装饰材料专门零售	702161	426888	176766	108834	1219591	674831
货摊、无店铺及其他零售业	868536	526651	98503	46061	204013	-120988
互联网零售	251801	237952	7284	7044	-534074	-513241
(三)按控股情况分						
国有控股	4207960	3739719	468761	430159	4907641	4344202
集体控股	1166008	937370	193648	153120	1293028	958464
私人控股	11246853	8166596	3362521	2593991	7447897	3466395
港澳台控股	1904453	1872580	208871	196979	1086932	1034881
外商控股	1893052	1765237	158309	139006	401456	313109

单位：万元

利润总额		应交所得税		应付职工薪酬		应交增值税	
限额以上	大中型企业	限额以上	大中型企业	限额以上	大中型企业	限额以上	大中型企业
5885967	5362946	1476282	1394566	7768630	7390886	3914590	3743361
4506440	4223542	1050555	1001820	3690081	3538319	2471834	2368792
1338371	1199653	391333	369089	3741135	3558855	1319505	1282589
1368738	875897	235028	163859	870838	528408	430178	248212
311972	245646	38037	31513	133836	34444	25311	12464
119903	53149	13523	7631	103296	73917	34983	21443
368354	192032	78206	42225	202223	102381	147089	84174
195280	145896	39955	32720	103545	79358	47895	29649
1088062	753130	325197	262790	1715765	1528814	939377	799944
634757	466447	222707	187778	1108890	1004605	667299	594589
651551	428196	103281	68656	1414756	1211372	376924	282795
17906	14965	4136	3323	49958	44223	33906	31225
364380	275350	25412	17438	952213	846343	146772	120108
846318	656078	167766	134479	1211274	1039577	692808	560366
765984	623347	149630	126094	1116116	991513	609367	530718
4403852	3059803	943961	685436	6949003	5583711	6869035	5116773
1533616	1100430	618214	487442	4943459	3972478	4646628	3164852
2598644	1909125	282854	182717	1782067	1542355	2114558	1908497
891994	350435	210060	124169	2089953	1645129	919081	670111
437850	194895	115226	77741	1277375	1099615	483458	374513
151554	39388	36355	17325	326354	177229	167233	104128
95487	32787	23608	10991	209441	173760	131151	108871
1014773	601400	130702	78671	574857	325909	294576	187431
129767	-148044	106396	66963	707061	558973	585073	450896
-508276	-491909	2885	2137	222086	214400	312221	301505
4956314	4455188	753801	660840	5047311	4694156	3509003	3307234
1090964	805855	196449	154776	1086509	918676	562392	457804
6761744	3689513	1616115	1116594	11394345	8818959	7249056	4849006
1178274	1129320	362702	357355	1387597	1363303	1073690	1052319
435281	345171	338284	316427	1553670	1522926	969081	911077

1-7 大中型批发和零售业企业经济效益分析指标

项目	负债比率(%)		主营业务毛利率(%)		人均营业收入(万元)		费用率(%)	
	限额以上	大中型企业	限额以上	大中型企业	限额以上	大中型企业	限额以上	大中型企业
总　计	**73.2**	**72.7**	**7.3**	**8.0**	**376.1**	**350.1**	**5.3**	**5.6**
一、批发业	**73.6**	**72.5**	**6.4**	**7.1**	**721.2**	**696.9**	**4.2**	**4.5**
(一)按登记注册类型分								
1.内资企业	**74.4**	**73.3**	**5.5**	**6.2**	**739.0**	**719.2**	**3.5**	**3.6**
国有企业	63.8	63.0	7.5	8.1	947.8	949.8	3.0	3.0
集体企业	80.2	81.7	6.8	6.4	303.9	305.3	4.7	4.7
股份合作企业	78.7	79.3	7.4	7.9	400.0	445.5	3.8	3.7
联营企业	84.5	81.7	4.3	4.4	689.1	630.8	2.9	3.1
国有联营企业	77.3	73.7	2.5	2.5	1195.5	1219.1	1.9	1.8
集体联营企业	88.4	95.0	4.6	7.6	294.8	96.2	4.1	7.6
国有与集体联营企业	84.4	84.9	4.2	4.5	985.2	948.4	2.8	2.9
其他联营企业	89.6	84.1	10.6	12.0	268.7	208.0	6.5	8.2
有限责任公司	79.0	79.5	4.3	4.7	902.9	853.8	3.2	3.4
国有独资公司	75.3	75.2	4.6	4.9	1601.6	1512.4	2.9	3.1
其他有限责任公司	79.6	80.5	4.3	4.7	853.3	799.4	3.2	3.5
股份有限公司	63.9	63.3	4.7	4.7	750.0	736.9	3.3	3.3
私营企业	79.2	80.1	5.8	7.2	532.4	436.7	4.4	5.2
私营独资企业	69.6	68.5	9.9	12.6	392.3	316.3	4.5	6.1
私营合伙企业	83.4	84.3	6.0	6.7	606.9	570.8	3.7	4.0
私营有限责任公司	79.5	80.5	5.6	6.9	543.2	445.6	4.4	5.2
私营股份有限公司	79.3	79.6	5.2	7.8	448.5	347.3	4.7	5.3
其他企业	74.9	73.1	7.2	8.5	494.2	451.9	3.8	4.2
2.港、澳、台商投资企业	**70.5**	**70.4**	**11.9**	**13.0**	**378.7**	**335.9**	**9.1**	**9.8**
合资经营企业	71.5	74.1	7.2	7.4	451.9	452.5	5.1	5.2
合作经营企业	59.6	63.9	18.2	18.4	154.9	155.5	6.1	5.8
独资经营企业	70.1	69.6	12.6	13.9	389.7	339.6	9.7	10.6
投资股份有限公司	79.2	75.3	15.7	23.9	139.3	90.0	18.3	28.5
其他港澳台商投资企业	86.0	86.1	22.4	22.1	65.3	66.5	23.5	23.5
3.外商投资企业	**66.9**	**66.4**	**12.2**	**12.4**	**787.9**	**771.7**	**9.3**	**9.5**
中外合资经营企业	77.2	77.2	7.1	7.1	1756.1	1839.7	5.3	5.4
中外合作经营企业	68.0	68.2	3.0	3.0	2481.7	2621.1	1.1	1.0
外资企业	64.1	63.7	14.4	14.8	643.0	617.7	11.1	11.5
外商投资股份有限公司	83.6	82.7	20.8	22.1	619.5	545.5	14.3	15.4
其他外商投资企业	79.6	84.2	19.2	21.0	85.6	81.0	18.8	21.4

注：费用率等于销售费用、管理费用、财务费用三项之和除以营业收入合计(下表同)。

1-7 续表 1

项目	负债比率(%)		主营业务毛利率(%)		人均营业收入(万元)		费用率(%)	
	限额以上	大中型企业	限额以上	大中型企业	限额以上	大中型企业	限额以上	大中型企业
(二)按国民经济行业分								
农、林、牧产品批发	74.7	74.2	6.0	6.1	381.5	410.8	5.3	5.5
食品、饮料及烟草制品批发	51.4	47.9	19.5	20.7	328.0	328.4	8.1	8.4
米、面制品及食用油批发	86.8	86.7	6.9	7.4	417.4	415.4	7.0	7.4
肉、禽、蛋、奶及水产品批发	67.3	66.2	10.2	10.4	194.2	186.4	6.4	6.5
酒、饮料及茶叶批发	59.1	57.4	27.3	29.5	242.3	238.0	13.2	14.3
烟草制品批发	21.6	20.0	23.2	23.6	488.9	459.7	6.5	6.7
纺织、服装及家庭用品批发	76.6	75.7	11.2	12.6	336.0	313.1	8.7	9.7
服装批发	71.2	70.0	14.6	16.1	308.9	302.1	9.2	9.9
鞋帽批发	73.9	73.1	16.4	19.6	233.1	204.8	11.5	13.7
家用电器批发	83.9	82.8	7.7	8.1	447.0	413.3	7.0	7.5
文化、体育用品及器材批发	70.9	70.4	10.9	11.9	353.8	347.0	6.5	6.9
文具用品批发	82.7	84.1	5.1	5.1	530.4	586.6	4.2	4.1
体育用品及器材批发	78.8	78.4	17.5	17.8	216.7	195.5	17.6	19.7
图书批发	54.0	53.4	13.3	12.9	169.1	180.5	11.1	10.8
医药及医疗器材批发	76.9	77.0	10.2	10.1	287.3	300.3	8.0	7.9
西药批发	78.0	78.1	7.5	7.3	319.4	340.4	6.1	5.8
中药批发	77.8	78.2	11.1	11.3	236.6	239.6	8.1	8.0
矿产品、建材及化工产品批发	76.8	76.3	3.1	3.4	1459.7	1445.3	2.3	2.3
煤炭及制品批发	72.1	72.1	4.7	4.6	1289.5	1329.1	3.2	3.1
石油及制品批发	70.4	70.2	3.6	3.8	1248.2	1180.7	1.9	1.9
金属及金属矿批发	81.6	81.7	1.6	2.0	2659.6	2849.7	1.8	1.8
建材批发	76.5	74.9	4.6	4.2	930.8	1036.4	3.2	2.7
化肥批发	80.1	80.3	3.7	3.7	675.9	802.4	3.4	3.3
农药批发	79.4	81.3	7.7	7.3	372.1	379.8	6.4	6.8
机械设备、五金产品及电子产品批发	72.8	73.1	8.4	8.5	616.9	678.4	6.1	6.2
汽车批发	76.0	75.9	9.1	9.2	1427.6	1572.9	5.6	5.7
计算机、软件及辅助设备批发	75.6	75.8	5.3	5.5	568.9	620.5	4.3	4.2
通讯及广播电视设备批发	68.2	66.8	6.4	6.5	651.6	658.1	5.5	5.6
贸易经纪与代理	83.5	85.0	5.1	5.3	923.9	872.6	4.5	5.0
其他批发业	76.5	75.8	6.2	6.4	611.4	631.4	4.7	5.1
(三)按控股情况分								
国有控股	67.8	67.3	5.5	6.0	1109.5	1066.7	2.8	2.9
集体控股	82.5	82.8	4.8	4.7	559.6	570.8	3.4	3.4
私人控股	79.0	79.6	5.8	7.0	524.6	438.2	4.4	5.1
港澳台控股	71.2	71.2	12.1	13.3	370.6	325.3	9.3	10.1
外商控股	66.6	66.2	13.0	13.2	744.1	724.4	10.0	10.2

1-7 续表 2

项　　目	负债比率(%)		主营业务毛利率(%)		人均营业收入(万元)		费用率(%)	
	限额以上	大中型企业	限额以上	大中型企业	限额以上	大中型企业	限额以上	大中型企业
二、零售业	**71.9**	**73.4**	**11.2**	**11.3**	**129.9**	**120.0**	**9.5**	**10.0**
(一)按登记注册类型分								
1.内资企业	**71.5**	**73.3**	**10.5**	**10.5**	**130.7**	**120.0**	**8.6**	**9.1**
国有企业	61.2	61.5	9.6	8.8	186.3	185.1	6.6	6.2
集体企业	64.5	69.5	13.3	14.6	109.5	82.1	6.7	7.6
股份合作企业	66.9	68.2	10.6	10.9	115.5	94.0	7.5	7.9
联营企业	59.3	69.6	9.3	10.5	176.3	125.1	5.6	7.4
国有联营企业	53.5	68.3	8.9	9.6	183.4	130.6	5.3	6.6
集体联营企业	69.0	76.2	13.2	13.7	112.2	82.7	7.5	9.3
国有与集体联营企业	65.8	79.9	6.9	8.4	270.8	200.8	4.0	5.5
其他联营企业	54.7	51.9	10.2	12.7	161.1	112.3	7.0	9.9
有限责任公司	76.5	78.4	11.0	11.2	119.8	110.6	9.7	10.1
国有独资公司	56.5	55.4	12.8	14.8	135.9	119.0	10.1	11.4
其他有限责任公司	76.9	78.8	11.0	11.1	119.6	110.5	9.7	10.1
股份有限公司	62.1	62.1	9.6	9.4	187.8	182.0	7.8	7.8
私营企业	73.1	77.4	10.2	10.6	120.3	102.3	8.6	9.5
私营独资企业	52.1	70.5	7.1	13.3	117.8	75.0	6.8	8.4
私营合伙企业	62.2	73.7	13.0	13.5	121.0	81.1	8.1	9.4
私营有限责任公司	76.4	79.3	10.4	10.3	120.2	106.5	8.8	9.5
私营股份有限公司	61.2	57.6	11.9	11.3	125.4	86.6	9.5	10.0
其他企业	71.8	78.4	12.4	11.0	111.3	87.8	7.8	8.8
2.港、澳、台商投资企业	**69.4**	**69.6**	**16.3**	**16.3**	**127.5**	**124.5**	**14.6**	**14.7**
合资经营企业	67.3	67.5	15.8	16.0	152.0	147.4	12.9	13.0
合作经营企业	67.8	68.2	6.7	6.6	569.8	584.9	4.6	4.6
独资经营企业	71.1	71.8	17.5	17.5	108.8	107.2	16.8	16.8
投资股份有限公司	73.9	67.1	27.9	28.0	121.6	92.4	22.6	22.3
其他港澳台商投资企业	61.7	61.7	17.4	17.3	105.0	103.9	13.9	13.9
3.外商投资企业	**78.4**	**78.1**	**16.0**	**16.0**	**120.6**	**116.4**	**16.1**	**16.1**
中外合资经营企业	76.9	75.9	13.1	13.0	126.9	122.2	13.1	12.8
中外合作经营企业	76.7	77.1	14.4	14.3	147.3	145.4	14.2	14.4
外资企业	79.4	79.4	19.1	19.0	113.1	109.3	19.3	19.3
外商投资股份有限公司	73.5	75.3	11.0	10.9	117.9	118.2	11.0	10.8
其他外商投资企业	70.9	69.4	17.0	16.9	139.6	140.8	16.4	16.2

1-7 续表 3

项目	负债比率(%)		主营业务毛利率(%)		人均营业收入(万元)		费用率(%)	
	限额以上	大中型企业	限额以上	大中型企业	限额以上	大中型企业	限额以上	大中型企业
(二)按国民经济行业分								
综合零售	73.4	73.8	15.3	15.4	78.6	73.9	13.7	14.1
百货零售	69.8	70.2	16.0	16.0	98.4	94.5	12.7	13.1
超级市场零售	79.9	79.9	14.2	14.3	62.8	58.6	15.2	15.3
食品、饮料及烟草制品专门零售	58.0	60.5	17.1	18.4	95.1	76.5	10.8	12.6
粮油零售	68.2	68.9	6.8	5.6	224.5	247.0	5.1	4.6
肉、禽、蛋、奶及水产品零售	52.0	52.5	13.6	13.7	75.5	54.6	7.9	9.1
酒、饮料及茶叶零售	60.1	67.7	25.8	33.0	96.2	74.7	15.5	21.9
烟草制品零售	38.3	37.5	18.3	20.7	122.6	103.9	10.2	11.2
纺织、服装及日用品专门零售	73.1	74.6	25.8	28.2	69.3	58.8	21.5	24.9
服装零售	76.0	77.0	26.6	28.5	68.1	58.9	22.7	25.7
文化、体育用品及器材专门零售	60.3	61.9	20.0	21.4	89.5	78.9	16.8	19.2
体育用品及器材零售	71.3	72.1	18.0	19.0	94.0	87.6	16.8	17.8
图书、报刊零售	53.3	55.1	22.6	22.5	65.1	60.6	19.3	19.9
医药及医疗器材专门零售	76.8	78.1	11.4	11.0	90.7	83.0	9.9	10.1
药品零售	76.9	78.1	10.9	10.6	88.3	82.4	9.6	9.8
汽车、摩托车、燃料及零配件专门零售	71.9	73.7	6.3	6.4	265.6	274.1	5.4	5.3
汽车零售	78.8	80.5	6.8	6.5	238.3	239.3	6.0	5.9
机动车燃料零售	50.9	53.0	4.9	6.0	376.3	403.1	4.2	4.1
家用电器及电子产品专门零售	73.3	75.4	11.4	11.3	129.2	127.5	9.6	10.6
日用家电设备零售	77.4	78.7	12.8	13.3	128.8	125.4	10.8	12.3
计算机、软件及辅助设备零售	66.3	73.8	7.7	6.1	174.0	208.9	6.4	6.0
通信设备零售	73.9	76.9	10.3	9.5	104.1	94.9	10.2	10.6
五金、家具及室内装饰材料专门零售	64.6	64.3	19.7	23.7	117.0	90.0	10.9	14.0
货摊、无店铺及其他零售业	77.8	84.8	10.5	9.8	184.7	167.0	9.7	10.4
互联网零售	108.0	109.5	5.1	4.9	213.9	199.1	10.5	10.4
(三)按控股情况分								
国有控股	61.4	61.7	9.8	9.6	193.6	189.2	7.5	7.4
集体控股	73.0	75.6	12.1	12.8	110.3	94.3	8.6	9.6
私人控股	74.1	77.3	10.4	10.6	118.4	103.9	9.0	9.7
港澳台控股	70.6	70.9	15.9	15.9	131.6	128.7	14.8	14.8
外商控股	79.8	79.8	16.1	16.2	125.7	117.6	16.7	16.8

1-8 大中型住宿和餐饮业企业基本情况

项　　目	住宿业					
	大中型		大型		中型	
	2012年	2011年	2012年	2011年	2012年	2011年
一、法人单位数(个)	**4089**	**3782**	**480**	**435**	**3609**	**3347**
二、年末从业人数(万人)	**129.7**	**122.5**	**32.2**	**30.4**	**97.5**	**92.1**
三、经营情况(亿元)						
营业额	2422.3	2218.0	854.0	790.0	1568.3	1428.0
客房收入	1018.1	957.7	360.9	343.0	657.2	614.7
餐费收入	1072.9	957.5	352.8	323.0	720.1	634.5
商品销售额	65.8	62.6	26.7	27.6	39.1	35.0
其他收入	265.5	240.2	113.6	96.4	151.9	143.7
四、实收资本及构成(亿元)						
实收资本	2088.0	1850.6	734.7	667.7	1353.3	1182.8
国家资本	587.6	588.3	253.0	242.0	334.7	346.3
集体资本	89.0	37.6	6.8	3.0	82.2	34.6
法人资本	751.8	607.2	240.6	194.3	511.1	412.9
个人资本	253.0	192.5	42.5	23.5	210.5	169.0
港澳台资本	251.5	263.7	126.8	140.1	124.7	123.6
外商资本	155.1	161.3	65.0	64.8	90.0	96.5
五、主要财务指标(亿元)						
(一)年末资产负债						
流动资产合计	2232.0	1906.1	843.5	749.1	1388.5	1157.0
固定资产原价	4634.9	4287.6	1743.5	1625.5	2891.5	2662.1
累计折旧	1772.6	1638.8	701.8	636.2	1070.8	1002.6
资产总计	6710.9	5987.9	2540.4	2303.7	4170.6	3684.2
负债合计	4719.4	4111.2	1588.6	1436.1	3130.9	2675.1
所有者权益	1991.5	1876.7	951.8	867.6	1039.7	1009.2
(二)损益及分配						
主营业务收入	2390.7	2253.4	850.0	834.3	1540.7	1419.1
主营业务成本	780.4	749.1	247.4	256.3	532.9	492.8
主营业务税金及附加	128.3	121.3	45.5	43.9	82.8	77.5
主营业务利润	1482.0	1383.0	557.1	534.1	924.9	848.8
其他业务利润	46.8	16.0	17.4	4.4	29.4	11.6
销售费用	694.2	625.5	215.3	199.8	478.8	425.7
管理费用	691.8	625.1	246.7	223.6	445.1	401.5
财务费用	117.8	98.3	45.6	38.8	72.3	59.4
营业利润	5.2	51.9	64.3	79.7	-59.2	-27.8
利润总额	14.7	49.0	62.4	77.6	-47.7	-28.5
应交所得税	24.3	24.9	15.6	16.1	8.7	8.8
应付职工薪酬	483.1	409.1	165.3	135.3	317.8	273.8

1-8 续表

项目	餐饮业					
	大中型		大型		中型	
	2012年	2011年	2012年	2011年	2012年	2011年
一、法人单位数(个)	**3209**	**2947**	**331**	**267**	**2878**	**2680**
二、年末从业人数(万人)	**136.3**	**123.2**	**70.2**	**61.4**	**66.1**	**61.9**
三、经营情况(亿元)						
营业额	2586.7	2204.3	1388.8	1117.6	1197.8	1086.7
客房收入	117.1	94.0	23.5	15.4	93.6	78.6
餐费收入	2355.2	2018.6	1320.3	1071.0	1034.9	947.5
商品销售额	61.3	48.7	27.9	19.7	33.5	29.1
其他收入	53.0	43.0	17.2	11.5	35.9	31.5
四、实收资本及构成(亿元)						
实收资本	472.2	420.0	168.8	130.9	303.5	289.1
国家资本	32.2	29.2	9.8	10.7	22.3	18.5
集体资本	8.7	8.7	3.4	1.5	5.3	7.2
法人资本	186.1	148.1	58.6	41.5	127.5	106.6
个人资本	126.0	124.5	23.2	17.5	102.8	107.0
港澳台资本	52.6	48.9	20.0	16.0	32.7	32.9
外商资本	66.7	60.6	53.8	43.8	12.9	16.9
五、主要财务指标(亿元)						
(一)年末资产负债						
流动资产合计	1006.4	785.3	373.7	268.9	632.7	516.3
固定资产原价	977.6	754.4	406.1	302.2	571.5	452.2
累计折旧	321.7	254.3	146.0	109.4	175.7	145.0
资产总计	2308.2	1773.0	960.2	706.2	1348.0	1066.8
负债合计	1613.6	1210.1	614.2	431.9	999.4	778.2
所有者权益	694.6	562.8	345.9	274.4	348.7	288.4
(二)损益及分配						
主营业务收入	2467.3	2184.1	1290.5	1114.2	1176.8	1069.9
主营业务成本	1139.5	1033.7	569.7	501.1	569.8	532.6
主营业务税金及附加	132.8	117.8	70.8	61.0	62.0	56.8
主营业务利润	1195.0	1032.5	649.9	552.1	545.0	480.5
其他业务利润	20.8	8.1	6.2	0.9	14.6	7.2
销售费用	807.3	651.4	457.8	353.0	349.5	298.4
管理费用	280.4	226.1	124.6	97.9	155.8	128.2
财务费用	43.3	29.8	15.6	8.9	27.7	20.9
营业利润	119.3	136.3	101.4	96.5	17.9	39.8
利润总额	134.6	127.1	102.6	98.0	32.0	29.1
应交所得税	36.6	34.2	25.7	22.6	11.0	11.5
应付职工薪酬	403.1	314.9	205.9	155.0	197.2	159.9

1-9 大中型住宿和餐饮业企业单位数和从业人数

项目	法人单位数(个)		年末从业人数(人)	
	限额以上	大中型企业	限额以上	大中型企业
总　计	**40499**	**7298**	**4544590**	**2660310**
一、住宿业	**17109**	**4089**	**2107502**	**1296835**
(一)按登记注册类型分				
1. 内资企业	**16129**	**3556**	**1861890**	**1084889**
国有企业	2829	813	401892	257010
集体企业	592	85	49999	20510
股份合作企业	179	28	15813	7060
联营企业	60	21	7562	5026
国有联营企业	27	9	3913	2511
集体联营企业	13	2	1022	226
国有与集体联营企业	10	6	1413	1247
其他联营企业	10	4	1214	1042
有限责任公司	4582	1354	655923	438157
国有独资公司	139	59	25643	19672
其他有限责任公司	4443	1295	630280	418485
股份有限公司	528	148	70508	48068
私营企业	6646	985	586448	271896
私营独资企业	1458	125	101772	31678
私营合伙企业	389	26	23229	6508
私营有限责任公司	4470	770	429418	216711
私营股份有限公司	329	64	32029	16999
其他企业	713	122	73745	37162
2. 港、澳、台商投资企业	**544**	**316**	**146661**	**129154**
合资经营企业	248	155	72498	64936
合作经营企业	68	46	19501	17473
独资经营企业	198	103	48586	42098
投资股份有限公司	28	11	5759	4437
其他港澳台商投资企业	2	1	317	210
3. 外商投资企业	**436**	**217**	**98951**	**82792**
中外合资经营企业	187	107	46581	39564
中外合作经营企业	60	35	16138	14511
外资企业	171	69	32703	26211
外商投资股份有限公司	13	4	2364	1705
其他外商投资企业	5	2	1165	801
(二)按国民经济行业分				
旅游饭店	11629	3643	1746336	1181419
一般旅馆	4983	381	321212	99243
其他住宿业	497	65	39954	16173
(三)按控股情况分				
国有控股	3743	1274	595231	422136
集体控股	974	215	105059	59009
私人控股	9749	1636	950211	476773
港澳台控股	433	250	113039	99861
外商控股	298	138	62522	51175

1-9 续表

项目	法人单位数(个)		年末从业人数(人)	
	限额以上	大中型企业	限额以上	大中型企业
二、餐饮业	**23390**	**3209**	**2437088**	**1363475**
(一)按登记注册类型分				
1.内资企业	**22200**	**2772**	**1876851**	**836595**
国有企业	659	108	70715	31050
集体企业	359	15	20762	2907
股份合作企业	233	16	16408	6057
联营企业	23	3	1881	721
国有联营企业	2		55	
集体联营企业	12	1	860	262
国有与集体联营企业				
其他联营企业	9	2	966	459
有限责任公司	4809	862	496914	260683
国有独资公司	53	14	8626	5973
其他有限责任公司	4756	848	488288	254710
股份有限公司	449	73	70021	46764
私营企业	14353	1584	1103936	461133
私营独资企业	4044	213	216440	48656
私营合伙企业	634	46	34841	8686
私营有限责任公司	9119	1259	802198	378912
私营股份有限公司	556	66	50457	24879
其他企业	1315	111	96214	27280
2.港、澳、台商投资企业	**619**	**255**	**171514**	**150357**
合资经营企业	158	56	50374	43597
合作经营企业	31	17	8527	7584
独资经营企业	417	178	111400	98533
投资股份有限公司	10	4	1000	643
其他港澳台商投资企业	3		213	
3.外商投资企业	**571**	**182**	**388723**	**376523**
中外合资经营企业	158	36	86732	81203
中外合作经营企业	26	11	6069	5184
外资企业	354	128	292451	288129
外商投资股份有限公司	23	6	2807	1887
其他外商投资企业	10	1	664	120
(二)按国民经济行业分				
正餐服务	21924	2886	1896449	863425
快餐服务	837	219	440396	424050
饮料及冷饮服务	188	26	33115	26939
其他餐饮业	441	78	67128	49061
(三)按控股情况分				
国有控股	931	213	135150	83694
集体控股	603	69	52647	23285
私人控股	18969	2232	1533579	658413
港澳台控股	575	235	160975	141446
外商控股	478	162	348276	339615

1-10 大中型住宿和餐饮业

项目	营业额		客房收入	
	限额以上	大中型企业	限额以上	大中型企业
总计	**79542841**	**50089858**	**18625069**	**11351998**
一、住宿业	**35344388**	**24223038**	**16179135**	**10181011**
(一)按登记注册类型分				
1.内资企业	**29683123**	**19082193**	**13481359**	**7784507**
国有企业	6414419	4544823	2671903	1781938
集体企业	838515	422660	330579	144419
股份合作企业	226803	116484	102856	43842
联营企业	132010	93878	60003	37605
国有联营企业	60011	41439	32480	19351
集体联营企业	22410	11169	7975	3861
国有与集体联营企业	27193	24795	9356	7853
其他联营企业	22397	16476	10192	6540
有限责任公司	10639544	7774070	4989227	3366849
国有独资公司	424383	358396	191372	156591
其他有限责任公司	10215161	7415673	4797855	3210258
股份有限公司	1215594	864372	510358	323337
私营企业	9114485	4648235	4296702	1816437
私营独资企业	1611986	538599	735461	212644
私营合伙企业	375662	109242	179652	37076
私营有限责任公司	6565735	3647636	3130851	1433109
私营股份有限公司	561103	352758	250737	133608
其他企业	1101754	617672	519731	270081
2.港、澳、台商投资企业	**3309539**	**3045243**	**1546341**	**1399033**
合资经营企业	1685539	1579708	785955	731398
合作经营企业	433231	400633	194228	181298
独资经营企业	1082480	981094	515140	448410
投资股份有限公司	105305	81418	49633	36662
其他港澳台商投资企业	2984	2389	1385	1264
3.外商投资企业	**2351726**	**2095603**	**1151435**	**997470**
中外合资经营企业	1154260	1044284	550546	487033
中外合作经营企业	369205	338383	166628	150894
外资企业	778225	674703	413075	345649
外商投资股份有限公司	35226	25486	17002	10412
其他外商投资企业	14810	12748	4185	3483
(二)按国民经济行业分				
旅游饭店	29531340	22128336	12837512	9120559
一般旅馆	5154009	1808122	2996715	925690
其他住宿业	659040	286581	344908	134762
(三)按控股情况分				
国有控股	10317945	7983620	4414890	3270660
集体控股	1814681	1146506	742712	430114
私人控股	14502139	7992034	6870618	3212996
港澳台控股	2612733	2380926	1226513	1098484
外商控股	1467724	1282878	764805	642286

企业经营情况

单位：万元

餐费收入		商品销售额		其他收入	
限额以上	大中型企业	限额以上	大中型企业	限额以上	大中型企业
54427611	**34281215**	**2185013**	**1271240**	**4305148**	**3185405**
14760317	**10729019**	**982575**	**658080**	**3422361**	**2654928**
12607116	**8731240**	**838940**	**522820**	**2755708**	**2043626**
2726926	1986774	200539	139037	815050	637073
397262	219781	19586	9373	91087	49088
92378	51400	8390	6014	23179	15230
54927	42827	4986	4068	12095	9379
20733	16681	320	54	6478	5353
13011	7079	464	30	960	199
10768	10397	3953	3924	3116	2621
10416	8671	249	60	1541	1205
4392972	3443482	268024	185838	989321	777901
168472	146606	12666	11018	51874	44182
4224500	3296876	255358	174820	937448	733719
510843	382869	68093	52880	126300	105287
3963279	2330889	238793	109704	615711	391205
732663	266839	62694	19680	81168	39436
158365	58744	15363	3698	22282	9724
2813676	1821805	143515	75428	477692	317294
258575	183500	17222	10899	34568	24751
468529	273220	30529	15907	82965	58464
1261099	**1180166**	**111481**	**108086**	**390620**	**357958**
652387	616443	28490	27089	218707	204778
167054	154123	22287	21720	49662	43492
395432	371603	60029	58924	111880	102157
44798	37002	674	353	10200	7401
1428	995			171	130
892102	**817614**	**32155**	**27174**	**276033**	**253345**
433272	400001	11113	8068	159330	149182
162576	150485	7639	7631	32361	29373
274555	249411	13029	11132	77566	68512
14012	11353	353	327	3860	3394
7688	6364	21	17	2916	2883
12865515	9951306	829369	608259	2998945	2448213
1675711	673987	130027	40668	351556	167777
219092	103726	23180	9154	71860	38939
4229785	3359394	317475	242510	1355795	1111056
813222	542628	54658	36759	204089	137004
6223629	3887737	369862	183780	1038030	707520
980210	904690	97721	93494	308290	284257
534652	485666	19702	16795	148566	138131

1-10 续表

项目	营业额		客房收入	
	限额以上	大中型企业	限额以上	大中型企业
二、餐饮业	**44198453**	**25866820**	**2445934**	**1170988**
(一)按登记注册类型分				
1. 内资企业	**32804109**	**15297375**	**2362620**	**1111010**
国有企业	1077558	503997	215580	99556
集体企业	352403	76664	40451	6018
股份合作企业	266814	95551	19492	5484
联营企业	59357	44891	1278	
国有联营企业	1407		243	
集体联营企业	47299	39145	356	
国有与集体联营企业				
其他联营企业	10651	5746	680	
有限责任公司	8611660	4806418	682764	410267
国有独资公司	149736	111106	12597	9336
其他有限责任公司	8461924	4695312	670168	400932
股份有限公司	1364221	1034028	86843	52071
私营企业	19609125	8296638	1184834	495624
私营独资企业	4437573	901428	322636	69109
私营合伙企业	617692	182930	49258	14231
私营有限责任公司	13665453	6777833	760486	391751
私营股份有限公司	888407	434446	52454	20533
其他企业	1462970	439188	131379	41990
2. 港、澳、台商投资企业	**3398907**	**2963409**	**46762**	**36034**
合资经营企业	828697	709955	14272	10300
合作经营企业	219361	201628	2445	2072
独资经营企业	2322240	2034680	30009	23662
投资股份有限公司	24969	17147	35	
其他港澳台商投资企业	3640			
3. 外商投资企业	**7995437**	**7606036**	**36552**	**23944**
中外合资经营企业	1946982	1832896	25675	20931
中外合作经营企业	154410	134817	2339	558
外资企业	5829414	5597467	7120	2455
外商投资股份有限公司	53001	36539	1164	
其他外商投资企业	11630	4317	255	
(二)按国民经济行业分				
正餐服务	33563155	16292551	2418491	1161191
快餐服务	8826490	8215110	7618	2208
饮料及冷饮服务	672412	556702	448	
其他餐饮业	1136396	802457	19377	7589
(三)按控股情况分				
国有控股	2213905	1480811	288965	155854
集体控股	971739	539187	103943	53371
私人控股	26707371	11870224	1727107	764866
港澳台控股	3232388	2822912	46763	35490
外商控股	7222843	6900362	23094	16449

单位：万元

餐费收入		商品销售额		其他收入	
限额以上	大中型企业	限额以上	大中型企业	限额以上	大中型企业
39667294	**23552196**	**1202437**	**613160**	**882787**	**530476**
28592194	**13236996**	**1082457**	**510581**	**766837**	**438788**
748326	339408	40552	17220	73101	47813
277065	62123	16998	4162	17889	4361
222397	74414	16754	10330	8170	5324
44321	31917	13290	12974	468	
1081				83	
33774	26171	13136	12974	33	
9466	5746	154		352	
7324601	4006636	321867	190428	282428	199087
100401	71017	12154	7317	24585	23437
7224200	3935619	309713	183111	257844	175650
1140986	866691	104391	91592	32001	23673
17576734	7483334	527011	173053	320546	144627
3878047	792352	162357	22122	74532	17845
546954	163584	15421	3548	6060	1568
12365511	6130656	330745	139616	208712	115810
786222	396742	18488	7767	31243	9403
1257765	372473	41594	10821	32233	13904
3232394	**2832323**	**70690**	**63004**	**49061**	**32049**
773161	673140	16158	12873	25105	13642
204850	187830	8812	8689	3254	3037
2228150	1955074	44248	41442	19833	14502
22902	16279	1163		868	868
3332		309			
7842706	**7482878**	**49290**	**39575**	**66889**	**59640**
1885019	1784138	19207	14068	17081	13759
134389	118707	357	188	17325	15364
5763652	5541781	26705	22883	31938	30348
48480	33935	3020	2436	336	169
11166	4317			209	
29307274	14167953	1073685	522038	763705	441369
8712092	8145716	42228	22968	64552	44219
622960	515606	39636	34187	9368	6909
1024969	722922	46889	33967	45161	37980
1640924	1111866	118680	85937	165336	127154
715746	369712	110186	93184	41864	22920
23787979	10606155	714942	264443	477344	234760
3080281	2704951	63860	58034	41485	24437
7106319	6801792	31998	26104	61431	56018

1-11 大中型住宿和餐饮业

项　　目	流动资产合计		固定资产原价	
	限额以上	大中型企业	限额以上	大中型企业
总　　计	**48765005**	**32384603**	**80258377**	**56125384**
一、住宿业	**31372999**	**22320238**	**62931973**	**46349315**
(一)按登记注册类型分				
1.内资企业	**25364541**	**17141661**	**48668689**	**33756062**
国有企业	4211540	3071826	13646176	9909941
集体企业	489122	250652	1328896	710571
股份合作企业	195026	124630	354172	187545
联营企业	87657	63249	241107	174258
国有联营企业	47089	33565	128599	90201
集体联营企业	10660	4546	23502	4725
国有与集体联营企业	13783	11036	70100	61739
其他联营企业	16125	14101	18906	17593
有限责任公司	10447000	7801404	19155113	14645837
国有独资公司	281894	215445	1294833	1136125
其他有限责任公司	10165106	7585959	17860281	13509713
股份有限公司	1135092	908891	1998297	1441346
私营企业	7792657	4322384	10646278	5979261
私营独资企业	937859	396380	1459588	470308
私营合伙企业	238939	114013	395678	140870
私营有限责任公司	6107655	3467630	8003351	4815132
私营股份有限公司	508204	344360	787661	552952
其他企业	1006449	598627	1298650	707303
2.港、澳、台商投资企业	**3465543**	**2986024**	**8440685**	**7487963**
合资经营企业	1858582	1617249	4332648	3966219
合作经营企业	544944	451482	1103800	906349
独资经营企业	952298	838142	2661441	2377472
投资股份有限公司	105453	75309	326464	221592
其他港澳台商投资企业	4266	3841	16331	16331
3.外商投资企业	**2542915**	**2192553**	**5822599**	**5105290**
中外合资经营企业	1213126	1096567	2504143	2197432
中外合作经营企业	350806	295810	868091	769892
外资企业	941435	771463	2123467	1840604
外商投资股份有限公司	17794	11033	305218	276647
其他外商投资企业	19753	17680	21680	20716
(二)按国民经济行业分				
旅游饭店	27400277	20590158	56824239	43755960
一般旅馆	3537061	1535648	5286726	2162587
其他住宿业	435661	194432	821009	430768
(三)按控股情况分				
国有控股	7314280	5803021	23139090	18235632
集体控股	1177193	806169	3120252	2078878
私人控股	13732473	8286135	18603369	11117210
港澳台控股	2479917	2183453	6613129	5849168
外商控股	1836717	1592024	3943701	3469150

企业年末资产负债

单位：万元

累计折旧		资产总计		负债合计		所有者权益合计	
限额以上	大中型企业	限额以上	大中型企业	限额以上	大中型企业	限额以上	大中型企业
29087397	**20942749**	**132771128**	**90191304**	**92311269**	**63330726**	**40460781**	**26861309**
23634374	**17725688**	**93101085**	**67109466**	**65045959**	**47194481**	**28055372**	**19914985**
17084247	**11900950**	**75334167**	**51846576**	**52192539**	**36206277**	**23142717**	**15640300**
5503230	4003238	16530591	12372189	9074193	6585637	7456397	5786552
550349	272381	1560662	834031	1079076	594561	481586	239470
132252	69122	498829	273412	311856	186087	186973	87324
109360	71935	264128	191005	134495	105753	129634	85252
61354	41347	141142	97987	57552	40591	83590	57397
12884	2110	30855	9578	13777	4882	17079	4696
28754	22431	61298	56031	43962	41965	17336	14066
6368	6047	30833	27409	19204	18316	11628	9093
6216538	4738414	30962684	23224090	22426133	16896933	8536551	6327157
447550	390515	1484774	1280920	842436	711857	642338	569063
5768988	4347899	29477910	21943170	21583697	16185076	7894213	5758095
774492	566373	3205491	2496181	2014154	1545892	1191337	950289
3367615	1918221	19882707	11084536	15378441	9240106	4505355	1844430
388407	136056	2544975	978959	1636675	761034	908299	217924
120161	48240	604196	234881	405900	205746	198296	29135
2630975	1575517	15336909	8875556	12269727	7492470	3068271	1383086
228072	158407	1396628	995141	1066139	780857	330489	214285
430411	261267	2429076	1371133	1774192	1051308	654884	319826
3935100	**3508285**	**10711299**	**9208944**	**7780695**	**6641157**	**2929761**	**2567787**
2238693	2030935	5557473	4923189	4017999	3485380	1539473	1437809
532408	434680	1392374	1139768	1083947	860046	308427	279722
1056379	959890	3364494	2876568	2392070	2099739	971582	776829
102568	77728	369446	244496	269717	181069	99730	63428
5053	5053	27513	24923	16962	14923	10550	10000
2615027	**2316452**	**7055619**	**6053946**	**5072726**	**4347048**	**1982893**	**1706898**
1249889	1125761	3054620	2649954	2147054	1898549	907566	751404
495033	436258	894294	771224	888638	732508	5657	38716
815670	711996	2686925	2242159	1641773	1349153	1045151	893006
44906	32981	332755	306653	336245	311417	-3490	-4765
9529	9456	87025	83957	59016	55421	28009	28536
21785001	16995252	82163767	62189297	57751925	43736818	24412089	18452479
1616427	614100	9683750	4295976	6414492	2975974	3269259	1320002
232946	116336	1253567	624193	879543	481689	374025	142504
9408227	7434163	28052090	22497241	15862749	12552150	12189341	9945091
1245229	795346	3954374	2690213	2948227	2095437	1006148	594777
5792775	3474959	35041252	20913253	27089452	17101264	7952888	3811989
2997316	2678262	8380386	7219709	6066610	5231886	2312934	1987824
1576861	1386197	5102047	4410330	3766345	3267513	1335701	1142817

1-11 续表

项目	流动资产合计		固定资产原价	
	限额以上	大中型企业	限额以上	大中型企业
二、餐饮业	**17392006**	**10064365**	**17326404**	**9776069**
(一)按登记注册类型分				
1.内资企业	**14771378**	**7962384**	**14270770**	**7165323**
国有企业	708336	377105	1109696	591193
集体企业	103531	29636	158023	18727
股份合作企业	241671	180125	155230	70808
联营企业	8533	4617	13257	8976
国有联营企业	343		1352	
集体联营企业	5206	2621	10690	8542
国有与集体联营企业				
其他联营企业	2985	1996	1216	434
有限责任公司	4291886	2614268	4203754	2487686
国有独资公司	75691	45591	108390	75670
其他有限责任公司	4216195	2568677	4095364	2412016
股份有限公司	944558	763154	702490	528980
私营企业	7830530	3733805	7247876	3228053
私营独资企业	1097438	358383	1620122	370933
私营合伙企业	188111	53315	192329	41452
私营有限责任公司	6158287	3122978	5132865	2697983
私营股份有限公司	386695	199128	302561	117684
其他企业	642334	259676	680444	230901
2.港、澳、台商投资企业	**1319334**	**1063376**	**1266078**	**1020412**
合资经营企业	347344	236921	358642	286614
合作经营企业	81611	74551	111080	106296
独资经营企业	814201	679277	780565	614360
投资股份有限公司	74986	72627	15114	13142
其他港澳台商投资企业	1191		678	
3.外商投资企业	**1301294**	**1038606**	**1789556**	**1590334**
中外合资经营企业	317797	252992	666044	587912
中外合作经营企业	31020	20396	35020	28195
外资企业	931939	754682	1071190	965164
外商投资股份有限公司	15766	9185	13671	8529
其他外商投资企业	4772	1350	3631	535
(二)按国民经济行业分				
正餐服务	15245903	8296622	15156939	7866245
快餐服务	1433109	1241332	1786458	1663863
饮料及冷饮服务	225566	168351	126810	97153
其他餐饮业	487428	358060	256196	148809
(三)按控股情况分				
国有控股	1397585	975246	1762371	1144191
集体控股	339200	194976	591455	300339
私人控股	11540433	5871885	10474825	4866873
港澳台控股	1264922	1015876	1150489	935618
外商控股	1133978	914907	1588603	1429328

单位：万元

累计折旧		资产总计		负债合计		所有者权益合计	
限额以上	大中型企业	限额以上	大中型企业	限额以上	大中型企业	限额以上	大中型企业
5453023	**3217061**	**39670044**	**23081838**	**27265310**	**16136245**	**12405410**	**6946325**
4225117	**2199893**	**32914501**	**17386126**	**22919863**	**12490752**	**9995314**	**4896105**
372286	216636	1863009	1004409	1237311	671616	625698	332793
56076	8661	319800	67191	196098	31013	123702	36178
51129	28045	530100	345920	392255	281034	137845	64886
2141	1300	25366	12793	9853	2487	15513	10306
136		2105		783		1323	
1289	942	17684	10721	4618	524	13066	10197
716	358	5577	2072	4453	1963	1124	109
1260101	748885	9768493	5806769	7234621	4355748	2533872	1451021
16379	9596	210141	132105	168137	111816	42005	20289
1243722	739289	9558352	5674665	7066485	4243933	2491867	1430732
218066	174218	2209269	1810322	1273691	1015299	935578	795023
2090119	967603	16769824	7791267	11656335	5746968	5114166	2045031
389430	103714	2904130	805262	1512662	485684	1391468	319579
51583	12213	394508	101992	220403	64860	174105	37132
1546965	809815	12615986	6417696	9334220	4870279	3282443	1548148
102142	41861	855201	466318	589051	326146	266150	140172
175200	54546	1428639	547456	919698	386587	508942	160869
528022	**412179**	**2752160**	**2204700**	**1758867**	**1352029**	**993293**	**852671**
167118	132650	700980	479947	404468	276429	296512	203518
55869	52379	170739	157875	154570	132942	16170	24933
300016	223737	1787455	1478848	1145983	891756	641472	587092
4501	3412	91569	88030	52763	50902	38806	37128
518		1417		1084		333	
699884	**604989**	**4003383**	**3491013**	**2586580**	**2293464**	**1416803**	**1197549**
243079	201068	1140061	1014591	702217	579443	437844	435149
19074	15635	67389	51561	46822	39310	20567	12251
429315	382253	2727286	2406614	1804827	1666508	922459	740106
7476	5879	59924	15414	28192	6270	31732	9145
940	155	8723	2833	4522	1934	4201	899
4573237	2429910	34248997	18369011	23823414	13132981	10426259	5236761
749674	705003	4083563	3732922	2650272	2431427	1433291	1301496
37533	25997	418111	327008	220703	169613	197408	157394
92580	56151	919373	652898	570921	402224	348452	250674
615992	419041	3434379	2397013	2286275	1585730	1148104	811283
205793	103116	1145527	658976	848898	501332	296628	157645
3033438	1468497	24853427	12220559	17472834	9062662	7381269	3158627
481201	377983	2578116	2076566	1637557	1245422	940559	831144
615171	541587	3593167	3151808	2347509	2123880	1245657	1027928

1-12 大中型住宿和餐饮业

项目	实收资本		国家资本		集体资本	
	限额以上	大中型企业	限额以上	大中型企业	限额以上	大中型企业
总计	**51338633**	**25602350**	**8800431**	**6198235**	**1569175**	**976754**
一、住宿业	**41130818**	**20880014**	**8206314**	**5876499**	**1341046**	**890126**
(一)按登记注册类型分						
1.内资企业	**34102587**	**15193873**	**7664318**	**5404431**	**1252554**	**831027**
国有企业	6298812	4417512	4933783	3387225	17536	10203
集体企业	424364	160575	3315	568	380034	150855
股份合作企业	150084	53906	17358	8141	31125	10695
联营企业	101610	61394	67762	38489	6571	4390
国有联营企业	59450	32235	50482	25461	400	400
集体联营企业	8247	1751			2898	1551
国有与集体联营企业	23974	18987	12180	8028	1701	866
其他联营企业	9940	8422	5100	5000	1573	1573
有限责任公司	9281561	6623212	2367894	1753042	247037	136285
国有独资公司	654702	583195	394313	345951	954	954
其他有限责任公司	8626859	6040017	1973581	1407091	246083	135331
股份有限公司	884546	641530	235519	212888	57102	38811
私营企业	16347280	2953308	17086	1920	499407	478798
私营独资企业	780657	206882	5893		2487	
私营合伙企业	272458	135302	2970		2095	
私营有限责任公司	14963872	2398947	8223	1920	490219	474751
私营股份有限公司	330294	212177			4605	4047
其他企业	614330	282436	21601	2159	13743	990
2.港、澳、台商投资企业	**4274944**	**3471021**	**385340**	**335051**	**60633**	**42432**
合资经营企业	1893553	1549017	259832	222794	27246	12756
合作经营企业	566420	457381	108328	101757	33387	29676
独资经营企业	1590226	1340215	6370	120		
投资股份有限公司	214195	114408	10810	10380		
其他港澳台商投资企业	10550	10000				
3.外商投资企业	**2753287**	**2215120**	**156656**	**137017**	**27858**	**16668**
中外合资经营企业	1122907	914485	109992	97869	12355	3110
中外合作经营企业	310358	260233	45987	39148	2135	196
外资企业	1241904	967015	2		8	
外商投资股份有限公司	48966	44532	675			
其他外商投资企业	29153	28854			13361	13361
(二)按国民经济行业分						
旅游饭店	37482539	19504428	7494846	5704805	1208279	851384
一般旅馆	3261814	1216860	654713	162642	109988	33225
其他住宿业	386465	158726	56755	9052	22779	5518
(三)按控股情况分						
国有控股	11160326	8385650	7477509	5349942	27662	16741
集体控股	1038049	576155	27901	11997	588592	258016
私人控股	20187644	5216133	52191	26992	534552	498984
港澳台控股	3572005	2948799	143344	118720	22616	6557
外商控股	1950556	1557338	18917	13709	2882	2654

企业实收资本及构成

单位：万元

法人资本		个人资本		港澳台资本		外商资本	
限额以上	大中型企业	限额以上	大中型企业	限额以上	大中型企业	限额以上	大中型企业
15051119	**9378643**	**19290479**	**3789128**	**3830008**	**3041745**	**2797422**	**2217845**
11230301	**7517934**	**15335655**	**2529504**	**3080802**	**2515408**	**1936702**	**1550543**
9866393	**6422714**	**15210506**	**2444542**	**65094**	**52295**	**43721**	**38865**
1332387	1013338	11714	5861	2031	856	1361	29
34588	9119	6427	33				
76378	29864	25024	5206			200	
26690	17989	587	527				
8567	6374						
5149		200	200				
10093	10093						
2880	1522	387	327				
5044658	3840668	1590204	866331	8569	6480	23199	20408
249662	226518	6973	6973			2800	2800
4794996	3614150	1583231	859358	8569	6480	20399	17608
406953	274275	182446	113351	326	306	2201	1900
2638915	1066859	13182176	1396377	7978	7862	1717	1492
298132	90623	474047	116258	41		57	
44877	7802	222515	127500				
2109893	833047	12345939	1079876	7938	7862	1660	1492
186013	135387	139675	72743				
305825	170602	211929	56857	46190	36791	15043	15037
806085	**634695**	**71801**	**48043**	**2878152**	**2352292**	**72934**	**58510**
542446	422667	68397	46794	930139	787986	65493	56020
97821	66185	1333		322573	257283	2979	2479
156990	137219	50	50	1422354	1202815	4461	10
8827	8623	2021	1198	192536	94207		
				10550	10000		
557823	**460526**	**53348**	**36920**	**137556**	**110821**	**1820047**	**1453168**
444692	379328	16578	2400	63866	55140	475425	376638
63280	53510	25156	25051	65157	51949	108643	90380
42825	21326	10564	9469	8533	3733	1179972	932489
7016	6363	760				40515	38170
9		290				15493	15493
9823305	6860687	14291551	2256244	2890847	2387216	1773711	1444091
1243097	571097	944239	249384	164872	106998	144904	93516
163899	86151	99864	23877	25083	21194	18086	12935
3392032	2794381	64288	49910	120143	103811	78692	70865
400915	295472	20233	10670	374		35	
4745233	2424845	14804302	2240221	37638	21106	13729	3985
541689	445623	27263	14744	2779381	2308082	57712	55072
265667	219347	24358	16350	31676	29657	1607056	1275622

1-12 续表

项目	实收资本		国家资本		集体资本	
	限额以上	大中型企业	限额以上	大中型企业	限额以上	大中型企业
二、餐饮业	**10207815**	**4722337**	**594117**	**321736**	**228129**	**86628**
(一)按登记注册类型分						
1.内资企业	**8095536**	**3185073**	**565914**	**301551**	**196838**	**63412**
国有企业	433818	184741	360699	151185	2258	486
集体企业	101075	29443	3		62748	2809
股份合作企业	104524	43256	1308	130	6794	2129
联营企业	12498	8500	450		2154	
国有联营企业	641		450		113	
集体联营企业	10676	8000			2019	
国有与集体联营企业						
其他联营企业	1181	500			23	
有限责任公司	2317172	1123251	130445	94726	93453	42172
国有独资公司	45966	31559	21396	11443	2	
其他有限责任公司	2271206	1091692	109049	83283	93451	42172
股份有限公司	391621	263020	53262	49846	8563	6056
私营企业	4339222	1423067	19228	5576	13238	4742
私营独资企业	1021658	208689	9520	5000	2583	1200
私营合伙企业	138567	27484	35		2658	1461
私营有限责任公司	2976859	1094795	9673	576	7327	1723
私营股份有限公司	202138	92099			671	357
其他企业	395607	109796	520	89	7629	5019
2.港、澳、台商投资企业	**944659**	**661175**	**20142**	**17990**	**5122**	**774**
合资经营企业	251992	133126	10530	8378	2014	774
合作经营企业	68497	57554	1788	1788	3108	
独资经营企业	599716	447164	7824	7824		
投资股份有限公司	23734	23332				
其他港澳台商投资企业	722					
3.外商投资企业	**1167619**	**876089**	**8061**	**2195**	**26170**	**22442**
中外合资经营企业	336369	264153	7340	1754	26121	22442
中外合作经营企业	32774	18902	441	441		
外资企业	767546	587336	80		40	
外商投资股份有限公司	29258	5597	200		9	
其他外商投资企业	1673	100				
(二)按国民经济行业分						
正餐服务	8950945	3724251	563546	299446	210698	81896
快餐服务	941792	801700	16245	13415	4427	3572
饮料及冷饮服务	111733	79978	1203	245	360	360
其他餐饮业	203344	116408	13123	8630	12644	800
(三)按控股情况分						
国有控股	736149	432852	462335	229485	10688	8805
集体控股	287484	129390	5314	2353	138614	30651
私人控股	6355933	2275329	30399	10495	22356	7193
港澳台控股	862526	613641	10787	10729	1393	636
外商控股	1036403	767109	482	90	22548	22442

单位：万元

法人资本		个人资本		港澳台资本		外商资本	
限额以上	大中型企业	限额以上	大中型企业	限额以上	大中型企业	限额以上	大中型企业
3820818	**1860709**	**3954824**	**1259624**	**749206**	**526337**	**860720**	**667303**
3392966	**1576046**	**3914837**	**1231629**	**12051**	**3814**	**12930**	**8621**
66721	33070	2173		1015		952	
36316	26389	2008	245				
63344	40237	32998	760	40		40	
9397	8500	497					
		79					
8360	8000	297					
1037	500	122					
1167676	627838	911827	350367	3552	567	10220	7581
24216	20116	200				153	
1143460	607722	911627	350367	3552	567	10067	7581
176367	110411	152597	96307	1		831	400
1684590	658146	2620285	753964	1114		767	640
369125	90010	639565	112479	844		21	
43433	12346	92441	13677				
1188238	519297	1770846	572559	31		746	640
83794	36494	117434	55248	239			
188556	71455	192452	29987	6329	3246	120	
169055	**123979**	**12899**	**8530**	**715729**	**507687**	**21713**	**2217**
80798	48534	9251	6667	128016	66558	21384	2217
4166	3787	829		58605	51979		
65406	53182	2806	1863	523350	384295	330	
18534	18477	13		5186	4855		
150				571			
258797	**160684**	**27088**	**19466**	**21426**	**14837**	**826077**	**656465**
76224	58765	25975	19466	16007	12193	184702	149533
6817	3119			2199	1309	23317	14033
174299	97700	540		2900	1335	589686	488301
1333	1000	215				27501	4597
124	100	358		320		870	
3510022	1611607	3778713	1198354	540211	341080	347755	191867
226124	191203	95852	42874	151892	136223	447253	414412
15686	8745	19532	380	44087	40943	30865	29306
68986	49154	60728	18015	13016	8091	34846	31718
221123	163681	33303	26420	3233	1517	5467	2943
130280	88957	11620	7381	788	50	868	
2598556	1093207	3688642	1156003	2987	75	12993	8356
137872	98912	5162	3456	706141	499407	1170	500
194427	109892	2397	208	2901	1627	813649	632849

1-13 大中型住宿和餐饮业

项　　目	主营业务收入		主营业务成本	
	限额以上	大中型企业	限额以上	大中型企业
总　计	**77005841**	**48579422**	**33818594**	**19198844**
一、住宿业	**34497663**	**23906610**	**12266038**	**7803765**
(一)按登记注册类型分				
1.内资企业	**28999717**	**18887288**	**10723852**	**6413013**
国有企业	6300651	4506262	2330258	1532007
集体企业	816689	417775	362877	154633
股份合作企业	220512	116397	81303	38836
联营企业	124930	89607	45354	31270
国有联营企业	58100	41348	19539	13023
集体联营企业	21422	11169	9443	5282
国有与集体联营企业	23017	20621	9715	8875
其他联营企业	22391	16469	6657	4089
有限责任公司	10402995	7714826	3443648	2415485
国有独资公司	419793	354612	133458	103405
其他有限责任公司	9983202	7360214	3310189	2312080
股份有限公司	1182970	851917	461875	317720
私营企业	8863553	4572135	3571431	1712999
私营独资企业	1531326	510169	760880	211816
私营合伙企业	364763	106455	184361	50359
私营有限责任公司	6420630	3604569	2356230	1270508
私营股份有限公司	546834	350942	269960	180316
其他企业	1087420	618371	427106	210065
2.港、澳、台商投资企业	**3210904**	**2961248**	**869443**	**792712**
合资经营企业	1660928	1564690	443511	414212
合作经营企业	416832	385384	111817	103738
独资经营企业	1027017	927672	278582	247005
投资股份有限公司	103145	81115	34950	27419
其他港澳台商投资企业	2983	2387	583	338
3.外商投资企业	**2287042**	**2058074**	**672742**	**598040**
中外合资经营企业	1124777	1030279	253555	224527
中外合作经营企业	372307	341747	152054	141763
外资企业	739951	647816	252719	220038
外商投资股份有限公司	35312	25485	7966	6037
其他外商投资企业	14695	12748	6448	5676
(二)按国民经济行业分				
旅游饭店	28860693	21836327	9964181	7050175
一般旅馆	5012072	1801278	2062751	674772
其他住宿业	624898	269005	239106	78818
(三)按控股情况分				
国有控股	10190518	7950010	3491013	2522055
集体控股	1780443	1150809	715169	410134
私人控股	14113268	7887686	5403014	2759150
港澳台控股	2553840	2330596	751635	682334
外商控股	1392189	1234958	437624	390397

企业损益及分配

单位：万元

主营业务税金及附加		主营业务利润		其他业务利润		销售费用	
限额以上	大中型企业	限额以上	大中型企业	限额以上	大中型企业	限额以上	大中型企业
4051406	**2610789**	**39135841**	**26769789**	**1125663**	**675549**	**22144797**	**15014706**
1828369	**1282888**	**20403257**	**14819957**	**677830**	**467904**	**10155633**	**6941657**
1531796	**1014113**	**16744069**	**11460162**	**535837**	**341972**	**8707597**	**5669034**
323686	232457	3646707	2741798	149095	104740	1955325	1404467
42035	22602	411777	240540	11034	5949	193003	103297
11671	5989	127538	71572	5033	3956	67959	31095
6506	4721	73070	53616	239	67	39605	30464
3359	2454	35202	25871	236	67	18646	14955
768	258	11211	5628	4		6252	3316
1178	1058	12124	10688			8223	7569
1201	950	14532	11429			6485	4624
570223	424357	6389124	4874984	188150	133406	3242821	2321341
22502	18974	263832	232234	1968	861	144086	123835
547721	405384	6125292	4642750	186182	132546	3098735	2197506
58909	43134	662186	491064	16636	8223	310050	214532
461760	246033	4830361	2613103	140026	68098	2616266	1396155
74535	27953	695911	270401	22930	9719	314626	132280
17291	5545	163111	50551	2649	193	72686	22523
344172	196242	3720228	2137820	110216	57069	2102841	1170044
25763	16294	251111	154332	4231	1117	126114	71308
57006	34820	603308	373486	25625	17533	282569	167683
174584	**159910**	**2166877**	**2008626**	**101981**	**97528**	**882506**	**795570**
92631	86346	1124785	1064132	37571	36995	431874	393433
22592	20831	282423	260815	9832	8776	122307	113015
53679	47989	694756	632678	53977	51738	294417	263779
5536	4614	62660	49083	602	19	32254	23886
146	131	2254	1918			1655	1457
121989	**108865**	**1492311**	**1351169**	**40012**	**28403**	**565530**	**477054**
57593	52507	813629	753245	12654	8774	297041	259604
20346	18673	199907	181311	11460	6998	77569	65795
41160	35475	446072	392304	15822	12631	174666	139287
2001	1424	25346	18024	75		11752	8650
889	786	7358	6286	1		4502	3717
1541458	1173373	17355054	13612779	572009	417631	8570273	6355697
253646	95147	2695675	1031359	81466	31873	1408096	506555
33264	14368	352528	175819	24355	18400	177264	79406
532609	417400	6166896	5010556	197187	140324	3060928	2374646
93756	61231	971519	679445	34433	26567	485426	312650
743031	427862	7967223	4700674	232255	126553	4234869	2412714
136434	123795	1665771	1524467	66192	62341	683970	608803
77857	68246	876708	776315	28060	21323	343197	272154

1-13　续表 1

项　　目	主营业务收入		主营业务成本	
	限额以上	大中型企业	限额以上	大中型企业
二、餐饮业	**42508178**	**24672812**	**21552557**	**11395079**
(一)按登记注册类型分				
1. 内资企业	**31945412**	**15084777**	**16876501**	**7169804**
国有企业	1051878	504887	544605	228511
集体企业	347632	76049	206192	44319
股份合作企业	262904	95086	139185	46890
联营企业	57831	43671	45687	36565
国有联营企业	1096		680	
集体联营企业	46253	38095	37641	32000
国有与集体联营企业				
其他联营企业	10481	5575	7366	4564
有限责任公司	8458829	4759825	4165674	2120568
国有独资公司	145915	110565	52511	34343
其他有限责任公司	8312914	4649260	4113163	2086226
股份有限公司	1332473	1017845	649236	466738
私营企业	19023218	8168512	10331410	4008504
私营独资企业	4172211	875421	2545495	467782
私营合伙企业	604268	181764	363361	111439
私营有限责任公司	13379807	6680410	6959355	3214765
私营股份有限公司	866932	430917	463200	214518
其他企业	1410647	418902	794512	217708
2. 港、澳、台商投资企业	**3048662**	**2627318**	**1226437**	**1019040**
合资经营企业	518443	410086	245645	188350
合作经营企业	218693	201118	84263	76027
独资经营企业	2282918	1998967	884045	748077
投资股份有限公司	24969	17147	10895	6587
其他港澳台商投资企业	3640		1588	
3. 外商投资企业	**7514104**	**6960717**	**3449620**	**3206236**
中外合资经营企业	1936596	1827084	903881	846544
中外合作经营企业	153380	133743	80054	72441
外资企业	5362432	4959387	2437581	2270617
外商投资股份有限公司	50431	36185	23625	15331
其他外商投资企业	11264	4317	4480	1302
(二)按国民经济行业分				
正餐服务	32643309	15807075	16966881	7427873
快餐服务	8092665	7519475	3762317	3403953
饮料及冷饮服务	660148	551397	222756	170762
其他餐饮业	1112055	794865	600603	392491
(三)按控股情况分				
国有控股	2202157	1499324	1090505	692018
集体控股	955942	532826	511287	267376
私人控股	25943562	11673475	13811845	5614061
港澳台控股	2899210	2497577	1138404	942355
外商控股	6742558	6258295	3043634	2835943

单位：万元

主营业务税金及附加		主营业务利润		其他业务利润		销售费用	
限额以上	大中型企业	限额以上	大中型企业	限额以上	大中型企业	限额以上	大中型企业
2223037	**1327901**	**18732584**	**11949832**	**447833**	**207645**	**11989164**	**8073049**
1631742	**788057**	**13437169**	**7126916**	**361477**	**145520**	**8020288**	**4450549**
47216	22535	460057	253842	28005	15472	239814	120734
15944	3900	125496	27830	7366	128	62281	13146
13999	5046	109720	43149	1278	16	71265	30525
1127	446	11017	6661	175		4043	1510
69		348					
469	130	8143	5965			2866	1256
590	316	2525	695	175		1178	254
446963	251850	3846192	2387407	140556	54250	2480874	1523255
7244	5491	86161	70732	120	10	46239	35057
439719	246359	3760032	2316675	140436	54240	2434635	1488198
61375	45462	621862	505645	9630	5827	334059	262809
969856	435912	7721952	3724096	155142	60180	4530027	2383089
190665	44514	1436052	363125	24643	6857	572361	197168
28064	8312	212843	62013	2788	141	105290	35571
707197	360684	5713255	3104961	120263	51781	3622948	2018596
43930	22401	359802	193997	7448	1401	229428	131754
75262	22907	540873	178287	19326	9647	297925	115481
163963	**140980**	**1658262**	**1467299**	**35366**	**21226**	**1317433**	**1175089**
27099	21305	245698	200432	930	456	251884	215526
10457	9604	123973	115488	142	130	88697	80993
124882	109107	1273991	1141782	34295	20640	967209	871379
1342	964	12732	9597			9025	7190
184		1868				619	
427332	**398864**	**3637152**	**3355617**	**50990**	**40899**	**2651444**	**2447410**
106699	100890	926017	879650	4594	2379	631256	602025
8481	7239	64846	54063	462	25	40134	34715
309764	289543	2615087	2399227	45513	38095	1958373	1795028
1777	950	25029	19903	421	401	18966	14904
610	242	6174	2773			2715	739
1707551	856113	13968877	7523089	354145	136679	8545837	4823297
431513	407457	3898835	3708065	75357	65899	2888865	2776720
32964	27261	404428	353374	12162	373	296485	266834
51009	37071	460443	365303	6170	4694	257978	206198
101570	67712	1010082	739595	36992	24022	546761	381846
44876	24086	399779	241364	16590	6703	237016	141006
1338464	621988	10793254	5437426	226562	94892	6436116	3474291
156640	134787	1604165	1420436	32827	18535	1274474	1140669
383844	359118	3315079	3063234	48407	40714	2475318	2285049

1-13 续表 2

项　　目	管理费用		财务费用	
	限额以上	大中型企业	限额以上	大中型企业
总　　计	**14402322**	**9721863**	**2217670**	**1611134**
一、住宿业	**9486107**	**6917604**	**1510342**	**1178255**
(一)按登记注册类型分				
1.内资企业	**7680502**	**5308668**	**1215004**	**914142**
国有企业	1884276	1391573	122154	103876
集体企业	192140	114723	11418	5702
股份合作企业	54010	31162	7160	5311
联营企业	32048	22855	1393	1133
国有联营企业	13542	8406	675	490
集体联营企业	3777	1063	82	55
国有与集体联营企业	9189	8382	265	250
其他联营企业	5539	5005	370	339
有限责任公司	3019035	2291564	516365	421782
国有独资公司	134611	113206	9300	8547
其他有限责任公司	2884424	2178358	507065	413235
股份有限公司	277453	206424	45832	38195
私营企业	1945945	1066100	462844	311128
私营独资企业	264054	121498	53229	24537
私营合伙企业	61475	22110	16923	9996
私营有限责任公司	1515116	857451	361941	251619
私营股份有限公司	105299	65041	30751	24976
其他企业	275595	184269	47837	27014
2.港、澳、台商投资企业	**1074136**	**968797**	**184714**	**168702**
合资经营企业	528357	488340	90673	85656
合作经营企业	138331	121269	26116	21343
独资经营企业	372915	333986	59541	56389
投资股份有限公司	32961	23697	8163	5316
其他港澳台商投资企业	1571	1505	221	-1
3.外商投资企业	**731470**	**640139**	**110624**	**95412**
中外合资经营企业	388070	351205	57295	53427
中外合作经营企业	94302	86552	20800	15751
外资企业	231191	189043	31260	25072
外商投资股份有限公司	13971	10584	962	857
其他外商投资企业	3936	2755	307	306
(二)按国民经济行业分				
旅游饭店	8195970	6369785	1354865	1104974
一般旅馆	1117584	452146	134607	61500
其他住宿业	172552	95673	20870	11782
(三)按控股情况分				
国有控股	3132897	2483246	257835	232833
集体控股	453933	316739	46580	35664
私人控股	3315136	1991151	778347	544295
港澳台控股	856597	765638	147930	134503
外商控股	473193	402156	81919	72537

单位：万元

营业利润		利润总额		应交所得税		应付职工薪酬	
限额以上	大中型企业	限额以上	大中型企业	限额以上	大中型企业	限额以上	大中型企业
1509762	**1244821**	**1599849**	**1493129**	**853946**	**609777**	**13835721**	**8862243**
-260339	**51905**	**-173776**	**146929**	**325543**	**243362**	**7013879**	**4831120**
-485727	**-248936**	**-395873**	**-154747**	**230405**	**152130**	**5913880**	**3835751**
-237735	-113881	-142237	-50446	42419	33272	1498354	1051120
12335	6882	9170	8664	8511	5029	149087	72378
5499	3732	2512	3863	1100	820	47879	22511
3555	2476	2716	2261	797	324	27992	20147
2536	2099	2150	2017	493	295	14329	10024
1263	1168	1022	1168	173	13	2964	889
-2293	-2253	-2336	-2297	51	16	5345	4663
2050	1462	1880	1373	80		5354	4571
-259586	-102705	-231432	-79652	90925	70038	2213133	1610842
-23498	-12226	-28679	-3169	2288	1509	119576	97321
-236088	-90479	-202753	-76482	88637	68529	2093557	1513520
33639	28602	10067	13597	11650	9494	224398	162441
-59594	-79715	-59513	-59988	65504	30083	1556141	783343
92995	10391	81804	12258	18118	6379	232049	83224
15795	-5871	5512	-6209	2479	710	57161	16572
-163033	-76939	-140192	-59467	42566	21903	1179801	632083
-5351	-7297	-6636	-6571	2341	1091	87130	51464
16160	5672	12844	6952	9499	3071	196896	112970
107424	**150106**	**112142**	**160805**	**50836**	**48549**	**645347**	**589116**
120799	139269	124664	142600	34797	33910	349726	326533
3101	11977	916	10144	4182	4066	79290	71258
-4833	5327	2969	14008	10970	9917	194267	172987
-10449	-5424	-15213	-4904	881	656	21056	17478
-1194	-1043	-1194	-1043	6		1009	861
117964	**150736**	**109955**	**140871**	**44302**	**42683**	**454652**	**406253**
84582	92285	72694	79988	21920	21141	238962	217214
11311	14076	12178	14646	6730	6579	65531	59814
25874	46932	28376	48297	15349	14520	133844	115282
-2524	-2066	-1982	-1537	438	422	12656	10965
-1280	-492	-1311	-523	-135	20	3659	2980
-381112	1816	-291677	80530	268387	219054	5989137	4447195
122424	50384	112632	62872	49814	20094	905664	329596
-1651	-294	5269	3527	7343	4213	119078	54328
-178794	-14940	-55527	84530	104983	91008	2446504	1873515
6328	8756	4478	12844	17445	12613	345075	213785
-184373	-157029	-233828	-177151	104336	53317	2576445	1419774
35097	69269	31310	72126	36434	34803	503945	457414
11954	42977	14393	42964	23355	22424	279988	245409

1-13 续表 3

项　　目	管理费用		财务费用	
	限额以上	大中型企业	限额以上	大中型企业
二、餐饮业	**4916215**	**2804259**	**707328**	**432879**
(一)按登记注册类型分				
1.内资企业	**3853496**	**1891852**	**631598**	**371705**
国有企业	192493	100940	16005	8319
集体企业	41973	9501	2940	1036
股份合作企业	30283	10452	4521	2716
联营企业	3097	1631	1357	1201
国有联营企业	143			
集体联营企业	1629	1333	1182	1127
国有与集体联营企业				
其他联营企业	1325	298	175	74
有限责任公司	1135380	664323	179037	121641
国有独资公司	49263	42906	3308	2481
其他有限责任公司	1086117	621418	175729	119159
股份有限公司	165520	132144	40399	34086
私营企业	2119607	922660	361741	192233
私营独资企业	340615	80861	64944	20384
私营合伙企业	61015	14743	8902	3535
私营有限责任公司	1629462	792270	271777	158736
私营股份有限公司	88515	34786	16119	9578
其他企业	165143	50203	25599	10474
2.港、澳、台商投资企业	**359636**	**288153**	**36713**	**28760**
合资经营企业	83535	65853	7764	5100
合作经营企业	32152	29920	2586	2272
独资经营企业	237111	187248	25557	20672
投资股份有限公司	5570	5133	769	717
其他港澳台商投资企业	1267		37	
3.外商投资企业	**703083**	**624254**	**39017**	**32414**
中外合资经营企业	164081	145066	10810	8314
中外合作经营企业	18365	13715	2886	2326
外资企业	514160	462022	24669	21630
外商投资股份有限公司	4940	2207	588	98
其他外商投资企业	1537	1244	64	46
(二)按国民经济行业分				
正餐服务	4054499	2048225	660700	394182
快餐服务	690209	631784	36512	32272
饮料及冷饮服务	52382	37625	3199	1886
其他餐饮业	119126	86625	6917	4539
(三)按控股情况分				
国有控股	398993	281736	33898	25900
集体控股	131083	76779	14379	10735
私人控股	2973518	1343768	537605	310447
港澳台控股	339504	270633	35155	27564
外商控股	631584	562543	32508	27699

单位：万元

营业利润		利润总额		应交所得税		应付职工薪酬	
限额以上	大中型企业	限额以上	大中型企业	限额以上	大中型企业	限额以上	大中型企业
1770101	**1192916**	**1773625**	**1346200**	**528403**	**366415**	**6821842**	**4031123**
1135864	**544023**	**1128103**	**681331**	**328768**	**176997**	**5135684**	**2530698**
-1964	4293	4638	9919	5883	2554	212254	103401
20015	4661	13570	3261	3795	1481	58725	13219
5620	-410	3594	112	1890	929	43520	16493
2504	2319	2696	2319	615	565	5138	2055
205		205				105	
2451	2249	2674	2249	588	562	2275	566
-152	69	-183	69	27	2	2759	1489
90747	99026	81086	110514	85705	59685	1471208	842750
-11308	-9481	-10650	-8694	683	393	32898	24087
102055	108508	91735	119209	85023	59291	1438310	818664
161065	153869	170240	165413	22914	20294	226185	175195
783452	266632	807360	375462	194650	88212	2893832	1314225
465394	67613	408828	64947	49303	10293	511044	129478
38075	8321	30221	5821	5006	1271	84750	22308
246719	172332	339391	288438	131435	72010	2161972	1090234
33264	18366	28920	16256	8907	4638	136066	72204
74425	13634	44919	14331	13315	3279	224822	63361
102345	**115928**	**114647**	**128233**	**47269**	**43387**	**493470**	**413618**
38913	39450	40032	41100	12542	11297	98762	78220
755	2528	206	2346	2416	2389	35495	31594
65364	77393	77739	88277	32109	29606	352728	299276
-2632	-3443	-3285	-3489	167	95	5623	4528
-55		-45		36		863	
531892	**532965**	**530875**	**536636**	**152367**	**146032**	**1192688**	**1086808**
124908	127623	120475	124216	37591	36144	330834	310761
3647	3332	3879	3932	2411	2343	28938	25755
400330	399248	404403	405731	111200	106770	822105	743607
1158	2020	155	2015	735	589	8825	5946
1850	742	1964	742	430	186	1987	740
1061409	523897	1079853	684275	338369	184671	5310465	2655903
576041	552058	556031	538706	152128	147261	1215321	1140208
51101	45706	61514	54111	16447	14777	91076	76071
81550	71254	76227	69107	21460	19707	204980	158942
62288	76249	79158	92125	24016	19225	476957	330749
25947	17254	23851	19182	10058	6832	150734	73441
966170	370167	946930	481407	264388	131022	4043018	1900229
110736	124765	123637	136272	48208	44686	469125	392709
462945	465818	462449	468410	134578	129441	1044632	949511

1-14 大中型住宿和餐饮业企业经济效益分析指标

项目	负债比率(%)		主营业务毛利率(%)		人均营业收入(万元)		费用率(%)	
	限额以上	大中型企业	限额以上	大中型企业	限额以上	大中型企业	限额以上	大中型企业
总计	**69.5**	**70.2**	**56.1**	**60.5**	**17.5**	**18.9**	**48.8**	**52.5**
一、住宿业	**69.9**	**70.3**	**64.4**	**67.4**	**16.8**	**18.8**	**59.8**	**61.8**
(一)按登记注册类型分								
1.内资企业	**69.3**	**69.8**	**63.0**	**66.0**	**16.0**	**17.7**	**59.2**	**61.9**
国有企业	54.9	53.2	63.0	66.0	16.1	17.9	61.4	63.1
集体企业	69.1	71.3	55.6	63.0	16.7	20.7	47.4	52.8
股份合作企业	62.5	68.1	63.1	66.6	14.5	16.5	56.4	58.0
联营企业	50.9	55.4	63.7	65.1	17.1	18.7	56.4	58.0
国有联营企业	40.8	41.4	66.4	68.5	14.9	16.5	56.2	57.5
集体联营企业	44.6	51.0	55.9	52.7	21.0	49.4	47.1	39.7
国有与集体联营企业	71.7	74.9	57.8	57.0	19.3	19.9	64.9	65.2
其他联营企业	62.3	66.8	70.3	75.2	18.4	15.8	55.4	60.5
有限责任公司	72.4	72.8	66.9	68.7	16.3	17.9	63.6	64.2
国有独资公司	56.7	55.6	68.2	70.8	16.6	18.2	67.8	68.7
其他有限责任公司	73.2	73.8	66.8	68.6	16.2	17.9	63.4	64.0
股份有限公司	62.8	61.9	61.0	62.7	17.1	17.9	52.4	53.3
私营企业	77.3	83.4	59.7	62.5	15.5	17.1	55.3	59.6
私营独资企业	64.3	77.7	50.3	58.5	15.6	16.8	39.9	52.4
私营合伙企业	67.2	87.6	49.5	52.7	16.1	16.4	40.4	51.2
私营有限责任公司	80.0	84.4	63.3	64.8	15.3	16.9	60.6	62.2
私营股份有限公司	76.3	78.5	50.6	48.6	17.5	20.7	46.9	45.8
其他企业	73.0	76.7	60.7	66.0	15.1	16.8	54.5	60.7
2.港、澳、台商投资企业	**72.6**	**72.1**	**72.9**	**73.2**	**22.4**	**23.5**	**65.1**	**63.8**
合资经营企业	72.3	70.8	73.3	73.5	23.3	24.4	62.3	61.0
合作经营企业	77.8	75.5	73.2	73.1	21.9	22.7	67.0	64.5
独资经营企业	71.1	73.0	72.9	73.4	21.9	22.9	68.3	67.9
投资股份有限公司	73.0	74.1	66.1	66.2	18.3	18.4	69.6	64.9
其他港澳台商投资企业	61.7	59.9	80.4	85.8	9.4	11.4	115.6	124.0
3.外商投资企业	**71.9**	**71.8**	**70.6**	**70.9**	**23.6**	**25.2**	**60.2**	**58.2**
中外合资经营企业	70.3	71.6	77.5	78.2	24.7	26.4	64.5	63.6
中外合作经营企业	99.4	95.0	59.2	58.5	23.1	23.6	51.6	49.0
外资企业	61.1	60.2	65.8	66.0	23.3	25.1	57.3	53.8
外商投资股份有限公司	101.0	101.6	77.4	76.3	15.0	14.9	75.4	78.8
其他外商投资企业	67.8	66.0	56.1	55.5	12.7	15.9	59.0	53.2
(二)按国民经济行业分								
旅游饭店	70.3	70.3	65.5	67.7	16.9	18.8	61.4	62.3
一般旅馆	66.2	69.3	58.8	62.5	16.0	18.5	51.6	55.5
其他住宿业	70.2	77.2	61.7	70.7	16.5	17.8	56.3	64.9
(三)按控股情况分								
国有控股	56.5	55.8	65.7	68.3	17.5	19.1	62.0	63.0
集体控股	74.6	77.9	59.8	64.4	17.4	19.7	53.8	57.1
私人控股	77.3	81.8	61.7	65.0	15.2	16.8	57.6	61.8
港澳台控股	72.4	72.5	70.6	70.7	23.0	23.8	64.8	63.5
外商控股	73.8	74.1	68.6	68.4	23.1	24.6	62.2	59.2

1-14 续表

项目	负债比率(%)		主营业务毛利率(%)		人均营业收入(万元)		费用率(%)	
	限额以上	大中型企业	限额以上	大中型企业	限额以上	大中型企业	限额以上	大中型企业
二、餐饮业	**68.7**	**69.9**	**49.3**	**53.8**	**18.1**	**19.0**	**40.0**	**43.7**
(一)按登记注册类型分								
1.内资企业	**69.6**	**71.8**	**47.2**	**52.5**	**17.3**	**18.3**	**38.5**	**43.9**
国有企业	66.4	66.9	48.2	54.7	15.2	16.6	41.6	44.6
集体企业	61.3	46.2	40.7	41.7	17.0	26.2	30.3	31.1
股份合作企业	74.0	81.2	47.1	50.7	16.3	15.7	39.8	46.0
联营企业	38.8	19.4	21.0	16.3	30.7	60.6	14.7	9.9
国有联营企业	37.2		38.0		19.9		13.1	
集体联营企业	26.1	4.9	18.6	16.0	53.8	145.4	12.3	9.8
国有与集体联营企业								
其他联营企业	79.8	94.7	29.7	18.1	10.9	12.1	25.5	11.2
有限责任公司	74.1	75.0	50.8	55.4	17.3	18.5	44.2	48.0
国有独资公司	80.0	84.6	64.0	68.9	17.2	18.6	66.4	72.5
其他有限责任公司	73.9	74.8	50.5	55.1	17.3	18.4	43.8	47.4
股份有限公司	57.7	56.1	51.3	54.1	19.4	22.2	39.7	41.3
私营企业	69.5	73.8	45.7	50.9	17.5	18.0	36.3	42.2
私营独资企业	52.1	60.3	39.0	46.6	19.6	18.4	23.1	33.3
私营合伙企业	55.9	63.6	39.9	38.7	17.6	20.9	28.6	29.6
私营有限责任公司	74.0	75.9	48.0	51.9	16.9	17.9	40.7	43.8
私营股份有限公司	68.9	69.9	46.6	50.2	17.5	17.4	37.9	40.8
其他企业	64.4	70.6	43.7	48.0	15.2	16.1	33.5	40.1
2.港、澳、台商投资企业	**63.9**	**61.3**	**59.8**	**61.2**	**19.7**	**19.6**	**50.6**	**50.6**
合资经营企业	57.7	57.6	52.6	54.1	16.4	16.3	41.5	40.4
合作经营企业	90.5	84.2	61.5	62.2	25.7	26.6	56.3	56.1
独资经营企业	64.1	60.3	61.3	62.6	20.8	20.5	53.2	53.4
投资股份有限公司	57.6	57.8	56.4	61.6	25.0	26.7	61.5	76.0
其他港澳台商投资企业	76.5		56.4		17.1		52.8	
3.外商投资企业	**64.6**	**65.7**	**54.1**	**53.9**	**21.0**	**20.2**	**41.6**	**40.9**
中外合资经营企业	61.6	57.1	53.3	53.7	22.5	22.7	41.3	41.1
中外合作经营企业	69.5	76.2	47.8	45.8	25.3	25.8	40.0	37.9
外资企业	66.2	69.2	54.5	54.2	20.5	19.4	41.7	40.8
外商投资股份有限公司	47.0	40.7	53.2	57.6	18.9	19.3	46.2	47.3
其他外商投资企业	51.8	68.3	60.2	69.8	17.0	36.0	38.2	47.0
(二)按国民经济行业分								
正餐服务	69.6	71.5	48.0	53.0	17.6	18.9	39.6	44.5
快餐服务	64.9	65.1	53.5	54.7	19.9	19.3	41.3	42.1
饮料及冷饮服务	52.8	51.9	66.3	69.0	20.0	20.5	53.3	55.6
其他餐饮业	62.1	61.6	46.0	50.6	16.8	16.3	34.1	37.1
(三)按控股情况分								
国有控股	66.6	66.2	50.5	53.8	16.6	18.2	43.6	45.3
集体控股	74.1	76.1	46.5	49.8	18.4	23.1	39.4	42.6
私人控股	70.3	74.2	46.8	51.9	17.2	18.0	37.7	43.3
港澳台控股	63.5	60.0	60.7	62.3	20.1	19.9	51.1	51.0
外商控股	65.3	67.4	54.9	54.7	21.2	20.3	42.5	41.8

地区篇

简要说明：

一、本篇资料主要内容为分地区大中型批发和零售业、住宿和餐饮业企业单位数和从业人员数情况；分地区大中型批发和零售业企业商品购、销、存情况；分地区大中型住宿和餐饮业企业经营情况；分地区大中型批发和零售业、住宿和餐饮业企业主要财务及经济效益分析指标等。

二、批发和零售业、住宿和餐饮业统计采用“法人在地统计”原则，即按法人企业主要经营活动所在地确定法人企业所在地区。

2-1 分地区大中型批发和零售业企业基本情况

地区	大中型		大型		中型	
	法人单位数(个)	年末从业人数(人)	法人单位数(个)	年末从业人数(人)	法人单位数(个)	年末从业人数(人)
全国	**46720**	**8322926**	**4141**	**4024098**	**42579**	**4298828**
北京	2959	628584	330	366670	2629	261914
天津	1107	155722	70	69207	1037	86515
河北	1400	296209	126	144729	1274	151480
山西	1169	209899	124	93858	1045	116041
内蒙古	644	117875	59	54719	585	63156
辽宁	1431	264212	142	138820	1289	125392
吉林	519	99149	56	51363	463	47786
黑龙江	653	123249	74	52506	579	70743
上海	2984	639681	402	389437	2582	250244
江苏	3850	684469	315	362862	3535	321607
浙江	3905	514455	261	213636	3644	300819
安徽	1452	260518	161	118696	1291	141822
福建	1898	261107	118	97785	1780	163322
江西	616	125513	65	59961	551	65552
山东	4165	682557	293	300175	3872	382382
河南	2252	353546	129	109546	2123	244000
湖北	1668	337392	136	173478	1532	163914
湖南	1250	219177	111	100070	1139	119107
广东	5216	958609	463	484966	4753	473643
广西	843	135836	84	51987	759	83849
海南	259	37179	15	12913	244	24266
重庆	1139	215325	89	105958	1050	109367
四川	1732	322114	161	147882	1571	174232
贵州	443	89426	40	44056	403	45370
云南	906	164204	84	83915	822	80289
西藏	43	6749	3	1629	40	5120
陕西	914	207453	92	107745	822	99708
甘肃	417	67240	42	22155	375	45085
青海	102	19508	13	9239	89	10269
宁夏	167	29102	15	10136	152	18966
新疆	617	96867	68	43999	549	52868

2-2　分地区大中型批发和零售业企业商品购、销、存情况

单位：万元

地　区	商品购进额	进　口	商品销售额	出　口	期末商品库存额
全　国	**2936825905**	**258473165**	**3219006793**	**154023784**	**223286948**
北　京	423213611	71756873	458465889	16322311	39199763
天　津	158951458	11403811	166714830	4251372	7910003
河　北	73443349	599513	79446778	636889	4212798
山　西	85131767	721803	91580121	882141	3717575
内蒙古	30536078	1032816	33952832	570372	3128070
辽　宁	105866578	3693898	114310330	1365547	6554316
吉　林	24475302	548317	28437241	70386	2045704
黑龙江	38027045	8308293	40101176	1061155	3677257
上　海	325019299	64778745	384030971	24662141	25299804
江　苏	216379497	13763438	238475485	16392209	16492237
浙　江	202390688	18380639	219086818	27005379	13049611
安　徽	61116083	1120951	66016726	1619332	4234887
福　建	88889422	7641377	95668191	9156335	7630758
江　西	21041985	157983	26013211	584215	1766706
山　东	165425304	7982265	178455635	7954932	9740827
河　南	61693793	1719263	68750299	550388	5731708
湖　北	97148159	1108348	104189969	785871	6099807
湖　南	44943212	597207	49512105	540521	3456188
广　东	336126098	29589009	364594353	32877790	25323049
广　西	32154545	426283	32726510	272772	2497851
海　南	13281555	904235	14173852	426280	852290
重　庆	55454643	1383251	59265099	1003711	4632243
四　川	72488180	1769173	78985114	1289769	7261802
贵　州	18499990	1156194	24555833	1244373	2180109
云　南	46069558	1014355	51165566	1077709	6169298
西　藏	939172	46439	1245596		121587
陕　西	56136668	349211	60614914	881437	3066116
甘　肃	25347805	38985	28350951	57668	2110277
青　海	4880352		5898596	46066	373263
宁　夏	8263703	94246	8409214	14549	652280
新　疆	43491009	6386243	45812592	420164	4098765

2-3 分地区大型批发和零售业企业商品购、销、存情况

单位：万元

地 区	商品购进额	进 口	商品销售额	出 口	期末商品库存额
全 国	**1321712181**	**114620077**	**1522304930**	**46490927**	**92513234**
北 京	238676958	40055994	268350097	8548132	19334394
天 津	61843160	4664163	66097235	46829	1741233
河 北	29758449	136337	34173086		1548184
山 西	38791325	41170	43660444		1292213
内蒙古	10249376	264219	11954692	117	449417
辽 宁	61746559	1909335	67512753	6480	2283754
吉 林	10510142	122	13795456		749746
黑龙江	17673681	5818	19089094		1690133
上 海	167927813	41710691	211137626	8878209	13223349
江 苏	83609746	3454924	97096256	5529351	7790109
浙 江	63360514	4684211	75423308	5225209	3423787
安 徽	30106184	512406	33235598	762286	1641439
福 建	36369505	3577727	39541368	1571161	2827991
江 西	9040609		13721604	217233	662463
山 东	62724221	1194644	69934025	2403221	3834673
河 南	23518807	95032	28345389		1919855
湖 北	64676544	458516	68739125	391280	3215655
湖 南	14168551	12216	23731102	12515	1167524
广 东	152360880	10072421	164964295	11823769	9440838
广 西	9434277	33006	14088699		571625
海 南	4007235	137141	4414085	5097	276402
重 庆	20983125	76315	22811869		2226308
四 川	33520706	720404	38318881	122224	3583443
贵 州	9908769	437579	15127699	315001	1298072
云 南	20468470	241442	24581589	21346	3346511
西 藏	218393		339753		26639
陕 西	21793181	80909	24839770	611466	1011607
甘 肃	7199824		8382547		266115
青 海	2384890		2824650		153871
宁 夏	3423415		3388922		231592
新 疆	11256872	43338	12683912		1284294

2-4 分地区中型批发和零售业企业商品购、销、存情况

单位：万元

地区	商品购进额	进口	商品销售额	出口	期末商品库存额
全国	**1615113724**	**143853088**	**1696701863**	**107532857**	**130773714**
北京	184536652	31700879	190115791	7774179	19865369
天津	97108299	6739649	100617595	4204543	6168770
河北	43684900	463176	45273691	636889	2664615
山西	46340442	680633	47919677	882141	2425362
内蒙古	20286702	768597	21998140	570255	2678654
辽宁	44120020	1784563	46797577	1359067	4270562
吉林	13965160	548195	14641786	70386	1295958
黑龙江	20353364	8302475	21012081	1061155	1987124
上海	157091486	23068054	172893346	15783932	12076455
江苏	132769751	10308514	141379228	10862858	8702128
浙江	139030174	13696429	143663510	21780170	9625825
安徽	31009899	608545	32781128	857046	2593448
福建	52519917	4063650	56126823	7585174	4802767
江西	12001377	157983	12291607	366981	1104243
山东	102701083	6787621	108521610	5551711	5906154
河南	38174986	1624231	40404910	550388	3811853
湖北	32471615	649832	35450844	394591	2884151
湖南	30774661	584992	25781003	528007	2288665
广东	183765219	19516588	199630058	21054021	15882211
广西	22720267	393277	18637811	272772	1926226
海南	9274320	767094	9759767	421184	575888
重庆	34471517	1306936	36453229	1003711	2405935
四川	38967474	1048769	40666233	1167545	3678360
贵州	8591221	718615	9428134	929372	882037
云南	25601088	772913	26583977	1056363	2822787
西藏	720779	46439	905843		94948
陕西	34343487	268303	35775143	269971	2054509
甘肃	18147982	38985	19968403	57668	1844162
青海	2495463		3073946	46066	219392
宁夏	4840288	94246	5020292	14549	420688
新疆	32234137	6342906	33128680	420164	2814471

2-5 分地区大中型批发业企业商品购、销、存情况

单位：万元

地区	商品购进额	进口	商品销售额	出口	期末商品库存额
全国	**2346496017**	**239282253**	**2546201514**	**153681962**	**160871837**
北京	366463336	69599071	395527697	16311819	33655756
天津	144049896	11297851	150475538	4234286	6558093
河北	58497906	448929	63408857	636289	2577733
山西	71364751	501450	75575051	880332	2432245
内蒙古	18754851	759844	21047472	570372	2086521
辽宁	84889120	2619589	89535777	1360337	4524936
吉林	16157380	519516	17204058	70386	1282154
黑龙江	29695428	8269263	30540981	1061155	2764723
上海	290764532	62563980	338560221	24552794	19526970
江苏	162269879	12381076	178065336	16371517	11404938
浙江	160547919	15722501	172237896	26960809	8671809
安徽	42945060	953781	46685007	1619228	2330200
福建	70550153	7050850	76126204	9150731	5918708
江西	13229953	61171	17677231	584095	1022719
山东	117375837	7240590	126055273	7948713	5487587
河南	42443099	1150677	47303105	549524	3739944
湖北	69390124	641188	73234357	779164	3412467
湖南	29719429	269482	26720256	540521	2115375
广东	281418969	26638844	299543932	32781247	18691252
广西	24597231	188662	24651823	272772	1714611
海南	9160906	669476	9785245	420384	423944
重庆	39076892	934069	42035783	1003163	2626527
四川	45853059	732395	49567697	1288287	4036808
贵州	12286773	820964	17111022	1244373	1588825
云南	34950869	778752	39068124	1073644	4678947
西藏	359856	35	486958		56095
陕西	41431761	79901	44569400	881437	1780074
甘肃	20486716	138	22819221	53805	1657161
青海	3864662		4839863	46066	273710
宁夏	5990458	61551	6088305	14549	363423
新疆	37909214	6326659	39653823	420164	3467583

2-6 分地区大中型零售业企业商品购、销、存情况

单位：万元

地区	商品购进额	进口	商品销售额	出口	期末商品库存额
全国	**590329888**	**19190912**	**672805279**	**341822**	**62415111**
北京	56750275	2157801	62938192	10492	5544007
天津	14901562	105961	16239292	17087	1351910
河北	14945443	150584	16037920	599	1635066
山西	13767016	220353	16005070	1809	1285330
内蒙古	11781227	272972	12905360		1041549
辽宁	20977458	1074309	24774553	5210	2029380
吉林	8317922	28801	11233183		763550
黑龙江	8331616	39029	9560195		912534
上海	34254767	2214765	45470750	109347	5772835
江苏	54109618	1382362	60410149	20693	5087299
浙江	41842769	2658139	46848922	44570	4377803
安徽	18171023	167170	19331719	104	1904688
福建	18339269	590527	19541987	5604	1712049
江西	7812033	96812	8335980	120	743987
山东	48049468	741674	52400362	6220	4253240
河南	19250694	568586	21447194	864	1991765
湖北	27758035	467160	30955612	6707	2687339
湖南	15223784	327725	22791849		1340813
广东	54707129	2950165	65050421	96543	6631797
广西	7557314	237621	8074687		783240
海南	4120649	234759	4388607	5896	428347
重庆	16377751	449182	17229316	548	2005716
四川	26635121	1036778	29417417	1482	3224994
贵州	6213217	335229	7444811		591284
云南	11118688	235604	12097442	4065	1490351
西藏	579316	46405	758638		65492
陕西	14704907	269311	16045514		1286042
甘肃	4861090	38847	5531729	3863	453116
青海	1015691		1058732		99552
宁夏	2273245	32695	2320909		288856
新疆	5581795	59584	6158768		631182

2-7 分地区大中型批发和零售业企业年末资产负债

单位：万元

地 区	流动资产合计	固定资产原价	累计折旧	资产总计	负债合计	所有者权益合计
全 国	**978503957**	**141025332**	**45236777**	**1298411065**	**944503401**	**354076734**
北 京	179730419	10773248	4067691	242800566	174604757	68195808
天 津	37940502	3855745	1140377	48364604	36849162	11515442
河 北	24486797	4419537	1304546	34252439	24739466	9512973
山 西	26702809	3733874	1144631	34650672	27339867	7277723
内蒙古	10640753	2464798	769940	15455483	11201013	4432494
辽 宁	26388146	5112628	1669903	36380189	26801398	9557549
吉 林	6673754	2571739	714251	9994925	7010992	2983934
黑龙江	14093376	2422403	827615	16945114	13709961	3235152
上 海	107577304	10382550	3903781	135183348	96384496	38798852
江 苏	77040163	12377070	3847301	99547817	73487402	26060415
浙 江	68693423	8736619	2946658	89511115	67843975	21667140
安 徽	20138766	3497298	1085159	26285633	18015051	8270582
福 建	33640616	3796243	1205033	46639020	30762870	15876150
江 西	6660372	1778666	544134	9340070	5741001	3599069
山 东	46063561	11823335	3373716	65102556	52192943	12909614
河 南	17697168	3641252	1122751	23731072	17312015	6419057
湖 北	23943898	6216542	1841046	33563046	25049717	8513330
湖 南	12779512	3808612	1177770	19324089	11895397	7428692
广 东	118148636	17481102	5337561	150739393	112127194	38609885
广 西	10472197	1667769	539151	14283424	10419040	3872116
海 南	3213898	764256	249265	4441972	2532420	1909551
重 庆	16453615	3065637	1039870	21464214	15328380	6135623
四 川	23106016	4190816	1311073	30937642	21819283	9118358
贵 州	9014854	1329803	484359	11434550	7022087	4412463
云 南	20180469	3387331	1151165	27332315	18070794	9261521
西 藏	308430	152335	50949	498960	240210	258750
陕 西	13861415	2921054	860854	19959964	13980628	6019500
甘 肃	5193575	1097360	389039	6512045	3597521	2914524
青 海	1323516	446961	135029	1895118	1180133	714986
宁 夏	2074070	558310	138291	2944610	2217468	727142
新 疆	14261927	2550439	863869	18895102	15026761	3868342

2-8 分地区大型批发和零售业企业年末资产负债

单位：万元

地区	流动资产合计	固定资产原价	累计折旧	资产总计	负债合计	所有者权益合计
全国	**417960080**	**79215095**	**26332134**	**585636661**	**394939752**	**190868504**
北京	104570398	7011020	2844548	144687874	100569281	44118593
天津	7643697	2121109	645561	10191963	7493193	2698771
河北	10761632	2651404	809440	16191332	11161624	5029708
山西	11481836	1794407	544690	14762474	11326511	3402881
内蒙古	2414796	974051	333018	3533730	2623843	1087911
辽宁	8639472	2759139	959126	12645343	7711117	4912984
吉林	2635949	1364927	408745	4404156	2895086	1509070
黑龙江	5391069	1305258	506971	6671556	4924202	1747355
上海	52658946	6289247	2481796	68291562	48428833	19862729
江苏	36217523	6706071	2179410	47987217	32472762	15514456
浙江	20408531	3441192	1279200	27012155	17629740	9382416
安徽	9594242	1748538	584225	12410040	7793791	4616249
福建	10581259	1578413	534205	16157035	9209369	6947666
江西	3233078	1097678	337623	4785877	2291515	2494361
山东	16698225	6169250	1905990	26795903	21884675	4911228
河南	5415118	1468882	553874	7580792	5097807	2482985
湖北	12866258	4189143	1245203	19433828	13607525	5826303
湖南	5644170	2157790	765509	9066549	4639120	4427429
广东	46651653	11894055	3193643	65889826	42596013	23293814
广西	2372593	1119860	359557	4513937	2089712	2431956
海南	633447	400693	118783	1053860	615380	438479
重庆	6509971	1798409	691571	9222550	5751310	3471240
四川	8568145	2389584	738151	13285012	7652788	5632224
贵州	5187006	855899	324253	6658580	3260393	3398188
云南	9126842	2145245	771730	14059059	7497101	6561958
西藏	100333	30578	11168	165706	39132	126574
陕西	5422598	1633151	488837	8527885	5686026	2882023
甘肃	923330	384377	153861	1375358	677449	697909
青海	381634	284199	85343	710787	436002	274785
宁夏	781469	257285	61386	1198172	927766	270406
新疆	4444860	1194242	414717	6366543	5950688	415855

2-9 分地区中型批发和零售业企业年末资产负债

单位：万元

地 区	流动资产合计	固定资产原价	累计折旧	资产总计	负债合计	所有者权益合计
全 国	**560543877**	**61810237**	**18904643**	**712774404**	**549563649**	**163208230**
北 京	75160021	3762228	1223143	98112692	74035477	24077215
天 津	30296806	1734636	494816	38172641	29355969	8816671
河 北	13725166	1768133	495106	18061107	13577842	4483265
山 西	15220973	1939467	599941	19888198	16013356	3874842
内蒙古	8225958	1490747	436923	11921754	8577171	3344583
辽 宁	17748674	2353489	710777	23734846	19090281	4644565
吉 林	4037804	1206811	305506	5590769	4115906	1474863
黑龙江	8702307	1117145	320643	10273557	8785760	1487798
上 海	54918358	4093303	1421985	66891786	47955663	18936123
江 苏	40822640	5671000	1667891	51560600	41014640	10545960
浙 江	48284892	5295427	1667458	62498960	50214236	12284724
安 徽	10544524	1748760	500934	13875593	10221260	3654333
福 建	23059357	2217829	670828	30481985	21553501	8928484
江 西	3427293	680988	206512	4554193	3449485	1104708
山 东	29365336	5654085	1467726	38306653	30308268	7998385
河 南	12282050	2172370	568876	16150280	12214208	3936072
湖 北	11077640	2027398	595843	14129218	11442192	2687026
湖 南	7135342	1650821	412260	10257540	7256277	3001262
广 东	71496983	5587047	2143918	84849567	69531182	15316072
广 西	8099604	547909	179595	9769487	8329328	1440159
海 南	2580451	363563	130482	3388112	1917040	1471072
重 庆	9943643	1267228	348299	12241665	9577070	2664384
四 川	14537872	1801233	572922	17652630	14166496	3486135
贵 州	3827848	473904	160105	4775970	3761695	1014275
云 南	11053627	1242086	379435	13273256	10573693	2699563
西 藏	208097	121758	39781	333254	201078	132177
陕 西	8438818	1287904	372017	11432079	8294602	3137477
甘 肃	4270244	712984	235178	5136687	2920073	2216614
青 海	941883	162762	49686	1184331	744130	440201
宁 夏	1292601	301026	76905	1746438	1289702	456736
新 疆	9817067	1356197	449153	12528559	9076072	3452487

2-10 分地区大中型批发业企业年末资产负债

单位：万元

地 区	流动资产合计	固定资产原价	累计折旧	资产总计	负债合计	所有者权益合计
全 国	**767627331**	**75188345**	**25114638**	**988247216**	**716693299**	**271578045**
北 京	155178449	6431976	2424365	210321847	149269298	61052550
天 津	33514200	1942587	571949	41228001	31529356	9698644
河 北	19611532	2514304	749140	26769390	18770465	7998925
山 西	22045210	2198040	691159	28039172	22260834	5778338
内蒙古	7143768	1283043	429540	10236869	6873021	3363848
辽 宁	18383295	1884059	706872	23594704	17131536	6441925
吉 林	4278009	869438	277354	5549536	3620185	1929351
黑龙江	11295375	1165705	436428	12847656	10584760	2262895
上 海	90646645	5732431	2188886	111785371	80052296	31733075
江 苏	58341569	6206174	1964025	70923846	51996718	18927128
浙 江	52718111	4482165	1669604	67606548	50581615	17024933
安 徽	13557342	1485733	478607	16863200	11320281	5542918
福 建	27471165	2128409	717466	37450277	25017551	12432726
江 西	4136876	962751	325173	5497362	3195446	2301915
山 东	31668786	5758522	1752171	40996513	33735700	7260814
河 南	11930145	2086254	673243	15460098	10810676	4649422
湖 北	16623871	2915854	925772	21531627	16295878	5235749
湖 南	7838396	1455756	440631	10816606	6470946	4345660
广 东	93332946	12111319	3516825	117858892	89784490	28072088
广 西	7634279	962029	332835	10423153	7588760	2842124
海 南	2203967	250964	91212	2866582	1467677	1398905
重 庆	12298941	1595389	556417	15313485	11116179	4197094
四 川	15055683	1479048	542160	18272049	13170244	5101805
贵 州	7295306	760029	321700	8471900	4586925	3884975
云 南	16012800	2145709	849350	21026115	13685034	7341081
西 藏	191496	57022	20422	297884	131213	166672
陕 西	8755503	1172571	375972	12300199	8518483	3821880
甘 肃	3938563	636607	250409	4693770	2242095	2451674
青 海	969248	330591	95935	1419660	841260	578400
宁 夏	1324740	328773	74768	1918434	1411408	507026
新 疆	12231117	1855094	664248	15866475	12632969	3233506

2-11 分地区大中型零售业企业年末资产负债

单位：万元

地 区	流动资产合计	固定资产原价	累计折旧	资产总计	负债合计	所有者权益合计
全 国	**210876626**	**65836987**	**20122139**	**310163849**	**227810102**	**82498689**
北 京	24551971	4341272	1643326	32478718	25335460	7143259
天 津	4426302	1913158	568428	7136603	5319806	1816798
河 北	4875265	1905234	555406	7483049	5969002	1514048
山 西	4657598	1535835	453472	6611500	5079033	1499385
内蒙古	3496985	1181755	340401	5218615	4327992	1068646
辽 宁	8004851	3228570	963031	12785485	9669862	3115623
吉 林	2395745	1702301	436897	4445389	3390807	1054582
黑龙江	2798001	1256698	391186	4097458	3125201	972257
上 海	16930659	4650119	1714895	23397977	16332199	7065777
江 苏	18698594	6170896	1883276	28623972	21490684	7133288
浙 江	15975312	4254455	1277054	21904567	17262360	4642207
安 徽	6581424	2011565	606553	9422434	6694770	2727663
福 建	6169451	1667834	487567	9188743	5745319	3443425
江 西	2523496	815915	218962	3842708	2545554	1297154
山 东	14394775	6064813	1621545	24106043	18457243	5648800
河 南	5767023	1554998	449508	8270974	6501339	1769635
湖 北	7320027	3300687	915274	12031419	8753838	3277581
湖 南	4941116	2352855	737139	8507483	5424451	3083032
广 东	24815690	5369783	1820736	32880501	22342704	10537797
广 西	2837918	705740	206317	3860272	2830280	1029992
海 南	1009931	513292	158053	1575389	1064744	510646
重 庆	4154674	1470248	483453	6150729	4212201	1938529
四 川	8050333	2711768	768912	12665593	8649039	4016554
贵 州	1719548	569774	162659	2962650	2435162	527488
云 南	4167669	1241622	301816	6306200	4385760	1920440
西 藏	116934	95313	30527	201076	108997	92079
陕 西	5105913	1748484	484883	7659765	5462145	2197620
甘 肃	1255012	460753	138630	1818275	1355426	462849
青 海	354269	116370	39094	475458	338873	136586
宁 夏	749330	229538	63523	1026176	806060	220116
新 疆	2030810	695345	199621	3028628	2393791	634836

2-12 分地区大中型批发和零售业企业实收资本及构成

单位：万元

地 区	实收资本	国家资本	集体资本	法人资本	个人资本	港澳台资本	外商资本
全 国	**171102629**	**42698969**	**3570364**	**64802538**	**33778920**	**9734290**	**16517548**
北 京	30681706	5293713	169969	15111210	2420732	1104652	6581430
天 津	8179522	3271566	92604	3105395	1041987	307096	360875
河 北	3622555	658273	123505	1407436	1403922	74	29346
山 西	3092599	588454	190091	1500318	770975	29513	13247
内蒙古	1888888	764973	27002	641943	449888	5082	
辽 宁	5576553	1965621	70068	1787699	859209	495634	398321
吉 林	1190346	301854	50610	538602	225817	55254	18209
黑龙江	1405448	282788	21618	696452	371890	28326	4374
上 海	16407946	2558306	168973	4220475	1888141	2418961	5153090
江 苏	12739884	2770019	242528	3578588	3968520	1160060	1020170
浙 江	12456968	1919138	333341	4326790	5083369	468234	326096
安 徽	3795568	813421	75112	1852839	856042	148413	49742
福 建	8330227	1927448	157873	3668985	2023937	213235	338749
江 西	1457745	395382	21258	770327	247420	11196	12163
山 东	7772672	1358515	410342	2995401	2527180	195213	286021
河 南	3008903	750901	134756	1097824	929185	60602	35635
湖 北	4429902	1495033	95789	1666815	898797	163311	110157
湖 南	3843041	1988554	113674	913723	692123	37056	97911
广 东	17916948	5091941	396364	5857002	3366431	2233071	972139
广 西	2739156	1357464	99232	893801	356243	31846	571
海 南	916057	237212	15068	422004	91268	60373	90133
重 庆	2782389	430545	73179	1559483	505565	83609	130007
四 川	3917074	1229896	101417	1349327	802416	210538	223481
贵 州	953524	338881	10785	423401	160590	11561	8306
云 南	3842522	1641710	82636	1518327	443486	81981	74382
西 藏	167270	51705	951	110860	3754		
陕 西	2884433	762421	170114	1194526	504216	95424	157732
甘 肃	2046102	1396311	61080	415428	161822	9461	2000
青 海	345121	197080	14916	91962	33738	2155	5270
宁 夏	480389	143283	2040	271788	62978		300
新 疆	2231170	716559	43471	813807	627281	12360	17692

2-13 分地区大型批发和零售业企业实收资本及构成

单位：万元

地 区	实收资本						
		国家资本	集体资本	法人资本	个人资本	港澳台资本	外商资本
全 国	**70211001**	**25323342**	**983423**	**22729643**	**6162796**	**4726503**	**10285294**
北 京	16350829	2687294	113863	6811075	879645	524571	5334381
天 津	1563388	594164	7240	647702	70094	116524	127664
河 北	1570448	469393	36806	486476	573628		4145
山 西	967591	253807	56646	443033	201956	7050	5100
内 蒙 古	313151	122459	507	104934	85251		
辽 宁	2513023	1645492	49278	449323	215384	95637	57911
吉 林	389889	164288	7020	149316	44877	17801	6588
黑 龙 江	447620	123773	5148	207560	87514	20743	2883
上 海	7764597	1688381	32080	1544521	355857	1378070	2765688
江 苏	5146408	1892330	61988	1775134	535633	368791	512532
浙 江	2757512	1048068	91366	886583	431572	178364	121559
安 徽	1315410	486633	12902	531631	166526	95475	22243
福 建	2939561	1062517	6000	1403070	186916	38485	242573
江 西	716054	186162	13021	454916	58451	2917	588
山 东	2688280	993633	142638	792108	518939	135946	105017
河 南	625007	311632	17216	160563	78008	52870	4717
湖 北	2416825	1247934	18052	803829	230781	63774	52456
湖 南	1619786	1159834	28103	237354	120947	12502	61046
广 东	8686689	3852032	166434	2003871	763539	1381547	519265
广 西	1119790	821702	18704	233615	39547	6222	
海 南	292175	226541		57609	935		7090
重 庆	1069443	158346	48502	658939	104811	48530	50316
四 川	1775575	1001845	6234	332247	165158	123484	146606
贵 州	322432	188687		131361	1874		510
云 南	2399543	1494736	1824	775428	68228	23938	35388
西 藏	89943		100	89343	500		
陕 西	1157955	637758	18614	324182	65535	31850	80016
甘 肃	180826	115568	1220	47648	14979	1411	
青 海	197505	179600	7179	2328	3128		5270
宁 夏	192801	107312	1836	83221	432		
新 疆	620946	401422	12905	100724	92151		13744

2-14 分地区中型批发和零售业企业实收资本及构成

单位：万元

地区	实收资本	国家资本	集体资本	法人资本	个人资本	港澳台资本	外商资本
全国	**100891628**	**17375627**	**2586941**	**42072895**	**27616124**	**5007787**	**6232254**
北京	14330876	2606419	56105	8300135	1541087	580081	1247049
天津	6616134	2677402	85364	2457693	971893	190572	233211
河北	2052106	188879	86698	920960	830294	74	25201
山西	2125008	334647	133446	1057286	569019	22463	8147
内蒙古	1575737	642514	26495	537008	364638	5082	
辽宁	3063530	320130	20791	1338377	643826	399997	340410
吉林	800457	137566	43590	389286	180940	37453	11621
黑龙江	957828	159015	16471	488892	284376	7583	1492
上海	8643350	869925	136893	2675954	1532284	1040891	2387402
江苏	7593477	877689	180539	1803454	3432887	791268	507638
浙江	9699456	871070	241976	3440206	4651796	289870	204538
安徽	2480158	326788	62210	1321207	689515	52938	27500
福建	5390666	864931	151873	2265915	1837021	174749	96176
江西	741691	209220	8237	315411	188969	8279	11575
山东	5084392	364882	267704	2203293	2008242	59268	181003
河南	2383896	439269	117540	937261	851177	7731	30918
湖北	2013077	247100	77736	862986	668016	99537	57702
湖南	2223254	828720	85572	676369	571175	24554	36865
广东	9230260	1239909	229930	3853131	2602891	851524	452874
广西	1619366	535762	80528	660186	316695	25624	571
海南	623882	10671	15068	364395	90333	60373	83043
重庆	1712946	272200	24677	900544	400754	35079	79691
四川	2141499	228051	95183	1017080	637258	87053	76874
贵州	631092	150194	10785	292040	158716	11561	7796
云南	1442979	146974	80813	742899	375258	58043	38994
西藏	77328	51705	851	21518	3254		
陕西	1726478	124663	151501	870344	438681	63574	77716
甘肃	1865276	1280743	59860	367780	146843	8050	2000
青海	147616	17480	7737	89635	30610	2155	
宁夏	287589	35972	204	188567	62546		300
新疆	1610224	315137	30566	713083	535130	12360	3948

2-15 分地区大中型批发业企业实收资本及构成

单位：万元

地区	实收资本	国家资本	集体资本	法人资本	个人资本	港澳台资本	外商资本
全国	**121918517**	**33906521**	**2158106**	**45400590**	**23241685**	**5434786**	**11776829**
北京	25995030	4953750	43464	12989301	1762802	866821	5378892
天津	6507612	2992854	68544	2176562	840358	188661	240634
河北	2651832	608050	58734	842115	1122790	15	20128
山西	2181181	436132	157878	1175123	391005	21043	
内蒙古	1233534	681026	18329	304597	229275	307	
辽宁	3482556	1536547	9374	1196604	438231	31533	270268
吉林	535651	170887	4534	258593	60938	35500	5200
黑龙江	763001	252301	12853	335082	162765		
上海	12624661	2197341	84358	3054847	1541620	1517845	4228651
江苏	8083993	2549577	157613	1733983	2571927	684730	386163
浙江	9278159	1574199	263702	3064941	4187658	133855	53804
安徽	2191479	393742	51492	1256974	480985	1123	7164
福建	6113203	1057891	150283	2890968	1601937	144398	267727
江西	702203	324945	3952	273564	96784	969	1988
山东	4835709	1170226	169750	1673921	1678574	108123	35115
河南	1729586	613399	70862	571804	471776	600	1146
湖北	2853930	1245814	25996	1111172	392939	52176	25834
湖南	1820859	974008	38680	480459	319065	7126	1522
广东	12967834	3729985	322668	4011835	2711186	1538042	654118
广西	2162190	1236754	29359	644945	247133	4000	
海南	497901	15154	5690	299381	49049	56909	71718
重庆	1782183	315071	26381	1099749	285251	4600	51130
四川	1672928	414369	81192	743693	394350	25176	14149
贵州	571011	198272	9998	267356	95385		
云南	2696906	1229212	61469	1140976	252450	8189	4610
西藏	111141	13542		97089	510		
陕西	1661344	680919	132633	593700	204317	2999	46776
甘肃	1766133	1376287	56808	252792	80195	50	
青海	265064	183916	618	60970	14291		5270
宁夏	333050	134125		162714	35911		300
新疆	1846656	646227	40895	634781	520229		4524

2-16 分地区大中型零售业企业实收资本及构成

单位：万元

地区	实收资本	国家资本	集体资本	法人资本	个人资本	港澳台资本	外商资本
全国	**49184111**	**8792448**	**1412258**	**19401948**	**10537235**	**4299504**	**4740718**
北京	4686676	339963	126505	2121909	657930	237831	1202538
天津	1671910	278712	24060	928833	201629	118435	120241
河北	970723	50223	64771	565321	281132	59	9218
山西	911418	152322	32213	325195	379970	8471	13247
内蒙古	655354	83947	8673	337345	220613	4776	
辽宁	2093997	429074	60695	591096	420978	464101	128053
吉林	654695	130967	46077	280010	164879	19754	13009
黑龙江	642448	30488	8765	361370	209125	28326	4374
上海	3783285	360965	84616	1165629	346521	901116	924439
江苏	4655891	220442	84915	1844604	1396594	475330	634007
浙江	3178808	344939	69639	1261848	895711	334379	272292
安徽	1604089	419679	23620	595865	375057	147290	42578
福建	2217024	869557	7590	778018	422001	68837	71022
江西	755543	70437	17305	496763	150636	10228	10175
山东	2936964	188289	240592	1321480	848606	87091	250906
河南	1279317	137503	63894	526021	457410	60002	34489
湖北	1575973	249219	69793	555643	505859	111136	84324
湖南	2022182	1014546	74995	433264	373058	29930	96389
广东	4949115	1361957	73696	1845167	655244	695030	318021
广西	576967	120710	69873	248856	109110	27846	571
海南	418156	222057	9378	122623	42219	3464	18415
重庆	1000206	115474	46798	459734	220314	79010	78877
四川	2244147	815528	20225	605634	408066	185362	209332
贵州	382513	140610	786	156045	65205	11561	8306
云南	1145617	412499	21168	377351	191036	73792	69771
西藏	56130	38164	951	13771	3244		
陕西	1223089	81502	37481	600826	299899	92425	110956
甘肃	279969	20024	4272	162636	81626	9411	2000
青海	80057	13164	14298	30993	19447	2155	
宁夏	147339	9158	2040	109074	27067		
新疆	384514	70332	2576	179026	107052	12360	13169

2-17 分地区大中型批发和

地　区	主营业务收入	主营业务成本	主营业务税金及附加	主营业务利润	其他业务利润	销售费用
全　国	**2871525411**	**2643215982**	**12855500**	**215453929**	**13599464**	**99080123**
北　京	384822491	359397984	750221	24674286	2832993	14139643
天　津	145127339	138693109	921975	5512255	386814	2464611
河　北	72464764	67264054	374609	4826101	281121	1820894
山　西	78156275	74294793	291662	3569820	326674	1835433
内蒙古	31481814	28301597	264140	2916077	220398	1184431
辽　宁	100198084	94741683	450421	5005980	380429	2024073
吉　林	25330062	22671647	162697	2495718	109411	987687
黑龙江	36903678	34194826	250634	2458218	155322	909510
上　海	345332454	311932025	533475	32866954	1615419	18085263
江　苏	207471492	189936213	879206	16656073	1018883	7402140
浙　江	196810305	184171570	727691	11911044	964812	6142948
安　徽	55911884	50342548	357458	5211878	221058	2594044
福　建	84819689	78411151	406260	6002278	408461	2777669
江　西	23307748	20778313	237029	2292406	82261	811786
山　东	172509603	157017215	993721	14498667	681813	5094045
河　南	60902795	55207364	591509	5103922	295556	1853968
湖　北	89188144	81776799	468485	6942860	441170	2938102
湖　南	44856625	39971883	484278	4400464	177783	1731521
广　东	341836647	314426824	1160000	26249823	1385082	11703101
广　西	28487232	26374455	194720	1918057	152504	947735
海　南	11440656	10544201	78210	818245	66307	397201
重　庆	54516718	49273348	440525	4802845	331916	2269104
四　川	69712518	62814201	493480	6404837	345238	2676301
贵　州	21462793	17212420	315268	3935105	80049	993896
云　南	46859070	42178150	282222	4398698	144211	1799851
西　藏	1168514	895236	18032	255246	3319	120268
陕　西	54812193	49897959	412010	4502224	235199	1560413
甘　肃	25635241	24105578	127783	1401880	54724	456114
青　海	5380295	4651490	32608	696197	25318	167260
宁　夏	7824830	7317511	39342	467977	47510	226893
新　疆	46793460	44419832	115829	2257799	127709	964220

零售业企业损益及分配

单位：万元

管理费用	财务费用	营业利润	利润总额	应交所得税	应付职工薪酬	应交增值税
51179132	**13327495**	**66413478**	**69691393**	**15579390**	**46564035**	**38077851**
6939256	1591690	7990139	9182574	2009745	6360546	3083552
1153012	658435	1492250	1663170	434139	888652	1107275
1074141	496410	977987	876331	321477	1261272	809085
1209682	431131	884096	817557	237267	904110	1513765
617313	216686	1083847	982797	191006	869531	709814
1562671	494903	1149780	1236904	253080	1293598	1139557
618882	142128	672966	598483	107971	398902	393654
636914	161698	988798	1140501	189578	581744	570442
7417293	825659	7312418	8334694	2116177	5989954	3567631
4238752	1082051	5198903	5061583	1287307	3040685	2700857
3038721	1202604	2985701	3310789	903464	3106849	1718961
1075087	196918	1331634	1395726	300393	1128332	998138
1418367	527575	1969318	2183771	473244	1423198	853129
471862	75190	800445	861789	186911	478693	511059
3193972	993123	5671017	5070457	1002813	2988371	2280985
1369351	308686	1663539	1705085	334574	1215727	910731
1619682	390248	2012014	1999193	469244	1300422	914218
1248410	203686	1285582	1353556	293499	978088	797919
5621689	1601322	8377139	8943966	1928051	5311147	4744042
570729	131457	752238	827548	160125	579362	1340069
219912	29204	333562	361454	67816	195303	194902
999200	198870	1574050	1503878	217304	1153550	746236
1435773	475345	1811466	1941042	436466	1426215	1395397
573905	69573	2397674	2722493	617152	690250	1223602
922171	274050	1626652	1804058	430977	1006199	1115060
42245	1573	70348	86249	9061	40892	38229
878874	214266	2419747	2052965	352293	866273	1067153
297003	74640	449423	436676	71624	271232	574755
99824	14288	153300	133920	33307	93258	63845
109996	38758	123493	126960	28102	133733	328830
504445	205330	853952	975226	115227	587950	664959

2-18 分地区大型批发和

地区	主营业务收入	主营业务成本	主营业务税金及附加	主营业务利润	其他业务利润	销售费用
全国	**1336812922**	**1202617526**	**8716641**	**125478755**	**7539244**	**59503609**
北京	217661363	200809465	432877	16419021	1882880	10093287
天津	56659859	53605215	745361	2309283	170265	1304226
河北	30305751	27911311	247833	2146607	163765	971785
山西	38147180	35862391	224521	2060268	187088	867483
内蒙古	11006459	9711501	144028	1150930	76107	410729
辽宁	57561043	54768013	281395	2511635	189959	997850
吉林	11393222	9886357	104910	1401955	35065	677459
黑龙江	16810485	15173364	171590	1465531	95935	532391
上海	187273458	163468063	364079	23441316	820433	13216981
江苏	83438040	72675574	662665	10099801	539384	4435544
浙江	67965600	61299850	545157	6120593	525092	2955789
安徽	26836696	23419320	275302	3142074	116193	1741400
福建	34359359	31375344	220729	2763286	141261	1304171
江西	12274393	10552526	197262	1524605	35410	488946
山东	72586059	65924656	533105	6128298	400174	2647238
河南	24626105	21585282	397409	2643414	125157	894534
湖北	56959977	52830650	243563	3885764	331650	1817698
湖南	21467789	18711544	343715	2412530	114426	885592
广东	158141840	142460648	746013	14935179	748835	6425700
广西	11932771	10689366	159984	1083421	67792	450413
海南	3629276	3190310	58787	380179	12512	178242
重庆	20866750	18325900	247134	2293716	251551	1132828
四川	32743034	28674687	374511	3693836	184990	1429654
贵州	13032921	9415259	275050	3342612	19131	616149
云南	22166684	18715501	229479	3221704	68140	1127049
西藏	304365	220425	7373	76567		44641
陕西	22137870	19425105	281889	2430876	146826	942895
甘肃	7742307	6989728	82873	669706	13225	210492
青海	2678736	2157038	21252	500446	14047	82720
宁夏	3072886	2806250	24642	241994	8713	120744
新疆	11030648	9976884	72155	981609	53240	498981

零售业企业损益及分配

单位：万元

管理费用	财务费用	营业利润	利润总额	应交所得税	应付职工薪酬	应交增值税
26822614	**3265252**	**44468251**	**47102139**	**10270653**	**25656201**	**21629423**
4360291	471509	5885845	6749755	1322246	4133255	1929912
413915	86228	690864	754200	217739	401596	484183
513190	192298	643591	678084	172482	728925	545793
624766	163628	758232	785321	181228	486808	1118565
232908	32371	489611	439210	86692	266877	345347
783954	136768	772210	786181	153472	662245	538011
317453	55285	354634	352674	64109	238497	241316
319901	74338	613523	609678	124642	291495	406458
4288660	273275	5301872	5852153	1417253	3505056	2199856
2424783	194494	3696498	3713223	916285	1760707	1789208
1153067	74704	2648276	2732789	607306	1415157	955967
582754	18360	982220	1001768	219345	579991	523306
523031	137981	1180601	1221899	255685	648492	458362
303173	16382	689391	750344	166586	311023	367701
1531134	266644	2104447	2158700	461989	1425143	1102995
715700	23768	1028205	1006558	250634	656181	457910
924080	143486	1281069	1390691	331364	784159	538773
710439	16114	906470	1044929	240163	572822	425562
2764769	530602	5864232	6167965	1198120	2928354	2234584
286754	16873	712075	669334	137439	282210	384223
72771	8044	124985	131509	21337	84344	78009
442817	43037	824422	804406	133996	615515	351942
734749	120454	1364041	1480723	330231	790512	784008
385427	-22529	2247749	2541802	586323	339892	936177
536188	53923	1436781	1532316	359808	614764	793255
14507	95	17585	21506	3290	15913	15649
484100	55834	1181686	1087458	198541	541204	645663
111770	1282	288690	276712	47806	134548	204202
41630	5070	95440	57270	17582	51942	27451
33861	6083	86439	84414	14220	58397	282629
190074	68856	196571	218567	32739	330179	462407

2-19 分地区中型批发和

地 区	主营业务收入	主营业务成本	主营业务税金及附加	主营业务利润	其他业务利润	销售费用
全 国	**1534712489**	**1440598456**	**4138859**	**89975174**	**6060220**	**39576514**
北 京	167161128	158588520	317344	8255264	950114	4046356
天 津	88467481	85087895	176615	3202971	216549	1160386
河 北	42159013	39352744	126776	2679493	117356	849109
山 西	40009095	38432402	67141	1509552	139587	967950
内蒙古	20475356	18590097	120112	1765147	144291	773702
辽 宁	42637041	39973669	169026	2494346	190471	1026223
吉 林	13936841	12785291	57787	1093763	74345	310228
黑龙江	20093193	19021463	79044	992686	59387	377120
上 海	158058996	148463963	169396	9425637	794986	4868282
江 苏	124033451	117260638	216541	6556272	479499	2966597
浙 江	128844705	122871720	182534	5790451	439721	3187158
安 徽	29075189	26923228	82156	2069805	104865	852643
福 建	50460330	47035807	185531	3238992	267200	1473499
江 西	11033355	10225787	39767	767801	46851	322841
山 东	99923544	91092559	460616	8370369	281639	2446807
河 南	36276690	33622083	194100	2460507	170399	959433
湖 北	32228167	28946149	224921	3057097	109521	1120404
湖 南	23388837	21260339	140564	1987934	63357	845928
广 东	183694807	171966176	413987	11314644	636247	5277401
广 西	16554461	15685090	34736	834635	84713	497322
海 南	7811380	7353892	19423	438065	53795	218959
重 庆	33649968	30947448	193391	2509129	80365	1136276
四 川	36969485	34139515	118969	2711001	160248	1246647
贵 州	8429872	7797160	40217	592495	60917	377747
云 南	24692386	23462649	52743	1176994	76071	672802
西 藏	864150	674811	10660	178679	3318	75627
陕 西	32674324	30472854	130121	2071349	88374	617518
甘 肃	17892934	17115850	44909	732175	41499	245622
青 海	2701559	2494452	11356	195751	11270	84540
宁 夏	4751945	4511261	14701	225983	38797	106149
新 疆	35762812	34442948	43674	1276190	74469	465239

零售业企业损益及分配

单位：万元

管理费用	财务费用	营业利润	利润总额	应交所得税	应付职工薪酬	应交增值税
24356518	**10062243**	**21945227**	**22589254**	**5308737**	**20907834**	**16448428**
2578965	1120182	2104294	2432818	687499	2227291	1153640
739097	572207	801386	908970	216401	487056	623092
560951	304112	334396	198246	148995	532347	263292
584916	267503	125864	32237	56039	417302	395199
384405	184316	594237	543588	104313	602654	364467
778717	358135	377570	450723	99608	631352	601546
301429	86843	318332	245809	43862	160406	152338
317013	87360	375275	530823	64936	290249	163984
3128632	552384	2010546	2482541	698924	2484898	1367775
1813968	887557	1502405	1348360	371022	1279978	911649
1885655	1127900	337426	578000	296158	1691692	762994
492333	178559	349414	393959	81048	548341	474832
895335	389594	788717	961873	217559	774706	394767
168689	58808	111055	111445	20325	167670	143359
1662838	726479	3566570	2911756	540824	1563228	1177991
653651	284919	635334	698526	83939	559547	452821
695602	246761	730944	608502	137879	516263	375445
537971	187572	379112	308627	53336	405266	372357
2856920	1070721	2512907	2776002	729931	2382793	2509458
283975	114584	40164	158214	22686	297152	955846
147141	21161	208577	229944	46478	110960	116892
556384	155833	749629	699472	83308	538035	394294
701024	354891	447426	460320	106235	635703	611389
188477	92102	149925	180691	30829	350359	287425
385983	220128	189871	271742	71169	391435	321806
27738	1478	52763	64743	5770	24978	22580
394774	158432	1238061	965507	153752	325068	421489
185233	73357	160733	159964	23818	136685	370553
58194	9218	57860	76649	15725	41316	36394
76135	32675	37054	42546	13883	75336	46202
314372	136474	657382	756659	82488	257771	202552

2-20 分地区大中型批发业

地区	主营业务收入	主营业务成本	主营业务税金及附加	主营业务利润	其他业务利润	销售费用
全国	**2284691077**	**2122903701**	**10212986**	**151574390**	**5160363**	**61892884**
北京	330940707	311222432	555048	19163227	1465580	9860664
天津	131389230	126236841	884772	4267617	136465	1579046
河北	58899664	55018759	312506	3568399	44859	1051471
山西	63698213	60903053	257180	2537980	193635	1214135
内蒙古	19829984	17668923	218371	1942690	92603	698099
辽宁	78614725	75613393	317298	2684034	107815	856157
吉林	16369624	15098595	129935	1141094	31731	514025
黑龙江	29066927	27380538	201340	1485049	21039	532487
上海	308368810	280976336	380992	27011482	944534	13839005
江苏	155582794	143769803	615182	11197809	239378	4322238
浙江	155904287	146781283	594941	8528063	291504	3865109
安徽	39234596	35512873	294739	3426984	54577	1706265
福建	67618918	63222111	340886	4055921	208378	1592021
江西	15843774	14099774	200367	1543633	14167	434921
山东	124407797	114121428	729465	9556904	177409	2788844
河南	42257124	38454426	485879	3316819	96416	1009650
湖北	63843406	59667805	294570	3881031	45868	1282092
湖南	23944615	21354774	372842	2216999	13744	631095
广东	282750938	263001134	966496	18783308	519280	7225060
广西	21714715	20104162	168217	1442336	29988	506493
海南	7853701	7332185	59754	461762	32458	204123
重庆	39138737	35710033	324127	3104577	54459	1352216
四川	42915852	39214261	395988	3305603	81670	1124915
贵州	15755693	11838507	297638	3619548	22648	655699
云南	35627618	32318837	247509	3061272	67717	1134123
西藏	436899	313869	13626	109404	10	47230
陕西	40397727	37435494	278497	2683736	57753	785755
甘肃	20573380	19559652	108988	904740	22464	228522
青海	4440520	3815417	29916	595187	5547	109976
宁夏	5759046	5448043	33301	277702	11622	103283
新疆	41511057	39708960	102618	1699479	75045	638164

企业损益及分配

单位：万元

管理费用	财务费用	营业利润	利润总额	应交所得税	应付职工薪酬	应交增值税
32419305	**9288768**	**54754265**	**57751551**	**12599802**	**26751258**	**26017962**
5118242	1336950	7482370	8614657	1693425	4321971	2214504
691620	569677	1428396	1598668	387338	451205	902667
580629	380120	860175	743296	213240	818955	609531
844368	316487	773521	709154	218425	599448	1224544
333993	120317	784060	735550	159511	223518	363421
638065	275877	855454	926429	182440	526155	662527
228818	59932	345791	387284	63069	200742	197334
299679	96250	675665	630524	139152	266377	412835
5478680	649149	6836724	7641341	1828930	4119690	2929715
2461093	688093	4304927	4245734	1006740	1602602	1959302
1908650	859000	2692041	2948097	715397	1912197	1071330
637393	95943	1038493	1080745	235231	662466	759606
950556	415593	1577890	1795666	393401	816933	570508
269632	23755	653051	709147	161585	272212	364604
1746553	582372	4366149	3793172	720099	1398098	1299556
839521	188496	1246349	1299928	264905	674833	563006
838965	223481	1396024	1390394	308429	552327	515247
668638	95067	845347	937866	218668	451404	509560
3918938	1244074	6845432	7282807	1617559	3110963	3173161
346259	91191	577629	670069	121660	294271	1083163
117534	5971	238589	248798	48195	100604	93026
613266	121846	1103181	1056450	151601	581376	492066
724400	296464	1230174	1389486	317700	647588	722049
444422	29599	2257472	2569657	597259	362359	622385
611072	187084	1325686	1534086	381397	640475	712422
25105	839	16130	29959	7309	16913	16402
434403	90289	1766559	1459880	257620	457668	691760
198840	44956	291517	309258	55837	150454	451393
68422	8295	128771	103800	27655	60852	40643
56606	21111	108179	101083	21142	58836	300739
324946	170491	702520	808569	84883	397769	488956

2-21 分地区大中型零售业

地 区	主营业务收入	主营业务成本	主营业务税金及附加	主营业务利润	其他业务利润	销售费用
全 国	**586834334**	**520312281**	**2642514**	**63879539**	**8439101**	**37187239**
北 京	53881784	48175552	195173	5511059	1367413	4278979
天 津	13738109	12456268	37203	1244638	250349	885565
河 北	13565100	12245295	62103	1257702	236262	769424
山 西	14458062	13391741	34482	1031839	133040	621298
内蒙古	11651830	10632674	45769	973387	127795	486332
辽 宁	21583359	19128289	133124	2321946	272615	1167915
吉 林	8960438	7573052	32763	1354623	77680	473662
黑龙江	7836750	6814289	49294	973167	134283	377023
上 海	36963644	30955689	152483	5855472	670885	4246258
江 苏	51888697	46166409	264024	5458264	779505	3079902
浙 江	40906018	37390287	132750	3382981	673308	2277838
安 徽	16677288	14829675	62719	1784894	166481	887779
福 建	17200771	15189040	65374	1946357	200083	1185648
江 西	7463975	6678539	36662	748774	68094	376866
山 东	48101805	42895787	264256	4941762	504404	2305201
河 南	18645671	16752939	105630	1787102	199140	844317
湖 北	25344738	22108994	173915	3061829	395303	1656010
湖 南	20912011	18617109	111436	2183466	164039	1100426
广 东	59085710	51425690	193504	7466516	865803	4478041
广 西	6772517	6270293	26503	475721	122516	441242
海 南	3586955	3212017	18457	356481	33849	193078
重 庆	15377980	13563315	116398	1698267	277456	916888
四 川	26796667	23599940	97492	3099235	263569	1551386
贵 州	5707100	5373913	17629	315558	57401	338197
云 南	11231452	9859313	34713	1337426	76494	665728
西 藏	731615	581367	4407	145841	3308	73038
陕 西	14414466	12462465	133513	1818488	177446	774657
甘 肃	5061861	4545926	18794	497141	32260	227591
青 海	939775	836074	2691	101010	19771	57284
宁 夏	2065784	1869468	6042	190274	35888	123610
新 疆	5282403	4710871	13212	558320	52664	326056

企业损益及分配

单位：万元

管理费用	财务费用	营业利润	利润总额	应交所得税	应付职工薪酬	应交增值税
18759827	**4038727**	**11659213**	**11939842**	**2979588**	**19812777**	**12059889**
1821014	254741	507769	567917	316320	2038576	869048
461392	88758	63854	64502	46802	437446	204608
493512	116290	117812	133035	108237	442317	199554
365314	114644	110575	108404	18843	304662	289220
283320	96369	299787	247248	31495	646013	346393
924606	219026	294326	310475	70640	767442	477030
390064	82196	327175	211198	44902	198161	196321
337235	65448	313133	509977	50427	315367	157607
1938613	176510	475694	693353	287247	1870264	637916
1777659	393958	893977	815849	280567	1438083	741555
1130071	343604	293660	362693	188067	1194652	647631
437694	100975	293141	314982	65161	465867	238532
467811	111981	391428	388105	79843	606265	282621
202230	51435	147395	152642	25325	206481	146455
1447419	410751	1304868	1277285	282714	1590273	981430
529830	120190	417189	405156	69669	540894	347725
780717	166767	615990	608799	160815	748095	398971
579772	108619	440235	415690	74831	526684	288360
1702752	357249	1531706	1661160	310492	2200184	1570881
224470	40266	174609	157478	38465	285091	256905
102378	23233	94974	112656	19621	94699	101876
385935	77024	470870	447429	65703	572173	254170
711373	178880	581292	551557	118765	778627	673349
129483	39974	140202	152836	19893	327891	601217
311099	86967	300965	269971	49580	365724	402638
17139	733	54218	56290	1752	23979	21827
444471	123977	653189	593085	94673	408605	375392
98164	29684	157906	127418	15787	120779	123362
31402	5994	24529	30120	5651	32406	23202
53391	17647	15314	25876	6960	74897	28091
179499	34839	151432	166658	30344	190181	176003

2-22 分地区大中型批发和零售业企业经济效益分析指标

地　区	负债比率 (%)	主营业务毛利率 (%)	人均营业收入 (万元)	费用率 (%)
全　国	**72.7**	**8.0**	**350.1**	**5.6**
北　京	71.9	6.6	624.2	5.8
天　津	76.2	4.4	935.8	2.9
河　北	72.2	7.2	246.0	4.7
山　西	78.9	4.9	400.3	4.1
内蒙古	72.5	10.1	271.2	6.3
辽　宁	73.7	5.4	385.0	4.0
吉　林	70.1	10.5	261.3	6.7
黑龙江	80.9	7.3	304.3	4.6
上　海	71.3	9.7	547.1	7.5
江　苏	73.8	8.5	305.1	6.1
浙　江	75.8	6.4	386.7	5.2
安　徽	68.5	10.0	217.6	6.8
福　建	66.0	7.6	327.9	5.5
江　西	61.5	10.9	187.1	5.8
山　东	80.2	9.0	255.1	5.3
河　南	73.0	9.4	173.4	5.8
湖　北	74.6	8.3	266.4	5.5
湖　南	61.6	10.9	206.1	7.0
广　东	74.4	8.0	360.8	5.5
广　西	72.9	7.4	214.7	5.7
海　南	57.0	7.8	312.2	5.6
重　庆	71.4	9.6	257.2	6.3
四　川	70.5	9.9	224.2	6.4
贵　州	61.4	19.8	252.8	7.2
云　南	66.1	10.0	289.5	6.3
西　藏	48.1	23.4	173.8	14.0
陕　西	70.0	9.0	267.1	4.8
甘　肃	55.2	6.0	383.8	3.2
青　海	62.3	13.5	286.3	5.0
宁　夏	75.3	6.5	270.3	4.8
新　疆	79.5	5.1	488.6	3.5

注：费用率等于销售费用、管理费用、财务费用三项之和除以营业收入合计(下表同)。

2-23　分地区大型批发和零售业企业经济效益分析指标

地　区	负债比率 (%)	主营业务毛利率 (%)	人均营业收入 (万元)	费用率 (%)
全　国	**67.4**	**10.0**	**337.5**	**6.6**
北　京	69.5	7.7	610.0	6.7
天　津	73.5	5.4	821.7	3.2
河　北	68.9	7.9	211.2	5.5
山　西	76.7	6.0	410.8	4.3
内 蒙 古	74.3	11.8	203.9	6.1
辽　宁	61.0	4.9	418.5	3.3
吉　林	65.7	13.2	227.4	9.0
黑 龙 江	73.8	9.7	323.7	5.5
上　海	70.9	12.7	488.2	9.4
江　苏	67.7	12.9	232.1	8.4
浙　江	65.3	9.8	322.0	6.1
安　徽	62.8	12.7	230.3	8.6
福　建	57.0	8.7	356.2	5.6
江　西	47.9	14.0	206.4	6.5
山　东	81.7	9.2	243.8	6.1
河　南	67.2	12.3	226.5	6.6
湖　北	70.0	7.2	331.3	5.0
湖　南	51.2	12.8	216.8	7.4
广　东	64.6	9.9	329.5	6.1
广　西	46.3	10.4	238.9	6.1
海　南	58.4	12.1	282.7	7.1
重　庆	62.4	12.2	200.7	7.6
四　川	57.6	12.4	234.7	6.6
贵　州	49.0	27.8	311.8	7.1
云　南	53.3	15.6	268.1	7.6
西　藏	23.6	27.6	186.8	19.5
陕　西	66.7	12.3	207.6	6.6
甘　肃	49.3	9.7	351.1	4.2
青　海	61.3	19.5	293.5	4.8
宁　夏	77.4	8.7	304.4	5.2
新　疆	93.5	9.6	258.8	6.7

2-24 分地区中型批发和零售业企业经济效益分析指标

地 区	负债比率 (%)	主营业务毛利率 (%)	人均营业收入 (万元)	费用率 (%)
全 国	**77.1**	**6.1**	**361.9**	**4.8**
北 京	75.5	5.1	644.1	4.6
天 津	76.9	3.8	1027.2	2.8
河 北	75.2	6.7	279.3	4.1
山 西	80.5	3.9	391.7	4.0
内蒙古	71.9	9.2	329.6	6.4
辽 宁	80.4	6.2	347.8	5.0
吉 林	73.6	8.3	297.8	4.9
黑龙江	85.5	5.3	290.0	3.8
上 海	71.7	6.1	638.8	5.3
江 苏	79.5	5.5	387.4	4.5
浙 江	80.3	4.6	432.7	4.8
安 徽	73.7	7.4	207.1	5.2
福 建	70.7	6.8	311.0	5.4
江 西	75.7	7.3	169.4	5.0
山 东	79.1	8.8	264.0	4.8
河 南	75.6	7.3	149.5	5.2
湖 北	81.0	10.2	197.8	6.4
湖 南	70.7	9.1	197.2	6.7
广 东	81.9	6.4	392.8	4.9
广 西	85.3	5.3	199.7	5.4
海 南	56.6	5.9	327.8	4.9
重 庆	78.2	8.0	312.0	5.4
四 川	80.3	7.7	215.2	6.1
贵 州	78.8	7.5	195.6	7.4
云 南	79.7	5.0	311.9	5.1
西 藏	60.3	21.9	169.6	12.1
陕 西	72.6	6.7	331.4	3.5
甘 肃	56.8	4.3	399.9	2.8
青 海	62.8	7.7	279.8	5.3
宁 夏	73.8	5.1	252.1	4.5
新 疆	72.4	3.7	679.8	2.5

2-25 分地区大中型批发业企业经济效益分析指标

地　区	负债比率 (%)	主营业务毛利率 (%)	人均营业收入 (万元)	费用率 (%)
全　国	**72.5**	**7.1**	**696.9**	**4.5**
北　京	71.0	6.0	1090.5	4.8
天　津	76.5	3.9	2014.7	2.2
河　北	70.1	6.6	541.5	3.4
山　西	79.4	4.4	810.9	3.4
内蒙古	67.1	10.9	608.5	5.8
辽　宁	72.6	3.8	1174.7	2.2
吉　林	65.2	7.8	675.8	4.9
黑龙江	82.4	5.8	774.5	3.2
上　海	71.6	8.9	909.4	6.4
江　苏	73.3	7.6	603.3	4.8
浙　江	74.8	5.9	624.0	4.2
安　徽	67.1	9.5	449.0	6.1
福　建	66.8	6.5	668.2	4.3
江　西	58.1	11.0	335.5	4.6
山　东	82.3	8.3	497.2	4.1
河　南	69.9	9.0	383.1	4.8
湖　北	75.7	6.5	635.4	3.7
湖　南	59.8	10.8	405.1	5.8
广　东	76.2	7.0	631.1	4.3
广　西	72.8	7.4	427.6	4.3
海　南	51.2	6.6	551.8	4.1
重　庆	72.6	8.8	475.2	5.3
四　川	72.1	8.6	440.5	4.8
贵　州	54.1	24.9	357.8	7.1
云　南	65.1	9.3	539.8	5.3
西　藏	44.0	28.2	278.4	16.7
陕　西	69.3	7.3	670.8	3.2
甘　肃	47.8	4.9	955.2	2.3
青　海	59.3	14.1	498.2	4.2
宁　夏	73.6	5.4	691.9	3.1
新　疆	79.6	4.3	742.0	2.7

2-26 分地区大中型零售业企业经济效益分析指标

地 区	负债比率 (%)	主营业务毛利率 (%)	人均营业收入 (万元)	费用率 (%)
全 国	**73.4**	**11.3**	**120.0**	**10.0**
北 京	78.0	10.6	172.9	11.5
天 津	74.5	9.3	155.2	10.2
河 北	79.8	9.7	73.8	10.0
山 西	76.8	7.4	119.4	7.4
内蒙古	82.9	8.7	141.9	7.2
辽 宁	75.6	11.4	112.2	10.5
吉 林	76.3	15.5	126.6	10.0
黑龙江	76.3	13.0	95.7	9.5
上 海	69.8	16.3	129.8	16.5
江 苏	75.1	11.0	123.5	10.0
浙 江	78.8	8.6	158.9	9.0
安 徽	71.1	11.1	98.8	8.4
福 建	62.5	11.7	109.5	10.1
江 西	66.2	10.5	96.8	8.3
山 东	76.6	10.8	113.1	8.6
河 南	78.6	10.2	77.7	7.9
湖 北	72.8	12.8	108.9	10.1
湖 南	63.8	11.0	132.2	8.5
广 东	68.0	13.0	119.4	10.8
广 西	73.3	7.4	85.7	9.7
海 南	67.6	10.5	161.2	8.7
重 庆	68.5	11.8	119.2	8.8
四 川	68.3	11.9	124.2	8.9
贵 州	82.2	5.8	148.6	7.6
云 南	69.5	12.2	117.1	9.3
西 藏	54.2	20.5	142.0	12.4
陕 西	71.3	13.5	99.9	9.2
甘 肃	74.5	10.2	113.2	6.9
青 海	71.3	11.0	105.2	8.6
宁 夏	78.5	9.5	100.2	9.4
新 疆	79.0	10.8	134.3	10.0

2-27 分地区大中型住宿和餐饮业企业基本情况

地区	大中型		大型		中型	
	法人单位数（个）	年末从业人数（人）	法人单位数（个）	年末从业人数（人）	法人单位数（个）	年末从业人数（人）
全国	**7298**	**2660310**	**811**	**1024227**	**6487**	**1636083**
北京	757	299092	132	154826	625	144266
天津	112	57563	7	29890	105	27673
河北	171	51575	10	7361	161	44214
山西	169	62496	11	15150	158	47346
内蒙古	105	29388	8	5455	97	23933
辽宁	191	61055	22	23255	169	37800
吉林	53	16570	6	3877	47	12693
黑龙江	56	18687	6	4072	50	14615
上海	507	213528	95	126068	412	87460
江苏	567	213975	53	90857	514	123118
浙江	623	202441	65	68914	558	133527
安徽	174	52345	11	10576	163	41769
福建	257	101947	30	39740	227	62207
江西	94	31584	3	6282	91	25302
山东	446	134001	30	31271	416	102730
河南	209	58043	14	10757	195	47286
湖北	218	85592	22	35224	196	50368
湖南	243	85080	22	24634	221	60446
广东	1056	430011	140	182611	916	247400
广西	99	37059	11	12229	88	24830
海南	120	43197	23	15288	97	27909
重庆	168	70233	18	29315	150	40918
四川	290	112094	29	51993	261	60101
贵州	65	19174	3	2641	62	16533
云南	129	44021	12	13022	117	30999
西藏	10	2192			10	2192
陕西	230	78721	17	21470	213	57251
甘肃	63	16203	2	859	61	15344
青海	21	6133	1	454	20	5679
宁夏	32	7366	1	531	31	6835
新疆	63	18944	7	5605	56	13339

2-28 分地区大中型住宿和餐饮业企业经营情况

单位：万元

地区	营业额				
		客房收入	餐费收入	商品销售额	其他收入
全国	**50089858**	**11351998**	**34281215**	**1271240**	**3185405**
北京	7032923	1399975	4840028	109963	682956
天津	961746	128330	775298	11748	46370
河北	769780	211840	481903	15012	61026
山西	922167	194301	645379	38384	44103
内蒙古	526058	135879	349743	12988	27449
辽宁	1569896	299988	1174476	21458	73974
吉林	300982	122112	146780	5669	26421
黑龙江	296976	107697	149039	13665	26576
上海	4821326	794284	3664846	74551	287645
江苏	3725520	722480	2706401	112224	184415
浙江	4163330	974126	2889132	62541	237531
安徽	778771	211933	480350	47373	39116
福建	1846819	401247	1293066	75407	77100
江西	451298	139070	267136	22301	22792
山东	2583602	619109	1690075	132987	141431
河南	1034935	303292	600911	42774	87958
湖北	1484157	328441	1048519	38238	68960
湖南	1459602	400501	927844	46127	85130
广东	7694944	1724394	5324192	133653	512705
广西	514482	151829	312834	19140	30680
海南	824749	469541	290784	12156	52268
重庆	1274398	215752	958112	45893	54641
四川	1989061	441420	1389035	46445	112160
贵州	261192	89924	147021	9810	14437
云南	713181	247130	379992	26847	59212
西藏	29687	12876	13273	612	2925
陕西	1291564	272147	873798	75956	69663
甘肃	265396	79933	170534	5207	9722
青海	72826	29605	37607	1537	4077
宁夏	103977	28893	64496	3049	7539
新疆	324515	93949	188614	7525	34426

2-29 分地区大型住宿和餐饮业企业经营情况

单位：万元

地区	营业额				
		客房收入	餐费收入	商品销售额	其他收入
全国	**22427995**	**3843639**	**16730863**	**545678**	**1307816**
北京	4081312	718614	2902437	62835	397425
天津	490541	12034	476411	62	2033
河北	135937	40597	78544	1124	15672
山西	240039	34791	196049	1021	8179
内蒙古	160652	34063	119464	1685	5441
辽宁	829675	79900	716336	5262	28177
吉林	92977	43378	39604	970	9025
黑龙江	89404	32940	50967	2591	2906
上海	2974654	446487	2275515	67427	185225
江苏	1547738	157385	1247803	75251	67299
浙江	1700788	276601	1316781	28866	78540
安徽	201559	30264	144733	19005	7556
福建	855344	129250	654919	50600	20576
江西	79760	7563	65551	271	6375
山东	828806	170885	557998	51207	48716
河南	250881	43373	170661	12698	24149
湖北	575264	85327	480703	707	8527
湖南	493702	97147	355450	9227	31878
广东	3758460	741925	2751029	52206	213300
广西	183879	37636	130451	13157	2634
海南	402090	255056	115611	9787	21636
重庆	557400	43567	489549	9472	14812
四川	1014916	168253	782037	18393	46233
贵州	57469	13857	37910	2514	3190
云南	230305	44083	158473	11204	16545
西藏					
陕西	403473	57510	293126	31902	20936
甘肃	43253	5546	36306	746	655
青海	12090	6184	4663	990	254
宁夏	10040	5303	3176		1561
新疆	125586	24119	78605	4502	18361

2-30 分地区中型住宿和餐饮业企业经营情况

单位：万元

地区	营业额	客房收入	餐费收入	商品销售额	其他收入
全国	**27661863**	**7508359**	**17550352**	**725562**	**1877589**
北京	2951612	681361	1937591	47128	285532
天津	471205	116296	298887	11686	44337
河北	633843	171243	403359	13887	45354
山西	682127	159510	449330	37363	35924
内蒙古	365406	101816	230280	11303	22007
辽宁	740221	220087	458140	16196	45797
吉林	208005	78734	107175	4700	17396
黑龙江	207572	74757	98071	11074	23670
上海	1846672	347797	1389331	7124	102421
江苏	2177781	565095	1458598	36972	117116
浙江	2462543	697525	1572351	33675	158991
安徽	577212	181669	335617	28368	31559
福建	991475	271996	638147	24807	56524
江西	371538	131506	201585	22030	16417
山东	1754796	448224	1132077	81781	92714
河南	784054	259919	430251	30076	63809
湖北	908893	243114	567816	37531	60433
湖南	965899	303354	572394	36901	53251
广东	3936484	982469	2573163	81448	299405
广西	330604	114193	182383	5983	28046
海南	422659	214485	175172	2370	30632
重庆	716998	172185	468563	36422	39828
四川	974145	273168	606998	28052	65927
贵州	203723	76067	109111	7297	11248
云南	482876	203047	221519	15643	42667
西藏	29687	12876	13273	612	2925
陕西	888091	214637	580672	44054	48727
甘肃	222143	74387	134227	4462	9067
青海	60736	23421	32944	548	3823
宁夏	93937	23590	61320	3049	5978
新疆	198928	69830	110009	3024	16065

2-31 分地区大中型住宿业企业经营情况

单位：万元

地 区	营业额	客房收入	餐费收入	商品销售额	其他收入
全 国	**24223038**	**10181011**	**10729019**	**658080**	**2654928**
北 京	2998060	1369024	990597	59832	578607
天 津	266893	112327	108847	7728	37991
河 北	520588	183139	269924	9014	58510
山 西	326910	108139	175749	10195	32827
内蒙古	270623	95636	146282	4431	24274
辽 宁	688015	280109	332207	12064	63635
吉 林	225272	96432	107855	4509	16475
黑龙江	192338	97610	77092	7597	10040
上 海	1695892	761801	636649	30248	267194
江 苏	1700332	587467	892982	69507	150375
浙 江	2340908	845029	1270793	29300	195786
安 徽	425273	172472	205577	16113	31111
福 建	995787	371896	496197	58874	68820
江 西	281429	131400	117203	11103	21724
山 东	1303105	459062	688142	50822	105079
河 南	656001	269301	286351	34599	65750
湖 北	609179	279247	256651	17199	56082
湖 南	963264	372234	485122	35495	70412
广 东	3690028	1614481	1559228	72601	443718
广 西	356574	148622	161388	16729	29836
海 南	759895	467755	234293	11444	46403
重 庆	457424	187598	210156	13542	46129
四 川	821083	397321	325634	19591	78537
贵 州	169484	84483	67299	5671	12032
云 南	448393	241712	141594	13903	51184
西 藏	23191	12876	6777	612	2925
陕 西	560635	226479	272913	20778	40466
甘 肃	142737	71750	58028	4279	8681
青 海	42880	24693	13770	1296	3122
宁 夏	58249	24386	27849	1615	4399
新 疆	232596	86527	105876	7390	32804

2-32 分地区大中型餐饮业企业经营情况

单位：万元

地　区	营业额	客房收入	餐费收入	商品销售额	其他收入
全　国	**25866820**	**1170988**	**23552196**	**613160**	**530476**
北　京	4034864	30951	3849432	50131	104350
天　津	694853	16003	666451	4020	8379
河　北	249193	28700	211979	5998	2516
山　西	595256	86162	469630	28189	11276
内蒙古	255435	40243	203461	8556	3175
辽　宁	881881	19878	842269	9395	10339
吉　林	75711	25680	38925	1160	9946
黑龙江	104637	10087	71947	6067	16536
上　海	3125434	32482	3028197	44303	20452
江　苏	2025188	135013	1813419	42716	34039
浙　江	1822422	129097	1618340	33241	41745
安　徽	353498	39461	274773	31260	8005
福　建	851032	29351	796869	16533	8279
江　西	169869	7670	149934	11198	1068
山　东	1280497	160047	1001933	82165	36352
河　南	378934	33990	314561	8175	22208
湖　北	874978	49193	791869	21039	12878
湖　南	496338	28267	442722	10632	14717
广　东	4004916	109913	3764965	61052	68986
广　西	157908	3208	151446	2411	844
海　南	64853	1786	56490	712	5865
重　庆	816974	28154	747956	32352	8512
四　川	1167978	44099	1063401	26855	33623
贵　州	91708	5441	79722	4140	2405
云　南	264788	5418	238398	12944	8028
西　藏	6496		6496		
陕　西	730929	45667	600886	55178	29197
甘　肃	122659	8183	112506	929	1041
青　海	29946	4912	23836	242	956
宁　夏	45728	4507	36647	1434	3140
新　疆	91918	7422	82738	136	1622

2-33　分地区大中型住宿和餐饮业企业年末资产负债

单位：万元

地　区	流动资产合计	固定资产原价	累计折旧	资产总计	负债合计	所有者权益合计
全　国	**32384603**	**56125384**	**20942749**	**90191304**	**63330726**	**26861309**
北　京	4699588	7698454	3253793	13028658	9391546	3637113
天　津	523602	771746	224854	1389027	1059202	329825
河　北	625702	1260338	387872	1829771	1393293	437259
山　西	490666	937556	300153	1400955	1023937	377018
内蒙古	330300	794912	222783	1186946	810908	376038
辽　宁	947042	1891233	772985	2650713	1764463	886251
吉　林	187938	745543	230359	777397	447496	329901
黑龙江	128538	500309	170694	547765	326962	220803
上　海	2306617	4237109	1924777	6493771	3778593	2715128
江　苏	2313213	3892083	1444870	6826856	5021049	1805807
浙　江	3269636	5215085	1775481	8775961	6559766	2216195
安　徽	567320	938707	272960	1737319	1201870	535449
福　建	930531	1529063	509910	2649508	1663854	985654
江　西	355626	531115	152885	979045	581838	397207
山　东	1585987	3331870	1106734	5169576	3681732	1487844
河　南	775115	1189631	422361	1984888	1436336	548553
湖　北	695493	1402758	506586	2249384	1579669	669715
湖　南	857616	1894230	619829	2798669	1950633	848035
广　东	4976466	7594450	3263187	12287286	9008904	3278381
广　西	284854	904652	352961	1124628	748214	376414
海　南	1023547	1270805	486666	2180461	1532908	647554
重　庆	926065	1009162	365695	1923841	1419852	503989
四　川	1308894	2074051	698442	3535266	2548771	986495
贵　州	182445	330531	92794	504725	392832	111893
云　南	800017	1185049	429356	2022915	1117769	905146
西　藏	18007	101617	43196	99571	33590	65981
陕　西	702531	1817260	551738	2513425	1871930	641495
甘　肃	156928	269002	114884	401549	271060	130488
青　海	63459	138945	34978	200282	90465	109817
宁　夏	112460	211151	43988	244757	192165	52592
新　疆	238402	456967	164979	676391	429121	247271

2-34 分地区大型住宿和餐饮业企业年末资产负债

单位：万元

地 区	流动资产合计	固定资产原价	累计折旧	资产总计	负债合计	所有者权益合计
全 国	**12172261**	**21495870**	**8477874**	**35005279**	**22028118**	**12977161**
北 京	2710587	4442880	1963409	7676326	5057980	2618346
天 津	94684	194428	56415	335644	212645	122999
河 北	159854	290071	73513	445611	282968	162643
山 西	69115	187135	68376	228261	140022	88239
内蒙古	64268	238768	84620	308979	161698	147281
辽 宁	341606	667506	275052	924975	485678	439296
吉 林	64292	238472	77409	259287	94562	164725
黑龙江	28571	67812	31374	88702	40031	48671
上 海	1277113	2651461	1256742	4043740	2040515	2003225
江 苏	604181	1140726	405803	2114633	1439649	674984
浙 江	1159960	1968712	627280	3297860	2274464	1023397
安 徽	101192	144542	37496	255787	200302	55485
福 建	286810	583473	219372	891724	557228	334495
江 西	8906	35637	12407	58560	44593	13967
山 东	383923	897557	313552	1554642	899793	654849
河 南	220044	198259	89521	401499	302545	98954
湖 北	168153	361319	140091	652929	465485	187444
湖 南	332690	656727	247298	973630	659008	314622
广 东	1991096	3416001	1502031	5340972	3482438	1858534
广 西	65516	326895	106155	345233	165764	179469
海 南	510733	441079	154270	974219	602827	371391
重 庆	384461	377387	154311	715197	516777	198420
四 川	546107	652221	209900	1346447	935812	410636
贵 州	25298	68115	22807	76798	50690	26108
云 南	229023	335143	119463	503094	237989	265104
西 藏						
陕 西	233589	636549	133625	943479	585511	357968
甘 肃	12473	25195	23196	18395	10820	7575
青 海	6572	17298	3785	21942	7233	14709
宁 夏	7954	69938	4880	6419	6667	-248
新 疆	83491	164567	63723	200296	66422	133874

2-35 分地区中型住宿和餐饮业企业年末资产负债

单位：万元

地 区	流动资产合计	固定资产原价	累计折旧	资产总计	负债合计	所有者权益合计
全 国	**20212342**	**34629514**	**12464875**	**55186025**	**41302608**	**13884148**
北 京	1989001	3255574	1290384	5352332	4333566	1018766
天 津	428918	577318	168438	1053383	846557	206826
河 北	465848	970267	314360	1384160	1110324	274616
山 西	421552	750421	231777	1172695	883915	288779
内蒙古	266031	556144	138164	877967	649210	228756
辽 宁	605436	1223728	497933	1725739	1278785	446954
吉 林	123646	507071	152950	518110	352934	165177
黑龙江	99967	432497	139320	459063	286931	172132
上 海	1029505	1585649	668035	2450031	1738078	711904
江 苏	1709032	2751358	1039067	4712223	3581400	1130823
浙 江	2109676	3246373	1148201	5478100	4285302	1192798
安 徽	466128	794165	235465	1481531	1001567	479964
福 建	643721	945591	290538	1757784	1106626	651159
江 西	346720	495478	140479	920485	537245	383240
山 东	1202064	2434313	793182	3614934	2781939	832995
河 南	555071	991372	332840	1583390	1133790	449599
湖 北	527340	1041439	366495	1596455	1114184	482272
湖 南	524926	1237502	372531	1825039	1291625	533414
广 东	2985370	4178450	1761156	6946313	5526466	1419847
广 西	219339	577757	246806	779395	582450	196945
海 南	512814	829727	332396	1206243	930080	276163
重 庆	541604	631774	211383	1208644	903075	305569
四 川	762787	1421830	488542	2188819	1612960	575859
贵 州	157147	262417	69987	427926	342142	85784
云 南	570993	849906	309893	1519821	879780	640042
西 藏	18007	101617	43196	99571	33590	65981
陕 西	468942	1180710	418112	1569946	1286420	283527
甘 肃	144455	243806	91688	383154	260241	122913
青 海	56887	121647	31193	178340	83232	95108
宁 夏	104506	141213	39108	238338	185498	52840
新 疆	154911	292400	101256	476095	362698	113397

2-36 分地区大中型住宿业企业年末资产负债

单位：万元

地 区	流动资产合计	固定资产原价	累计折旧	资产总计	负债合计	所有者权益合计
全 国	**22320238**	**46349315**	**17725688**	**67109466**	**47194481**	**19914985**
北 京	3059778	6879380	2913123	9917549	7197850	2719700
天 津	330258	542477	158376	864197	701449	162748
河 北	511561	1144905	350318	1594935	1223094	371841
山 西	227477	535389	169744	686986	459948	227038
内蒙古	165968	520308	172404	672288	448623	223666
辽 宁	658071	1539691	649086	1858392	1180349	678043
吉 林	140335	574528	194540	572069	385826	186243
黑龙江	93173	460008	162952	460765	286501	174263
上 海	1306256	3484264	1651265	4514523	2405370	2109153
江 苏	1516783	3167897	1196854	4958884	3577101	1381783
浙 江	2406459	4251516	1499417	6776498	5032361	1744137
安 徽	358817	746851	203047	1267885	861078	406806
福 建	689708	1286298	415314	2119647	1299005	820641
江 西	279179	426257	134399	782329	491188	291141
山 东	1021411	2219251	805381	3169612	2210786	958826
河 南	610629	1052424	389072	1599665	1179083	420581
湖 北	402870	1065848	389721	1516573	995337	521236
湖 南	737851	1669796	565659	2410391	1704351	706041
广 东	3751164	6419150	2780840	9579390	7205288	2374101
广 西	243837	874471	342945	1040272	704570	335702
海 南	999466	1244154	474675	2136805	1496388	640417
重 庆	622180	770261	294235	1354691	1115696	238995
四 川	693699	1653746	549841	2200711	1625839	574872
贵 州	126554	297956	79655	412048	318351	93696
云 南	525057	1044674	400382	1595274	875849	719425
西 藏	17731	101370	43151	96676	31038	65638
陕 西	395597	1473192	425098	1810427	1445999	364429
甘 肃	124947	229657	103060	326109	227556	98553
青 海	38340	100734	25840	124119	44244	79875
宁 夏	60342	147807	32279	116869	88091	28779
新 疆	204740	425057	153015	572888	376273	196615

2-37 分地区大中型餐饮业企业年末资产负债

单位：万元

地 区	流动资产合计	固定资产原价	累计折旧	资产总计	负债合计	所有者权益合计
全 国	**10064365**	**9776069**	**3217061**	**23081838**	**16136245**	**6946325**
北 京	1639809	819074	340670	3111109	2193696	917413
天 津	193344	229269	66477	524830	357753	167076
河 北	114142	115433	37554	234835	170199	65418
山 西	263189	402167	130409	713970	563989	149980
内蒙古	164331	274604	50380	514658	362286	152372
辽 宁	288971	351542	123899	792322	584114	208208
吉 林	47603	171015	35819	205328	61669	143658
黑龙江	35365	40301	7742	87001	40461	46540
上 海	1000361	752846	273512	1979249	1373223	605976
江 苏	796430	724187	248016	1867972	1443948	424024
浙 江	863177	963569	276064	1999463	1527405	472058
安 徽	208503	191856	69913	469434	340791	128643
福 建	240823	242765	94596	529862	364849	165013
江 西	76447	104858	18486	196716	90650	106066
山 东	564576	1112619	301353	1999964	1470946	529018
河 南	164486	137207	33289	385224	257253	127971
湖 北	292623	336910	116865	732811	584332	148479
湖 南	119765	224433	54170	388278	246283	141995
广 东	1225302	1175301	482347	2707896	1803616	904280
广 西	41017	30182	10016	84356	43644	40712
海 南	24080	26652	11990	43656	36519	7137
重 庆	303885	238901	71460	569150	304156	264994
四 川	615195	420306	148601	1334555	922932	411623
贵 州	55890	32575	13140	92677	74481	18196
云 南	274959	140376	28974	427641	241920	185721
西 藏	276	247	45	2895	2552	343
陕 西	306934	344067	126640	702998	425931	277066
甘 肃	31981	39345	11824	75440	43505	31935
青 海	25118	38211	9138	76162	46221	29942
宁 夏	52119	63345	11709	127888	104075	23813
新 疆	33663	31910	11964	103504	52848	50656

2-38 分地区大中型住宿和餐饮业企业实收资本及构成

单位：万元

地区	实收资本	国家资本	集体资本	法人资本	个人资本	港澳台资本	外商资本
全国	**25602350**	**6198235**	**976754**	**9378643**	**3789128**	**3041745**	**2217845**
北京	3419108	771798	34601	1624946	202496	562798	222469
天津	366064	18819	5623	252543	65033	245	23801
河北	618153	188561	13965	241350	147084	15498	11695
山西	376199	74657	13018	173771	105231	7784	1739
内蒙古	315411	54588	4857	125080	66078	22291	42518
辽宁	776519	183322	387	212545	189086	146834	44345
吉林	227481	60129	100	114972	19855	200	32225
黑龙江	223634	68611	529	80708	30222	23431	20134
上海	2782084	803450	473398	862976	123635	229686	288940
江苏	2026621	674420	43426	485839	346626	210077	266232
浙江	2069027	419855	100422	838790	378007	184641	147313
安徽	412090	58434	757	247350	97246	4304	4000
福建	833565	77406	7985	344785	137379	180348	85664
江西	269946	89590	3740	90114	62013	9337	15152
山东	985288	346395	87660	297852	135224	90706	27452
河南	528448	158464	6400	163880	117561	78897	3246
湖北	650397	200142	14865	199294	134062	84093	17941
湖南	764243	218754	12361	321630	149970	43707	17821
广东	3374700	608091	60075	914114	377783	785402	629236
广西	619942	123622	300	281451	53917	138605	22048
海南	558599	56702	21298	395779	24351	39301	21169
重庆	421610	48855	12795	219480	59868	28732	51881
四川	741447	96885	23351	262419	207679	30858	120254
贵州	126464	28704		64883	24598	6800	1480
云南	624852	290098	15700	141859	133303	19152	24740
西藏	37587	32075		500	5012		
陕西	816345	204778	13411	241481	212561	94019	50095
甘肃	103079	44790	4229	30101	10277	2000	11682
青海	99107	29675		24349	33129		11955
宁夏	68772	23161		30965	14646		
新疆	365569	143408	1502	92841	125198	2000	621

2-39 分地区大型住宿和餐饮业企业实收资本及构成

单位：万元

地 区	实收资本						
		国家资本	集体资本	法人资本	个人资本	港澳台资本	外商资本
全 国	**9035008**	**2628247**	**102020**	**2992600**	**656781**	**1467503**	**1187856**
北 京	1845993	344088	2000	861241	85854	399615	153196
天 津	47688			16210	13840		17638
河 北	164278	12000		81182	71097		
山 西	61775	44245		13946	1846		1739
内蒙古	96443	10000	3825	36475	3675		42468
辽 宁	268542	96357		20726	3866	127148	20446
吉 林	73157	16653		39303	500		16700
黑龙江	26744	1097		100	5838		19709
上 海	1504268	667122	6354	493836	3982	156865	176110
江 苏	539930	268765	8681	77068	60789	62892	61734
浙 江	674641	141414	42480	261248	68882	95611	65007
安 徽	23786	6000		12265	3037	2484	
福 建	212405	37424		76222	10500	53970	34289
江 西	8069			5960			2109
山 东	293311	147141	950	58337	14913	60375	11596
河 南	100168	46651		13650	1456	36009	2401
湖 北	112340	833	5500	48498	17427	25036	15045
湖 南	243491	139035	3500	89400	8126	1690	1741
广 东	1487398	274749	27500	391759	93297	281026	419066
广 西	151222	42700			5243	101044	2235
海 南	188982	36242		134140	10000	8600	
重 庆	116643			49821	11130	23564	32128
四 川	205804	13308	1231	52835	69389	21000	48040
贵 州	10026	6026		3000	1000		
云 南	186182	162607		21115	1880		579
西 藏							
陕 西	271550	84652		48760	85714	10575	41849
甘 肃	2270	861					1410
青 海	14403			14403			
宁 夏							
新 疆	103500	28279		71101	3500		621

2-40 分地区中型住宿和餐饮业企业实收资本及构成

单位：万元

地　区	实收资本						
		国家资本	集体资本	法人资本	个人资本	港澳台资本	外商资本
全　国	**16567342**	**3569988**	**874734**	**6386043**	**3132347**	**1574242**	**1029989**
北　京	1573115	427710	32601	763705	116642	163184	69272
天　津	318376	18819	5623	236333	51193	245	6163
河　北	453875	176561	13965	160168	75987	15498	11695
山　西	314425	30412	13018	159826	103385	7784	
内蒙古	218968	44588	1032	88605	62403	22291	50
辽　宁	507977	86965	387	191819	185221	19687	23899
吉　林	154324	43476	100	75669	19355	200	15525
黑龙江	196890	67514	529	80608	24383	23431	425
上　海	1277816	136328	467044	369140	119653	72821	112830
江　苏	1486690	405655	34745	408770	285837	147185	204498
浙　江	1394387	278442	57943	577542	309124	89030	82306
安　徽	388305	52434	757	235085	94209	1820	4000
福　建	621161	39982	7985	268563	126879	126378	51375
江　西	261877	89590	3740	84154	62013	9337	13043
山　东	691978	199254	86710	239515	120311	30332	15856
河　南	428279	111813	6400	150230	116105	42888	845
湖　北	538057	199309	9365	150796	116635	59057	2896
湖　南	520751	79719	8861	232230	141845	42017	16080
广　东	1887302	333342	32575	522355	284485	504376	210169
广　西	468721	80922	300	281451	48674	37562	19813
海　南	369617	20460	21298	261639	14351	30701	21169
重　庆	304967	48855	12795	169659	48738	5168	19753
四　川	535643	83577	22120	209584	138290	9858	72214
贵　州	116438	22678		61883	23597	6800	1480
云　南	438670	127491	15700	120744	131423	19152	24161
西　藏	37587	32075		500	5012		
陕　西	544795	120125	13411	192722	126847	83444	8246
甘　肃	100809	43929	4229	30101	10277	2000	10272
青　海	84704	29675		9946	33129		11955
宁　夏	68772	23161		30965	14646		
新　疆	262069	115129	1502	21740	121698	2000	

2-41 分地区大中型住宿业企业实收资本及构成

单位：万元

地 区	实收资本	国家资本	集体资本	法人资本	个人资本	港澳台资本	外商资本
全 国	**20880014**	**5876499**	**890126**	**7517934**	**2529504**	**2515408**	**1550543**
北 京	2920754	768229	30330	1412463	76249	500229	133253
天 津	279202	16656	5623	233534	17225		6163
河 北	564422	186669	13965	220325	116270	15498	11695
山 西	229880	68450	12102	82527	59476	7325	
内蒙古	219620	39954	4857	82835	27266	22241	42468
辽 宁	638684	178757	287	174434	123723	139399	22083
吉 林	147387	43476	100	51532	19855	200	32225
黑龙江	196137	68374		77858	14073	18198	17635
上 海	2239261	760775	472071	679951	86745	98638	141082
江 苏	1626966	639926	26265	380482	228978	137824	213491
浙 江	1628881	404112	71026	666474	257499	156291	73480
安 徽	314133	46378	524	203945	57466	1820	4000
福 建	702058	76216	7396	313208	93256	134684	77298
江 西	238637	89290	3740	77554	46586	8524	12943
山 东	700827	283664	82045	177249	65531	77783	14554
河 南	439890	157232	4127	112207	88653	76827	845
湖 北	494438	192881	14803	124102	85406	77207	39
湖 南	672116	216937	11450	263642	120300	43707	16080
广 东	2753676	577038	54048	758868	254341	654197	455185
广 西	600016	123622	300	271367	46309	138605	19813
海 南	548022	56702	21160	392779	22171	34041	21169
重 庆	300304	40320	12790	147171	40054	26664	33306
四 川	558229	93677	14384	162842	146816	29031	111479
贵 州	109463	25956		56229	18997	6800	1480
云 南	585156	284643	15700	125863	119144	15646	24161
西 藏	37575	32075		500	5000		
陕 西	601764	196612	5585	121483	145667	90029	42387
甘 肃	90080	44706	3983	24832	4287	2000	10272
青 海	73750	29623		14703	17469		11955
宁 夏	46113	20161		20215	5737		
新 疆	322574	113388	1467	86762	118958	2000	

2-42 分地区大中型餐饮业企业实收资本及构成

单位：万元

地 区	实收资本						
		国家资本	集体资本	法人资本	个人资本	港澳台资本	外商资本
全 国	**4722337**	**321736**	**86628**	**1860709**	**1259624**	**526337**	**667303**
北 京	498355	3569	4271	212483	126247	62569	89216
天 津	86863	2162		19009	47808	245	17638
河 北	53731	1893		21025	30814		
山 西	146320	6207	916	91245	45755	459	1739
内蒙古	95791	14634		42245	38812	50	50
辽 宁	137836	4565	100	38111	65364	7435	22261
吉 林	80093	16653		63440			
黑龙江	27496	237	529	2850	16148	5233	2499
上 海	542823	42675	1327	183025	36890	131048	147858
江 苏	399655	34494	17161	105357	117648	72254	52741
浙 江	440146	15743	29397	172316	120508	28350	73833
安 徽	97958	12056	233	43405	39780	2484	
福 建	131507	1189	589	31576	44123	45664	8366
江 西	31309	300		12560	15427	813	2209
山 东	284462	62731	5615	120603	69692	12924	12897
河 南	88557	1232	2273	51672	28908	2070	2401
湖 北	155958	7261	62	75192	48656	6886	17902
湖 南	92127	1817	911	57988	29670		1741
广 东	621024	31053	6027	155247	123442	131205	174051
广 西	19927			10084	7608		2235
海 南	10577		138	3000	2180	5259	
重 庆	121306	8535	5	72309	19815	2068	18574
四 川	183218	3208	8968	99577	60863	1827	8775
贵 州	17001	2747		8653	5600		
云 南	39696	5455		15996	14160	3506	579
西 藏	12				12		
陕 西	214582	8166	7826	119998	66895	3990	7708
甘 肃	12999	84	246	5269	5991		1410
青 海	25358	52		9646	15660		
宁 夏	22659	3000		10750	8909		
新 疆	42995	30019	35	6080	6240		621

2-43 分地区大中型住宿和餐饮业企业损益及分配

单位：万元

地区	主营业务收入	主营业务成本	主营业务税金及附加	主营业务利润	其他业务利润	销售费用
全国	**48579422**	**19198844**	**2610789**	**26769789**	**675549**	**15014706**
北京	7060107	2495125	387729	4177253	26670	2303802
天津	962757	414088	52702	495967	10052	295793
河北	764250	333855	42430	387965	4751	241654
山西	875346	399888	46415	429043	22967	273909
内蒙古	515252	224133	23659	267460	21902	130495
辽宁	1533940	640929	83245	809766	36574	416603
吉林	291340	105985	14930	170425	5984	82359
黑龙江	285492	90867	16787	177838	11956	78352
上海	4121194	1492133	233214	2395847	109293	1606639
江苏	3690472	1527594	197594	1965284	17347	1111236
浙江	4132446	1633444	225699	2273303	42978	1251290
安徽	751239	311164	37978	402097	27030	229668
福建	1833059	757622	102378	973059	12068	514902
江西	451452	176754	21355	253343	2374	135497
山东	2556448	1147125	130156	1279167	32992	677453
河南	1010343	433155	50384	526804	31985	269763
湖北	1506057	696336	76781	732940	25251	414311
湖南	1437390	574948	75310	787132	17641	359921
广东	7304777	2815092	402021	4087664	90846	2466186
广西	452053	164785	24574	262694	11888	165103
海南	818559	186670	42771	589118	16217	219199
重庆	1238384	640000	57397	540987	10011	266890
四川	1969075	733172	104408	1131495	16326	604700
贵州	251830	96513	14299	141018	7540	78371
云南	701610	264092	36756	400762	17740	214054
西藏	30547	9503	1736	19308	114	12260
陕西	1273431	515978	66671	690782	34528	377521
甘肃	263246	108498	14278	140470	4944	64144
青海	78546	25252	4147	49147	2630	29219
宁夏	100235	41782	4965	53488	118	36606
新疆	318548	142363	18021	158164	2832	86807

2-43 续表

单位：万元

地　区	管理费用	财务费用	营业利润	利润总额	应交所得税	应付职工薪酬
全　国	**9721863**	**1611134**	**1244821**	**1493129**	**609777**	**8862243**
北　京	1462435	178613	310660	263387	116931	1534807
天　津	144443	19824	67042	72306	18486	150967
河　北	178825	38112	-67365	-55149	2745	154722
山　西	155149	28117	-10684	-3959	7032	129231
内蒙古	128642	14655	731	-4595	2535	97737
辽　宁	303515	41593	66388	62708	22626	168312
吉　林	84797	8505	-5916	-3323	2556	49062
黑龙江	67840	5741	14018	12661	4120	49844
上　海	910832	104263	129017	182210	74569	752442
江　苏	748664	146612	-22442	-25665	40434	640262
浙　江	860258	224742	5157	49504	45037	780550
安　徽	154147	29755	5166	5217	8476	138394
福　建	319913	60176	80182	77080	25798	355592
江　西	84924	18162	8294	19540	4590	74299
山　东	513491	78875	22540	37466	28782	416590
河　南	195941	36303	33315	30339	9932	157662
湖　北	233070	44759	41544	49062	13540	218576
湖　南	329823	75726	11020	16063	11924	251133
广　东	1300359	230915	213650	206128	80715	1452326
广　西	126552	21468	-7664	5418	4944	94732
海　南	266108	23940	105762	96653	11390	125564
重　庆	178551	42762	62524	70521	11664	201194
四　川	341612	64968	126382	137578	30193	314644
贵　州	61225	14387	-11487	-9165	2624	52965
云　南	152483	11980	24184	156749	7359	129985
西　藏	4973	277	168	195	119	6376
陕　西	262596	31677	21324	17725	11410	219678
甘　肃	47027	2916	22443	23599	3862	39869
青　海	17812	1590	1875	2343	161	16514
宁　夏	19010	6033	-7908	-5064	337	20042
新　疆	66847	3690	4901	5599	4887	68174

2-44 分地区大型住宿和餐饮业企业损益及分配

单位：万元

地区	主营业务收入	主营业务成本	主营业务税金及附加	主营业务利润	其他业务利润	销售费用
全国	**21404420**	**8171611**	**1162724**	**12070085**	**236260**	**6731103**
北京	4108105	1435506	225207	2447392	11895	1303981
天津	494449	221911	27501	245037	5605	149105
河北	135406	54590	7806	73010	3	45367
山西	234743	95054	12936	126753	14040	71537
内蒙古	160185	82971	6210	71004	15315	21767
辽宁	808884	333412	44356	431116	20340	220019
吉林	93382	29637	4032	59713	71	15315
黑龙江	89694	20734	5183	63777		28903
上海	2335973	809507	136059	1390407	65300	980774
江苏	1541787	664765	80696	796326	6524	458983
浙江	1694475	678449	93300	922726	16764	478693
安徽	197758	74701	9680	113377	2458	78356
福建	845607	357249	49705	438653	4298	207837
江西	81598	32895	3894	44809		21625
山东	822431	320381	44658	457392	6267	247423
河南	241837	95720	13049	133068	8114	78239
湖北	574018	238751	31747	303520	6471	195127
湖南	492950	172761	27673	292516	1543	127970
广东	3462977	1327979	185476	1949522	43348	1174996
广西	131296	44500	6690	80106	724	52723
海南	423891	85186	19586	319119	3867	87879
重庆	543147	301610	27282	214255	299	104734
四川	1011762	360760	54024	596978	-364	305631
贵州	55828	18266	3085	34477	306	18359
云南	229673	88104	11460	130109	1641	70136
西藏						
陕西	401743	138840	21205	241698	952	150644
甘肃	43630	17640	2452	23538		8673
青海	11798	2246	620	8932		3287
宁夏	10019	2059		7960		6030
新疆	125379	65430	7154	52795	481	16994

2-44 续表

单位：万元

地区	管理费用	财务费用	营业利润	利润总额	应交所得税	应付职工薪酬
全国	**3713035**	**611850**	**1656924**	**1650726**	**412501**	**3711380**
北京	765475	115494	322718	272216	90917	871731
天津	40767	5207	78544	78597	14567	52267
河北	29212	8301	-9868	1267	415	25434
山西	33401	4798	21853	18699	4713	21088
内蒙古	38322	2592	7860	3157	1184	22194
辽宁	125177	6169	79934	81416	16927	68650
吉林	30458	1573	4932	4206	2284	12348
黑龙江	21208	352	13342	13358	2196	14016
上海	516727	52474	162536	188923	57105	426597
江苏	220924	43007	83884	86684	27183	259016
浙江	282865	95757	104647	119364	31476	307663
安徽	18298	8119	13558	14388	3686	27729
福建	142340	21214	70143	67659	14819	152278
江西	9530	2569	10486	10395	2444	8959
山东	173324	19245	24378	28396	11254	128152
河南	45336	7488	9538	9662	4181	39354
湖北	66519	17201	27532	28740	7642	86798
湖南	107194	32464	26023	30906	8672	81246
广东	560800	96122	225426	214894	50064	659039
广西	36741	6866	9428	16294	3348	29865
海南	110505	13748	109476	99248	9293	45889
重庆	47638	18875	46243	47665	7898	85810
四川	146970	25828	136327	136502	23297	152559
贵州	8850	1852	5815	6704	1678	9326
云南	37871	699	23178	22356	3751	34435
西藏						
陕西	61265	4704	24697	25412	5760	63864
甘肃	7737	-145	7273	7050	1640	1363
青海	5386	215	44	58	1	286
宁夏	1957	271	-298	-277		2842
新疆	20238	-1209	17273	16790	4110	20584

2-45 分地区中型住宿和餐饮业企业损益及分配

单位：万元

地区	主营业务收入	主营业务成本	主营业务税金及附加	主营业务利润	其他业务利润	销售费用
全国	**27175002**	**11027233**	**1448065**	**14699704**	**439289**	**8283603**
北京	2952002	1059619	162521	1729862	14775	999822
天津	468308	192178	25202	250928	4447	146688
河北	628843	279266	34625	314952	4749	196287
山西	640603	304834	33479	302290	8927	202372
内蒙古	355067	141162	17449	196456	6587	108729
辽宁	725056	307518	38889	378649	16234	196584
吉林	197959	76347	10898	110714	5913	67044
黑龙江	195798	70133	11604	114061	11956	49449
上海	1785221	682626	97155	1005440	43993	625865
江苏	2148685	862829	116898	1168958	10823	652253
浙江	2437971	954995	132400	1350576	26214	772597
安徽	553482	236462	28299	288721	24572	151312
福建	987452	400373	52673	534406	7771	307065
江西	369854	143859	17461	208534	2374	113873
山东	1734017	826745	85497	821775	26726	430030
河南	768506	337435	37335	393736	23870	191524
湖北	932039	457586	45034	429419	18780	219185
湖南	944440	402187	47637	494616	16098	231951
广东	3841799	1487113	216546	2138140	47498	1291190
广西	320757	120285	17885	182587	11164	112380
海南	394668	101485	23185	269998	12350	131320
重庆	695237	338390	30115	326732	9712	162156
四川	957313	372412	50384	534517	16690	299069
贵州	196002	78248	11214	106540	7234	60012
云南	471937	175988	25295	270654	16099	143918
西藏	30547	9503	1736	19308	114	12260
陕西	871688	377138	45466	449084	33576	226877
甘肃	219616	90858	11826	116932	4944	55471
青海	66748	23006	3527	40215	2630	25932
宁夏	90216	39722	4965	45529	118	30577
新疆	193170	76933	10868	105369	2351	69813

2-45 续表

单位：万元

地　区	管理费用	财务费用	营业利润	利润总额	应交所得税	应付职工薪酬
全　国	**6008828**	**999284**	**-412103**	**-157597**	**197276**	**5150863**
北　京	696960	63120	-12058	-8828	26014	663076
天　津	103676	14617	-11502	-6291	3919	98700
河　北	149614	29811	-57497	-56416	2330	129288
山　西	121749	23319	-32537	-22659	2319	108144
内蒙古	90320	12062	-7129	-7752	1351	75543
辽　宁	178338	35424	-13546	-18708	5699	99662
吉　林	54339	6933	-10847	-7528	273	36715
黑龙江	46632	5389	676	-697	1924	35828
上　海	394105	51789	-33519	-6713	17464	325846
江　苏	527740	103605	-106326	-112349	13251	381246
浙　江	577392	128985	-99489	-69860	13561	472886
安　徽	135849	21636	-8393	-9171	4790	110665
福　建	177572	38962	10039	9421	10980	203313
江　西	75394	15593	-2192	9144	2147	65341
山　东	340167	59630	-1838	9070	17529	288438
河　南	150605	28814	23777	20678	5751	118307
湖　北	166551	27558	14012	20322	5898	131779
湖　南	222628	43262	-15004	-14842	3252	169887
广　东	739559	134793	-11777	-8765	30651	793287
广　西	89810	14602	-17092	-10877	1596	64867
海　南	155603	10192	-3714	-2596	2097	79675
重　庆	130913	23888	16281	22856	3766	115384
四　川	194642	39139	-9945	1076	6896	162085
贵　州	52375	12535	-17303	-15869	946	43639
云　南	114612	11281	1006	134393	3608	95550
西　藏	4973	277	168	195	119	6376
陕　西	201331	26972	-3373	-7688	5650	155814
甘　肃	39290	3061	15170	16549	2222	38506
青　海	12427	1375	1830	2285	160	16228
宁　夏	17053	5763	-7611	-4787	337	17200
新　疆	46609	4899	-12372	-11191	778	47590

2-46 分地区大中型住宿业企业损益及分配

单位：万元

地 区	主营业务收入	主营业务成本	主营业务税金及附加	主营业务利润	其他业务利润	销售费用
全 国	**23906610**	**7803765**	**1282888**	**14819957**	**467904**	**6941657**
北 京	3016921	796159	165859	2054903	7952	815142
天 津	265305	92175	14521	158609	2638	79929
河 北	517449	209582	28934	278933	2839	164228
山 西	313380	122411	17048	173921	16450	106516
内蒙古	261024	103041	13491	144492	17295	72361
辽 宁	669602	244015	34478	391109	33146	167845
吉 林	221401	83385	11952	126064	5333	65797
黑龙江	187952	55289	11509	121154	11547	57793
上 海	1644204	465733	87261	1091210	72685	474996
江 苏	1673789	597839	87313	988637	7668	483631
浙 江	2326094	747871	128668	1449555	32006	714811
安 徽	410985	158014	21656	231315	19864	113038
福 建	984066	336615	52016	595435	9209	291228
江 西	281365	92449	12988	175928	579	91407
山 东	1286024	518645	67033	700346	25756	345085
河 南	643377	252066	33269	358042	19565	173859
湖 北	631245	274186	29547	327512	17669	148626
湖 南	945603	319730	48697	577176	13076	225649
广 东	3597283	1118752	203089	2275442	74164	1155713
广 西	356096	109723	18979	227394	9838	125881
海 南	759244	157015	38828	563401	10062	198867
重 庆	443655	160312	23483	259860	5950	125405
四 川	812961	232420	42359	538182	8575	242975
贵 州	167421	55207	9421	102793	7445	53802
云 南	440149	123803	24254	292092	14770	143728
西 藏	24051	5696	1380	16975	114	10128
陕 西	553346	184321	28358	340667	18854	158683
甘 肃	140802	48192	8234	84376	194	34057
青 海	46936	11082	2617	33237	64	18384
宁 夏	58215	22927	2507	32781	4	21750
新 疆	226669	105110	13141	108418	2596	60344

2-46 续表

单位：万元

地　区	管理费用	财务费用	营业利润	利润总额	应交所得税	应付职工薪酬
全　国	**6917604**	**1178255**	**51905**	**146929**	**243362**	**4831120**
北　京	1032738	138667	116665	63954	54016	775043
天　津	79334	14517	-12394	-7432	1021	55115
河　北	155687	32726	-70803	-56650	1362	112940
山　西	70527	12033	-11982	-10418	773	55870
内蒙古	86332	8509	-14640	-13088	649	57200
辽　宁	215412	25746	-10154	-7701	3790	114496
吉　林	62767	6799	-12629	-11689	1201	34853
黑龙江	57422	5373	5276	6043	3047	32793
上　海	574291	62383	25681	42549	26733	330580
江　苏	497602	103540	-82028	-90514	11322	297064
浙　江	637963	173963	-40765	-7131	20526	466420
安　徽	107731	18089	1253	349	2622	83380
福　建	224679	47770	32606	33275	13899	204884
江　西	69988	14650	-2983	5880	2151	52274
山　东	344250	41202	-21603	-4861	11425	231430
河　南	162316	28484	-1146	77	5069	107654
湖　北	149104	23161	9568	19500	2281	93903
湖　南	281610	65363	-5511	-411	7009	177976
广　东	929718	181975	46040	59424	32135	793476
广　西	111333	20397	-20048	-5380	1616	73582
海　南	256765	23411	105677	96476	10429	115941
重　庆	118325	35807	-9733	-4280	5003	89525
四　川	224054	44341	36988	42043	9084	130942
贵　州	47557	12114	-10638	-8665	1979	34171
云　南	122838	6692	17763	20571	5551	89121
西　藏	4933	275	9	-19	93	5564
陕　西	176569	21633	-18445	-19858	3330	108069
甘　肃	38867	2089	6569	8516	2100	27255
青　海	13546	981	1048	1326	91	9213
宁　夏	11220	3169	-6755	-4320	132	11323
新　疆	52126	2397	-982	-635	2925	59064

2-47 分地区大中型餐饮业企业损益及分配

单位：万元

地区	主营业务收入	主营业务成本	主营业务税金及附加	主营业务利润	其他业务利润	销售费用
全国	**24672812**	**11395079**	**1327901**	**11949832**	**207645**	**8073049**
北京	4043185	1698965	221870	2122350	18718	1488661
天津	697453	321913	38182	337358	7414	215864
河北	246801	124273	13497	109031	1912	77426
山西	561966	277477	29368	255121	6517	167393
内蒙古	254228	121093	10168	122967	4608	58134
辽宁	864339	396915	48767	418657	3428	248757
吉林	69940	22600	2978	44362	651	16562
黑龙江	97540	35578	5278	56684	409	20559
上海	2476990	1026399	145953	1304638	36608	1131643
江苏	2016683	929755	110281	976647	9679	627605
浙江	1806352	885573	97031	823748	10972	536480
安徽	340254	153150	16323	170781	7166	116631
福建	848993	421007	50362	377624	2859	223674
江西	170087	84305	8367	77415	1795	44090
山东	1270424	628480	63123	578821	7237	332368
河南	366965	181089	17115	168761	12420	95904
湖北	874812	422150	47234	405428	7582	265685
湖南	491787	255219	26613	209955	4565	134273
广东	3707494	1696339	198933	1812222	16682	1310473
广西	95958	55063	5595	35300	2050	39222
海南	59315	29656	3943	25716	6154	20332
重庆	794729	479688	33914	281127	4061	141485
四川	1156114	500752	62049	593313	7752	361725
贵州	84409	41306	4878	38225	94	24569
云南	261461	140289	12502	108670	2970	70326
西藏	6496	3807	356	2333		2132
陕西	720085	331658	38313	350114	15674	218839
甘肃	122444	60305	6044	56095	4750	30087
青海	31610	14170	1529	15911	2566	10835
宁夏	42020	18855	2458	20707	114	14856
新疆	91879	37253	4880	49746	236	26463

2-47 续表

单位：万元

地区	管理费用	财务费用	营业利润	利润总额	应交所得税	应付职工薪酬
全国	**2804259**	**432879**	**1192916**	**1346200**	**366415**	**4031123**
北京	429697	39947	193995	199433	62915	759764
天津	65108	5307	79436	79738	17466	95852
河北	23138	5386	3437	1501	1383	41782
山西	84623	16084	1299	6459	6259	73362
内蒙古	42309	6146	15371	8494	1887	40537
辽宁	88102	15847	76542	70409	18836	53816
吉林	22031	1707	6714	8366	1356	14209
黑龙江	10418	368	8742	6618	1073	17051
上海	336541	41880	103336	139661	47836	421862
江苏	251062	43072	59586	64849	29112	343198
浙江	222295	50779	45922	56635	24511	314130
安徽	46416	11666	3912	4868	5854	55014
福建	95234	12406	47576	43805	11899	150707
江西	14936	3512	11277	13660	2439	22025
山东	169241	37673	44144	42327	17357	185160
河南	33625	7819	34461	30263	4863	50007
湖北	83965	21598	31976	29562	11259	124673
湖南	48213	10363	16531	16474	4915	73157
广东	370641	48939	167610	146704	48580	658850
广西	15219	1071	12385	10798	3328	21150
海南	9343	529	85	177	961	9623
重庆	60226	6955	72257	74801	6661	111668
四川	117558	20626	89394	95535	21109	183702
贵州	13668	2273	-849	-501	645	18794
云南	29645	5289	6421	136179	1808	40863
西藏	40	2	160	213	26	812
陕西	86026	10044	39769	37582	8080	111609
甘肃	8160	827	15874	15083	1763	12614
青海	4267	609	826	1017	70	7301
宁夏	7790	2864	-1153	-744	205	8718
新疆	14721	1293	5883	6234	1962	9111

2-48 分地区大中型住宿和餐饮业企业经济效益分析指标

地区	负债比率(%)	主营业务毛利率(%)	人均营业收入(万元)	费用率(%)
全国	**70.2**	**60.5**	**18.9**	**52.5**
北京	72.1	64.7	23.7	55.6
天津	76.3	57.0	16.8	47.6
河北	76.1	56.3	14.9	59.8
山西	73.1	54.3	14.6	50.1
内蒙古	68.3	56.5	17.9	52.0
辽宁	66.6	58.2	25.6	48.6
吉林	57.6	63.6	18.2	58.3
黑龙江	59.7	68.2	15.9	51.1
上海	58.2	63.8	22.6	54.3
江苏	73.5	58.6	17.3	54.1
浙江	74.7	60.5	20.7	55.8
安徽	69.2	58.6	14.9	53.1
福建	62.8	58.7	18.1	48.4
江西	59.4	60.8	14.4	52.5
山东	71.2	55.1	19.2	49.3
河南	72.4	57.1	17.5	49.4
湖北	70.2	53.8	17.7	45.8
湖南	69.7	60.0	17.0	52.8
广东	73.3	61.5	17.8	52.3
广西	66.5	63.5	14.2	59.4
海南	70.3	77.2	20.0	59.0
重庆	73.8	48.3	18.1	38.5
四川	72.1	62.8	17.9	50.4
贵州	77.8	61.7	13.6	59.2
云南	55.3	62.4	16.4	52.4
西藏	33.7	68.9	14.0	57.0
陕西	74.5	59.5	16.4	52.1
甘肃	67.5	58.8	16.4	43.0
青海	45.2	67.9	12.9	61.7
宁夏	78.5	58.3	14.1	59.3
新疆	63.4	55.3	17.2	48.3

注：费用率等于销售费用、管理费用、财务费用三项之和除以营业收入合计(下表同)。

2-49 分地区大型住宿和餐饮业企业经济效益分析指标

地　区	负债比率 (%)	主营业务毛利率 (%)	人均营业收入 (万元)	费用率 (%)
全　国	**62.9**	**61.8**	**22.0**	**49.2**
北　京	65.9	65.1	26.7	53.0
天　津	63.4	55.1	16.6	39.4
河　北	63.5	59.7	18.5	60.8
山　西	61.3	59.5	15.8	45.8
内蒙古	52.3	48.2	29.4	39.1
辽　宁	52.5	58.8	35.3	42.8
吉　林	36.5	68.3	24.1	50.7
黑龙江	45.1	76.9	22.0	56.3
上　海	50.5	65.3	23.7	51.9
江　苏	68.1	56.9	17.0	46.8
浙　江	69.0	60.0	24.9	49.9
安　徽	78.3	62.2	19.1	51.9
福　建	62.5	57.8	21.4	43.7
江　西	76.1	59.7	13.0	41.3
山　东	57.9	61.0	26.6	53.0
河　南	75.4	60.4	22.8	53.5
湖　北	71.3	58.4	16.3	48.6
湖　南	67.7	65.0	20.0	54.2
广　东	65.2	61.7	20.4	49.1
广　西	48.0	66.1	15.2	51.7
海　南	61.9	79.9	28.6	48.6
重　庆	72.3	44.5	19.1	30.6
四　川	69.5	64.3	19.5	47.2
贵　州	66.0	67.3	21.3	51.6
云　南	47.3	61.6	17.8	47.0
西　藏				
陕　西	62.1	65.4	18.8	53.7
甘　肃	58.8	59.6	50.8	37.3
青　海	33.0	81.0	26.0	75.3
宁　夏	103.9	79.4	18.9	82.4
新　疆	33.2	47.8	22.5	28.6

2-50 分地区中型住宿和餐饮业企业经济效益分析指标

地　区	负债比率 (%)	主营业务毛利率 (%)	人均营业收入 (万元)	费用率 (%)
全　国	**74.8**	**59.4**	**16.9**	**55.2**
北　京	81.0	64.1	20.6	59.2
天　津	80.4	59.0	17.0	56.3
河　北	80.2	55.6	14.3	59.6
山　西	75.4	52.4	14.2	51.6
内蒙古	73.9	60.2	15.3	57.6
辽　宁	74.1	57.6	19.7	55.1
吉　林	68.1	61.4	16.4	61.7
黑龙江	62.5	64.2	14.2	48.9
上　海	70.9	61.8	21.1	58.1
江　苏	76.0	59.8	17.6	59.3
浙　江	78.2	60.8	18.5	59.9
安　徽	67.6	57.3	13.8	53.5
福　建	63.0	59.5	16.1	52.4
江　西	58.4	61.1	14.7	54.9
山　东	77.0	52.3	17.0	47.6
河　南	71.6	56.1	16.3	48.1
湖　北	69.8	50.9	18.6	44.0
湖　南	70.8	57.4	15.8	52.1
广　东	79.6	61.3	15.8	55.4
广　西	74.7	62.5	13.7	63.6
海　南	77.1	74.3	15.3	69.8
重　庆	74.7	51.3	17.3	44.7
四　川	73.7	61.1	16.5	53.6
贵　州	80.0	60.1	12.3	61.4
云　南	57.9	62.7	15.8	55.0
西　藏	33.7	68.9	14.0	57.0
陕　西	81.9	56.7	15.5	51.4
甘　肃	67.9	58.6	14.4	44.2
青　海	46.7	65.5	11.8	59.3
宁　夏	77.8	56.0	13.7	56.9
新　疆	76.2	60.2	15.0	60.6

2-51 分地区大中型住宿业企业经济效益分析指标

地　区	负债比率 (%)	主营业务毛利率 (%)	人均营业收入 (万元)	费用率 (%)
全　国	**70.3**	**67.4**	**18.8**	**61.8**
北　京	72.6	73.6	24.7	65.6
天　津	81.2	65.3	17.0	65.2
河　北	76.7	59.5	14.7	67.8
山　西	67.0	60.9	13.2	58.4
内蒙古	66.7	60.5	16.4	61.4
辽　宁	63.5	63.6	19.3	59.4
吉　林	67.4	62.3	18.0	60.2
黑龙江	62.2	70.6	17.5	62.4
上　海	53.3	71.7	27.2	65.1
江　苏	72.1	64.3	19.1	64.3
浙　江	74.3	67.8	21.2	64.6
安　徽	67.9	61.6	15.5	56.1
福　建	61.3	65.8	18.6	56.9
江　西	62.8	67.1	14.9	62.2
山　东	69.7	59.7	17.5	56.3
河　南	73.7	60.8	16.0	56.2
湖　北	65.6	56.6	19.6	50.5
湖　南	70.7	66.2	16.8	60.2
广　东	75.2	68.9	17.4	62.0
广　西	67.7	69.2	15.5	69.9
海　南	70.0	79.3	20.2	60.1
重　庆	82.4	63.9	17.1	61.3
四　川	73.9	71.4	18.5	61.3
贵　州	77.3	67.0	14.0	67.2
云　南	54.9	71.9	15.9	59.7
西　藏	32.1	76.3	12.7	63.4
陕　西	79.9	66.7	15.4	63.7
甘　肃	69.8	65.8	14.3	52.9
青　海	35.6	76.4	14.8	69.8
宁　夏	75.4	60.6	13.9	62.0
新　疆	65.7	53.6	17.3	49.1

2-52 分地区大中型餐饮业企业经济效益分析指标

地区	负债比率 (%)	主营业务毛利率 (%)	人均营业收入 (万元)	费用率 (%)
全国	**69.9**	**53.8**	**19.0**	**43.7**
北京	70.5	58.0	23.1	48.1
天津	68.2	53.8	16.7	40.9
河北	72.5	49.6	15.3	42.9
山西	79.0	50.6	15.5	45.6
内蒙古	70.4	52.4	19.9	41.9
辽宁	73.7	54.1	34.6	40.2
吉林	30.0	67.7	18.7	52.7
黑龙江	46.5	63.5	13.6	30.1
上海	69.4	58.6	20.7	48.4
江苏	77.3	53.9	16.1	45.6
浙江	76.4	51.0	20.1	44.5
安徽	72.6	55.0	14.2	49.4
福建	68.9	50.4	17.6	38.6
江西	46.1	50.4	13.6	36.4
山东	73.5	50.5	21.4	42.2
河南	66.8	50.7	20.9	37.4
湖北	79.7	51.7	16.5	42.4
湖南	63.4	48.1	17.5	38.8
广东	66.6	54.2	18.1	43.5
广西	51.7	42.6	12.0	35.1
海南	83.7	50.0	17.8	46.5
重庆	53.4	39.6	18.7	25.7
四川	69.2	56.7	17.5	42.6
贵州	80.4	51.1	12.8	44.5
云南	56.6	46.3	17.3	39.8
西藏	88.2	41.4	22.4	33.5
陕西	60.6	53.9	17.2	43.2
甘肃	57.7	50.7	19.6	31.7
青海	60.7	55.2	10.7	49.6
宁夏	81.4	55.1	14.4	55.9
新疆	51.1	59.5	16.9	46.1

行业篇

简要说明：

一、本篇资料主要内容为分行业分地区大中型批发和零售业、住宿和餐饮业企业单位数和从业人员数情况；分行业分地区大中型批发和零售业企业商品购、销、存情况；分行业分地区大中型住宿和餐饮业企业经营情况；分行业分地区大中型批发和零售业、住宿和餐饮业企业主要财务及经济效益分析指标等。

二、行业分类按照《国民经济行业分类》（GB/T 4754-2011）列示，包括批发和零售业、住宿和餐饮业两个门类，批发业、零售业、住宿业、餐饮业四个大类和25个行业中类。

3-1 大中型批发业企业分行业基本情况

地　区	批发业		农、林、牧产品批发		食品、饮料及烟草制品批发	
	法人单位数(个)	年末从业人数(人)	法人单位数(个)	年末从业人数(人)	法人单位数(个)	年末从业人数(人)
全　国	**23925**	**3318996**	**1112**	**105938**	**2840**	**664944**
北　京	1889	309133	26	4115	172	39006
天　津	734	65375	12	864	48	6137
河　北	609	109087	46	3263	52	15277
山　西	530	85254	12	3916	50	12611
内蒙古	243	32670	32	2310	41	7932
辽　宁	707	67822	42	2604	89	15599
吉　林	193	24314	63	5634	23	4939
黑龙江	257	37880	65	5333	41	10375
上　海	2169	342392	16	1421	167	33951
江　苏	1920	259042	89	6075	158	32088
浙　江	2364	251976	26	2469	205	42517
安　徽	558	88428	39	4208	91	28555
福　建	1049	102082	31	2271	132	27974
江　西	225	47452	16	3356	38	16157
山　东	1998	252482	148	9663	258	55468
河　南	766	110769	92	13819	106	36748
湖　北	683	100963	53	4751	117	28139
湖　南	407	59394	30	3023	64	25539
广　东	3181	452267	62	5475	373	71585
广　西	332	51253	9	1105	41	14319
海　南	129	14366	3	75	20	2741
重　庆	673	83484	17	1390	134	18368
四　川	734	101812	23	2309	166	32845
贵　州	189	44558	1	23	36	24009
云　南	402	66982	10	655	64	28581
西　藏	14	1570	1	90	6	884
陕　西	265	60750	10	667	37	16153
甘　肃	183	21611	10	632	39	7217
青　海	52	8990			11	1341
宁　夏	60	8364	2	92	12	2223
新　疆	410	56474	126	14330	49	5666

3-1 续表 1

地区	纺织、服装及家庭用品批发		文化、体育用品及器材批发		医药及医疗器材批发	
	法人单位数(个)	年末从业人数(人)	法人单位数(个)	年末从业人数(人)	法人单位数(个)	年末从业人数(人)
全　国	**3222**	**593805**	**642**	**113073**	**2609**	**332726**
北　京	221	67694	97	20429	179	27868
天　津	45	11550	17	1455	45	4506
河　北	23	2317	3	556	84	10499
山　西	16	2741	8	1389	38	5157
内蒙古	6	1265	1	270	18	2113
辽　宁	58	4620	14	935	79	6879
吉　林	5	872	3	516	38	3014
黑龙江	14	1540	3	420	31	3986
上　海	405	106086	62	7340	145	35702
江　苏	374	78563	55	9382	108	27983
浙　江	706	75269	85	6568	165	21482
安　徽	54	11721	8	843	125	12356
福　建	252	25637	22	1473	78	6675
江　西	15	1786	5	1076	56	11073
山　东	155	30736	36	9118	157	18413
河　南	52	6068	13	1179	98	11675
湖　北	51	6722	11	6665	129	11750
湖　南	28	5366	12	1156	77	9861
广　东	536	115379	129	31698	396	38167
广　西	35	5196	4	611	41	5321
海　南	10	1140	2	566	44	6713
重　庆	41	8847	15	5244	106	11875
四　川	62	7970	12	953	180	17419
贵　州	8	976	4	311	35	3269
云　南	13	1689	6	398	53	8578
西　藏			1	77	3	249
陕　西	14	8819	7	554	34	3800
甘　肃	8	919	2	876	33	2814
青　海	1	120	1	239	6	740
宁　夏	1	30	1	137	3	179
新　疆	13	2167	3	639	25	2610

3-1 续表 2

地区	矿产品、建材及化工产品批发		机械设备、五金产品及电子产品批发	
	法人单位数（个）	年末从业人数（人）	法人单位数（个）	年末从业人数（人）
全国	**8214**	**912375**	**4152**	**490481**
北京	466	50421	663	92294
天津	353	20416	139	12214
河北	320	42187	77	34718
山西	357	55001	41	3843
内蒙古	118	16249	23	2359
辽宁	273	25042	138	9246
吉林	38	7633	20	1621
黑龙江	68	13456	31	2378
上海	516	48009	630	86047
江苏	738	68068	289	30990
浙江	714	69133	383	30172
安徽	126	20612	82	6970
福建	341	23144	135	10241
江西	68	11217	23	2412
山东	913	92754	249	30223
河南	282	30859	85	7585
湖北	207	31853	98	8248
湖南	141	10107	44	3926
广东	935	100466	544	67212
广西	144	19422	51	4990
海南	27	1280	20	1588
重庆	249	27731	86	8275
四川	188	21956	86	14230
贵州	76	13480	24	2181
云南	196	22471	50	3925
西藏			3	270
陕西	124	26409	34	3981
甘肃	68	7333	19	1643
青海	28	6004	4	476
宁夏	27	4726	10	648
新疆	113	24936	71	5575

3-1 续表 3

地　区	贸易经纪与代理		其他批发业	
	法人单位数(个)	年末从业人数(人)	法人单位数(个)	年末从业人数(人)
全　国	**327**	**33551**	**807**	**72103**
北　京	32	3710	33	3596
天　津	18	5294	57	2939
河　北	1	88	3	182
山　西	1	117	7	479
内蒙古			4	172
辽　宁	3	1136	11	1761
吉　林			3	85
黑龙江	1	25	3	367
上　海	95	8705	133	15131
江　苏	21	1209	88	4684
浙　江	20	771	60	3595
安　徽			33	3163
福　建	17	1995	41	2672
江　西			4	375
山　东	17	1411	65	4696
河　南	1	35	37	2801
湖　北	4	2162	13	673
湖　南			11	416
广　东	83	6277	123	16008
广　西	4	187	3	102
海　南			3	263
重　庆			25	1754
四　川	3	111	14	4019
贵　州			5	309
云　南	2	121	8	564
西　藏				
陕　西	2	116	3	251
甘　肃			4	177
青　海			1	70
宁　夏			4	329
新　疆	2	81	8	470

3-2 大中型批发业企业分行业商品购、销、存情况

农、林、牧产品批发

单位：万元

地区	商品购进额	进口	商品销售额	出口	期末商品库存额
全国	**44575113**	**7233609**	**45466287**	**750256**	**9630426**
北京	8533283	4731026	8913613	18941	832604
天津	298595	21799	303084	16708	249145
河北	2039139	27778	2019638		194333
山西	141834		154626	10953	62676
内蒙古	1352154		1414273	14755	265844
辽宁	2060805	164776	2153903	7433	244144
吉林	2473201	348293	2378014	22120	746489
黑龙江	2278801	2679	1896624	7291	742821
上海	1297889	408156	1359427	84681	126647
江苏	1748619	75194	1800951	87869	360756
浙江	638667	50602	667152	229	129737
安徽	1081862	3440	1185853	242	218750
福建	884008	116674	821901	48297	329253
江西	220545		191173	1	99245
山东	3738077	325913	3779071	94451	427414
河南	2340579	396620	2241581	12557	1130376
湖北	1427900	6522	1443822	3976	523236
湖南	725684	51782	756201	33530	113134
广东	2230523	156695	2349124	165089	309723
广西	106190		148298	16106	40056
海南	22362		25078		5035
重庆	349935		350050	37244	22208
四川	610517	23427	607645	50985	260683
贵州	7065		7502		275
云南	1276611	14563	1330860	1004	33238
西藏	11404		6526		1367
陕西	121042		150060	15733	18492
甘肃	177233		177635		31021
青海					
宁夏	22825		15673		19692
新疆	6357764	307673	6816929	62	2092034

3-2 续表 1

食品、饮料及烟草制品批发

单位：万元

地 区	商品购进额	进 口	商品销售额	出 口	期末商品库存额
全 国	**198365855**	**6927383**	**244716446**	**3690483**	**21774833**
北 京	17060357	2650922	18847394	214511	3227958
天 津	3331921	64506	3614484	31713	380426
河 北	4559745	5796	5858397	12251	252882
山 西	3078051	1530	4126146	1530	233517
内蒙古	2509573	111	3369685	1539	126568
辽 宁	4152771	116946	5398586	25723	342298
吉 林	1577643	122	2054673		173050
黑龙江	4388402	10085	5094650	22708	732578
上 海	12417803	1256967	15174059	177706	1029552
江 苏	10973290	67861	14116659	240676	826706
浙 江	17188911	215390	19950105	335976	815218
安 徽	6171147	289782	7981749	239249	550159
福 建	11229988	357622	12975321	707052	1132703
江 西	2962481		4044999	22746	385090
山 东	15335928	205975	18630155	276684	1069202
河 南	7328619	9821	9460099	26651	1192793
湖 北	8520974	45038	9789764	48927	541443
湖 南	5783380	2815	8497483	54745	680133
广 东	19026206	1210063	22971441	1067021	1720468
广 西	2901622	3429	3820874	18902	204747
海 南	1835677	12976	2094871		111431
重 庆	6394076	72571	7651950		645062
四 川	8241487	1675	10555031	714	1101914
贵 州	4378652	260769	7924361	57989	1062786
云 南	7721345	39737	8957998	74300	2623989
西 藏	267380	35	363052		37519
陕 西	3292818		4274557		166522
甘 肃	1521133	26	2092603	15669	119708
青 海	819289		1041702		15000
宁 夏	485004		626315	752	51953
新 疆	2910184	24816	3357283	14751	221461

3-2 续表 2

纺织、服装及家庭用品批发　　　　单位：万元

地区	商品购进额	进口	商品销售额	出口	期末商品库存额
全国	**180386180**	**22878755**	**206179368**	**52604003**	**17457231**
北京	16681295	3858520	18896842	470421	2166641
天津	3137259	135200	4028986	727678	201671
河北	758901	9105	767431	113478	115244
山西	384063		411656		57951
内蒙古	240414		246441		1507
辽宁	1409450	49039	1454809	392671	172663
吉林	155723		156401		6515
黑龙江	813552	2722	934133	713436	41671
上海	26151955	10442293	32929603	9767770	3382953
江苏	28869842	3361679	33050973	7798242	3744450
浙江	25878133	1675771	28947745	14304763	1808889
安徽	7607305	8370	7763337	583944	308760
福建	11272217	673075	12261288	4720591	808997
江西	697402	13	754227	161455	12903
山东	10804886	753724	12405178	2527970	717840
河南	2692656	89574	2920178	193747	208407
湖北	1374178	5129	1494628	136040	159832
湖南	1122705	3250	1110171	84327	204513
广东	27586438	1750127	32552408	9346873	2311423
广西	1465587	29485	1421447	99127	281017
海南	277129		277718		30170
重庆	6417276	19027	6610206	10574	348164
四川	1581039	1152	1642226	421032	148238
贵州	234658		229019		31145
云南	296443		403517	13205	32947
西藏					
陕西	2093185		2106116		73965
甘肃	134617		145621		28748
青海	25555		25564		18
宁夏	19596	11500	26161	13687	9396
新疆	202722		205343	2974	40594

3-2 续表 3

文化、体育用品及器材批发　　　　单位：万元

地　区	商品购进额	进　口	商品销售额	出　口	期末商品库存额
全　国	**38723696**	**2147280**	**42856102**	**2933820**	**5491266**
北　京	12277424	189959	12921801	359072	1590559
天　津	353510	18929	368456	33589	90217
河　北	405818		366312		62844
山　西	463244		467520	23474	54847
内蒙古	18299		11426		6873
辽　宁	171348		192986	28265	29728
吉　林	55005		53650		16897
黑龙江	64667		69380		3201
上　海	5542649	907903	6037017	135464	472104
江　苏	2399849	32283	2494676	189447	562281
浙　江	2548910	171388	2608325	422929	421784
安　徽	925166	220000	909396	367966	31013
福　建	310533	9429	344409	94432	16232
江　西	262915		267936	35965	8427
山　东	3451716	572	3883110	88983	209131
河　南	743696	33	732828	49139	105291
湖　北	810137	4135	836077	435	215369
湖　南	407608		422167	27260	60489
广　东	5225683	332605	7606275	822715	1131227
广　西	137246	20368	140364	12955	18357
海　南	53927		54097		15560
重　庆	380663		417736		113844
四　川	835432	234520	772007	241733	89763
贵　州	141724		132838		36434
云　南	209719	5155	221151		50047
西　藏	13919		11924		6246
陕　西	151314		166360		14209
甘　肃	157531		132655		38685
青　海	15859		17046		5639
宁　夏	13697		13799		133
新　疆	174491		182380		13839

3-2 续表 4

医药及医疗器材批发 单位：万元

地 区	商品购进额	进 口	商品销售额	出 口	期末商品库存额
全 国	**100688718**	**7906557**	**111499875**	**2450049**	**11013686**
北 京	9127476	1569601	10277377	410730	1402888
天 津	2669371	37262	2990410	80461	139579
河 北	3703338	26274	3998693	48927	270337
山 西	1050577	122	1138612		76957
内蒙古	320926		355237		35680
辽 宁	3509982	72264	3380577	8228	750569
吉 林	1143628	96234	1270874		121713
黑龙江	980197	11364	1095590		77235
上 海	9593682	3777240	11915677	264186	1593019
江 苏	5500540	59803	7296296	161049	496256
浙 江	8790635	528587	9431503	599993	746840
安 徽	5924203	15857	6282426	84496	395864
福 建	2284022	29274	2378546		193549
江 西	1679424	1362	1735301	22249	101922
山 东	6031461	24095	6309051	4573	461133
河 南	4604360	122824	4836742	91	330663
湖 北	2891200	29829	3092280	16685	237929
湖 南	2266952	32152	2682778	41	260043
广 东	12789476	1200110	14022231	636769	1796160
广 西	775380		832503		54108
海 南	900222	71901	1051180	3760	89421
重 庆	3653821	141670	3777442	23271	224347
四 川	5159242	18500	5584075	53433	668940
贵 州	619708	6167	648786		48906
云 南	2220032	22098	2310484	28576	198610
西 藏	36811		74468		8008
陕 西	1002598		1184632		103322
甘 肃	637952	112	663892	2532	55562
青 海	190512		219214		2981
宁 夏	39371		45147		4909
新 疆	591623	11857	617849		66236

3-2 续表 5

矿产品、建材及化工产品批发　　单位：万元

地　区	商品购进额	进　口	商品销售额	出　口	期末商品库存额
全　国	**1392603620**	**99911912**	**1447017393**	**39345192**	**59738115**
北　京	207418224	25588113	215559318	7160401	11875064
天　津	109511511	5477406	114157118	2665296	2829734
河　北	40357983	350598	43437501	237243	1217954
山　西	65087152	306336	68078270	818337	1809351
内蒙古	13819284	759733	15094912	522927	1587185
辽　宁	69122644	1830278	71883177	539090	2411220
吉　林	9163927	56055	9566033	47034	133567
黑龙江	20173610	8110770	20373167	125379	1055516
上　海	141058847	11437573	144801188	5152075	5476038
江　苏	89607940	6242520	93715548	3279594	3625561
浙　江	86941361	12032456	90871882	5398953	3709859
安　徽	16801145	328483	17858081	143728	497967
福　建	35273421	4745941	37495082	1984964	2524694
江　西	6603963	57577	9850973	112331	289040
山　东	63098376	3943808	65769379	2488163	1797894
河　南	20884150	514734	23148821	149910	507338
湖　北	43204203	5462	44546767	47167	1194815
湖　南	18171431	107282	11901953	285095	705771
广　东	164779458	9657694	167737128	5601403	7624468
广　西	18064390	128105	17061572	57627	969512
海　南	4776048	584518	4861848	398175	96841
重　庆	16446931	295184	17478407	208881	975548
四　川	23852798	248210	24755439	199676	1265159
贵　州	6033790	548542	7278486	1146610	350483
云　南	19262670	518749	21841272	77238	1357438
西　藏					
陕　西	32906057	45317	34693779	322410	1273553
甘　肃	17370362		19107911		1334946
青　海	2692753		3421166	46066	232875
宁　夏	5186969	17600	5128636	110	234181
新　疆	24932221	5972867	25542583	129310	774544

3-2 续表 6

机械设备、五金产品及电子产品批发

单位：万元

地　区	商品购进额	进　口	商品销售额	出　口	期末商品库存额
全　国	**318178439**	**77203550**	**369083392**	**35532620**	**29935894**
北　京	89310750	29537378	103310040	6292699	11318372
天　津	19749488	5446002	19515291	246128	2217359
河　北	6611221	29343	6855835	188008	460101
山　西	844113	41048	863573	6572	100121
内蒙古	432855		482097	25628	62676
辽　宁	4095567	375823	4654711	355544	510322
吉　林	1564583	18812	1700984	1232	78793
黑龙江	751905	74496	828458	192341	92193
上　海	81047647	30761952	110361163	6316862	5816745
江　苏	17421613	2380918	19581686	4006558	1502945
浙　江	15753516	618323	16703039	5361692	887445
安　徽	2590855	87849	2727982	199604	275603
福　建	4118457	222668	4488235	526365	528935
江　西	639436	2220	655008	229348	121230
山　东	12177748	1088391	12334785	2429432	556405
河　南	3274508	12014	3330682	78671	208831
湖　北	3350381	357686	3744320	128629	382381
湖　南	1062678	72201	1146556	49971	80045
广　东	34363333	5377692	35877811	6781227	3108095
广　西	959214	7100	1035653	32907	138415
海　南	1045275	82	1160233	18449	44408
重　庆	5032778	403523	5341964	723194	280003
四　川	5018608	204013	5078319	301236	455998
贵　州	831496	5487	848423	39774	54498
云　南	1149724	35896	1182515	185174	196476
西　藏	30342		30988		2956
陕　西	1775751	33188	1902521	522227	124350
甘　肃	411190		420744	35604	44541
青　海	116510		110930		16922
宁　夏	144843		154467		31594
新　疆	2502058	9447	2654380	257544	237136

3-2 续表 7

贸易经纪与代理　　单位：万元

地　区	商品购进额	进　口	商品销售额	出　口	期末商品库存额
全　国	**28369571**	**4666903**	**31213549**	**7188223**	**1810326**
北　京	2686620	926713	3062344	675800	174402
天　津	2246729	66701	2480397	287159	239171
河　北	35	35	36381	36381	
山　西	235839	152414	244560	19466	32509
内蒙古					
辽　宁	146909	8573	157829	3382	54752
吉　林					
黑龙江	4236		5255		101
上　海	4331931	1393441	5110804	1428840	476945
江　苏	989706	96849	984816	459569	80087
浙　江	338432	6835	365547	342620	5596
安　徽					
福　建	1323504	49482	1446566	733010	83944
江　西					
山　东	1100720	787087	1206307	38408	159036
河　南	6755		6375		380
湖　北	7645553	187388	8132649	397305	137607
湖　南					
广　东	5911526	848984	6512981	2274496	304637
广　西	39094	175	42649	16886	1050
海　南					
重　庆					
四　川	40309	727	41161	19480	1009
贵　州					
云　南	1257936	140106	1314673	418830	52997
西　藏					
陕　西	34108	1395	30664	21067	3452
甘　肃					
青　海					
宁　夏					
新　疆	29630		31594	15524	2652

3-2 续表 8

其他批发业

单位：万元

地　区	商品购进额	进　口	商品销售额	出　口	期末商品库存额
全　国	**44604826**	**10406305**	**48169101**	**9187315**	**4020061**
北　京	3367907	546841	3738968	709245	1067268
天　津	2751514	30048	3017313	145555	210791
河　北	61726		68671		4038
山　西	79879		90088		4319
内蒙古	61345		73403	5523	188
辽　宁	219645	1890	259199		9240
吉　林	23670		23430		5132
黑龙江	240060	57148	243725		19407
上　海	9322128	2178455	10871284	1225212	1152969
江　苏	4758480	63968	5023731	148513	205897
浙　江	2469355	423150	2692597	193654	146440
安　徽	1843377		1976183		52084
福　建	3854004	846686	3914856	336023	300403
江　西	163787		177615		4863
山　东	1636925	111024	1738237	49	89533
河　南	567777	5057	625800	38759	55865
湖　北	165598		154051		19854
湖　南	178991		202948	5551	11247
广　东	9506328	6104876	9914534	6085654	385050
广　西	148509		148464	18263	7351
海　南	250267		260220		31078
重　庆	401413	2094	408028		17351
四　川	513627	170	531796		45104
贵　州	39681		41606		4299
云　南	1556390	2448	1505653	275318	133205
西　藏					
陕　西	54889		60711		2209
甘　肃	76698		78160		3950
青　海	4184		4243		275
宁　夏	78154	32451	78107		11566
新　疆	208520		245483		19087

3-3 大中型批发业企业分行业年末资产负债

农、林、牧产品批发

单位：万元

地区	流动资产合计	固定资产原价	累计折旧	资产总计	负债合计	所有者权益合计
全国	**26846039**	**3936182**	**1126221**	**38788312**	**28800037**	**9988275**
北京	5591431	331398	68445	11970960	7963627	4007333
天津	290076	14786	3642	309123	206539	102584
河北	734671	123808	30645	898697	720824	177873
山西	100400	35171	6618	141598	82414	59183
内蒙古	443512	150783	26702	617697	427208	190488
辽宁	1057880	99090	29665	1322576	1214617	107959
吉林	1486581	287285	81680	1872463	1190805	681658
黑龙江	1371527	205781	51281	1594648	1351360	243288
上海	473578	204138	30737	983122	491101	492021
江苏	876021	217848	64329	1196972	953278	243694
浙江	307556	81065	23294	421992	312964	109028
安徽	507288	101088	22431	740389	435702	304687
福建	540156	88956	23018	652247	498555	153692
江西	230713	66518	26506	299807	276541	23265
山东	1819364	367613	95619	2556027	1776363	779664
河南	2185100	320732	91193	2823224	2273803	549421
湖北	1001614	150032	43046	1185333	956381	228953
湖南	342976	84804	26063	467809	267554	200255
广东	800569	116605	35298	1040890	776219	264671
广西	124234	28663	9870	182741	129411	53330
海南	6305	1217	137	7575	5316	2258
重庆	48858	38878	13754	112991	54714	58277
四川	398617	64204	27039	460875	375825	85050
贵州	1422	28	17	1433	943	490
云南	548044	7955	3086	577319	549438	27881
西藏	30189	6424	1921	41300	25977	15323
陕西	76259	20611	4121	97377	77983	19394
甘肃	107248	23526	7342	128419	110291	18128
青海						
宁夏	23179	2950	1386	24743	24205	538
新疆	5320673	694228	277338	6057968	5270079	787889

3-3 续表 1

食品、饮料及烟草制品批发　　　　单位：万元

地　区	流动资产合计	固定资产原价	累计折旧	资产总计	负债合计	所有者权益合计
全　国	**89555724**	**14877179**	**5760981**	**112835758**	**54014055**	**58821703**
北　京	11134359	525712	218155	13860759	9185686	4675073
天　津	1634522	127188	42007	1824490	1187915	636575
河　北	1501033	293565	121569	1785894	484649	1301246
山　西	960781	390987	125758	1334257	420065	914192
内蒙古	803094	235535	93573	1022199	279645	742554
辽　宁	1961652	364213	157047	2295763	768266	1527497
吉　林	529678	213120	74351	704700	142610	562090
黑龙江	2092812	308263	123784	2451370	1316346	1135023
上　海	6164338	644529	269085	8214566	5517332	2697234
江　苏	7513732	1000273	340124	8621984	3509925	5112058
浙　江	7113752	831321	368707	8691654	4208719	4482936
安　徽	2967983	397777	143905	3532933	1353632	2179301
福　建	3785003	695047	269232	5588404	2286290	3302114
江　西	1214624	345835	131084	1617758	399392	1218366
山　东	3834322	1115401	331726	5172677	2431839	2740838
河　南	2801091	626463	270017	3338576	1465671	1872906
湖　北	3547059	710374	249718	4622142	2538175	2083968
湖　南	2565895	760264	262728	3647483	1326315	2321168
广　东	7036836	1211940	451233	9214550	4819425	4395124
广　西	1423389	284125	103894	1853391	1103021	750370
海　南	452298	107107	37375	569388	130647	438742
重　庆	2550772	520477	214243	3297565	1871900	1425665
四　川	3587785	743924	275961	4489196	1780363	2708833
贵　州	3902313	549338	249693	4564190	1416926	3147264
云　南	5137935	1042585	518572	6158008	2642855	3515153
西　藏	85918	43750	16097	175110	36648	138462
陕　西	1031329	318632	111872	1354058	415452	938606
甘　肃	621914	145511	69649	791550	175497	616053
青　海	233116	36780	16380	277972	29456	248517
宁　夏	241691	61716	18362	300357	66682	233675
新　疆	1124699	225429	85081	1462813	702712	760102

3-3 续表 2

纺织、服装及家庭用品批发　　　　单位：万元

地区	流动资产合计	固定资产原价	累计折旧	资产总计	负债合计	所有者权益合计
全国	**77286197**	**5016925**	**1760046**	**92797057**	**70281584**	**22515472**
北京	6889376	335671	126691	9190451	5595401	3595050
天津	1020625	75720	32403	1175355	1018987	156368
河北	360380	13711	5372	386358	339120	47238
山西	184058	9609	3306	214067	126821	87246
内蒙古	12997	22434	195	35312	33276	2036
辽宁	881765	57151	18218	1842900	742551	1100350
吉林	15180	555	192	16778	19759	-2981
黑龙江	148028	26451	5223	234281	153301	80980
上海	11927495	1048216	417308	14959950	10026180	4933770
江苏	15398219	950941	325343	18076984	14185940	3891044
浙江	11309322	877830	323792	13589587	10869564	2720023
安徽	1939273	112484	35070	2140949	2117077	23872
福建	5895978	218571	67408	7181401	4923440	2257960
江西	281557	5886	1350	290096	228170	61926
山东	3754275	301490	86295	4412016	3709699	702318
河南	971451	211967	16162	1242105	956006	286099
湖北	484730	37430	7377	542238	480558	61680
湖南	717845	15945	5810	752323	675122	77201
广东	10718988	531022	216810	11905120	9876139	2028981
广西	1305405	8328	2753	1337674	1272239	65435
海南	107608	1347	695	109656	104355	5302
重庆	1442295	26159	10320	1487333	1489509	-2176
四川	419099	31776	8694	493055	413772	79283
贵州	102324	2557	771	104590	97273	7317
云南	190755	5271	2107	194716	116517	78199
西藏						
陕西	346197	56904	33601	390701	341502	49199
甘肃	366575	7902	1916	373318	280787	92530
青海	523			523	1527	-1005
宁夏	21494	10507	285	32451	12179	20272
新疆	72381	13092	4581	84768	74813	9955

3-3 续表 3

文化、体育用品及器材批发 单位：万元

地 区	流动资产合计	固定资产原价	累计折旧	资产总计	负债合计	所有者权益合计
全 国	**20079986**	**4229433**	**506068**	**28263179**	**19893060**	**8368193**
北 京	4902234	396846	112759	6928791	5196210	1732581
天 津	154624	13555	2108	182139	96731	85408
河 北	205006	39232	3084	385944	206825	179119
山 西	277462	26698	6293	316989	258157	58832
内蒙古	21411	26811	6973	52613	21315	31298
辽 宁	129360	18700	8820	158985	95472	63513
吉 林	34945	19669	5678	63833	37161	26672
黑龙江	26657	8837	3483	36395	26091	10304
上 海	2193976	69349	25434	2524361	1843741	680620
江 苏	1701183	175207	76476	2179585	1141876	1037709
浙 江	1169063	105339	37465	1531656	1025942	505713
安 徽	500331	20251	10039	700062	326973	373090
福 建	133455	24327	7502	175504	102182	73322
江 西	44010	52734	8940	88448	43129	45319
山 东	1006501	134694	23558	1313022	1014048	298974
河 南	262259	69312	17985	594371	216868	377503
湖 北	411497	110196	21033	552421	345478	206943
湖 南	259016	12193	5440	442258	241128	201130
广 东	5217447	2736362	66588	8155736	6354305	1799506
广 西	65879	6380	3594	195507	72474	123033
海 南	47616	20911	3133	88447	24877	63570
重 庆	283074	20874	5248	303114	200735	102380
四 川	417270	6284	2918	456670	424722	31948
贵 州	244952	15353	5512	255672	239949	15723
云 南	120846	15266	6276	182793	112646	70147
西 藏	6345	3415	1058	8954	6145	2810
陕 西	77771	10812	3785	140103	74056	66046
甘 肃	60376	25465	8435	91030	51432	39598
青 海	15708	8794	4067	20786	15835	4951
宁 夏	9598	3276	1458	19346	7319	12027
新 疆	80113	32293	10926	117645	69239	48406

3-3 续表 4

医药及医疗器材批发

单位：万元

地　区	流动资产合计	固定资产原价	累计折旧	资产总计	负债合计	所有者权益合计
全　国	**44549643**	**3254288**	**1153482**	**52065632**	**40093647**	**11971985**
北　京	4838931	281488	117220	6059753	4290865	1768889
天　津	1138869	73044	18839	1262126	975329	286798
河　北	1250608	63388	23275	1362793	1230014	132779
山　西	463876	35290	9870	529134	437158	91975
内蒙古	144236	10134	2896	156617	140043	16574
辽　宁	1237018	71571	19722	1416369	1148495	267874
吉　林	749149	43394	7892	818043	669108	148935
黑龙江	303515	12223	5229	321308	275650	45658
上　海	5091360	856196	337062	5925041	4339506	1585536
江　苏	3254887	224681	68794	3904575	3176159	728416
浙　江	3204722	237551	91520	3712607	2826797	885811
安　徽	1673226	157530	39819	1872277	1598681	273596
福　建	956526	51281	15380	1104396	808823	295573
江　西	631072	48152	12339	716922	589971	126951
山　东	2329427	134095	43755	2651408	2307596	343812
河　南	1756193	54516	15344	1906511	1617254	289257
湖　北	1662985	84932	30097	2028386	1419483	608903
湖　南	1039547	98571	20043	1183268	947034	236234
广　东	5458233	281346	121907	6451431	4776478	1674953
广　西	355499	23829	6832	407704	332351	75353
海　南	853701	22808	7115	1100688	607442	493246
重　庆	1470876	101153	39881	1888111	1275358	612753
四　川	2380520	109207	40416	2647177	2198090	449087
贵　州	336378	26126	8652	402114	324674	77440
云　南	868880	46250	20194	990350	728233	262118
西　藏	57790	1079	149	60052	56185	3867
陕　西	457665	16020	6826	503965	452365	51600
甘　肃	301250	23876	6073	334521	274040	60481
青　海	23783	16677	3729	39211	20977	18234
宁　夏	15913	1810	689	18055	16365	1690
新　疆	243008	46068	11924	290720	233124	57596

3-3 续表 5

矿产品、建材及化工产品批发

单位：万元

地 区	流动资产合计	固定资产原价	累计折旧	资产总计	负债合计	所有者权益合计
全 国	**332556917**	**35015169**	**11654825**	**450109815**	**343332746**	**106803122**
北 京	62006401	2051029	730522	85315491	62887761	22427730
天 津	20605618	1224250	361672	26592109	19941822	6650287
河 北	11456146	1771684	511380	15851891	10999264	4852628
山 西	19503988	1630776	521497	24802169	20355191	4446978
内蒙古	5460886	815099	292414	8044960	5713754	2331207
辽 宁	9860125	1083184	415874	12235928	9576965	2637720
吉 林	1221638	278929	100297	1795872	1348486	447386
黑龙江	6606317	567385	235423	7337220	6668631	668589
上 海	27981751	1569394	567692	36800301	26636358	10163942
江 苏	20051085	2715084	822869	25773776	20144052	5629724
浙 江	23364197	1913358	666303	32201477	25497817	6703661
安 徽	4553304	581502	190448	6243487	4158101	2085386
福 建	12218229	838377	264115	18032715	12850700	5182014
江 西	1413994	419564	139209	2121467	1362236	759230
山 东	13483248	3086420	1003864	18543948	17383556	1160392
河 南	2911754	730009	240607	4390646	3318708	1071938
湖 北	5393601	1704347	535025	8223115	6731699	1491416
湖 南	2514092	418793	105789	3810445	2606897	1203548
广 东	43852475	6329523	2287522	58182080	45177899	13003792
广 西	3549307	579349	195154	5564822	3908876	1663678
海 南	535137	85006	39220	763980	432925	331054
重 庆	4390677	804348	253402	5836051	4391089	1444750
四 川	6099109	435794	157289	7801723	6450890	1350833
贵 州	2415239	144297	50749	2812018	2224151	587867
云 南	7002897	921238	251392	10439533	7845509	2594023
西 藏						
陕 西	6154674	713425	202522	9149619	6566102	2623681
甘 肃	2274485	396650	152092	2744922	1152199	1592722
青 海	634417	261895	69768	1007463	709479	297984
宁 夏	839223	216819	49222	1263943	1090191	173753
新 疆	4202903	727644	241496	6426646	5201437	1225209

3-3 续表 6

机械设备、五金产品及电子产品批发

单位：万元

地　区	流动资产合计	固定资产原价	累计折旧	资产总计	负债合计	所有者权益合计
全　国	**132071577**	**6765336**	**2464295**	**160183945**	**117111339**	**43072606**
北　京	41145508	2157758	935999	53959388	34941974	19017414
天　津	6721501	317967	83024	7593696	6207277	1386420
河　北	4061860	207120	52675	6055072	4753084	1301988
山　西	401978	45638	11476	506051	436208	69843
内蒙古	233310	20177	6222	278504	242480	36024
辽　宁	2953104	115929	44961	3930942	3281675	649267
吉　林	233603	23506	6946	267690	205144	62546
黑龙江	717415	34028	10851	836823	750792	86031
上　海	30282361	891806	382964	34899263	25878436	9020827
江　苏	8104578	805335	226268	9437657	7531722	1905935
浙　江	5495033	346589	129818	6496691	5082594	1414098
安　徽	925650	67433	22283	1078705	906215	172490
福　建	2310466	103045	35038	2553378	1923280	630098
江　西	307306	22436	5086	348297	288270	60027
山　东	4273296	491735	127447	4932663	3946488	986175
河　南	886512	39868	15871	949174	786259	162915
湖　北	1215442	59227	18446	1345195	1108583	236612
湖　南	366660	43934	13086	459198	375208	83989
广　东	13417555	570022	207582	15208993	11268636	3940357
广　西	760304	29387	9870	829285	729578	99708
海　南	150696	7325	2773	170282	122371	47911
重　庆	2053661	58206	16153	2298204	1771964	526240
四　川	1657730	76330	26861	1811058	1445227	365830
贵　州	258277	13407	4343	274740	232840	41901
云　南	1100434	61880	21872	1332665	1001029	331636
西　藏	11254	2356	1197	12467	6258	6209
陕　西	593953	33039	12661	641574	574831	66743
甘　肃	183758	8992	3416	203555	184078	19478
青　海	60071	3677	1475	68694	62937	5757
宁　夏	77090	8138	1512	92145	75193	16952
新　疆	1111214	99047	26120	1311895	990711	321184

3-3 续表 7

贸易经纪与代理

单位：万元

地　区	流动资产合计	固定资产原价	累计折旧	资产总计	负债合计	所有者权益合计
全　国	**27321262**	**645753**	**243466**	**30829744**	**26197418**	**4632326**
北　京	14969868	198030	48422	17191401	14459583	2731818
天　津	824970	32984	11062	936414	863172	73243
河　北	7233	112	77	7269	6926	343
山　西	125625	17242	4106	160145	127775	32370
内蒙古						
辽　宁	194804	4448	1741	198787	162760	36027
吉　林						
黑龙江	1162	100	48	1215	411	803
上　海	2114086	96007	43185	2326072	1711929	614143
江　苏	562278	23727	8369	621840	542003	79837
浙　江	118015	10964	2633	134632	111795	22838
安　徽						
福　建	436436	44842	11309	543038	406151	136887
江　西						
山　东	623373	27462	10552	742731	696555	46176
河　南	283	350	80	604	300	304
湖　北	2871339	36160	15472	2969463	2680176	289288
湖　南						
广　东	4006687	141623	82701	4513686	3985177	528509
广　西	17812	1128	358	18647	15096	3551
海　南						
重　庆						
四　川	21885	1463	881	26671	13353	13319
贵　州						
云　南	400902	1130	307	404353	386258	18095
西　藏						
陕　西	10586	431	71	11289	10099	1189
甘　肃						
青　海						
宁　夏						
新　疆	13920	7551	2092	21487	17899	3589

3-3 续表 8

其他批发业

单位：万元

地区	流动资产合计	固定资产原价	累计折旧	资产总计	负债合计	所有者权益合计
全国	**17359988**	**1448080**	**445253**	**22373774**	**16969413**	**5404361**
北京	3700341	154044	66154	5844852	4748190	1096662
天津	1123396	63093	17192	1352548	1031585	320963
河北	34596	1683	1064	35471	29760	5712
山西	27042	6628	2235	34763	17044	17719
内蒙古	24322	2071	567	28968	15301	13667
辽宁	107587	69774	10824	192454	140735	51719
吉林	7234	2979	319	10157	7113	3045
黑龙江	27942	2638	1106	34397	42178	-7781
上海	4417701	352797	115419	5152695	3607714	1544982
江苏	879586	93079	31451	1110474	811764	298710
浙江	636451	78148	26072	826251	645425	180826
安徽	490286	47669	14613	554399	423902	130497
福建	1194917	63965	24464	1619194	1218129	401066
江西	13600	1626	659	14567	7736	6830
山东	544982	99613	29356	672021	469555	202465
河南	155502	33038	5985	214886	175806	39080
湖北	35605	23156	5559	63333	35347	27986
湖南	32365	21251	1672	53824	31689	22135
广东	2824156	192877	47184	3186406	2750211	436195
广西	32450	840	512	33381	25715	7666
海南	50605	5244	764	56567	39744	16823
重庆	58729	25295	3416	90116	60910	29205
四川	73668	10067	2102	85624	68002	17622
贵州	34401	8923	1963	57144	50169	6975
云南	642108	44134	25543	746378	302550	443829
西藏						
陕西	7071	2696	513	11514	6092	5422
甘肃	22957	4686	1486	26455	13771	12684
青海	1631	2768	518	5011	1050	3961
宁夏	96551	23557	1853	167394	119275	48120
新疆	62207	9742	4691	92533	72956	19577

3-4 大中型批发业企业分行业实收资本及构成

农、林、牧产品批发　　　　单位：万元

地　区	实收资本	国家资本	集体资本	法人资本	个人资本	港澳台资本	外商资本
全　国	**3972355**	**1740881**	**160051**	**1093002**	**704469**	**61144**	**212808**
北　京	1154316	694887		256610	21396	1415	180009
天　津	100290	91636	654	3830	3621		550
河　北	105400	32508	1970	21022	49900		
山　西	32623	5829	2527	12595	11673		
内蒙古	76757	21255	1179	30686	23636		
辽　宁	89592	16694	2891	43297	26710		
吉　林	175503	66665	1470	62234	10133	35000	
黑龙江	101646	37812	3200	28100	32534		
上　海	195165	161549	1800	12935	1065	905	16912
江　苏	143869	75820	1200	29881	36968		
浙　江	39212	6196	1600	22010	9406		
安　徽	139112	44343	1710	23548	69511		
福　建	77547	26220		18376	10207	16529	6216
江　西	23542	21070	1160		1120	192	
山　东	350031	29757	35788	135276	145665	73	3471
河　南	271753	74164	30992	118174	48423		
湖　北	105247	6384	6450	65990	26423		
湖　南	117985	52286	10418	23716	31565		
广　东	102628	28314	6440	35452	25141	7031	250
广　西	22390	11549		6922	3918		
海　南	2175	1175		245	755		
重　庆	14721	5709	430	6663	1920		
四　川	40300	9985	1782	17169	5963		5400
贵　州	300				300		
云　南	26839		2163	4497	20179		
西　藏	4329	4329					
陕　西	11339	2777	6362		2200		
甘　肃	16146	7240	6893	1100	913		
青　海							
宁　夏	1081	1081					
新　疆	430518	203646	30973	112674	83225		

3-4 续表 1

食品、饮料及烟草制品批发　　单位：万元

地区	实收资本	国家资本	集体资本	法人资本	个人资本	港澳台资本	外商资本
全　国	**11016988**	**2669052**	**193388**	**5076128**	**2304922**	**394187**	**379311**
北　京	1792001	266743	2650	1222870	46409	182231	71097
天　津	114154	29807	1947	43775	22393	10771	5461
河　北	76554	15930	9615	33230	17479		300
山　西	152401	13414	5984	112705	20298		
内蒙古	70016	22826		36528	10662		
辽　宁	235776	83836	400	123732	26454	1354	
吉　林	22791	15009	200	6133	1450		
黑龙江	202926	52850	176	144137	5763		
上　海	824902	41329	7022	407481	66787	134018	168265
江　苏	276869	114399	3575	49980	99337	5695	3883
浙　江	1753690	146589	4579	218327	1380946	3250	
安　徽	194173	57562	1815	99708	34896	92	101
福　建	1110062	95757	373	927098	72697	3527	10611
江　西	208906	59173	277	146296	3160		
山　东	418209	80665	14971	196067	122421	100	3986
河　南	212386	91707	18770	81193	20088		628
湖　北	240827	119776	696	85096	30054		5205
湖　南	318128	138441	1212	151017	20571	6366	522
广　东	842887	122869	98743	323884	153366	44431	99594
广　西	153821	106455	11155	24532	11680		
海　南	31087	10643		19162	1232	50	
重　庆	228634	54858	634	158173	14970		
四　川	234920	95082	391	95903	37548		5997
贵　州	152660	88540		45045	19076		
云　南	675671	578806		68781	22471	2251	3362
西　藏	98645	4416		94229			
陕　西	122767	70855	4000	25553	22360		
甘　肃	52788	35207	175	11201	6155	50	
青　海	9001	4977		3024	1000		
宁　夏	19669	8103		10216	1050		300
新　疆	169668	42435	4029	111054	12151		

3-4 续表 2

纺织、服装及家庭用品批发　　单位：万元

地　区	实收资本	国家资本	集体资本	法人资本	个人资本	港澳台资本	外商资本
全　国	**10009469**	**835104**	**265034**	**2905502**	**2369713**	**1180355**	**2453761**
北　京	1966194	35388	602	383585	76287	104626	1365705
天　津	105096	13986	879	52278	10656	8208	19089
河　北	37925	2414	6367	22876	6268		
山　西	40616	87		2852	16634	21043	
内蒙古	1197	10		665	235	287	
辽　宁	206472	85957		40165	75859	1355	3136
吉　林	1150	100		500	50	500	
黑龙江	34160			16140	18019		
上　海	2276862	121911	26298	705796	175495	363029	884334
江　苏	1406147	317192	44593	230054	394439	367107	52763
浙　江	1285911	23379	69253	535891	535646	97546	24197
安　徽	110148	15076	2573	28496	58003		6000
福　建	845467	22426	65716	282793	350216	63842	60474
江　西	8119	1742	530	3806	2041		
山　东	359684	15333	24926	103432	212625	1320	2049
河　南	85736	12304	84	40598	32750		
湖　北	49030	2000	300	15895	30786		50
湖　南	40051	6875	801	13444	18932		
广　东	896688	137807	15377	326063	240566	140921	35954
广　西	72686		800	34984	32903	4000	
海　南	5978			3700	2278		
重　庆	35396	5553	4293	18570	6970		10
四　川	46563	7374	643	12894	23668	1984	
贵　州	6404			1935	4469		
云　南	11682	3000		3672	2421	2588	
西　藏							
陕　西	43115	5190	510	19407	16008	2000	
甘　肃	6181		490	1500	4191		
青　海	10			10			
宁　夏	17340				17340		
新　疆	7462			3503	3959		

3-4 续表 3

文化、体育用品及器材批发　　　　单位：万元

地区	实收资本	国家资本	集体资本	法人资本	个人资本	港澳台资本	外商资本
全国	**3273125**	**1467153**	**45506**	**810135**	**356682**	**275095**	**318555**
北京	744056	468996	3240	163625	63043	31244	13908
天津	31208	2001		14476	11034		3698
河北	7664	2352		5312			
山西	25202	13920		7021	4260		
内蒙古	26714	26714					
辽宁	14718	3207		9990	1521		
吉林	15987	14793		1194			
黑龙江	4710	2000			2710		
上海	370434	26964	6552	42506	18558	45883	229971
江苏	381267	272145	1450	14591	19764	28133	45184
浙江	184118	68173	576	57646	55291		2431
安徽	102817	82762	18256	260	1540		
福建	50137	5494		20536	23331		776
江西	11800			11200	600		
山东	121541	3152	9432	79198	29760		
河南	149576	145772		2054	1232		518
湖北	99520	68071		284	2124	20576	8465
湖南	166568	151859		5954	8356	400	
广东	407822	27399	6000	134718	86278	144792	8636
广西	117660			115735	1925		
海南	57958			57958			
重庆	53459	5200		42114	2078	4067	
四川	25716	1150		4748	19817		
贵州	14902	14502		400			
云南	12333			11005	500		828
西藏	2810	2810					
陕西	37500	26000		5110	2250		4140
甘肃	12769	10269		2500			
青海	3070	3070					
宁夏	7009	7009					
新疆	12079	11369			710		

3-4 续表 4

医药及医疗器材批发 单位：万元

地区	实收资本	国家资本	集体资本	法人资本	个人资本	港澳台资本	外商资本
全　国	**6726132**	**980921**	**135655**	**3241291**	**1759279**	**248084**	**360902**
北　京	820707	42899	3967	582789	99617	39252	52185
天　津	174412	69591	522	67415	26502	1000	9381
河　北	117162	13840	4158	52169	46996		
山　西	70506	5430	30	30585	34461		
内蒙古	11494		2260	5808	3427		
辽　宁	206475	105878	3	61086	33265	1100	5142
吉　林	62281	780	417	32369	28515		200
黑龙江	26129	4000	529	10916	10685		
上　海	649034	317985	7497	136764	27161	96245	63382
江　苏	478539	58909	15199	128333	160593	2890	112615
浙　江	848765	50265	5385	644812	143536	4266	501
安　徽	209949	6727	7069	99506	96129		518
福　建	218263	53343	6490	109269	43161	6000	
江　西	102953	15857	457	38146	46557	536	1400
山　东	220229	13089	2140	105309	92061	5130	2500
河　南	230937	23578	2584	128313	76461		
湖　北	305321	9540	2113	190382	100953		2334
湖　南	136787	13416	160	51295	71916		
广　东	831369	71727	51888	336752	247890	84961	38151
广　西	66081		500	13468	52113		
海　南	160109	336		77989	7248	4536	70000
重　庆	214573	35585	2470	83958	91514	7	1040
四　川	237356	23530	4579	111096	94439	2161	1552
贵　州	54747	1274		17030	36443		
云　南	130231	13193	570	69263	47206		
西　藏	2509	1489		510	510		
陕　西	36020	2329		23335	10357		
甘　肃	44841	1530	14670	12854	15786		
青　海	15746	10665		1020	4061		
宁　夏	3936	3000		546	390		
新　疆	38671	11138		18206	9327		

3-4 续表 5

矿产品、建材及化工产品批发

单位：万元

地区	实收资本	国家资本	集体资本	法人资本	个人资本	港澳台资本	外商资本
全国	**64509263**	**23582010**	**1143358**	**23905523**	**11555172**	**1430612**	**2892588**
北京	11050304	2325958	22205	6526457	1035706	35066	1104911
天津	5068774	2736699	20813	1633610	648924	22730	5998
河北	1751911	538303	28577	671226	493962	15	19828
山西	1785475	369400	148060	982255	285761		
内蒙古	1021248	609951	14703	217986	178588	20	
辽宁	2160073	1207358	4821	749157	192573		6165
吉林	221345	73540	547	136026	11232		
黑龙江	341086	154423	8948	107000	70716		
上海	4726890	1341356	27501	1093805	923123	253174	1087931
江苏	4208704	1537111	71218	761095	1551067	172685	115529
浙江	4363482	1236259	160292	1275894	1657879	21744	11413
安徽	1182919	183015	17070	826690	156144		
福建	3154953	656167	60805	1402992	925035	18763	91192
江西	310753	224730	320	50355	35348		
山东	2763209	980632	71351	862150	832266	1010	15801
河南	631705	256741	13647	143592	217725		
湖北	1703602	813017	11327	680681	163229	31348	4000
湖南	974834	596014	19430	211450	146580	360	1000
广东	7125162	2928640	104185	1982859	927664	815523	366291
广西	1674964	1115761	15904	426879	116421		
海南	213540	3000	1255	124707	30537	52323	1718
重庆	843556	176414	18055	490565	144417		14106
四川	905859	269237	73546	401106	159470	2500	
贵州	319094	85594	9998	195291	28211		
云南	1571345	623764	56896	759285	127630	3350	420
西藏							
陕西	1367373	570908	121435	503732	130282		41016
甘肃	1604747	1321241	34580	208327	40598		
青海	228678	164905	518	51066	6921		5270
宁夏	234044	114932		103411	15701		
新疆	999635	366942	5353	325876	301463		

3-4 续表 6

机械设备、五金产品及电子产品批发　　单位：万元

地区	实收资本	国家资本	集体资本	法人资本	个人资本	港澳台资本	外商资本
全国	**17379561**	**1395497**	**144236**	**6384043**	**3561129**	**1272084**	**4622573**
北京	6868977	674908	7001	2811058	401518	460902	2513591
天津	611590	8930	30731	271854	58548	80043	161484
河北	554483	2571	8046	35781	508085		
山西	63022	24651		26510	11860		
内蒙古	20771	270	187	8924	11390		
辽宁	460313	24812	400	162922	55522	4270	212386
吉林	34595			20087	9508		5000
黑龙江	51044	1217		28490	21338		
上海	2700101	100586	4177	518896	256779	372273	1447391
江苏	878055	152160	6385	423274	207756	40507	47973
浙江	644826	30938	16181	260737	314768	7049	15154
安徽	197824	3201	3000	152414	37633	1031	545
福建	372479	66741	10899	54903	114170	27308	98458
江西	33419	1574	1208	21850	7958	240	588
山东	452889	39848	3845	143088	206254	55650	4204
河南	115866	9080	1980	43951	60255	600	
湖北	114451	11283	2914	63513	30710	252	5779
湖南	57151	15119	6659	20585	14788		
广东	2136433	168637	37479	708193	951371	202432	68322
广西	50321	1989	1000	19259	28073		
海南	10034		185	3600	6249		
重庆	366214	31527	500	277398	20815		35974
四川	162989	7811	160	86913	48374	18531	1200
贵州	17099	4913		5300	6886		
云南	157093		1000	125050	31043		
西藏	2848	498		2350			
陕西	37680	1937		15483	19261	999	
甘肃	16332	800		4770	10762		
青海	5799	300	100	3090	2309		
宁夏	6508			5078	1430		
新疆	178358	9196	200	58722	105716		4524

3-4 续表 7

贸易经纪与代理　　　　单位：万元

地　区	实收资本	国家资本	集体资本	法人资本	个人资本	港澳台资本	外商资本
全　国	**2304322**	**953709**	**16199**	**912749**	**114800**	**51624**	**255241**
北　京	1190088	414913		706718	4962	10520	52975
天　津	77949	36749	1196	16140	3865		20000
河　北	500			500			
山　西	5000				5000		
内蒙古							
辽　宁	33254	8800		1000		23454	
吉　林							
黑龙江	300			300			
上　海	251705	14761	200	35278	10857	14598	176011
江　苏	53684	17486	150	10351	25697		
浙　江	19918		39	400	19371		108
安　徽							
福　建	37520	10039	6000	12738	8743		
江　西							
山　东	36206	1350	4570	18890	10946	450	
河　南	55			55			
湖　北	217417	215217	1800	400			
湖　南							
广　东	352392	223470	1917	95281	22974	2602	6148
广　西	2866			2866			
海　南							
重　庆							
四　川	10717			10332	385		
贵　州							
云　南	11000	10000			1000		
西　藏							
陕　西	1251	924	327				
甘　肃							
青　海							
宁　夏							
新　疆	2500			1500	1000		

3-4 续表 8

其他批发业　　单位：万元

地区	实收资本	国家资本	集体资本	法人资本	个人资本	港澳台资本	外商资本
全　国	**2727304**	**282194**	**54680**	**1072217**	**515520**	**521603**	**281090**
北　京	408389	29058	3800	335591	13863	1565	24511
天　津	224140	3456	11802	73185	54816	65908	14973
河　北	233	133			100		
山　西	6337	3400	1278	600	1059		
内蒙古	5338			4000	1338		
辽　宁	75884	5	859	5256	26326		43439
吉　林	2000		1900	50	50		
黑龙江	1000				1000		
上　海	629566	70901	3312	101384	61795	237720	154454
江　苏	256858	4354	13844	86424	76307	67715	8215
浙　江	138238	12400	5797	49225	70816		
安　徽	54537	1056		26352	27129		
福　建	246775	121705		62263	54377	8430	
江　西	2711	800		1911			
山　东	113712	6401	2729	30510	26577	44391	3105
河　南	31572	53	2804	13873	14841		
湖　北	18513	525	396	8932	8660		
湖　南	9356			2998	6358		
广　东	272454	21122	640	68635	55936	95349	30773
广　西	1400	1000		300	100		
海　南	17020		4250	12020	750		
重　庆	25630	226		22309	2569	526	
四　川	8508	200	90	3532	4686		
贵　州	5805	3450		2355			
云　南	100713	449	840	99423			
西　藏							
陕　西	4300			1080	1600		1620
甘　肃	12330			10540	1790		
青　海	2760			2760			
宁　夏	43463			43463			
新　疆	7764	1500	340	3246	2678		

3-5 大中型批发业企业分行业损益及分配

农、林、牧产品批发

地　区	主营业务收入	主营业务成本	主营业务税金及附加	主营业务利润	其他业务利润	销售费用
全　国	**43223525**	**40575528**	**83609**	**2564388**	**97514**	**929400**
北　京	8122416	7815377	7142	299897	20408	139278
天　津	279989	279385	172	432	239	12951
河　北	1942781	1894190	509	48082	2381	26309
山　西	167309	148790	94	18425	155	4683
内蒙古	1423764	1368003	1470	54291	479	20134
辽　宁	1993366	1905442	2975	84949	7189	42744
吉　林	2372997	2179734	1315	191948	9880	151142
黑龙江	1733294	1635597	4751	92946	1827	37418
上　海	1259167	1213103	1100	44964	3092	21824
江　苏	1750935	1647048	4910	98977	2187	30235
浙　江	639508	603089	176	36243	3135	13626
安　徽	1140460	1036927	6174	97359	90	35261
福　建	797799	750581	974	46244	1523	20963
江　西	184953	178036	8	6909	2933	5661
山　东	3658560	3253229	14553	390778	15325	82698
河　南	2202955	1978449	20314	204192	2754	45685
湖　北	1351293	1248691	3970	98632	600	27146
湖　南	732503	641647	6824	84032	1578	28466
广　东	2262235	2125250	1647	135338	8226	55344
广　西	137998	133549	21	4428	1349	3203
海　南	23643	23511	19	113		193
重　庆	331658	317604	1078	12976	514	4602
四　川	566853	539345	811	26697	610	9865
贵　州	6659	6207	2	450		
云　南	1338125	1312769	523	24833	1538	13904
西　藏	6526	11234	5	-4713		1767
陕　西	142741	134378	554	7809		1964
甘　肃	157910	153375	36	4499	958	2360
青　海						
宁　夏	15584	15174	2	408	104	364
新　疆	6479548	6025813	1480	452255	8441	89612

单位：万元

管理费用	财务费用	营业利润	利润总额	应交所得税	应付职工薪酬	应交增值税
737281	**706531**	**550717**	**973240**	**101497**	**405819**	**135546**
162319	199913	184869	258104	32407	76665	4210
3952	8436	-23768	-857	176	4529	518
17426	18649	-8358	9141	1065	8035	-1317
6583	1889	5232	6081	211	2455	727
13032	12439	4410	9847	1635	6952	3564
16538	34914	10435	10205	2433	8781	5115
39405	31920	-19697	10405	733	21166	-13480
23594	31320	998	12720	5743	16731	10464
15889	1866	12274	20231	4031	8470	2546
39625	26214	2913	23096	3332	19113	4548
17391	9225	-1777	13577	826	12256	322
24490	10110	27123	32951	2475	16493	1495
18968	16116	-8266	27832	4760	10394	2586
6138	4049	-6559	1240	60	4882	3
60449	45035	239284	228271	19013	33798	25718
48659	59274	30609	90465	3119	24969	8263
26426	29279	12433	26760	1641	13051	2517
26495	13648	14406	11908	529	9214	3453
38059	20787	37531	54592	6487	28450	22557
6712	1621	-5285	10912	276	2655	883
255	144	-479	-32	53	773	313
6202	1644	336	5780	648	3149	2007
12441	11666	-4453	7075	1044	6684	979
340	65	45	44	11	83	41
6043	9313	-4447	-3913	136	1458	869
852	429	-7005	1027	73	620	
2707	2027	1241	2234	483	1571	94
2499	1815	-1785	-35	8	1395	686
262	-39	-90	59		287	
93528	102762	58547	103519	8090	60741	45866

3-5 续表 1

食品、饮料及烟草制品批发

地　区	主营业务收入	主营业务成本	主营业务税金及附加	主营业务利润	其他业务利润	销售费用
全　国	**215889769**	**171105367**	**6508077**	**38276325**	**521744**	**10142588**
北　京	14381383	12592417	131712	1657254	106335	1169770
天　津	3470541	2964685	79398	426458	4082	104261
河　北	4948552	3784585	240548	923419	6160	191817
山　西	3661326	2830649	176810	653867	9885	84329
内蒙古	3248925	2494364	151419	603142	1772	92375
辽　宁	4783568	3831539	205982	746047	7868	112636
吉　林	1911922	1448856	100048	363018	98	45627
黑龙江	5021240	4238988	175914	606338	2130	110295
上　海	13175020	10682775	124055	2368190	61732	1485600
江　苏	12453572	9427727	403924	2621921	18428	516476
浙　江	17112397	13958961	475483	2677953	65439	819778
安　徽	7154108	5664355	223931	1265822	5159	310875
福　建	11194521	9692824	237763	1263934	16587	354033
江　西	3647619	2699966	174220	773433	3484	134869
山　东	16846146	13255438	458054	3132654	33264	650659
河　南	8475927	6452845	394558	1628524	6138	302122
湖　北	8791277	6844235	236412	1710630	16483	448477
湖　南	7771003	6076960	320573	1373470	4208	294200
广　东	20561254	16863963	530543	3166748	54217	817346
广　西	3322510	2501937	148562	672011	7984	117348
海　南	1829440	1586324	53805	189311	1044	24625
重　庆	7338208	5999853	236616	1101739	25445	264502
四　川	9389505	7176361	342083	1871061	16120	417040
贵　州	7136973	3954144	244797	2938032	4778	429719
云　南	7902311	5826516	219775	1856020	24508	482558
西　藏	316872	240190	12812	63870	9	6039
陕　西	3824875	2923836	178532	722507	5150	213318
甘　肃	1915213	1426605	96962	391646	5923	67647
青　海	814019	702600	25536	85883	301	7785
宁　夏	539211	400384	28047	110780	4016	13579
新　疆	2950333	2560490	79203	310640	2998	52884

单位：万元

管理费用	财务费用	营业利润	利润总额	应交所得税	应付职工薪酬	应交增值税
8065640	**42157**	**20545673**	**21666781**	**4961692**	**6604011**	**7289400**
297619	36072	375637	529281	119735	364563	266589
83590	10624	237450	251437	51757	55214	72598
235550	-10994	519930	486645	115710	194036	179107
190549	3936	387667	391573	99828	146129	248282
154306	-6135	332834	316449	76483	102222	107956
176375	-5396	465523	487555	102870	148503	143219
105833	1240	204033	202931	40401	102114	71219
153334	13479	387365	388235	89380	105953	96539
474010	54104	536655	680685	145933	325339	202047
351132	-57041	1840463	1854750	414345	244481	919164
439183	-34058	1630596	1665084	369500	481860	505199
255227	-36555	750606	775823	175009	179879	240167
318296	33344	665770	721488	154842	259690	251285
157967	-14272	456567	504392	130905	154613	143550
616468	45184	1771684	1623784	378862	453639	455290
504651	17056	810092	819964	199968	412962	312273
411045	-7349	759883	747014	152549	229346	287930
428827	-1355	664837	772535	196865	292154	285101
647414	33245	1625813	1715166	364950	509274	511557
168452	8846	398228	423822	79697	132700	100788
52174	-6149	137470	138440	30585	44808	35343
323799	14127	546453	559875	88866	244308	193633
391817	23310	994751	1051782	255313	335688	390742
355398	-31170	2031389	2333692	585021	295123	551994
340569	-36015	1077280	1250547	315048	357913	388930
20890	130	20448	19251	3004	14251	10165
173430	5417	380451	391149	86272	213648	137906
99540	-9423	238649	242306	49096	85283	76290
24566	-1612	52349	59316	26247	17579	18708
27280	-2073	73280	74591	17004	28036	22717
86351	1638	171521	187222	45649	72703	63113

3-5 续表 2

纺织、服装及家庭用品批发

地 区	主营业务收入	主营业务成本	主营业务税金及附加	主营业务利润	其他业务利润	销售费用
全 国	**183916634**	**160688658**	**447340**	**22780636**	**764735**	**12832057**
北 京	12780499	10448250	37797	2294452	103355	1721142
天 津	3620689	3011911	2750	606028	12770	162715
河 北	738845	678429	3214	57202	1479	24151
山 西	384820	342743	893	41184	496	22180
内蒙古	247200	226505	4602	16093	1	7316
辽 宁	1422367	1307330	1910	113127	1381	64843
吉 林	148982	139334	251	9397	9360	6638
黑龙江	860880	788338	1702	70840	3121	33203
上 海	30415406	24371830	51467	5992109	183424	3767329
江 苏	29551287	26262061	58461	3230765	41812	1490269
浙 江	27132721	24991734	31265	2109722	76498	1168551
安 徽	6938558	5830413	16999	1091146	28197	872710
福 建	11241939	10168881	37880	1035178	114208	463492
江 西	674650	621563	915	52172	582	14009
山 东	11641004	10710106	45406	885492	33027	368021
河 南	2566785	2392002	7339	167444	17766	70287
湖 北	1346649	1208950	3904	133795	5222	56175
湖 南	996107	900113	2523	93471	535	53855
广 东	29614969	25825800	75418	3713751	112581	1824962
广 西	1356149	1289173	1498	65478	2310	33735
海 南	239065	225230	290	13545	58	13459
重 庆	5718147	5228695	21919	467533	1703	348957
四 川	1510914	1380829	10494	119591	8480	83488
贵 州	197642	180377	431	16834	1598	12514
云 南	382722	261530	2109	119083	677	71441
西 藏						
陕 西	1828833	1579200	25113	224520	3187	51437
甘 肃	132774	118586	350	13838	53	7632
青 海	25564	25255	9	300		1280
宁 夏	22359	17941	48	4370		2092
新 疆	178109	155551	387	22171	853	14173

单位：万元

管理费用	财务费用	营业利润	利润总额	应交所得税	应付职工薪酬	应交增值税
4622030	**518857**	**6079153**	**6204672**	**1423811**	**3741702**	**2700995**
509434	-1173	314757	439307	79707	564904	250225
56956	6614	395918	421852	106517	54383	99876
10389	3641	19717	1509	1494	20072	13583
9112	1144	8363	9942	788	9060	3260
2169	222	6606	7030	146	5768	884
41290	5593	71537	73658	5242	25074	15105
1549	137	2234	2225	236	3021	1439
7582	3057	65145	43396	6254	5708	24170
1186584	40041	1256745	1444311	333091	848483	541042
1031232	102500	798843	836802	216088	514752	306891
490963	188551	430443	487856	116037	503427	256573
125525	3624	84923	84705	23035	113840	149651
220544	31838	439000	447977	98750	172297	106690
5413	167	32908	34856	414	7608	6775
132974	27388	489431	203661	27876	141044	145171
17904	3537	35542	37600	4736	21245	17179
22472	4089	17558	21038	3849	26130	8519
16411	2593	20212	23440	3541	29647	19140
595723	89405	1308320	1310000	345479	543801	533099
14759	1799	24151	25359	5589	13920	10051
1411	522	-1388	-1356	127	4651	3644
51674	-6207	50908	65561	17874	33463	82126
26405	4524	10662	8608	3165	27733	27899
3183	1116	28	536	288	4239	2389
3069	425	44554	44944	6325	8051	19317
27955	2085	146765	124423	15559	27539	52276
3500	388	2302	2330	340	3291	1343
10	9	-999	-998	13	566	89
555	232	1493	1589	397	131	20
5285	1000	2477	2512	854	7857	2570

3-5 续表 3

文化、体育用品及器材批发

地　区	主营业务收入	主营业务成本	主营业务税金及附加	主营业务利润	其他业务利润	销售费用
全　国	**38905825**	**34292271**	**177204**	**4436350**	**133906**	**1541842**
北　京	11506795	10793398	17975	695422	69952	394593
天　津	327392	285765	653	40974	1981	18440
河　北	251792	235447	165	16180	706	5028
山　西	439408	408958	1037	29413	895	15004
内蒙古	7005	3285	12	3708	1901	1531
辽　宁	173097	152561	827	19709	258	8477
吉　林	40055	35484	230	4341	3078	2893
黑龙江	50740	44480	64	6196	55	2592
上　海	5385246	4969168	10409	405669	25613	218470
江　苏	2212991	1976835	3833	232323	1347	118144
浙　江	2341261	2194279	2867	144115	5901	72220
安　徽	720214	673948	682	45584	276	23533
福　建	314904	276512	4002	34390	990	11178
江　西	262460	240855	2702	18903		5536
山　东	3537478	3378189	5719	153570	119	75896
河　南	561891	522617	1009	38265	3492	14320
湖　北	740054	634866	1778	103410	195	44023
湖　南	400028	362645	1375	36008	952	13765
广　东	7692772	5362685	118991	2211096	8960	398495
广　西	110084	92429	-5	17660	381	9021
海　南	40492	36294	96	4102	359	2744
重　庆	388889	310653	475	77761	655	39761
四　川	722304	693592	793	27919	2174	8895
贵　州	115545	109595	147	5803	308	3250
云　南	153679	135613	545	17521	726	10398
西　藏	8045	7076	11	958		429
陕　西	149132	135702	185	13245	267	6256
甘　肃	99860	89298	145	10417	315	4115
青　海	17046	12141	99	4806	1143	3189
宁　夏	11433	9572	12	1849	152	560
新　疆	123735	108330	375	15030	755	9086

单位：万元

管理费用	财务费用	营业利润	利润总额	应交所得税	应付职工薪酬	应交增值税
1020689	**132945**	**1921142**	**1947187**	**317167**	**964987**	**312648**
214864	91732	107499	128393	55784	191784	54257
7446	916	15784	15857	4018	9962	4257
10294	-2789	4151	4241	67	3141	1538
6396	792	7305	7376	1275	4639	4429
3331	-18	757	1106		1626	19
7108	842	5915	6490	1320	9082	1428
5710	14	-1219	1593	91	4191	464
3107	53	499	640	10	1232	428
94969	33538	116969	128882	27884	60968	47332
55744	-3900	116922	106129	8008	52655	20848
40637	12157	44830	46204	5297	188279	14808
8184	-5372	22404	22303	121	9925	2939
10293	2824	11100	11544	646	8213	2686
3207	977	9185	9212	965	2675	5501
29662	9008	48647	40656	2940	33380	16957
12954	2524	11775	9174	866	6269	5183
32799	662	24653	25648	2623	30121	4942
12484	-4661	14488	12819	316	13400	6292
412143	-18547	1304715	1311739	198088	243338	99426
4177	574	3812	5730	-74	3803	5184
1889	-13	219	293		716	450
9674	2860	26146	28387	3432	60184	3737
5298	9326	5691	3210	927	3365	648
3001	70	-91	95	73	2433	1020
4251	362	12535	12614	522	3780	2125
479	-4	55	20		187	-317
5677	-631	2118	1451	527	3966	1346
7639	-518	-504	-512		2757	1181
2672	-41	167	438	56	710	534
1134	-4	161	358		992	105
3465	214	4457	5098	1386	7216	2903

3-5 续表 4

医药及医疗器材批发

地　区	主营业务收入	主营业务成本	主营业务税金及附加	主营业务利润	其他业务利润	销售费用
全　国	**99085556**	**89087191**	**206000**	**9792365**	**517781**	**4977752**
北　京	8907793	7795472	19984	1092337	93445	651034
天　津	2596740	2425618	4177	166945	4106	57220
河　北	3692779	3554160	3022	135597	1833	42568
山　西	1005538	958408	1528	45602	929	43263
内蒙古	331594	292756	963	37875	791	16732
辽　宁	2940670	2666360	23651	250659	4999	110305
吉　林	1233720	1040824	3584	189312	1629	62523
黑龙江	971014	869629	2363	99022	1280	61022
上　海	11023385	8824252	16803	2182330	148686	1065667
江　苏	6339094	5374870	22622	941602	71733	725695
浙　江	8183855	7511803	12969	659083	17703	311370
安　徽	5437349	5231556	5402	200391	7644	76901
福　建	2058978	1936496	2701	119781	8400	37531
江　西	1611242	1458514	6202	146526	2525	101135
山　东	5662585	5268815	9420	384350	7057	180562
河　南	4275707	4098016	3771	173920	4940	56076
湖　北	2741253	2530365	5371	205517	6411	101088
湖　南	2335967	2161570	4104	170293	6089	73535
广　东	12462569	11195902	27657	1239010	57242	642015
广　西	753371	696105	1655	55611	2389	26257
海　南	963079	792502	3797	166780	28605	87197
重　庆	3494054	3267694	4641	221719	10383	97141
四　川	4879423	4563167	11041	305215	16357	139034
贵　州	574530	527124	1528	45878	5425	20672
云　南	2034082	1879007	2433	152642	1342	87264
西　藏	74469	28950	776	44743		37054
陕　西	1056684	982172	1875	72637	3438	27926
甘　肃	645552	577942	898	66712	1025	16600
青　海	219214	40888	274	178052	7	5309
宁　夏	38590	36476	53	2061		889
新　疆	540677	499781	735	40161	1370	16170

单位：万元

管理费用	财务费用	营业利润	利润总额	应交所得税	应付职工薪酬	应交增值税
2414486	**507966**	**2325634**	**2428165**	**572601**	**2106217**	**1743983**
235234	28048	306592	328109	76199	370458	143607
45595	18554	57762	73409	22652	35084	30780
35810	20112	16770	18024	6275	31259	16393
18465	4468	12374	13172	3537	17604	10339
7285	1113	12941	12463	461	6117	11935
64486	20428	55501	55060	16734	32780	142603
39795	8307	80899	86428	17456	9823	28305
16974	1738	27430	10669	2618	11454	15114
764937	14696	463958	513435	144661	447378	217663
139298	46276	102909	114258	49129	245726	128035
149325	47782	198303	209676	43461	122760	145460
59969	11694	31520	31224	8100	45554	36862
32056	18885	39939	40476	8663	30679	14830
25729	8260	13663	13300	2019	37715	23187
87193	32615	85401	62894	14095	65069	69636
45181	27688	51643	51018	10973	33274	48506
47214	30062	61355	61021	9920	43279	25978
38839	10169	40401	31334	5018	34082	18985
273932	74689	377738	391024	76907	226466	347806
22501	5258	4371	4687	1267	14857	15156
34599	4929	74391	80492	10938	34884	31813
71558	20536	62225	74480	9887	49995	35952
68905	22945	63579	58810	12964	76701	84553
14911	5121	9992	10338	2866	9321	7833
30183	9688	32916	34345	5846	36265	57737
2048	47	1115	8033	4052	1088	6481
15837	6263	8354	8786	3366	13451	7008
12281	4700	10481	9059	1067	10212	6027
2695	1041	6417	6615	24	2144	2316
637	281	264	255	31	607	512
11014	1576	14431	15273	1417	10134	12571

3-5 续表 5

矿产品、建材及化工产品批发

地区	主营业务收入	主营业务成本	主营业务税金及附加	主营业务利润	其他业务利润	销售费用
全国	**1305443694**	**1260997220**	**1373501**	**43072973**	**1359300**	**16137109**
北京	185084253	181320312	140671	3623270	212478	1574461
天津	99150644	97385894	34625	1730125	53027	350369
河北	40634947	38532971	53239	2048737	14770	587214
山西	56963624	55214517	74231	1674876	178029	1004669
内蒙古	14020053	12798473	58109	1163471	79105	518474
辽宁	62928082	61623752	69579	1234751	38076	385026
吉林	8941980	8696895	21897	223188	5535	115085
黑龙江	19416606	18894571	15292	506743	11210	243083
上海	131852506	125906007	57834	5888665	168306	1466205
江苏	80642807	77595153	85265	2962389	69002	1062805
浙江	82051660	80075511	47135	1929014	84518	952691
安徽	13628803	13120682	12309	495812	9894	251751
福建	33110775	31902228	47978	1160569	28104	552743
江西	8673405	8197433	12410	463562	2517	148328
山东	68559499	64860637	147119	3551743	58274	1054337
河南	20641351	19757229	47361	836761	31626	357340
湖北	38698520	37429574	35027	1233919	9456	472381
湖南	10492488	10102064	33316	357108	-567	119395
广东	160741917	155022583	123911	5595423	139493	2365595
广西	14914955	14351137	12863	550955	10198	265905
海南	3554278	3538454	895	14929	82	22202
重庆	16453146	15503021	49020	901105	7316	385704
四川	22001609	21309540	21693	670376	20989	287571
贵州	6927144	6319102	49674	558368	8148	152449
云南	19911568	19244346	17234	649988	28579	365822
西藏						
陕西	31581711	29988212	69396	1524103	44165	418297
甘肃	17118414	16720544	9863	388007	13027	111889
青海	3248637	2924023	3941	320673	3825	89704
宁夏	4914600	4764872	4203	145525	5999	77839
新疆	28583712	27897486	17414	668812	24122	377779

单位：万元

管理费用	财务费用	营业利润	利润总额	应交所得税	应付职工薪酬	应交增值税
8091406	**5892547**	**13891082**	**13940653**	**2845028**	**6865246**	**9744176**
1045544	785639	2250266	2347743	363266	804579	708996
244104	433451	596155	609410	147438	138247	324241
204505	228161	316682	207725	42544	293417	281472
582421	297769	348442	275360	110544	405578	950593
131302	111417	423813	382127	77032	84892	232805
236507	173721	216352	245446	41842	239570	308779
20852	18764	76464	82264	3078	50185	94515
61745	48059	165410	157845	31249	113677	256807
993655	368836	1267467	1413763	393496	639668	668614
522357	443465	1098566	941571	227947	287438	371999
511321	540302	243873	346411	135314	393409	-56689
93325	87750	122219	112736	15092	244959	201465
218795	237708	305724	405584	91800	235224	142142
56398	20249	128665	127553	25115	53949	179620
591574	325038	1410022	1301226	218246	505262	450040
166061	61002	260695	242819	34741	130224	131173
207335	118100	436218	433787	111117	154099	174907
112976	68022	73318	70421	8472	51574	159781
1139743	778742	1463575	1772556	471405	951585	1150633
106079	67527	145057	188201	32179	100465	928417
12633	4938	24342	26824	5075	6429	18270
97603	85653	321397	237093	17560	142353	138059
143620	157492	115732	179617	27878	118014	169652
54937	52663	210600	219184	6585	39771	55713
156255	181959	96913	99781	29546	197506	223739
185138	73344	1203160	923934	149215	171705	481225
64481	45976	41507	54842	4760	41715	360677
36618	7622	70935	38107	1222	38464	18654
16891	17652	32256	32124	3483	25350	273324
76630	51528	425258	464600	17789	205939	344552

3-5 续表 6

机械设备、五金产品及电子产品批发

地 区	主营业务收入	主营业务成本	主营业务税金及附加	主营业务利润	其他业务利润	销售费用
全 国	**324114287**	**296472090**	**1250297**	**26391900**	**1518376**	**13346542**
北 京	83444453	74622479	166243	8655731	764803	3950922
天 津	17117791	15398086	756252	963453	47579	582641
河 北	6584084	6239342	11755	332987	16155	170250
山 西	746353	687108	1770	57475	2824	34047
内 蒙 古	476050	426588	1444	48018	7425	38093
辽 宁	3991131	3777517	9816	203798	47409	113874
吉 林	1697735	1536391	2157	159187	2150	129871
黑 龙 江	788284	696516	1092	90676	1394	30642
上 海	100196741	91212309	100969	8883463	290723	5085525
江 苏	17337520	16364040	20448	953032	31683	322213
浙 江	15596767	14701258	15940	879569	35060	485625
安 徽	2440064	2296175	4639	139250	3004	109024
福 建	3977542	3748917	6208	222417	10502	69335
江 西	623445	543416	3385	76644	1981	24196
山 东	11680739	10779009	29577	872153	23423	298123
河 南	2924254	2711963	6901	205390	28766	143392
湖 北	3224639	2938445	6077	280117	6639	109724
湖 南	1028707	945641	2655	80411	949	38014
广 东	33299267	31103984	78581	2116702	114734	905979
广 西	935545	867591	2631	65323	5356	44945
海 南	971612	902610	574	68428	2311	52549
重 庆	5012819	4699978	7109	305732	5366	206573
四 川	3322517	3057467	6180	258870	15857	166882
贵 州	757277	706138	720	50419	2236	35686
云 南	1094068	1010034	2152	81882	9753	38108
西 藏	30988	26419	21	4548	1	1942
陕 西	1722086	1609542	1788	110756	1491	61493
甘 肃	426733	398504	478	27751	718	17442
青 海	110930	106258	42	4630	270	2112
宁 夏	143699	131069	211	12419	2200	7275
新 疆	2410446	2227298	2482	180666	35614	70047

单位：万元

管理费用	财务费用	营业利润	利润总额	应交所得税	应付职工薪酬	应交增值税
6237788	**938741**	**8170184**	**9100179**	**1982613**	**5231799**	**3158609**
2433449	126126	3354681	3919235	813567	1797761	727765
190850	73869	170420	240057	48106	90306	268323
64491	123446	-10084	14545	45608	267967	118413
24121	4684	339	1510	1286	12171	5535
18949	1293	-6346	-2565	1487	14497	3275
85287	40947	31878	42998	10471	52066	28100
15295	-506	3053	1389	1004	9998	14873
32004	-1416	32039	19232	3792	9515	7943
1478444	113603	2814190	3037700	672869	1487204	1103869
272874	92002	322009	332117	75760	212042	83077
231705	59176	152243	171212	40124	189513	114057
36641	12988	-6169	-4247	3561	31477	31833
90427	22851	57493	62990	16428	69347	24263
13667	4049	15573	14377	1351	9875	3493
181847	70706	280198	296967	48759	139635	84834
34469	9813	20375	22789	8949	34774	23472
54728	17052	60022	55545	14495	36420	35208
26922	4878	12797	11166	2990	20020	12575
665250	110654	617922	602885	115578	508165	334884
21038	4639	6244	9581	2390	24516	21607
12295	943	4212	4231	961	7447	6349
47302	2844	86717	77026	11903	44501	22736
67564	19479	86253	76622	15782	65316	36207
10200	1113	4437	5052	2172	9692	3246
46083	7856	4194	45152	12004	24918	13103
837	238	1517	1627	180	767	73
22620	1505	22640	6075	1861	24449	8491
8226	1490	1019	1450	495	5027	4697
1862	1279	-352	60	28	1099	199
4835	615	1115	-270	67	2371	1175
43507	10528	29556	33674	8585	28941	14938

3-5 续表 7

贸易经纪与代理

地区	主营业务收入	主营业务成本	主营业务税金及附加	主营业务利润	其他业务利润	销售费用
全国	**28840029**	**27301585**	**45244**	**1493200**	**155314**	**881963**
北京	3110503	2618628	25762	466113	81591	119559
天津	2176500	1934132	2455	239913	9685	258337
河北	37430	35157	2	2271	8	2060
山西	244560	235839	623	8098	335	4394
内蒙古						
辽宁	151969	136237	198	15534		4891
吉林						
黑龙江	5255	4431		824		599
上海	4657299	4427552	6193	223554	38892	252591
江苏	942413	908258	311	33844	2830	18558
浙江	368112	350408	67	17637	358	11294
安徽						
福建	1355754	1271067	1906	82781	6589	35874
江西						
山东	1196321	1145227	1367	49727	1764	26612
河南	6375	6091	5	279		20
湖北	6795138	6713415	1314	80409	863	15816
湖南						
广东	6329530	6124220	3485	201825	11197	80794
广西	42651	38123	917	3611	21	2827
海南						
重庆						
四川	38937	37179	54	1704	979	1335
贵州						
云南	1314673	1255700	571	58402	130	41475
西藏						
陕西	34454	30348	7	4099	55	3090
甘肃						
青海						
宁夏						
新疆	32156	29573	6	2577	17	1837

单位：万元

管理费用	财务费用	营业利润	利润总额	应交所得税	应付职工薪酬	应交增值税
462788	**112776**	**649573**	**712838**	**184649**	**358402**	**98033**
127081	24996	454843	487320	106640	94535	12194
31694	3574	-43176	-41852	526	45396	27250
274	-75	14	22		56	
2083	1673	616	445	111	579	
5130	2012	3743	5069	928	3843	115
158	3	63	88	27	364	18
153453	-3344	126264	130542	32758	128708	40815
12810	8499	-1970	-268	2373	8720	791
5884	545	248	702	267	3776	938
14161	6685	34284	40061	9734	9228	12897
7687	18896	-1409	1086	2748	7970	4823
24	7	228	228	30	65	75
30937	28679	6967	13823	11178	17272	-28488
65999	8340	66134	72070	16661	34028	24283
820	737	-750	-632	24	692	336
786	136	617	555	97	748	111
2358	11029	2869	3570	541	1603	1815
600	25	439	439	3	491	13
851	357	-450	-429	2	329	47

3-5 续表 8

其他批发业

地区	主营业务收入	主营业务成本	主营业务税金及附加	主营业务利润	其他业务利润	销售费用
全国	**45271758**	**42383791**	**121714**	**2766253**	**91694**	**1103632**
北京	3602613	3216099	7764	378750	13214	139905
天津	2648945	2551364	4291	93290	2995	32112
河北	68454	64478	52	3924	1367	2076
山西	85276	76041	195	9040	86	1566
内蒙古	75395	58950	352	16093	1130	3444
辽宁	230475	212656	2361	15458	634	13361
吉林	22234	21078	453	703		245
黑龙江	219615	207988	162	11465	22	13634
上海	10404040	9369342	12162	1022536	24065	475795
江苏	4352176	4213812	15408	122956	357	37842
浙江	2478005	2394240	9040	74725	2893	29955
安徽	1775041	1658818	24603	91620	314	26209
福建	3566708	3474605	1474	90629	21475	46872
江西	166000	159992	526	5482	144	1187
山东	1625466	1470780	18250	136436	5159	51937
河南	601878	535215	4621	62042	933	20408
湖北	154582	119265	718	34599		7263
湖南	187813	164133	1472	22208		9865
广东	9786426	9376747	6263	403416	12631	134532
广西	141452	134118	76	7258		3252
海南	232092	227260	277	4555		1155
重庆	401815	382535	3269	16011	3079	4975
四川	483789	456781	2840	24168	104	10806
贵州	39922	35821	339	3762	155	1409
云南	1496391	1393322	2167	100902	464	23155
西藏						
陕西	57212	52106	1047	4059		1976
甘肃	76925	74798	255	1872	445	839
青海	5110	4253	17	840		597
宁夏	73570	72555	725	290	-848	686
新疆	212341	204638	537	7166	875	6576

单位：万元

管理费用	财务费用	营业利润	利润总额	应交所得税	应付职工薪酬	应交增值税
767196	**436249**	**621107**	**777838**	**210744**	**473077**	**834571**
92698	45597	133226	177167	46121	56721	46663
27433	13640	21851	29354	6149	18083	74824
1892	-30	1354	1443	476	972	342
4638	132	3185	3693	844	1233	1378
3620	-14	9046	9094	2267	1444	2983
5344	2817	-5430	-52	601	6458	18064
380	56	24	50	71	245	
1180	-43	-3284	-2301	80	1744	1352
316738	25811	242203	271793	74208	173473	105788
36021	30078	24272	37279	9760	17674	123949
22241	35320	-6716	7376	4572	16918	90662
34032	11704	5867	25250	7838	20339	95195
27014	45343	32847	37715	7777	21863	13127
1113	277	3049	4218	758	895	2475
38699	8503	42892	34627	7561	18301	47088
9619	7596	25390	25873	1523	11053	16883
6010	2907	16935	5760	1058	2609	3734
5683	1772	4888	4246	938	1313	4233
80676	146759	43686	52775	22005	65858	148916
1721	191	1802	2409	313	663	741
2276	656	-178	-94	456	897	-3156
5455	390	9000	8248	1430	3423	13816
7564	47586	-42658	3206	529	13340	11257
2452	621	1072	716	243	1697	149
22262	2467	58872	47046	11428	8983	4789
437	256	1390	1388	333	849	3401
673	527	-152	-183	70	773	492
	-2	252	262	66	290	144
5012	4448	-300	-7623	160	1062	2887
4315	887	-3277	-2899	1112	3909	2397

3-6 大中型批发业企业分行业经济效益分析指标

农、林、牧产品批发

地区	负债比率(%)	主营业务毛利率(%)	人均营业收入(万元)	费用率(%)
全国	**74.2**	**6.1**	**410.8**	**5.5**
北京	66.5	3.8	1979.4	6.2
天津	66.8	0.2	324.6	9.0
河北	80.2	2.5	596.7	3.2
山西	58.2	11.1	42.7	7.9
内蒙古	69.2	3.9	616.5	3.2
辽宁	91.8	4.4	774.6	4.7
吉林	63.6	8.1	423.7	9.3
黑龙江	84.7	5.6	348.8	5.0
上海	50.0	3.7	895.6	3.1
江苏	79.6	5.9	290.1	5.5
浙江	74.2	5.7	259.5	6.3
安徽	58.8	9.1	271.3	6.1
福建	76.4	5.9	351.6	7.0
江西	92.2	3.7	55.3	8.5
山东	69.5	11.1	379.0	5.1
河南	80.5	10.2	159.8	7.0
湖北	80.7	7.6	288.6	6.0
湖南	57.2	12.4	243.2	9.3
广东	74.6	6.1	414.9	5.0
广西	70.8	3.2	125.6	8.3
海南	70.2	0.6	315.2	2.5
重庆	48.4	4.2	242.1	3.7
四川	81.5	4.9	249.1	5.9
贵州	65.8	6.8	289.5	6.1
云南	95.2	1.9	2043.2	2.2
西藏	62.9	-72.1	73.6	46.0
陕西	80.1	5.9	224.0	4.5
甘肃	85.9	2.9	251.6	4.2
青海				
宁夏	97.8	2.6	170.4	3.7
新疆	87.0	7.0	453.4	4.4

注：费用率等于销售费用、管理费用、财务费用三项之和除以营业收入合计(下表同)。

3-6 续表 1

食品、饮料及烟草制品批发

地　区	负债比率 (%)	主营业务毛利率 (%)	人均营业收入 (万元)	费用率 (%)
全　国	**47.9**	**20.7**	**328.4**	**8.4**
北　京	66.3	12.4	372.4	10.4
天　津	65.1	14.6	566.8	5.7
河　北	27.1	23.5	324.6	8.4
山　西	31.5	22.7	291.3	7.6
内蒙古	27.4	23.2	410.5	7.4
辽　宁	33.5	19.9	306.9	5.9
吉　林	20.2	24.2	387.7	8.0
黑龙江	53.7	15.6	490.4	5.4
上　海	67.2	18.9	393.5	15.1
江　苏	40.7	24.3	389.2	6.5
浙　江	48.4	18.4	407.7	7.1
安　徽	38.3	20.8	254.3	7.3
福　建	40.9	13.4	412.6	6.1
江　西	24.7	26.0	226.9	7.6
山　东	47.0	21.3	304.5	7.8
河　南	43.9	23.9	232.1	9.7
湖　北	54.9	22.1	315.5	9.6
湖　南	36.4	21.8	307.2	9.2
广　东	52.3	18.0	291.6	7.2
广　西	59.5	24.7	233.3	8.8
海　南	22.9	13.3	668.1	3.9
重　庆	56.8	18.2	407.1	8.1
四　川	39.7	23.6	289.6	8.7
贵　州	31.0	44.6	303.1	10.4
云　南	42.9	26.3	282.9	9.7
西　藏	20.9	24.2	358.5	8.5
陕　西	30.7	23.6	240.7	10.1
甘　肃	22.2	25.5	268.7	8.1
青　海	10.6	13.7	612.2	3.7
宁　夏	22.2	25.7	243.7	7.2
新　疆	48.0	13.2	522.2	4.8

3-6 续表 2

纺织、服装及家庭用品批发

地　区	负债比率 (%)	主营业务毛利率 (%)	人均营业收入 (万元)	费用率 (%)
全　国	**75.7**	**12.6**	**313.1**	**9.7**
北　京	60.9	18.2	191.1	17.2
天　津	86.7	16.8	315.9	6.2
河　北	87.8	8.2	321.6	5.1
山　西	59.2	10.9	140.8	8.4
内蒙古	94.2	8.4	195.7	3.9
辽　宁	40.3	8.1	311.3	7.8
吉　林	117.8	6.5	172.7	5.5
黑龙江	65.4	8.4	583.5	4.9
上　海	67.0	19.9	294.4	16.0
江　苏	78.5	11.1	378.2	8.8
浙　江	80.0	7.9	363.3	6.8
安　徽	98.9	16.0	596.1	14.3
福　建	68.6	9.5	442.3	6.3
江　西	78.7	7.9	378.9	2.9
山　东	84.1	8.0	383.1	4.5
河　南	77.0	6.8	424.8	3.6
湖　北	88.6	10.2	200.6	6.1
湖　南	89.7	9.6	186.2	7.3
广　东	83.0	12.8	258.7	8.4
广　西	95.1	4.9	263.0	3.7
海　南	95.2	5.8	210.3	6.4
重　庆	100.1	8.6	647.2	6.9
四　川	83.9	8.6	191.2	7.5
贵　州	93.0	8.7	203.9	8.4
云　南	59.8	31.7	228.4	19.4
西　藏				
陕　西	87.4	13.6	208.1	4.4
甘　肃	75.2	10.7	145.0	8.6
青　海	292.0	1.2	213.0	5.1
宁　夏	37.5	19.8	745.3	12.9
新　疆	88.3	12.7	82.8	11.4

3-6 续表 3

文化、体育用品及器材批发

地区	负债比率 (%)	主营业务毛利率 (%)	人均营业收入 (万元)	费用率 (%)
全国	**70.4**	**11.9**	**347.0**	**6.9**
北京	75.0	6.2	568.6	6.0
天津	53.1	12.7	226.8	8.1
河北	53.6	6.5	454.2	5.0
山西	81.4	6.9	316.4	5.0
内蒙古	40.5	53.1	39.1	45.9
辽宁	60.1	11.9	188.0	9.3
吉林	58.2	11.4	77.6	21.5
黑龙江	71.7	12.3	120.8	11.3
上海	73.0	7.7	739.6	6.4
江苏	52.4	10.7	236.3	7.7
浙江	67.0	6.3	358.2	5.3
安徽	46.7	6.4	859.7	3.6
福建	58.2	12.2	214.4	7.7
江西	48.8	8.2	243.9	3.7
山东	77.2	4.5	389.3	3.2
河南	36.5	7.0	480.0	5.3
湖北	62.5	14.2	111.1	10.5
湖南	54.5	9.3	346.7	5.4
广东	77.9	30.3	246.5	10.1
广西	37.1	16.0	181.0	12.5
海南	28.1	10.4	72.6	11.2
重庆	66.2	20.1	74.2	13.4
四川	93.0	4.0	759.6	3.2
贵州	93.9	5.1	372.3	5.5
云南	61.6	11.8	388.9	9.7
西藏	68.6	12.0	104.5	11.2
陕西	52.9	9.0	269.9	7.6
甘肃	56.5	10.6	114.4	11.2
青海	76.2	28.8	76.7	31.7
宁夏	37.8	16.3	83.5	14.8
新疆	58.9	12.4	196.0	10.2

3-6 续表 4

医药及医疗器材批发

地　区	负债比率 (%)	主营业务毛利率 (%)	人均营业收入 (万元)	费用率 (%)
全　国	**77.0**	**10.1**	**300.3**	**7.9**
北　京	70.8	12.5	323.6	10.1
天　津	77.3	6.6	577.2	4.7
河　北	90.3	3.8	351.8	2.7
山　西	82.6	4.7	202.6	6.3
内蒙古	89.4	11.7	157.1	7.6
辽　宁	81.1	9.3	433.4	6.5
吉　林	81.8	15.6	416.3	8.8
黑龙江	85.8	10.4	245.8	8.1
上　海	73.2	19.9	313.6	16.5
江　苏	81.3	15.2	227.8	14.3
浙　江	76.1	8.2	381.9	6.2
安　徽	85.4	3.8	446.1	2.7
福　建	73.2	5.9	309.3	4.3
江　西	82.3	9.5	145.6	8.4
山　东	87.0	7.0	307.9	5.3
河　南	84.8	4.2	366.8	3.0
湖　北	70.0	7.7	233.5	6.5
湖　南	80.0	7.5	237.8	5.2
广　东	74.0	10.2	329.5	7.9
广　西	81.5	7.6	144.4	7.0
海　南	55.2	17.7	143.5	13.2
重　庆	67.5	6.5	295.8	5.4
四　川	83.0	6.5	285.9	4.6
贵　州	80.7	8.3	176.7	7.0
云　南	73.5	7.6	239.5	6.2
西　藏	93.6	61.1	299.6	52.5
陕　西	89.8	7.1	279.0	4.7
甘　肃	81.9	10.5	231.2	5.2
青　海	53.5	81.3	296.2	4.1
宁　夏	90.6	5.5	215.6	4.7
新　疆	80.2	7.6	207.8	5.3

3-6 续表 5

矿产品、建材及化工产品批发

地　区	负债比率(%)	主营业务毛利率(%)	人均营业收入(万元)	费用率(%)
全　国	**76.3**	**3.4**	**1445.3**	**2.3**
北　京	73.7	2.0	3687.9	1.8
天　津	75.0	1.8	4862.3	1.0
河　北	69.4	5.2	966.1	2.5
山　西	82.1	3.1	1133.2	3.0
内蒙古	71.0	8.7	865.0	5.4
辽　宁	78.3	2.1	2534.5	1.3
吉　林	75.1	2.7	1174.3	1.7
黑龙江	90.9	2.7	1445.1	1.8
上　海	72.4	4.5	2755.4	2.1
江　苏	78.2	3.8	1190.5	2.5
浙　江	79.2	2.4	1198.5	2.4
安　徽	66.6	3.7	670.1	3.1
福　建	71.3	3.7	1433.6	3.0
江　西	64.2	5.5	778.1	2.6
山　东	93.7	5.4	748.0	2.8
河　南	75.6	4.3	669.8	2.8
湖　北	81.9	3.3	1220.9	2.1
湖　南	68.4	3.7	1039.9	2.9
广　东	77.6	3.6	1614.4	2.6
广　西	70.2	3.8	775.4	2.9
海　南	56.7	0.4	2828.7	1.1
重　庆	75.2	5.8	603.5	3.4
四　川	82.7	3.1	1008.4	2.7
贵　州	79.1	8.8	515.7	3.7
云　南	75.2	3.4	899.7	3.5
西　藏				
陕　西	71.8	5.0	1205.7	2.1
甘　肃	42.0	2.3	2339.6	1.3
青　海	70.4	10.0	546.1	4.1
宁　夏	86.3	3.0	1044.8	2.3
新　疆	80.9	2.4	1159.6	1.7

3-6 续表 6

机械设备、五金产品及电子产品批发

地　区	负债比率 (%)	主营业务毛利率 (%)	人均营业收入 (万元)	费用率 (%)
全　国	**73.1**	**8.5**	**678.4**	**6.2**
北　京	64.8	10.6	954.6	7.4
天　津	81.7	10.0	1408.2	4.9
河　北	78.5	5.2	190.2	5.4
山　西	86.2	7.9	197.5	8.3
内蒙古	87.1	10.4	203.6	12.1
辽　宁	83.5	5.4	478.0	5.4
吉　林	76.6	9.5	1047.8	8.5
黑龙江	89.7	11.6	332.4	7.7
上　海	74.2	9.0	1176.2	6.6
江　苏	79.8	5.6	561.4	3.9
浙　江	78.2	5.7	518.7	5.0
安　徽	84.0	5.9	357.0	6.4
福　建	75.3	5.7	391.9	4.6
江　西	82.8	12.8	258.7	6.7
山　东	80.0	7.7	389.5	4.7
河　南	82.8	7.3	394.0	6.3
湖　北	82.4	8.9	391.2	5.6
湖　南	81.7	8.1	263.5	6.7
广　东	74.1	6.6	500.8	5.0
广　西	88.0	7.3	189.6	7.5
海　南	71.9	7.1	614.6	6.7
重　庆	77.1	6.2	615.3	5.0
四　川	79.8	8.0	339.2	5.3
贵　州	84.7	6.8	354.1	6.1
云　南	75.1	7.7	282.3	8.3
西　藏	50.2	14.7	114.8	9.7
陕　西	89.6	6.5	436.6	4.9
甘　肃	90.4	6.6	260.0	6.4
青　海	91.6	4.2	233.5	4.7
宁　夏	81.6	8.8	225.3	8.7
新　疆	75.5	7.6	437.0	5.1

3-6 续表 7

贸易经纪与代理

地　区	负债比率(%)	主营业务毛利率(%)	人均营业收入(万元)	费用率(%)
全　国	**85.0**	**5.3**	**872.6**	**5.0**
北　京	84.1	15.8	861.3	8.5
天　津	92.2	11.1	414.7	13.4
河　北	95.3	6.1	425.3	6.0
山　西	79.8	3.6	2096.0	3.3
内蒙古				
辽　宁	81.9	10.4	134.0	7.9
吉　林				
黑龙江	33.8	15.7	210.2	14.5
上　海	73.6	4.9	569.5	8.1
江　苏	87.2	3.6	781.1	4.2
浙　江	83.0	4.8	478.0	4.8
安　徽				
福　建	74.8	6.2	683.5	4.2
江　西				
山　东	93.8	4.3	848.6	4.4
河　南	49.7	4.5	182.1	0.8
湖　北	90.3	1.2	3143.6	1.1
湖　南				
广　东	88.3	3.2	1011.2	2.4
广　西	81.0	10.6	228.1	10.3
海　南				
重　庆				
四　川	50.1	4.5	360.8	5.6
贵　州				
云　南	95.5	4.5	10865.1	4.2
西　藏				
陕　西	89.5	11.9	297.7	10.8
甘　肃				
青　海				
宁　夏				
新　疆	83.3	8.0	397.2	9.5

3-6 续表 8

其他批发业

地　区	负债比率 (%)	主营业务毛利率 (%)	人均营业收入 (万元)	费用率 (%)
全　国	**75.8**	**6.4**	**631.4**	**5.1**
北　京	81.2	10.7	1010.9	7.7
天　津	76.3	3.7	922.7	2.7
河　北	83.9	5.8	385.9	5.6
山　西	49.0	10.8	179.0	7.4
内蒙古	52.8	21.8	438.3	9.4
辽　宁	73.1	7.7	131.2	9.3
吉　林	70.0	5.2	261.6	3.1
黑龙江	122.6	5.3	598.4	6.7
上　海	70.0	9.9	689.9	7.8
江　苏	73.1	3.2	929.8	2.4
浙　江	78.1	3.4	690.8	3.5
安　徽	76.5	6.5	561.3	4.1
福　建	75.2	2.6	1344.8	3.3
江　西	53.1	3.6	443.4	1.5
山　东	69.9	9.5	347.7	6.1
河　南	81.8	11.1	215.2	6.2
湖　北	55.8	22.8	229.7	10.5
湖　南	58.9	12.6	451.5	9.2
广　东	86.3	4.2	613.5	3.7
广　西	77.0	5.2	1386.8	3.7
海　南	70.3	2.1	882.5	1.8
重　庆	67.6	4.8	231.1	2.7
四　川	79.4	5.6	129.7	12.7
贵　州	87.8	10.3	135.2	10.7
云　南	40.5	6.9	2654.2	3.2
西　藏				
陕　西	52.9	8.9	227.9	4.7
甘　肃	52.1	2.8	434.7	2.6
青　海	21.0	16.8	73.0	11.6
宁　夏	71.3	1.4	223.6	13.8
新　疆	78.8	3.6	454.6	5.5

3-7 大中型零售业企业分行业基本情况

地区	零售业		综合零售		食品、饮料及烟草制品专门零售	
	法人单位数（个）	年末从业人数（人）	法人单位数（个）	年末从业人数（人）	法人单位数（个）	年末从业人数（人）
全　国	**22795**	**5003930**	**6683**	**2374110**	**981**	**178203**
北　京	1070	319451	173	133998	47	12438
天　津	373	90347	95	41020	18	4160
河　北	791	187122	296	123283	11	788
山　西	639	124645	172	52075	25	3656
内蒙古	401	85205	86	27474	9	942
辽　宁	724	196390	223	109487	18	2431
吉　林	326	74835	110	42831	12	1460
黑龙江	396	85369	134	41450	14	1176
上　海	815	297289	183	121705	45	19960
江　苏	1930	425427	541	222392	87	13326
浙　江	1541	262479	320	110651	47	8352
安　徽	894	172090	364	98993	40	6845
福　建	849	159025	248	70183	56	15942
江　西	391	78061	141	36559	13	4836
山　东	2167	430075	705	230622	85	11649
河　南	1486	242777	537	128538	62	8823
湖　北	985	236429	306	128050	97	18261
湖　南	843	159783	300	76030	37	5133
广　东	2035	506342	458	181951	65	10485
广　西	511	84583	170	40657	10	1072
海　南	130	22813	35	5838	4	340
重　庆	466	131841	88	72625	29	3524
四　川	998	220302	318	95431	54	9282
贵　州	254	44868	78	16801	9	697
云　南	504	97222	147	30311	44	7259
西　藏	29	5179	8	1420	2	158
陕　西	649	146703	272	83362	23	2749
甘　肃	234	45629	83	20573	17	2341
青　海	50	10518	11	4983		
宁　夏	107	20738	24	9852		
新　疆	207	40393	57	14965	1	118

3-7 续表 1

地区	纺织、服装及日用品专门零售		文化、体育用品及器材专门零售		医药及医疗器材专门零售	
	法人单位数(个)	年末从业人数(人)	法人单位数(个)	年末从业人数(人)	法人单位数(个)	年末从业人数(人)
全　国	**1491**	**393236**	**934**	**170576**	**1661**	**339204**
北　京	130	40981	76	13619	78	12598
天　津	37	7513	18	2547	11	3002
河　北	40	8764	19	4877	41	7844
山　西	61	12244	21	3295	30	5996
内蒙古	30	11897	13	1353	27	3246
辽　宁	60	8862	29	4873	66	19048
吉　林	27	4035	14	1963	20	4755
黑龙江	31	6482	17	5207	49	11834
上　海	113	66664	46	11018	49	11317
江　苏	80	17706	116	18478	153	27695
浙　江	85	18401	75	8881	114	17215
安　徽	49	7716	29	3207	70	11807
福　建	56	9361	21	2441	46	6968
江　西	15	3049	6	5191	32	7625
山　东	107	19310	42	8898	149	29102
河　南	87	12502	108	11224	127	20313
湖　北	62	16972	33	4020	90	15192
湖　南	31	8066	42	3561	61	15895
广　东	152	61594	77	23176	120	30439
广　西	10	1688	18	1767	45	9181
海　南	6	2039	6	473	3	1456
重　庆	46	8334	14	4839	51	9346
四　川	70	16622	20	11724	57	9640
贵　州	8	1224	6	720	26	5241
云　南	18	4245	25	6264	41	18894
西　藏					2	1187
陕　西	42	8756	18	3483	42	10023
甘　肃	14	2506	7	752	23	4824
青　海	3	1223	1	157	5	1066
宁　夏	6	1369	2	314	15	1811
新　疆	15	3111	15	2254	18	4644

3-7 续表 2

地 区	汽车、摩托车、燃料及零配件专门零售		家用电器及电子产品专门零售	
	法人单位数(个)	年末从业人数(人)	法人单位数(个)	年末从业人数(人)
全 国	**8258**	**1018114**	**1703**	**328190**
北 京	387	55320	82	24348
天 津	153	24819	19	4705
河 北	295	28238	65	10580
山 西	248	36425	43	5098
内蒙古	189	30963	31	4945
辽 宁	250	34218	49	11518
吉 林	112	15404	24	3439
黑龙江	96	9655	42	7735
上 海	292	30361	28	18905
江 苏	750	78371	127	34134
浙 江	761	78530	107	16332
安 徽	256	29879	54	8013
福 建	313	36232	69	13099
江 西	124	11832	49	6885
山 东	740	75123	177	22913
河 南	404	43247	98	12425
湖 北	281	34287	68	11893
湖 南	267	36663	68	8421
广 东	861	126642	175	51798
广 西	189	22138	56	5878
海 南	52	9497	18	2680
重 庆	166	19020	49	10267
四 川	355	56021	91	12987
贵 州	105	15868	16	2471
云 南	182	24368	27	3538
西 藏	14	1895	3	519
陕 西	181	24646	36	7280
甘 肃	75	10027	9	1484
青 海	25	2615	3	324
宁 夏	47	5500	10	1356
新 疆	88	10310	10	2220

3-7 续表 3

地　区	五金、家具及室内装饰材料专门零售		货摊、无店铺及其他零售业	
	法人单位数（个）	年末从业人数（人）	法人单位数（个）	年末从业人数（人）
全　国	**583**	**101706**	**501**	**100591**
北　京	35	5419	62	20730
天　津	8	1264	14	1317
河　北	17	1579	7	1169
山　西	16	1934	23	3922
内蒙古	11	3758	5	627
辽　宁	17	3502	12	2451
吉　林	2	186	5	762
黑龙江	9	1128	4	702
上　海	30	5362	29	11997
江　苏	47	4737	29	8588
浙　江	14	1420	18	2697
安　徽	26	4670	6	960
福　建	17	2211	23	2588
江　西	8	1581	3	503
山　东	104	26190	58	6268
河　南	44	4046	19	1659
湖　北	32	3807	16	3947
湖　南	16	2007	21	4007
广　东	41	6032	86	14225
广　西	2	170	11	2032
海　南	4	320	2	170
重　庆	15	3077	8	809
四　川	21	4547	12	4048
贵　州			6	1846
云　南	12	1578	8	765
西　藏				
陕　西	29	5406	6	998
甘　肃	3	2850	3	272
青　海			2	150
宁　夏	2	303	1	233
新　疆	1	2622	2	149

3-8 大中型零售业企业分行业商品购、销、存情况

综合零售　　单位：万元

地　区	商品购进额	进　口	商品销售额	出　口	期末商品库存额
全　国	**169595083**	**1354497**	**200396866**	**25542**	**18128245**
北　京	14292916	409549	17132447	230	1488246
天　津	3326961		3917030		266536
河　北	6866850	246	7705109	599	686422
山　西	1937180	1785	2146620		194885
内蒙古	1486146	967	1688901		163052
辽　宁	6659567	274134	9232789	3352	691845
吉　林	2345020		4973480		250060
黑龙江	3196286	5891	4097617		234174
上　海	9862540	192841	12652927		1232305
江　苏	17440105	5646	21194491	6980	1599479
浙　江	10120320	5839	12252575	8404	985747
安　徽	6541465	8152	6705353		957145
福　建	4301416	14912	4796412	622	359814
江　西	1841744	80	2145041		194377
山　东	20870482	44048	22352876	1884	1567260
河　南	5314055	7038	6232411	542	651254
湖　北	11597405	228	12963837		1224189
湖　南	5351885	4	5307911		506582
广　东	12754155	287843	15911372		1272412
广　西	2261084	1265	2607422		191971
海　南	439986	1358	439840		67550
重　庆	5336419	6813	5854734		970130
四　川	5851771	14625	6919122	1431	1320948
贵　州	1038962		1058534		88751
云　南	1753024	5	2257042	1498	257230
西　藏	28005		51345		39505
陕　西	4166385	66411	4650845		344220
甘　肃	825971	4818	1113348		154653
青　海	197109		237898		21468
宁　夏	466257		434865		75292
新　疆	1123613	1	1362673		70743

3-8 续表 1

食品、饮料及烟草制品专门零售　　单位：万元

地　区	商品购进额	进　口	商品销售额	出　口	期末商品库存额
全　国	**12993667**	**57236**	**14555369**	**5569**	**1357818**
北　京	420656	4258	630886		99243
天　津	131210		176373		17387
河　北	42894		44714		7573
山　西	152573	87	179615		13645
内蒙古	65907	100	70269		4754
辽　宁	89104	4369	108562		10907
吉　林	271599		284391		24429
黑龙江	66514		69436		2724
上　海	4341993		4371614		191544
江　苏	705070	1004	839642		89601
浙　江	393113		479396		51029
安　徽	324118		351879		22509
福　建	764769	6205	864054	80	108617
江　西	168397		216662		14629
山　东	812022	54	839627	1105	52944
河　南	386450		456116		129982
湖　北	1592082	1414	1932051	521	84477
湖　南	271002	2466	319140		46147
广　东	492571	30841	732470		135020
广　西	31362	2970	33166		3313
海　南	14141		15209		4159
重　庆	319925		344143		20141
四　川	396182		366453		82648
贵　州	47170		48099		12095
云　南	276642	312	291903		50871
西　藏	28043		36996		2654
陕　西	266948		322590		52607
甘　肃	119112	3157	128263	3863	21723
青　海					
宁　夏					
新　疆	2099		1652		448

3-8 续表 2

纺织、服装及日用品专门零售 单位：万元

地　区	商品购进额	进　口	商品销售额	出　口	期末商品库存额
全　国	**19851971**	**1234469**	**25876930**	**112086**	**4971098**
北　京	1675137	195953	2875366	2897	527266
天　津	175255	1670	299141		98219
河　北	416327		478076		57590
山　西	659395		783535		79964
内蒙古	400694	36	450982		28647
辽　宁	586001	7936	647010		120033
吉　林	399601		415374		40766
黑龙江	217361		268508		21157
上　海	2767012	766085	5278447	94098	1107448
江　苏	918846		1186487		204627
浙　江	1005689	25146	1218321	1240	296945
安　徽	259399	289	339483	104	90708
福　建	560310	13	508377		114613
江　西	111235		105588		40151
山　东	1252604	15765	1351732		237381
河　南	509888	3810	601893		74425
湖　北	1020367		820246		304946
湖　南	473249		487673		66991
广　东	2873175	85069	3632207	11326	945509
广　西	71461		71457		14228
海　南	255550	127209	371789		32936
重　庆	496024		582901		59818
四　川	797525	1887	948793		206901
贵　州	73066		84855		17680
云　南	214069	3101	235119	2421	56442
西　藏					
陕　西	1360980	500	1423874		82211
甘　肃	63744		63920		21219
青　海	24101		26707		1070
宁　夏	23112		45279		7227
新　疆	190796		273791		13982

3-8 续表 3

文化、体育用品及器材专门零售　　单位：万元

地　区	商品购进额	进　口	商品销售额	出　口	期末商品库存额
全　国	**13470394**	**777126**	**14597291**	**17445**	**4150428**
北　京	1629917	222854	1762078	5006	570382
天　津	159445		187324		58566
河　北	258412		238667		49241
山　西	212457		224636		60914
内蒙古	54815		55349		23340
辽　宁	316733		351251		55016
吉　林	53242		59661		15836
黑龙江	129558		186036		79557
上　海	1849972	552399	2257899	12292	1029771
江　苏	1579934		1778408		418462
浙　江	968497	1748	942621		342173
安　徽	289074		292444		42564
福　建	710814	120	722447		91680
江　西	485433		499798		32381
山　东	427244		420415		118561
河　南	345374		341759		61165
湖　北	242214		267318		78749
湖　南	340117		342248		61006
广　东	1420486		1525315		380103
广　西	76401		74230		17662
海　南	9398		15666		3436
重　庆	432724	5	437493		39429
四　川	458008		551896		155765
贵　州	38741		35464		10604
云　南	527420		579719	147	193134
西　藏					
陕　西	240704		227133		85768
甘　肃	35266		33969		6758
青　海	423		2590		268
宁　夏	14677		14605		4998
新　疆	162894		168856		63140

3-8 续表 4

医药及医疗器材专门零售

单位：万元

地 区	商品购进额	进 口	商品销售额	出 口	期末商品库存额
全 国	**29330001**	**123938**	**32007889**	**222**	**3284908**
北 京	3094398	96317	3331997		302240
天 津	396908		403841		28284
河 北	257565		292663		48232
山 西	464898		511527		63138
内蒙古	213315	3159	226165		24143
辽 宁	845159		920705		83429
吉 林	339837		353854		46577
黑龙江	1064293		1104939		203436
上 海	1329186	2681	1397410		104261
江 苏	4730019	1211	5053111		405086
浙 江	1704820	2138	1851672		221615
安 徽	1586598	56	1679780		123645
福 建	566556	466	624322		56010
江 西	733323		792272		65380
山 东	2422865	6	2609804		276296
河 南	1031435	668	1100507	222	97420
湖 北	1625497		1785046		133896
湖 南	1408204	12423	1548584		94276
广 东	1415286	3296	1771792		301150
广 西	1029453	99	1090695		105398
海 南	34867		34981		9696
重 庆	515603	1327	612925		57317
四 川	313885		367552		49796
贵 州	236266	77	263796		38960
云 南	417973	15	588926		74341
西 藏	50564		96198		173
陕 西	355855		385200		46042
甘 肃	131826		146669		41515
青 海	41760		47992		7262
宁 夏	262999		252029		26199
新 疆	708788		760935		149696

3-8 续表 5

汽车、摩托车、燃料及零配件专门零售　　　　单位：万元

地　区	商品购进额	进　口	商品销售额	出　口	期末商品库存额
全　国	**276336347**	**15025894**	**305433959**	**138511**	**23840574**
北　京	22910262	812923	23298910		1736466
天　津	9063438	86402	9463894	11997	639989
河　北	6253365	150338	6381912		703803
山　西	9349001	215983	11081689	1809	799496
内蒙古	8819556	268711	9643087		668187
辽　宁	10683421	769809	11677160	1858	901958
吉　林	4374304	25593	4615277		354827
黑龙江	2631648	33138	2770542		271536
上　海	9418283	677560	9800819	1754	952480
江　苏	21702001	1374502	22874114	475	1921908
浙　江	25214402	2623253	27473737	34926	2245144
安　徽	7761363	158673	8388298		548566
福　建	9310405	517102	9738958	4386	786918
江　西	3429049	96731	3559683	120	248944
山　东	17328480	674784	19352490		1625111
河　南	9896843	557071	10920791	100	829234
湖　北	8589768	465518	9568241	6186	649747
湖　南	5828470	312832	13025048		474070
广　东	28605768	2475357	33465786	74302	2660637
广　西	3335480	233287	3408612		365580
海　南	3091816	96646	3232155		269983
重　庆	5969793	441038	6041613	548	556448
四　川	16412959	1019546	17285568	51	1166664
贵　州	4368022	335152	5502815		405255
云　南	7241256	232008	7302524		801007
西　藏	435849	46405	539067		20171
陕　西	5946237	202379	6131751		567184
甘　肃	3502120	30872	3843920		187423
青　海	691926		676572		62940
宁　夏	1285588	32695	1347641		147919
新　疆	2885478	59583	3021284		270978

3-8　续表 6

家用电器及电子产品专门零售　　　　单位：万元

地　区	商品购进额	进　口	商品销售额	出　口	期末商品库存额
全　国	**43702288**	**113040**	**50114755**	**16875**	**4320692**
北　京	8180560	15821	8846367	142	408956
天　津	827480		858049		26568
河　北	743763		775521		74953
山　西	579712	1608	583702		46376
内蒙古	462168		487927		54136
辽　宁	1305895	14062	1314023		110937
吉　林	379754	3208	373730		25237
黑龙江	853618		888739		81311
上　海	2847542		6276143		826682
江　苏	4134796		4524966		328688
浙　江	1863051	14	1970170		187777
安　徽	960315		1011142		82261
福　建	1594861	44134	1680790		131626
江　西	657871		685379		77501
山　东	2640900	7017	2741632		206725
河　南	1342052		1294354		123232
湖　北	1717699		1804354		140844
湖　南	855640		929365		65004
广　东	5006197	17370	5593647	10837	731344
广　西	527248		548104		64767
海　南	257168	9546	257758	5896	36111
重　庆	1342609		1447397		110311
四　川	1929328	261	2027680		145252
贵　州	234645		265976		13594
云　南	451216		599323		40437
西　藏	36855		35033		2988
陕　西	1256481		1591426		90607
甘　肃	137009		148602		14263
青　海	52538		58349		1044
宁　夏	206540		209412		23308
新　疆	316776		285697		47855

3-8 续表 7

五金、家具及室内装饰材料专门零售　　　　单位：万元

地区	商品购进额	进口	商品销售额	出口	期末商品库存额
全国	**9025484**	**39712**	**11010642**	**2826**	**719910**
北京	513993	7535	786520		77922
天津	84904		171487		10377
河北	64688		72024		5890
山西	263951		326765		4417
内蒙古	159462		158547		10210
辽宁	271978	4000	298028		25253
吉林	20230		19179		1319
黑龙江	51251		54479		5709
上海	405743	22951	613834		64018
江苏	916719		980824		47939
浙江	178750		169801		29140
安徽	373738		438688		30247
福建	180408		241763	515	23031
江西	324385		271075		63462
山东	1295770		1638221	2232	130748
河南	273711		321125		21753
湖北	338527		538946		21939
湖南	175822		187366		7130
广东	308374	4746	445541	78	52395
广西	2481		2836		68
海南	10111		10485		3249
重庆	1112806		1233332		13353
四川	247298	460	284668		22598
贵州					
云南	208031		210742		14167
西藏					
陕西	1036084	20	1237664		15611
甘肃	12403		12031		675
青海					
宁夏	6366		6708		2955
新疆	187500		277963		14338

3-8 续表 8

货摊、无店铺及其他零售业　　单位：万元

地　区	商品购进额	进　口	商品销售额	出　口	期末商品库存额
全　国	**16024655**	**464999**	**18811578**	**22746**	**1641440**
北　京	4032436	392593	4273621	2217	333288
天　津	735962	17888	762152	5090	205984
河　北	41579		49236		1360
山　西	147849	890	166981		22496
内蒙古	119164		124134		65081
辽　宁	219600		225025		30002
吉　林	134335		138238		4499
黑龙江	121088		119898		12930
上　海	1432497	248	2821659	1203	264327
江　苏	1982128		1978107	13238	71511
浙　江	394128		490631		18233
安　徽	74954		124651		7044
福　建	349728	7575	364863		39740
江　西	60597		60481		7162
山　东	999101		1093565	998	38214
河　南	150887		178238		3300
湖　北	1034476		1275572		48552
湖　南	519394		644513		19606
广　东	1831118	45644	1972290		153230
广　西	222345		238165		20253
海　南	7611		10725		1227
重　庆	851850		674778		178772
四　川	228165		665685		74422
贵　州	176346		185273		4345
云　南	29058	162	32144		2721
西　藏					
陕　西	75233		75033		1792
甘　肃	33639		41009		4888
青　海	7833		8624		5500
宁　夏	7705		10371		959
新　疆	3851		5919		2

3-9 大中型零售业企业分行业年末资产负债

综合零售　　　　单位：万元

地　区	流动资产合计	固定资产原价	累计折旧	资产总计	负债合计	所有者权益合计
全　国	**69525437**	**32484639**	**10253891**	**112126070**	**82722143**	**29403926**
北　京	7003673	1990789	818076	10333961	6823221	3510740
天　津	1412834	1008824	276563	2605781	2078769	527012
河　北	2223836	1200470	340876	3802968	3150782	652186
山　西	1074786	451118	117977	1647148	1485373	161775
内蒙古	786755	252036	65072	1134535	948163	186373
辽　宁	3687615	1821737	571025	6347058	4906092	1440966
吉　林	1008971	1101846	269755	2318142	1769494	548647
黑龙江	1064305	760479	248237	1844132	1321712	522420
上　海	4244931	2668281	1061687	6954955	4880103	2074852
江　苏	6852465	3387405	1124537	11359125	8583819	2775306
浙　江	5995714	2194215	667222	8855896	6862139	1993757
安　徽	2046208	1066788	329843	3322086	2426906	895180
福　建	1785191	557803	161417	2788851	1814684	974167
江　西	734714	392324	112487	1223755	894931	328824
山　东	6973314	3735666	1002734	12145770	9259680	2886090
河　南	1767388	742282	215918	2814990	2342302	472688
湖　北	2713103	1851309	556359	5165178	3756727	1408451
湖　南	1788560	1038347	329564	3101356	2055546	1045810
广　东	7507439	2039425	706410	10189798	7397444	2792353
广　西	791907	399260	109051	1241820	894796	347023
海　南	193525	67604	27963	269929	213025	56905
重　庆	1397989	700816	268377	2228397	1567355	661042
四　川	2136421	936730	303277	3339918	2252525	1087393
贵　州	370826	182276	44601	615849	489486	126364
云　南	858437	421769	81944	1330404	882046	448357
西　藏	17219	11278	1368	29444	21907	7537
陕　西	1904596	780979	217482	3028660	2087325	941336
甘　肃	414000	274136	93155	700202	492881	207321
青　海	89670	56384	21743	136271	95964	40307
宁　夏	152230	99508	25894	256861	195077	61784
新　疆	526817	292757	83281	992829	771870	220959

3-9 续表 1

食品、饮料及烟草制品专门零售　　单位：万元

地区	流动资产合计	固定资产原价	累计折旧	资产总计	负债合计	所有者权益合计
全国	**5585277**	**1477689**	**397746**	**8146426**	**4930000**	**3216426**
北京	322929	160621	46779	473832	211358	262474
天津	69988	18482	6671	100895	52197	48698
河北	19749	3034	910	26963	19177	7786
山西	53016	44818	14112	104732	83874	20859
内蒙古	37140	15789	5446	60424	36078	24347
辽宁	34620	24451	5096	58019	27384	30634
吉林	60210	15871	4244	82838	62339	20498
黑龙江	13194	10954	2930	22592	11482	11109
上海	1751433	92410	37867	2396852	1654169	742684
江苏	262129	84192	21461	374405	193364	181042
浙江	225564	58078	20654	316010	191065	124945
安徽	82905	29860	9683	163711	74860	88851
福建	240013	82702	19017	352090	156009	196081
江西	141953	26382	7736	187559	32138	155420
山东	174128	139582	29777	348584	218171	130413
河南	78208	41155	10632	135542	89314	46227
湖北	348211	129860	18254	568907	323378	245529
湖南	146536	35994	4430	237777	144958	92819
广东	387858	50818	18032	514293	212000	302292
广西	11351	4921	2475	17857	9402	8455
海南	8708	3572	370	12619	11553	1066
重庆	67347	35968	10032	125228	58012	67217
四川	461665	41268	13901	503711	347788	155923
贵州	29247	6858	3171	37250	25835	11415
云南	115764	61214	15116	201591	103261	98329
西藏	11316	3152	1687	14460	7130	7330
陕西	372153	235413	64705	605760	494641	111119
甘肃	54866	19593	2507	97912	77831	20081
青海						
宁夏						
新疆	3080	675	55	4016	1231	2785

3-9 续表 2

纺织、服装及日用品专门零售　　单位：万元

地　区	流动资产合计	固定资产原价	累计折旧	资产总计	负债合计	所有者权益合计
全　国	**11021068**	**2830959**	**851249**	**15399802**	**11480708**	**3919094**
北　京	1135859	200171	68461	1513678	1402342	111335
天　津	173179	46031	14641	334560	268898	65662
河　北	122977	100237	31311	270039	214871	55168
山　西	284713	86992	26465	479366	378262	101104
内蒙古	111138	42024	28005	181826	166240	15586
辽　宁	351989	120379	32814	518369	441147	77222
吉　林	160501	151379	26056	298025	263834	34190
黑龙江	52333	116132	37727	137145	98621	38523
上　海	2421265	682864	260069	3314714	2414431	900283
江　苏	512360	59617	20387	685335	486058	199277
浙　江	759239	181697	36011	1010776	836015	174761
安　徽	194976	20927	6695	234865	136847	98018
福　建	263273	33685	6720	314469	192338	122131
江　西	49060	4429	1158	60330	41751	18579
山　东	366505	132454	35811	516847	372269	144578
河　南	129542	30657	8381	233988	166453	67535
湖　北	429674	137551	26701	573765	390542	183223
湖　南	123016	50889	6809	187880	139141	48740
广　东	1971918	142336	53501	2409817	1566601	843216
广　西	31715	2215	1471	39105	38376	729
海　南	177053	153514	18444	324109	199381	124729
重　庆	226127	48808	10226	300512	229533	70979
四　川	509542	64154	17936	695786	523936	171849
贵　州	32048	5513	3392	47324	37136	10187
云　南	112486	12465	6887	130646	74602	56044
西　藏						
陕　西	142251	132244	48075	313983	156605	157378
甘　肃	45691	12991	2353	58652	39487	19165
青　海	12643	12195	1114	23904	23408	496
宁　夏	24276	3791	1457	30747	30229	519
新　疆	93723	42618	12174	159242	151353	7889

3-9 续表 3

文化、体育用品及器材专门零售 单位：万元

地　区	流动资产合计	固定资产原价	累计折旧	资产总计	负债合计	所有者权益合计
全　国	**8354833**	**2696482**	**937309**	**11982015**	**7415489**	**4566526**
北　京	1336027	176173	67217	1605673	1245439	360234
天　津	137054	37545	11579	171976	132398	39578
河　北	152007	101455	31789	272770	145181	127588
山　西	104510	45265	14749	160659	93005	67654
内蒙古	55835	11857	3217	74643	61070	13573
辽　宁	126627	72096	22355	205754	157869	47885
吉　林	28067	18645	6509	46371	37193	9178
黑龙江	147171	26191	9815	167718	92366	75352
上　海	1198255	189488	71622	1556966	1147078	409889
江　苏	739965	234761	109705	1014313	679364	334949
浙　江	666445	216633	52716	979813	621432	358381
安　徽	107676	55482	23367	169657	69117	100541
福　建	314137	117002	49296	459842	219043	240799
江　西	264520	83260	17148	458658	132110	326549
山　东	211790	60426	18068	288997	207439	81558
河　南	174664	94347	32213	288377	151478	136899
湖　北	153167	63687	15373	226767	157258	69509
湖　南	129787	53351	21191	199612	81473	118139
广　东	596164	333215	146263	851257	486142	365115
广　西	36170	43759	14577	125274	49762	75512
海　南	35354	15025	4786	54020	59003	-4983
重　庆	276387	145166	54120	473382	305733	167649
四　川	528603	241075	56644	996716	436436	560280
贵　州	23726	7364	3055	28290	24673	3617
云　南	484152	121361	35442	636088	349321	286767
西　藏						
陕　西	194624	37333	12827	233652	168398	65255
甘　肃	18076	19591	6402	31267	19135	12131
青　海	2791	3678	2784	4340	3225	1115
宁　夏	8017	6888	1793	13764	8809	4955
新　疆	103066	64365	20689	185398	74539	110860

3-9 续表 4

医药及医疗器材专门零售

单位：万元

地 区	流动资产合计	固定资产原价	累计折旧	资产总计	负债合计	所有者权益合计
全 国	**13012738**	**1425519**	**474172**	**16266796**	**12698811**	**3567985**
北 京	1748590	100285	39935	2975286	2238015	737271
天 津	172927	5253	2807	176521	155940	20581
河 北	123159	17918	7338	177168	142005	35163
山 西	202162	17295	7516	231050	176134	54916
内蒙古	88457	9779	3615	97512	80523	16988
辽 宁	303988	51716	16027	383174	301995	81179
吉 林	174750	25847	6461	233602	176823	56779
黑龙江	351782	69550	18479	410563	332026	78537
上 海	430900	44271	14687	482000	396698	85302
江 苏	1862462	191536	61046	2099924	1718528	381395
浙 江	656237	74079	30663	752038	579190	172848
安 徽	628258	71843	22113	710688	599770	110918
福 建	248612	36158	11686	310161	206706	103455
江 西	324010	48860	14672	439307	361776	77531
山 东	1228148	215567	62952	1473570	1166934	306637
河 南	282304	51903	14447	346069	251736	94333
湖 北	794523	69537	22373	944465	734764	209701
湖 南	634393	52094	15964	756943	599093	157850
广 东	700531	55934	26518	793815	599625	194190
广 西	483208	27193	11339	559634	447308	112325
海 南	17984	1483	744	27151	17317	9834
重 庆	150580	35691	13958	203616	148716	54900
四 川	218591	24334	6898	258664	232437	26227
贵 州	143346	9663	4047	152587	133888	18699
云 南	224532	39130	13268	316193	203045	113149
西 藏	36265	986	162	37223	23155	14068
陕 西	165825	22986	8712	191477	168621	22856
甘 肃	54554	10000	2463	90767	73172	17595
青 海	37970	2538	941	39994	30767	9227
宁 夏	123081	15069	4238	143219	118076	25143
新 疆	400608	27023	8106	452416	284027	168388

3-9 续表 5

汽车、摩托车、燃料及零配件专门零售　　　　单位：万元

地　区	流动资产合计	固定资产原价	累计折旧	资产总计	负债合计	所有者权益合计
全　国	**71913875**	**19649482**	**5931678**	**104809139**	**77204141**	**27749939**
北　京	5264851	1401905	499246	6914709	5246447	1668262
天　津	1932434	690753	232829	2988738	2016776	971961
河　北	1896972	400728	121832	2499192	1974330	524862
山　西	2451233	697418	230503	3253150	2311802	908267
内 蒙 古	2012707	747941	201564	3161977	2743485	596516
辽　宁	2630342	959906	278545	4094967	2847687	1247281
吉　林	788761	334699	114139	1216067	933039	283028
黑 龙 江	843479	180166	58235	1057662	903885	153778
上　海	2688997	396529	131318	3362524	2538702	823822
江　苏	5319626	1387707	387043	7588772	6057572	1531200
浙　江	6744313	1361035	410366	8817173	7282179	1534994
安　徽	2960674	620884	166195	4054592	2803835	1250757
福　建	2365971	731655	219140	3812277	2266624	1545653
江　西	731044	198398	56260	1111525	830831	280694
山　东	3712859	1233149	357927	6830337	5496492	1333845
河　南	2731078	482832	145210	3660073	2892298	767775
湖　北	1977603	710968	219647	2999320	2250377	748943
湖　南	1710932	1031892	335563	3431188	2032860	1398328
广　东	10282261	2397680	743332	14161560	8837290	5324269
广　西	1104813	188611	55436	1437757	1069056	368701
海　南	471851	258867	102597	758788	463045	295744
重　庆	1463934	327461	83064	2026364	1431473	594891
四　川	3214988	1174471	314552	5494711	3802015	1692696
贵　州	992732	343252	99891	1908048	1622282	285767
云　南	2135558	524163	133596	3369799	2565541	804258
西　藏	37744	79284	27144	105077	44147	60931
陕　西	1721787	362119	80128	2425442	1920158	505284
甘　肃	551974	82449	26009	668537	535783	132754
青　海	184781	34965	10491	235832	167777	68055
宁　夏	352129	92165	24163	477553	377144	100409
新　疆	635448	215431	65715	885427	939208	-53781

3-9 续表 6

家用电器及电子产品专门零售

单位：万元

地区	流动资产合计	固定资产原价	累计折旧	资产总计	负债合计	所有者权益合计
全国	**23522341**	**2244571**	**506478**	**29043640**	**21893512**	**7150128**
北京	6047942	91745	30529	6471925	5941914	530011
天津	357816	43684	13075	400826	316917	83908
河北	301035	26989	7224	342932	260564	82369
山西	237105	50532	8084	296347	250591	45756
内蒙古	240095	49350	14805	294854	224018	70836
辽宁	518954	43038	9007	607969	486064	121904
吉林	118487	37342	6940	179866	127101	52765
黑龙江	290167	74058	11750	400677	334736	65940
上海	3192820	167528	43749	3813975	1967469	1846507
江苏	2497728	499585	97036	4391795	2929594	1462202
浙江	797753	82593	27177	944950	736720	208230
安徽	418848	39320	8078	524845	420213	104632
福建	790685	84627	13489	954688	758890	195798
江西	241586	44290	6693	300807	213368	87439
山东	833391	141797	35649	1062252	832511	229741
河南	451492	32950	10713	515779	421680	94099
湖北	748072	170866	24477	1029692	787319	242373
湖南	218091	35293	7829	341729	239896	101834
广东	2712561	104355	43122	3011583	2485671	525912
广西	267165	15187	2638	292692	232483	60209
海南	95413	11957	2405	114705	94975	19730
重庆	440053	95238	17869	532292	350714	181577
四川	696274	148592	27950	978574	738533	240041
贵州	86509	3074	1244	95705	61591	34114
云南	174891	33962	5415	222296	152736	69560
西藏	14391	613	166	14872	12659	2213
陕西	446037	100482	23786	591586	294844	296742
甘肃	82160	2866	1029	86407	68064	18343
青海	19272	3464	559	22387	8168	14219
宁夏	72404	5034	2150	82559	59806	22754
新疆	113146	4162	1841	122075	83706	38369

3-9 续表 7

五金、家具及室内装饰材料专门零售　　单位：万元

地　区	流动资产合计	固定资产原价	累计折旧	资产总计	负债合计	所有者权益合计
全　国	**2851887**	**1749820**	**421219**	**5091013**	**3273148**	**1817865**
北　京	332704	125900	40295	515932	418299	97633
天　津	38265	45952	5912	132074	109058	23016
河　北	22882	25857	4409	56144	40536	15608
山　西	75290	20607	5207	99905	37903	62002
内蒙古	129180	43359	16162	163400	38972	124428
辽　宁	44347	106941	19890	161328	145896	15433
吉　林	39828	12000	1642	50185	13646	36539
黑龙江	11972	9576	2559	24828	16873	7956
上　海	233208	226974	47823	518796	379710	139086
江　苏	219902	233869	41445	569943	380393	189550
浙　江	49185	38310	15191	82170	44621	37549
安　徽	118670	100269	38862	203638	141809	61829
福　建	78963	12247	3444	92060	55141	36918
江　西	14403	11612	2305	29812	18504	11308
山　东	517782	275481	44117	844194	450682	393512
河　南	98647	32394	6026	142391	104346	38044
湖　北	77248	46943	10406	149420	115645	33775
湖　南	28318	27273	2872	56689	33562	23127
广　东	219717	71569	26963	313095	236555	76539
广　西	1090	44	7	1127	365	762
海　南	4898	331	127	5113	4135	978
重　庆	94167	73811	24061	177627	88454	89173
四　川	63070	46296	17877	135437	113857	21581
贵　州						
云　南	28657	17650	6027	48633	19803	28830
西　藏						
陕　西	126726	71259	26698	232274	144964	87310
甘　肃	17864	28642	3276	51695	23374	28321
青　海						
宁　夏	14394	1951	826	15753	14952	801
新　疆	150511	42705	6788	217354	81095	136259

3-9 续表 8

货摊、无店铺及其他零售业 单位：万元

地　区	流动资产合计	固定资产原价	累计折旧	资产总计	负债合计	所有者权益合计
全　国	**5089170**	**1277826**	**348396**	**7298949**	**6192150**	**1106799**
北　京	1359397	93683	32789	1673724	1808426	-134702
天　津	131806	16634	4350	225233	188853	36381
河　北	12647	28548	9717	34873	21555	13318
山　西	174783	121789	28859	339142	262089	77053
内 蒙 古	35679	9620	2516	49444	29444	20001
辽　宁	306370	28307	8273	408847	355728	53120
吉　林	16171	4672	1150	20293	7336	12958
黑 龙 江	23597	9593	1455	32141	13499	18642
上　海	768851	181774	46073	997194	953841	43353
江　苏	431958	92224	20618	540360	461993	78366
浙　江	80862	47815	17055	145741	108999	36742
安　徽	23209	6193	1717	38352	21415	16938
福　建	82607	11955	3358	104305	75883	28422
江　西	22208	6360	504	30956	20146	10810
山　东	376858	130692	34511	595492	453064	142427
河　南	53700	46479	5967	133765	81730	52035
湖　北	78427	119967	21686	373906	237829	136077
湖　南	161482	27723	12918	194309	97923	96386
广　东	437241	174452	56595	635285	521376	113909
广　西	110499	24550	9324	145007	88732	56275
海　南	5146	938	617	8954	2311	6644
重　庆	38090	7291	1745	83311	32209	51102
四　川	221179	34849	9877	262076	201512	60565
贵　州	41115	11774	3258	77598	40272	37325
云　南	33193	9907	4123	50551	35405	15147
西　藏						
陕　西	31914	5669	2470	36931	26590	10341
甘　肃	15828	10485	1435	32837	25699	7139
青　海	7141	3146	1462	12730	9564	3167
宁　夏	2799	5131	3002	5720	1968	3752
新　疆	4412	5611	973	9870	6762	3108

3-10 大中型零售业企业分行业实收资本及构成

综合零售　　　　单位：万元

地区	实收资本	国家资本	集体资本	法人资本	个人资本	港澳台资本	外商资本
全国	**16222691**	**1065506**	**838774**	**6562728**	**3169226**	**2181188**	**2405268**
北京	1561555	93129	99159	689353	169112	113486	397316
天津	588603	14489	11736	326745	83434	106511	45688
河北	469412	19817	48694	274634	122167	9	4091
山西	132103	3474	12487	41332	73060		1750
内蒙古	123404	1456	5801	80406	35742		
辽宁	974822	56659	51537	250504	156522	387569	72032
吉林	231592	22822	21467	79889	84003	17301	6111
黑龙江	270733	2220	5164	154342	84100	22576	2331
上海	1322765	228282	7493	392083	110542	240245	344120
江苏	1552491	36841	47035	448236	385862	239984	394533
浙江	1042699	32200	34746	402558	283399	127483	162314
安徽	582693	63959	11249	249957	125997	90052	41478
福建	497628	15298	2744	278511	99810	41196	60069
江西	182832	2000	12101	118639	40134	5228	4730
山东	1361636	78403	189422	624526	227788	36937	204560
河南	425078	13664	48472	124059	160363	56146	22373
湖北	619038	97757	49968	194313	161698	46531	68772
湖南	452720	28625	32815	136710	147387	16004	91179
广东	1576891	95485	33834	750911	127713	407896	161052
广西	170470	25124	13902	94879	29362	6632	571
海南	52557		2580	18316	11470	1776	18415
重庆	371034	46138	42734	92637	60276	67100	62149
四川	621464	38712	7778	199212	148097	94886	132780
贵州	72907	2248	180	37693	25070	1170	6546
云南	236422	420	7878	120998	40148	5135	61844
西藏	3538		851	1429	1259		
陕西	476960	4890	22219	252027	127656	42925	27244
甘肃	111488	4862	3455	73472	26289	1411	2000
青海	22271	2450	8568	1975	9278		
宁夏	35134	807	132	32644	1552		
新疆	79752	33276	2576	19741	9939	5000	9221

3-10 续表 1

食品、饮料及烟草制品专门零售　　　　单位：万元

地　区	实收资本						
		国家资本	集体资本	法人资本	个人资本	港澳台资本	外商资本
全　国	**1189344**	**158553**	**56973**	**364004**	**343718**	**257430**	**8666**
北　京	96544	1993	10206	54886	26530	2930	
天　津	31786	6384	50	4828	17463	3061	
河　北	5992		118	1324	4550		
山　西	26997	10355	5438	3478	7726		
内蒙古	3670	19		3181	470		
辽　宁	22757	622	2330	15088	4717		
吉　林	17932	200		9632	8100		
黑龙江	3708	1294		1982	432		
上　海	236299	2196	966	14358	7761	208566	2451
江　苏	67415	1135	10616	12877	39421	3366	
浙　江	54537	1084	2968	32181	17799		505
安　徽	39318	24479	1280	6079	7380		100
福　建	67267	11030	642	16713	28118	10169	596
江　西	21853	202		12640	9012		
山　东	85499	2979	8191	41361	28707	2941	1321
河　南	17451	3494	191	5917	7839	10	
湖　北	95979	17083	4135	17047	49656	7865	194
湖　南	47384	4208	5040	20345	17792		
广　东	74342	39559		16248	7003	8184	3349
广　西	3771	967	106	300	2398		
海　南	867	267			600		
重　庆	15722	700	980	2427	11615		
四　川	38639	2032	2370	22515	11722		
贵　州	8032	7772		100	160		
云　南	54281	11788	194	15720	22296	4133	150
西　藏	4603	1649		2953			
陕　西	36700	2836	945	23391	3322	6206	
甘　肃	9958	2230	207	6391	1130		
青　海							
宁　夏							
新　疆	42			42			

3-10 续表 2

纺织、服装及日用品专门零售　　　　单位：万元

地　区	实收资本	国家资本	集体资本	法人资本	个人资本	港澳台资本	外商资本
全　国	**3071878**	**124817**	**39467**	**1089748**	**531655**	**712918**	**573273**
北　京	326641	300	1605	99338	22596	49194	153608
天　津	57169	200		30617	9744	200	16408
河　北	33601		2421	18096	12033		1050
山　西	75206	602	637	43171	25696	100	5000
内蒙古	34490	255		32485	1751		
辽　宁	82406	280	50	25980	21572	33748	776
吉　林	59830		250	48000	9147	2433	
黑龙江	15150	58	187	9313	3142	2450	
上　海	659251	14993	680	103613	16417	216803	306744
江　苏	133687	7045	241	39396	38738	46764	1503
浙　江	236583	50		68339	43488	98272	26434
安　徽	83712	1180	929	15656	8710	57238	
福　建	66581	2050	10	30893	29020	4608	
江　西	18428			14797	3631		
山　东	99798	878	1965	20705	52275	23975	
河　南	83057	1848	6362	63027	11700	120	
湖　北	82216	1381	636	17936	30570	30570	1123
湖　南	50083	120	767	17860	28826	2510	
广　东	357376	60085	9725	104806	63682	85420	33658
广　西	3957	576		1850	480	1051	
海　南	79355	30055		49300			
重　庆	65196			19516	27709	6557	11415
四　川	118610	631	611	43382	25215	37407	11364
贵　州	11603			1907	1356	7090	1250
云　南	42465		1902	33311	1642	5610	
西　藏							
陕　西	135388	2232	5417	107757	19042		940
甘　肃	12872			7589	5283		
青　海	7350		5000		2350		
宁　夏	6933		72	4361	2500		
新　疆	32886			16747	13339	800	2000

3-10 续表 3

文化、体育用品及器材专门零售

单位：万元

地区	实收资本	国家资本	集体资本	法人资本	个人资本	港澳台资本	外商资本
全国	**2215168**	**704605**	**36514**	**762785**	**343663**	**117047**	**250554**
北京	216300	29637	638	72640	58605	5409	49370
天津	27479	4031	5120	12740	5588		
河北	17674	13650		2959	1065		
山西	25305	937	769	7071	16529		
内蒙古	17967	100	50	5380	12437		
辽宁	29687	12969		3880	7896		4943
吉林	6311	3651		2660			
黑龙江	14219	3586	150	1655	8829		
上海	368675	41602	13192	137346	9245	21559	145731
江苏	136716	27789	932	50496	51550		5948
浙江	135572	33966		64163	36793	200	450
安徽	42878	20417	247	18674	3540		
福建	155013	109003	570	19778	25663		
江西	210879			207434	3445		
山东	50362	3771	5000	13671	21920		6000
河南	50257	36936		1381	11940		
湖北	67066	44198		16878	5990		
湖南	101612	69810	33	22069	9700		
广东	277893	127703	527	32243	17117	88879	11424
广西	70641	67895	300	868	1578		
海南	9539	1851	3198	4188	302		
重庆	20727	12934	1615	2400	2779	1000	
四川	27441	6764	1367	9990	9320		
贵州	5768	5168		500	100		
云南	59519	4801	2805	30202	20068		1643
西藏							
陕西	35268	3270		6952			25046
甘肃	3225	2561		664			
青海	1100			1078	22		
宁夏	4100	4000			100		
新疆	25976	11607		12825	1544		

3-10 续表 4

医药及医疗器材专门零售 单位：万元

地　区	实收资本	国家资本	集体资本	法人资本	个人资本	港澳台资本	外商资本
全　国	**1915082**	**443489**	**61496**	**775840**	**555703**	**39247**	**39308**
北　京	260555	124238	80	91176	27796	926	16339
天　津	7054	800		5154	1100		
河　北	32976	1543	567	21969	8897		
山　西	49898	34386	90	7459	7962		
内蒙古	12492		800	7065	4627		
辽　宁	88248	29180	520	13369	45179		
吉　林	37346	3567	20037	9129	4614		
黑龙江	45764	20000	3104	11749	10911		
上　海	45329	15911	899	13327	15192		
江　苏	202595	62413	2789	74366	61903	1125	
浙　江	108508	17814	4625	42126	37271	5772	900
安　徽	82130	22730	1159	26998	31243		
福　建	52707	17384	510	17216	16011	1586	
江　西	45367	19798		11653	13917		
山　东	122149	11346	4552	53792	37700		14758
河　南	65065	8258	1132	28428	27248		
湖　北	146743	11394	3985	70489	57876		3000
湖　南	90220	5822	500	47191	23622	9284	3800
广　东	104352	14317	4204	55183	30648		
广　西	63108	335	10850	14901	22423	14599	
海　南	8160			6280	1880		
重　庆	36105	9925	100	17175	8905		
四　川	21704	1010	336	8779	11579		
贵　州	13078	3204		5193	4171		510
云　南	60036	4000	330	36322	13484	5900	
西　藏	600		100		500		
陕　西	30661	3295	167	19299	7900		
甘　肃	19105	210	60	3472	15363		
青　海	7278			5428	1795	55	
宁　夏	19097	180		17672	1245		
新　疆	36653	430		33478	2745		

3-10 续表 5

汽车、摩托车、燃料及零配件专门零售　　　　单位：万元

地　区	实收资本	国家资本	集体资本	法人资本	个人资本	港澳台资本	外商资本
全　国	**18344086**	**6005108**	**268281**	**6959111**	**4095404**	**578119**	**438063**
北　京	1285363	71433	14817	856359	216869	62929	62955
天　津	869798	251479	7109	519072	49947	5352	36838
河　北	333569	5721	8463	203719	111540	50	4077
山　西	499777	96419	10275	183804	201960	1321	6000
内蒙古	360801	82118	1957	178110	93842	4776	
辽　宁	709331	326260	3729	215395	118225	42784	2940
吉　林	254218	100678	3773	100278	42611		6878
黑龙江	249021	1830		155102	88789	3300	
上　海	502481	41702	57145	237895	118421	16569	30750
江　苏	1218027	43439	10045	371572	628934	92602	71436
浙　江	1358865	253770	20198	514204	413119	99215	58359
安　徽	667076	278429	5695	230393	152559		
福　建	1202366	710131	2914	307412	169959	9480	2471
江　西	201589	43234	3600	92590	56721		5445
山　东	876516	70641	18372	432591	323657	23239	8017
河　南	518406	68748	4907	248942	187268	1200	7342
湖　北	392154	66379	6394	165696	146221		7463
湖　南	1119587	858082	10247	138198	112159	892	10
广　东	2025266	1001216	14488	571296	313187	100845	24234
广　西	224801	19183	44613	112475	42965	5564	
海　南	246908	189885	3600	32352	19383	1688	
重　庆	382044	43072	1255	258415	71491	3000	4811
四　川	1190236	727738	7752	261463	129045	25873	38364
贵　州	237384	121818	606	86111	28848		
云　南	654002	391363	3202	130930	75493	53014	
西　藏	45659	36514		8460	685		
陕　西	373116	58532	1845	140206	107037	7770	57727
甘　肃	99100	9561	550	61068	19921	8000	
青　海	36698	10714	730	21052	2102	2100	
宁　夏	61822			42241	19581		
新　疆	148106	25020		81714	32865	6560	1948

3-10 续表 6

家用电器及电子产品专门零售　　单位：万元

地区	实收资本	国家资本	集体资本	法人资本	个人资本	港澳台资本	外商资本
全国	**3590840**	**41274**	**52487**	**2141513**	**868290**	**257281**	**229995**
北京	322059	13435		185385	61788		61451
天津	26370			13950	12420		
河北	50336	476	1050	31321	17489		
山西	32600	50	48	12292	20210		
内蒙古	54623			29505	25118		
辽宁	74472		530	22862	51080		
吉林	42498	50	550	26293	15565	20	20
黑龙江	32559		160	21065	9291		2043
上海	339735	2560		151685	50151	90845	44495
江苏	1125579	2008	7356	791517	132331	81382	110985
浙江	165222	500		110222	54500		
安徽	68270	3484	150	38850	24786		1000
福建	116417	4500		81902	26216	799	3000
江西	54834		1605	27594	20636	5000	
山东	148526	3424	1724	63241	75138		5000
河南	68358	2299	1011	39373	25676		
湖北	91961	1709	1169	55182	21209	12691	
湖南	76526	641	25132	31067	18866	820	
广东	289555		7595	217359	62953	1649	
广西	27123		103	20882	6138		
海南	16461			9548	6914		
重庆	76201	2705		55864	16279	1353	
四川	121840	340	10	28793	65501	27196	
贵州	12205			6872	5333		
云南	18311			8584	7727		2000
西藏	1730			930	800		
陕西	93132	3095	2460	31926	20127	35525	
甘肃	8323			7682	641		
青海	3860			1460	2400		
宁夏	9082		1836	5156	2090		
新疆	22072			13151	8921		

3-10 续表 7

五金、家具及室内装饰材料专门零售 单位：万元

地区	实收资本	国家资本	集体资本	法人资本	个人资本	港澳台资本	外商资本
全国	**1128288**	**48553**	**33005**	**324823**	**391204**	**20345**	**310358**
北京	115568			27375	21540	205	66448
天津	36875		45	6200	10640		19990
河北	9549	838	3457	2000	3254		
山西	27099	1004	173	6363	19062		497
内蒙古	43912			915	42998		
辽宁	61081	37	2000	8555	3125		47363
吉林	2892			2892			
黑龙江	6281			2650	3630		
上海	150665	6556	49	68205	13300	12581	49974
江苏	148514	20000	5400	29368	40096	6622	47029
浙江	39504		6023	3250	5962	937	23331
安徽	27895		2911	8032	16951		
福建	30793			11930	13978		4886
江西	8240			5100	3140		
山东	90171		3121	42376	44674		
河南	29107	1177	967	7399	19564		
湖北	39743	167	3506	6040	26509		3522
湖南	22244	9080	461	7400	5303		
广东	80839			36082	15697		29060
广西	800			300	500		
海南	710				710		
重庆	14744		114	10845	3785		
四川	33458	9629		4899	4805		14124
贵州							
云南	13448		350	1100	7864		4134
西藏							
陕西	36357	65	4428	18248	13616		
甘肃	13300			300	13000		
青海							
宁夏	7000			7000			
新疆	37500				37500		

3-10 续表 8

货摊、无店铺及其他零售业　　　　单位：万元

地　区	实收资本	国家资本	集体资本	法人资本	个人资本	港澳台资本	外商资本
全　国	**1506735**	**200543**	**25261**	**421397**	**238372**	**135929**	**485234**
北　京	502091	5800		45397	53094	2750	395050
天　津	26776	1328		9527	11293	3311	1318
河　北	17615	8178		9300	137		
山　西	42433	5095	2297	20226	7765	7050	
内蒙古	3995		65	300	3630		
辽　宁	51193	3069		35462	12663		
吉　林	2077			1237	840		
黑龙江	5013	1500		3513			
上　海	158085	7163	4192	47117	5492	93950	173
江　苏	70867	19773	500	26776	17760	3484	2574
浙　江	37320	5554	1080	24806	3380	2500	
安　徽	10116	5000		1226	3891		
福　建	28251	162	200	13664	13226	1000	
江　西	11520	5204		6316			
山　东	102307	16848	8245	29219	36746		11250
河　南	22538	1080	852	7493	5813	2526	4774
湖　北	41073	9152		12062	6130	13479	250
湖　南	61805	38158		12424	9404	420	1400
广　东	162600	23592	3324	61038	17244	2158	55243
广　西	12297	6631		2400	3266		
海　南	3600			2640	960		
重　庆	18433			455	17475		503
四　川	70755	28673		26600	2782		12700
贵　州	21538	400		17669	168	3301	
云　南	7132	127	4507	185	2314		
西　藏							
陕　西	5508	3288		1020	1200		
甘　肃	2600	600		2000			
青　海	1500				1500		
宁　夏	4171	4171					
新　疆	1528			1328	200		

3-11 大中型零售业企业分行业损益及分配

综合零售

地 区	主营业务收入	主营业务成本	主营业务税金及附加	主营业务利润	其他业务利润	销售费用
全 国	**168435800**	**142569955**	**1281709**	**24584136**	**5605588**	**15659010**
北 京	14477692	12336056	103607	2038029	795851	1659836
天 津	3112005	2628717	21710	461578	210562	410347
河 北	5571062	4909958	48333	612771	186688	418663
山 西	1838770	1602020	10184	226566	72009	165831
内蒙古	1596033	1397130	13527	185376	31936	89237
辽 宁	7494958	6286104	78382	1130472	217485	530594
吉 林	3249446	2618543	21166	609737	49511	171375
黑龙江	2974438	2474230	27544	472664	96885	188482
上 海	10285264	8407352	63046	1814866	415288	1474216
江 苏	17901241	15149590	188195	2563456	551338	1483316
浙 江	10294275	8884514	70262	1339499	465349	1012726
安 徽	5599060	4768417	36381	794262	131136	450586
福 建	4229155	3536592	26095	666468	94437	519393
江 西	1907308	1640449	16088	250771	43114	155923
山 东	20368115	17915863	119036	2333216	414398	1256029
河 南	5224192	4482069	54663	687460	141375	360673
湖 北	9001264	7601974	73598	1325692	342592	828545
湖 南	5136487	4334809	44645	757033	127169	417593
广 东	14196620	11680736	90257	2425627	485333	1798506
广 西	2165735	1815113	15160	335462	96248	229541
海 南	395106	315024	2767	77315	19562	52259
重 庆	4995110	4272951	35355	686804	142259	513363
四 川	6352997	5122631	43457	1186909	174571	595453
贵 州	968331	801185	7972	159174	37343	106274
云 南	1988731	1669948	12448	306335	45765	162161
西 藏	53790	45354	433	8003	2256	3263
陕 西	4125971	3449967	36567	639437	133226	361417
甘 肃	1024088	815197	11132	197759	16370	80083
青 海	311520	265935	1698	43887	16818	25251
宁 夏	400537	335447	3332	61758	19923	47913
新 疆	1196502	1006083	4669	185750	28791	90161

单位：万元

管理费用	财务费用	营业利润	利润总额	应交所得税	应付职工薪酬	应交增值税
7931879	**1120753**	**5228274**	**5362946**	**1394566**	**7390886**	**3743361**
674291	58093	601786	611970	161014	763307	312902
222831	27601	10966	-834	17129	186245	77393
282105	51239	49181	70993	32327	243402	97596
97461	28420	2843	7307	5761	73448	111323
77255	25208	32578	52394	10019	78358	28413
555852	95064	173495	185522	46064	342636	197634
218195	40258	242611	134086	26464	86320	36765
175777	23439	166608	152097	35394	119551	92362
623041	24819	235481	335421	120321	472357	209621
908895	95955	528950	451865	149897	711220	374417
472599	64114	285237	323976	98144	468906	215886
227251	32557	81111	111272	31083	224850	128049
127240	29146	92668	99395	26621	242720	95947
61290	17511	47516	56143	11239	74102	33517
789747	171803	626674	634265	152921	684593	407444
254976	18788	192692	178352	34423	258318	121721
400122	64642	173840	232281	77744	399099	173018
236375	26158	203991	184968	35527	194723	98343
507551	68600	589248	666983	133589	677021	380734
96621	10322	85860	63148	16532	113217	87597
25258	4116	4362	12186	3948	11668	9612
150252	18550	152125	151909	24603	250176	109121
242834	45838	217389	214798	62998	247416	106834
38861	10079	36502	42943	9630	41908	26358
88605	12438	85540	87404	15671	95911	48980
4765	129	2424	2166	335	3021	1184
198176	32175	187530	184016	34053	185640	85283
50732	8127	57862	44898	9113	38750	22482
12607	1707	8935	12802	1994	16611	7565
16460	3909	4323	5876	1215	30030	6449
93856	9949	47947	52345	8795	55364	38813

3-11 续表 1

食品、饮料及烟草制品专门零售

地 区	主营业务收入	主营业务成本	主营业务税金及附加	主营业务利润	其他业务利润	销售费用
全 国	**13410810**	**10947357**	**110634**	**2352819**	**72604**	**1097582**
北 京	662755	447330	5244	210181	11649	119649
天 津	154473	108286	1131	45056	245	17254
河 北	40611	34366	355	5890	407	2143
山 西	176449	148807	1386	26256	440	11489
内蒙古	65311	39639	420	25252		4020
辽 宁	96262	78873	510	16879	2066	8439
吉 林	273207	218974	816	53417	1007	10212
黑龙江	67448	50661	798	15989	79	5432
上 海	3839328	3571678	4231	263419	5842	129330
江 苏	732540	578683	4090	149767	3470	67518
浙 江	419833	347310	1372	71151	10068	51408
安 徽	313678	270807	1457	41414	1170	22279
福 建	778642	616155	4399	158088	1706	88472
江 西	194666	144706	2659	47301	2002	17285
山 东	782044	635480	9260	137304	3925	43775
河 南	436835	377792	4133	54910	1195	24636
湖 北	1852200	1270423	49138	532639	2183	245312
湖 南	296473	243980	2600	49893	3403	23843
广 东	685779	484404	4421	196954	16740	77096
广 西	24536	19916	222	4398	308	2678
海 南	14372	14453	13	-94		982
重 庆	343542	287592	2666	53284	1582	25086
四 川	359624	292306	4289	63029	652	38046
贵 州	46780	40233	77	6470	167	5305
云 南	282368	237239	1315	43814	1264	18317
西 藏	32434	26649	1629	4156	200	1211
陕 西	315096	261561	1541	51994		21953
甘 肃	122018	97571	466	23981	844	14393
青 海						
宁 夏						
新 疆	1506	1485		21	-11	20

单位：万元

管理费用	财务费用	营业利润	利润总额	应交所得税	应付职工薪酬	应交增值税
555482	**69510**	**912789**	**875897**	**163859**	**528408**	**248212**
34385	1390	66375	66911	17540	66120	37227
14474	622	13455	13619	3640	16017	8778
1535	709	1909	1910	152	1342	643
8190	1181	5246	4895	252	8422	1048
1903	1855	647	2665	450	2613	1051
8602	620	7537	3949	775	7257	2592
22499	1395	18392	18399	3669	5257	6056
3213	464	6960	3176	694	2871	939
136349	-2505	222604	246714	31432	60453	24130
34932	5781	52279	52525	12226	41620	17747
21845	2810	5894	11289	3130	28649	9800
11951	2206	15521	10475	2168	16507	3566
27705	3253	38977	38380	7657	44139	15731
9114	2326	20361	16921	2744	6232	6192
30096	8243	57529	41981	6538	25843	11454
9270	2269	19690	22773	2893	12824	5775
65260	8439	183485	140100	31676	49146	49170
16128	4176	11881	9880	1223	15938	5841
36474	-2621	115481	116376	26669	45731	15109
2186	160	115	505	90	2739	297
884	207	-2127	-15	64	857	110
10518	3187	18134	14954	1229	8123	2873
9874	1705	14261	13530	1667	19680	5720
2781	411	-1020	1055	426	1560	379
16387	3396	11707	15608	3047	19235	5186
2361		619	783	137	1803	827
11968	16631	2054	1605	535	8730	7029
4484	1151	4848	4722	1136	8685	2862
118	51	-22	212		16	85

3-11 续表 2

纺织、服装及日用品专门零售

地 区	主营业务收入	主营业务成本	主营业务税金及附加	主营业务利润	其他业务利润	销售费用
全 国	**22599597**	**16229613**	**195283**	**6174701**	**269857**	**3885758**
北 京	2422642	1652983	15005	754654	47351	665086
天 津	268592	186919	1570	80103	2859	62949
河 北	422379	302537	3036	116806	7248	83233
山 西	611596	559166	3537	48893	23377	59355
内 蒙 古	433333	351739	5956	75638	12084	29012
辽 宁	570441	444351	4062	122028	12788	74975
吉 林	364937	314841	2875	47221	6448	25958
黑 龙 江	245295	201342	5280	38673	8290	10712
上 海	4679925	2675817	32656	1971452	39275	1186818
江 苏	1011969	762378	6643	242948	13075	157341
浙 江	1066832	806267	6559	254006	8386	192479
安 徽	292426	235710	2134	54582	2929	34649
福 建	442777	344078	2297	96402	3650	55129
江 西	94626	71529	1079	22018	734	14908
山 东	1229790	997866	13629	218295	6974	95017
河 南	488453	397560	8249	82644	2121	31411
湖 北	732277	563272	4313	164692	4171	111314
湖 南	456111	346634	5186	104291	3776	47757
广 东	3167929	2176425	13372	978132	22730	601149
广 西	60246	46092	362	13792	613	9741
海 南	341279	235848	11121	94310	2193	22976
重 庆	506908	410084	3583	93241	4661	48408
四 川	816601	623056	7269	186276	7955	105394
贵 州	75401	60592	425	14384	1120	10830
云 南	224955	183682	935	40338	1003	30760
西 藏						
陕 西	1253929	982162	31274	240493	10465	68284
甘 肃	59738	45676	313	13749	171	7077
青 海	25678	21002	53	4623	856	3250
宁 夏	39617	32983	480	6154	3568	8636
新 疆	192916	197026	2030	-6140	8988	31149

单位：万元

管理费用	财务费用	营业利润	利润总额	应交所得税	应付职工薪酬	应交增值税
1709971	**165556**	**785637**	**753130**	**262790**	**1528814**	**799944**
185310	8914	-69221	-70287	19793	208602	101037
20132	2142	-2990	-4280	1453	27981	15430
24885	7036	13050	7245	1373	17970	8121
50871	11695	-9104	-9779	1391	30009	9833
41309	2575	16775	10511	356	26088	7938
60559	6454	-7679	-8656	1498	28293	11534
22675	5477	6343	74	819	9889	4753
19823	1598	15562	14228	1455	15904	3101
575983	26114	213794	229228	93905	349389	176638
45483	9180	51650	51080	18735	59995	33185
70618	14068	-16260	-8131	9694	80576	38514
16746	1622	4543	6700	2130	18070	6046
25856	3711	19635	20188	3558	30198	8223
3663	910	2085	2487	531	7738	6916
54278	7047	68232	58446	14262	58420	13622
23059	2412	18084	18700	4057	19113	10137
27334	-4922	31762	30684	7112	43775	17665
18912	2482	27540	2184	658	20599	7222
225499	23465	186054	193956	37171	308107	147352
2807	570	-1421	-949	75	4152	7125
16988	7155	45800	53488	1457	13888	31894
39991	9167	5717	5681	2612	26489	9580
63937	3221	40807	36848	9727	61193	56944
3376	254	1071	1886	580	2747	3392
11370	1934	-3610	-305	750	10022	19601
32074	5033	134778	118157	25272	25135	35849
4691	700	1332	1294	288	6620	1449
3018	407	-2053	-1604	12	2691	235
3467	606	-2354	-2306	120	3038	923
15261	4527	-4284	-3637	1945	12127	5689

3-11 续表 3

文化、体育用品及器材专门零售

地　区	主营业务收入	主营业务成本	主营业务税金及附加	主营业务利润	其他业务利润	销售费用
全　国	**13202917**	**10375044**	**111685**	**2716188**	**191522**	**1476261**
北　京	1627023	1311197	8764	307062	37021	207968
天　津	156906	129829	1477	25600	5075	17810
河　北	200494	149675	590	50229	4011	12240
山　西	196538	166769	3305	26464	1242	16989
内蒙古	50663	42547	947	7169	217	4958
辽　宁	296256	255089	3418	37749	3952	17525
吉　林	54208	39922	124	14162	1209	5697
黑龙江	178780	138917	793	39070	2392	17560
上　海	2022002	1541695	24664	455643	37624	396450
江　苏	1566511	1283131	12454	270926	18109	162158
浙　江	799676	649532	11723	138421	8795	79198
安　徽	253000	191086	822	61092	1910	24714
福　建	566039	425174	6393	134472	6882	53429
江　西	470241	361970	2921	105350	8083	25844
山　东	396197	331054	4498	60645	3202	18339
河　南	312187	240824	1343	70020	8896	28332
湖　北	237226	186687	4349	46190	2084	22528
湖　南	294451	227791	1170	65490	644	25179
广　东	1527172	1294799	7574	224799	16869	91620
广　西	66113	47490	558	18065	1615	8154
海　南	12889	8538	112	4239	122	2109
重　庆	433577	366047	1477	66053	2209	25075
四　川	558130	352724	4462	200944	10504	78539
贵　州	26050	20631	183	5236	942	2364
云　南	500907	309080	5787	186040	3934	80875
西　藏						
陕　西	202295	161567	437	40291	2073	24416
甘　肃	29143	22324	468	6351	531	2615
青　海	2590	1853	34	703		406
宁　夏	12275	9097	53	3125	76	1624
新　疆	153380	108007	787	44586	1299	21546

单位：万元

管理费用	财务费用	营业利润	利润总额	应交所得税	应付职工薪酬	应交增值税
1012632	**90116**	**356249**	**428196**	**68656**	**1211372**	**282795**
112855	7706	14616	30157	13337	133351	31143
11219	1674	-1180	1135	1360	15871	2425
32667	-469	8650	14737	37	19027	4133
7882	1696	2803	3672	1145	9119	3955
4571	1805	-2697	-3089	94	2935	17
23716	4364	-3562	-768	416	15182	6648
7354	605	1380	1456	111	5236	1512
10139	1185	13754	11143	1575	11254	4357
121424	28257	-55308	-41185	4790	109893	28349
82700	2913	49115	57448	10010	76173	28882
42775	14904	9859	11734	3704	49105	14503
15826	-1062	23876	19098	43	18043	2779
61745	382	28638	28529	5401	28832	7803
40782	-915	46982	48777	2663	28800	4532
32401	6024	7230	12693	2645	286949	4651
34127	1409	11015	12464	285	26541	9405
17308	1384	10552	8051	770	11670	5529
26674	1547	14579	12661	115	18518	3741
105939	1973	41584	47638	3685	164007	38541
10188	432	2013	2432	80	7362	2507
2965	2960	-2425	-2644	67	1656	484
24567	-4694	25173	30284	214	17272	6977
95515	3492	49953	55910	471	74782	17469
3671	236	-266	-258	139	2130	1083
50956	9111	47836	52660	10469	38180	40326
16731	2840	-2977	-2140	966	17003	5084
4109	6	53	330		2830	516
499	42	-73	66		411	80
1483	26	67	96	4	2116	448
9848	283	15010	15111	4063	17124	4917

3-11 续表 4

医药及医疗器材专门零售

地　区	主营业务收入	主营业务成本	主营业务税金及附加	主营业务利润	其他业务利润	销售费用
全　国	**27635973**	**24600315**	**94477**	**2941181**	**125397**	**1737027**
北　京	2899704	2577405	7225	315074	17800	153624
天　津	348932	314894	641	33397	890	13825
河　北	268226	225874	666	41686	842	19801
山　西	443892	388808	1078	54006	689	27246
内蒙古	220426	197419	643	22364	280	10793
辽　宁	795004	655158	4209	135637	4994	86915
吉　林	348372	285850	867	61655	1686	20978
黑龙江	863568	762465	3994	97109	2791	31793
上　海	1200543	1053994	2785	143764	11264	75155
江　苏	4345730	3982510	7057	356163	13383	173103
浙　江	1594236	1406475	3582	184179	7206	99040
安　徽	1459419	1337702	2720	118997	2591	56573
福　建	551751	471701	5843	74207	2030	30850
江　西	693579	625686	1159	66734	2170	34001
山　东	2360584	2024471	11100	325013	3409	147716
河　南	985093	879041	7045	99007	4639	51377
湖　北	1600435	1441499	4406	154530	5607	65479
湖　南	1359202	1184877	6947	167378	5712	94530
广　东	1493375	1223466	4846	265063	19617	182920
广　西	635812	854685	2542	-221415	3161	42066
海　南	27407	21243	47	6117	37	4199
重　庆	572225	483024	2072	87129	2327	38602
四　川	325897	274005	3186	48706	5534	41395
贵　州	232966	197838	698	34430	1314	17321
云　南	525818	459455	3373	62990	858	98494
西　藏	96198	54447	882	40869		41108
陕　西	329306	278089	1479	49738	1021	25485
甘　肃	137854	106516	1736	29602	108	19937
青　海	43354	37964	121	5269	530	2914
宁　夏	220899	201571	325	19003	437	9327
新　疆	656168	592183	1205	62780	2470	20461

单位：万元

管理费用	财务费用	营业利润	利润总额	应交所得税	应付职工薪酬	应交增值税
873133	**223429**	**666600**	**656078**	**134479**	**1039577**	**560366**
83323	49690	74860	77634	16998	103207	52894
6429	2919	11261	11438	2833	8761	4955
17975	2882	1561	1733	429	17972	6025
20530	1884	5954	6386	1736	14782	25693
7921	579	3310	3583	834	7937	2485
34918	3947	14407	15946	4011	37815	10740
14561	3909	12292	11856	3330	14609	5772
47418	4699	25561	23014	4647	35247	13009
39440	434	35427	32362	3146	40756	18750
91181	30296	83489	82332	19192	96298	51564
50462	9797	33491	35544	9551	68640	25409
33626	11921	13016	15149	3463	32901	22360
21567	3554	23999	17744	3180	21722	8696
15840	6340	9710	5992	1529	23323	9217
86797	17878	79571	85881	14079	73366	82739
24311	4191	21185	21075	3809	36143	14764
40304	17802	27641	22953	4900	36520	21970
37759	11228	29972	24841	4665	47402	20617
52572	8828	49520	53673	12145	112893	73776
24727	7968	21664	22934	6284	27435	14534
1413	418	88	174	72	1050	299
25189	3704	21983	10573	1746	25988	8517
19653	2868	-1627	378	963	24270	7085
9832	2644	5671	5740	784	10212	5175
24326	3699	22233	21600	3805	52607	23551
781	-2	-1250	3835	574	6288	6901
13048	1071	10235	7991	481	27280	5789
6032	1365	2415	2614	355	11964	3728
1673	236	416	441	342	2089	2521
5875	1221	2706	3259	584	7773	6446
13650	5462	25841	27405	4013	12332	4385

3-11 续表 5

汽车、摩托车、燃料及零配件专门零售

地　区	主营业务收入	主营业务成本	主营业务税金及附加	主营业务利润	其他业务利润	销售费用
全　国	**274877485**	**257319059**	**433063**	**17125363**	**1337292**	**8219619**
北　京	20284414	19179611	26942	1077861	375692	650379
天　津	8256105	7820329	6818	428958	24812	248069
河　北	6145973	5807320	6208	332445	26991	166888
山　西	10198144	9686255	9362	502527	21301	279073
内蒙古	8532691	7963232	19309	550150	73335	284330
辽　宁	10668505	9930922	28494	709089	17545	346201
吉　林	4176787	3667567	4772	504448	11714	202215
黑龙江	2557485	2390754	5881	160850	5454	67497
上　海	9012928	8454589	8796	549543	40325	255653
江　苏	19952861	18729537	23081	1200243	112473	556474
浙　江	24427465	23283014	29859	1114592	99206	615030
安　徽	7449575	7001647	7442	440486	13336	193672
福　建	8589716	7986448	12114	591154	79691	291658
江　西	3207588	3027537	7077	172974	8552	78297
山　东	18115229	16921132	48991	1145106	44414	523777
河　南	9713142	9120878	15250	577014	20158	252959
湖　北	8751689	8206242	19335	526112	12880	221432
湖　南	11764818	10947467	28518	788833	13391	341104
广　东	31171851	28718691	50773	2402387	180597	1057518
广　西	3128157	2878205	5505	244447	15883	102096
海　南	2556009	2406586	3820	145603	8848	88764
重　庆	5586479	5186692	7098	392689	12665	147038
四　川	15631983	14525013	21058	1085912	44130	488312
贵　州	4023584	3996155	6032	21397	9936	137792
云　南	6926515	6383484	8229	534802	19323	207682
西　藏	524599	436666	1434	86499	313	25673
陕　西	5665236	5292577	12682	359977	17536	166377
甘　肃	3504250	3299160	3598	201492	11902	84354
青　海	496084	456986	580	38518	1104	20244
宁　夏	1192322	1113491	1261	77570	6424	36621
新　疆	2665305	2500875	2747	161683	7360	82443

单位：万元

管理费用	财务费用	营业利润	利润总额	应交所得税	应付职工薪酬	应交增值税
4615855	**2079971**	**2748454**	**3059803**	**685436**	**5583711**	**5116773**
394929	115059	80401	99080	61101	403837	211685
122543	48627	33597	44496	17506	148408	75474
105114	48685	38184	37614	72491	112456	73578
135590	61414	79237	73123	5915	141466	111070
113932	56510	224252	156036	18009	499705	289743
182810	90867	96395	98522	15197	294057	229968
85093	26472	39205	42806	9808	68513	133939
52945	29552	23350	273544	2827	107629	23961
212979	80724	25395	69351	27339	159252	97488
403628	231527	85499	71198	43649	316599	154608
408267	221026	-24124	-19903	59301	412416	304908
98092	45601	78537	81057	14080	110636	59266
146555	62757	166339	161774	27679	177027	126551
52421	22089	10447	12733	4759	43579	58518
317201	157918	118625	159261	42243	320896	365850
140459	80826	110865	109814	20423	146011	164999
145823	69937	106158	98292	25231	136554	98707
187775	56551	112671	149140	30058	176387	123960
563476	229153	491194	522266	64642	625949	635417
66978	19289	49822	52471	11592	105345	133541
45833	7494	49123	49226	13327	57363	56743
74814	38421	82599	68545	8872	99469	67895
202597	103180	210972	193374	36473	283610	308876
56235	25792	82576	84491	4794	247368	548505
99782	53908	72613	80903	13841	130690	254024
8442	547	52297	49266	676	11631	12873
104500	53285	84178	80782	15234	109905	172801
22031	16439	90150	70839	4174	44138	91514
12280	3390	14719	15809	2776	9421	11334
18387	10046	15538	18358	4066	23003	12307
34344	12890	47641	55536	7354	60389	106674

3-11 续表 6

家用电器及电子产品专门零售

地区	主营业务收入	主营业务成本	主营业务税金及附加	主营业务利润	其他业务利润	销售费用
全国	**41064507**	**36434043**	**164877**	**4465587**	**540213**	**3195710**
北京	7587814	7082750	16370	488694	102662	446881
天津	642392	577098	2104	63190	4992	61371
河北	801373	714867	2207	84299	7508	58798
山西	515228	464429	1724	49075	3132	33521
内蒙古	468654	420680	3142	44832	5404	38064
辽宁	1191607	1078216	11865	101526	10095	66257
吉林	336064	287983	956	47125	5541	30894
黑龙江	780193	683012	4369	92812	18291	47367
上海	2877784	2480580	7520	389684	14528	397972
江苏	3828890	3342483	13397	473010	53804	342647
浙江	1718331	1507064	4976	206291	71827	177655
安徽	875976	774223	2296	99457	11569	74488
福建	1478826	1332330	3751	142745	9933	96611
江西	612749	551998	2417	58334	1518	35698
山东	2458773	2183321	14948	260504	14865	126889
河南	1074046	913868	5943	154235	20099	80386
湖北	1600703	1407614	5621	187468	20465	97293
湖南	839985	739717	3389	96879	6795	68297
广东	4629064	4017737	12680	598647	96977	424787
广西	458681	408927	1155	48599	4106	30802
海南	220990	195853	505	24632	3003	19527
重庆	1335817	1203949	7420	124448	10033	82946
四川	1899654	1685948	7720	205986	18808	136713
贵州	181259	158425	743	22091	999	19260
云南	544291	415638	1578	127075	3602	61437
西藏	24595	18252	29	6314	540	1783
陕西	1441361	1220525	23894	196942	9965	83217
甘肃	133757	117397	747	15613	187	14729
青海	55127	47291	193	7643	462	4742
宁夏	183927	163516	546	19865	5250	13913
新疆	266597	238352	676	27569	3256	20767

单位：万元

管理费用	财务费用	营业利润	利润总额	应交所得税	应付职工薪酬	应交增值税
1107336	**134497**	**407367**	**350435**	**124169**	**1645128**	**670111**
150733	2667	-2828	8729	13464	169237	80273
13916	843	-1232	-1084	471	21080	13807
20906	4896	6306	-781	928	19896	7517
15398	2644	1236	1738	554	13321	13701
18775	4431	7552	7684	1203	16873	13655
27834	5222	20995	23495	1165	31730	13403
16769	2763	160	112	636	6296	6131
21071	3880	31695	22693	3746	18796	14135
129638	3294	-107551	-101921	2563	605189	63583
136380	5558	43746	50096	18300	97766	65023
47750	12422	-7925	-275	2774	70830	31740
16070	3378	16557	15212	4864	28201	10475
34478	7832	11583	12462	3956	45604	13360
11808	2459	7411	6573	1202	16797	10813
59103	11985	74917	76173	17070	57345	44010
27114	3692	11785	10142	1820	29490	11668
61530	5073	46501	49420	10528	46543	28142
22070	3373	6938	2671	1734	26431	11629
107634	19241	35843	34257	11351	168614	102801
12390	2741	6634	6594	1266	15439	5276
8331	896	-1598	-1496	319	7064	2226
21529	4280	33512	33432	4875	27577	18410
48114	11511	31032	20183	4119	40163	36499
6774	553	5391	5220	552	11959	7804
13647	1125	55092	4988	869	13530	7860
791	60	128	240	30	1235	43
40445	4552	67182	51965	11659	19215	28773
3752	1066	-531	740	295	3141	220
966	218	2703	2688	527	786	1336
5335	1224	598	4823	813	6294	1076
6287	621	3536	3662	520	8687	4727

3-11 续表 7

五金、家具及室内装饰材料专门零售

地　区	主营业务收入	主营业务成本	主营业务税金及附加	主营业务利润	其他业务利润	销售费用
全　国	**9058823**	**6908587**	**195500**	**1954736**	**210101**	**744994**
北　京	438015	262152	5853	170010	8918	110682
天　津	138972	77735	754	60483	757	30796
河　北	68514	57796	543	10175	1022	3823
山　西	310658	239225	2712	68721	3523	12768
内蒙古	146404	113633	1503	31268	4281	10999
辽　宁	250954	208576	1756	40622	1374	21961
吉　林	19179	8627	946	9606		2713
黑龙江	53080	15723	264	37093	101	1768
上　海	491775	354178	4483	133114	39936	94577
江　苏	826739	720897	6385	99457	7332	46944
浙　江	147966	110369	3609	33988	1483	24202
安　徽	358401	195200	9046	154155	1379	20066
福　建	228907	171934	3988	52985	1518	24861
江　西	230565	212299	3062	15204	1922	6809
山　东	1336836	1014126	37860	284850	8880	65391
河　南	253307	209588	7796	35923	438	11553
湖　北	467129	389968	12143	65018	809	23041
湖　南	157988	125068	2349	30571	2166	14203
广　东	416800	298400	4308	114092	18126	74320
广　西	2583	1959	13	611	135	402
海　南	9553	8019	18	1516		942
重　庆	1078665	902827	54964	120874	101622	23395
四　川	254627	193959	3918	56750	642	30994
贵　州						
云　南	200162	184914	681	14567	658	4769
西　藏						
陕　西	1008132	755679	25235	227218	1417	17350
甘　肃	11268	6074	240	4954	1241	2772
青　海						
宁　夏	7030	5093	12	1925		4616
新　疆	144615	64570	1061	78984	421	58279

单位：万元

管理费用	财务费用	营业利润	利润总额	应交所得税	应付职工薪酬	应交增值税
426888	**108834**	**674831**	**601400**	**78671**	**325909**	**187431**
35655	6736	37292	37951	10348	36225	12914
33808	4703	-7818	-7652	38	4615	301
5248	1243	826	639	301	3757	1043
15276	1021	19692	15510	125	4318	1107
14747	2057	4953	5046	354	10078	1521
22342	6102	-7992	-7797	872	6462	2665
1828	682	4383	1		349	72
2775	302	21557	1955	26	1915	391
43892	11790	1719	3379	822	33487	7790
36431	10918	19179	18575	4606	16468	10425
4906	3259	2926	3127	937	4924	3363
15276	4524	56529	52044	6857	13163	3691
14910	656	13294	13161	1618	5846	3941
6488	632	1276	1428	320	4391	15211
46927	22965	157139	152361	21269	61148	24148
11469	4108	9871	12927	524	8114	3954
13540	3522	25020	14901	709	8876	2228
6395	535	7199	3392	216	5086	1243
31151	4555	17702	19308	3932	24977	9955
314	4	-100	35	8	227	51
430	10	134	134	34	482	146
18749	3708	92071	92406	13743	10561	30400
11639	4263	10187	6395	547	14192	3013
1825	410	8140	3238	355	4480	2218
21882	8327	169712	148791	6464	12851	34818
1348	478	507	464	117	3757	125
1847	449	-4988	-4972	18	1637	196
5791	875	14423	14653	3514	23524	10500

3-11 续表 8

货摊、无店铺及其他零售业

地 区	主营业务收入	主营业务成本	主营业务税金及附加	主营业务利润	其他业务利润	销售费用
全 国	**16548424**	**14928309**	**55286**	**1564829**	**86527**	**1171277**
北 京	3481726	3326068	6164	149494	-29531	264874
天 津	659733	612461	999	46273	158	23145
河 北	46468	42905	165	3398	1545	3835
山 西	166787	136261	1194	29332	7327	15026
内蒙古	138316	106656	322	31338	256	14920
辽 宁	219373	191000	429	27944	2317	15050
吉 林	138238	130747	242	7249	564	3621
黑龙江	116465	97185	370	18910		6412
上 海	2554096	2415807	4303	133986	66804	236087
江 苏	1722216	1617201	2723	102292	6522	90402
浙 江	437405	395742	808	40855	989	26101
安 徽	75755	54884	422	20449	459	10752
福 建	334958	304628	496	29834	236	25245
江 西	52653	42365	200	10088		8102
山 东	1054239	872476	4935	176828	4336	28269
河 南	158417	131320	1209	25888	219	2991
湖 北	1101817	1041316	1012	59489	4510	41068
湖 南	606494	466767	16634	123093	983	67919
广 东	1797120	1531034	5272	260814	8815	170125
广 西	230655	197907	987	31761	447	15763
海 南	9351	6455	55	2841	84	1320
重 庆	525657	450149	1764	73744	99	12976
四 川	597155	530298	2134	64723	773	36540
贵 州	152729	98854	1500	52375	5579	39051
云 南	37705	15873	367	21465	86	1233
西 藏						
陕 西	73139	60338	406	12395	1743	6158
甘 肃	39746	36012	95	3639	907	1630
青 海	5421	5042	13	366		477
宁 夏	9178	8269	32	877	210	958
新 疆	5415	2291	37	3087	92	1230

单位：万元

管理费用	财务费用	营业利润	利润总额	应交所得税	应付职工薪酬	应交增值税
526651	**46061**	**-120988**	**-148044**	**66963**	**558973**	**450896**
149532	4486	-295511	-294228	2727	154690	28974
16040	-373	7795	7663	2372	8469	6046
3077	69	-1855	-1056	199	6495	898
14115	4689	2669	5553	1964	9778	11490
2907	1349	12419	12418	176	1427	1570
7974	6386	731	263	643	4012	1846
1090	636	2409	2408	65	1693	1321
4075	329	8086	8127	62	2200	5352
55868	3583	-95866	-79995	2928	39489	11567
38028	1831	-19931	-19270	3952	21945	5705
10851	1205	4563	5331	833	10607	3508
2856	230	3451	3976	475	3495	2301
7757	691	-3704	-3528	174	10178	2369
826	82	1608	1588	339	1520	1541
30869	6888	114953	56224	11687	21711	27513
5044	2495	22004	18910	1434	4342	5304
9496	890	11030	12118	2145	15913	2542
27686	2569	25463	25953	635	21600	15765
72457	4057	5080	6702	17308	72886	167196
8260	-1220	10022	10309	2539	9174	5978
276	-23	1617	1602	333	671	362
20326	701	39557	39645	7809	106518	399
17210	2803	8319	10139	1802	13321	130909
7955	6	10277	11761	2989	10008	8523
4202	946	1413	3876	774	1070	893
5648	63	496	1918	8	2846	-34
987	352	1271	1518	310	894	466
358	-7	-118	-81		398	132
537	166	-575	742	142	1006	249
344	182	1341	1370	140	617	213

3-12 大中型零售业企业分行业经济效益分析指标

综合零售

地　区	负债比率 (%)	主营业务毛利率 (%)	人均营业收入 (万元)	费用率 (%)
全　国	**73.8**	**15.4**	**73.9**	**14.1**
北　京	66.0	14.8	114.4	15.6
天　津	79.8	15.5	81.3	19.8
河　北	82.9	11.9	46.7	13.1
山　西	90.2	12.9	38.5	14.6
内蒙古	83.6	12.5	60.1	11.6
辽　宁	77.3	16.1	71.2	15.2
吉　林	76.3	19.4	82.6	12.1
黑龙江	71.7	16.8	78.0	12.0
上　海	70.2	18.3	92.8	18.8
江　苏	75.6	15.4	82.3	13.6
浙　江	77.5	13.7	97.9	14.3
安　徽	73.1	14.8	58.7	12.2
福　建	65.1	16.4	61.5	15.7
江　西	73.1	14.0	53.9	11.9
山　东	76.2	12.0	90.1	10.7
河　南	83.2	14.2	41.5	11.9
湖　北	72.7	15.5	72.3	14.0
湖　南	66.3	15.6	69.2	12.9
广　东	72.6	17.7	80.6	16.2
广　西	72.1	16.2	55.7	14.9
海　南	78.9	20.3	68.9	20.3
重　庆	70.3	14.5	71.9	13.1
四　川	67.4	19.4	68.9	13.5
贵　州	79.5	17.3	60.0	15.4
云　南	66.3	16.0	67.7	12.8
西　藏	74.4	15.7	39.5	14.6
陕　西	68.9	16.4	51.2	13.9
甘　肃	70.4	20.4	52.4	12.9
青　海	70.4	14.6	63.5	12.5
宁　夏	75.9	16.3	41.4	16.7
新　疆	77.7	15.9	83.0	15.6

注：费用率等于销售费用、管理费用、财务费用三项之和除以营业收入合计(下表同)。

3-12 续表 1

食品、饮料及烟草制品专门零售

地　区	负债比率 (%)	主营业务毛利率 (%)	人均营业收入 (万元)	费用率 (%)
全　国	**60.5**	**18.4**	**76.5**	**12.6**
北　京	44.6	32.5	54.5	22.9
天　津	51.7	29.9	37.3	20.8
河　北	71.1	15.4	51.5	10.8
山　西	80.1	15.7	50.5	11.3
内蒙古	59.7	39.3	69.3	11.9
辽　宁	47.2	18.1	42.8	17.0
吉　林	75.3	19.9	187.1	12.5
黑龙江	50.8	24.9	57.4	13.5
上　海	69.0	7.0	196.4	6.7
江　苏	51.6	21.0	55.3	14.7
浙　江	60.5	17.3	51.7	17.6
安　徽	45.7	13.7	48.0	11.1
福　建	44.3	20.9	49.0	15.3
江　西	17.1	25.7	41.0	14.5
山　东	62.6	18.7	67.6	10.4
河　南	65.9	13.5	49.8	8.2
湖　北	56.8	31.4	101.9	17.1
湖　南	61.0	17.7	58.6	14.7
广　东	41.2	29.4	67.2	15.7
广　西	52.7	18.8	25.3	18.5
海　南	91.6	-0.6	42.3	14.4
重　庆	46.3	16.3	99.0	11.1
四　川	69.0	18.7	39.9	13.4
贵　州	69.4	14.0	69.7	17.5
云　南	51.2	16.0	40.8	12.9
西　藏	49.3	17.8	205.5	11.0
陕　西	81.7	17.0	115.9	15.9
甘　肃	79.5	20.0	52.5	16.3
青　海				
宁　夏				
新　疆	30.7	1.4	14.0	11.4

3-12 续表 2

纺织、服装及日用品专门零售

地区	负债比率 (%)	主营业务毛利率 (%)	人均营业收入 (万元)	费用率 (%)
全　国	**74.6**	**28.2**	**58.8**	**24.9**
北　京	92.6	31.8	60.6	34.6
天　津	80.4	30.4	36.1	31.4
河　北	79.6	28.4	49.4	26.6
山　西	78.9	8.6	55.2	18.0
内蒙古	91.4	18.8	36.9	16.6
辽　宁	85.1	22.1	66.0	24.3
吉　林	88.5	13.7	97.0	13.8
黑龙江	71.9	17.9	39.4	12.6
上　海	72.8	42.8	71.6	37.5
江　苏	70.9	24.7	57.5	20.8
浙　江	82.7	24.4	58.7	25.7
安　徽	58.3	19.4	38.2	18.0
福　建	61.2	22.3	47.8	18.9
江　西	69.2	24.4	31.0	20.6
山　东	72.0	18.9	63.7	12.7
河　南	71.1	18.6	39.7	11.5
湖　北	68.1	23.1	43.4	18.1
湖　南	74.1	24.0	56.5	15.2
广　东	65.0	31.3	52.0	26.5
广　西	98.1	23.5	35.7	21.7
海　南	61.5	30.9	168.4	13.7
重　庆	76.4	19.1	63.4	18.5
四　川	75.3	23.7	53.4	19.5
贵　州	78.5	19.6	62.2	19.0
云　南	57.1	18.3	53.0	19.6
西　藏				
陕　西	49.9	21.7	143.4	8.4
甘　肃	67.3	23.5	23.9	20.9
青　海	97.9	18.2	21.4	25.5
宁　夏	98.3	16.7	30.6	30.4
新　疆	95.0	-2.1	79.6	20.6

3-12 续表 3

文化、体育用品及器材专门零售

地 区	负债比率 (%)	主营业务毛利率 (%)	人均营业收入 (万元)	费用率 (%)
全 国	**61.9**	**21.4**	**78.9**	**19.2**
北 京	77.6	19.4	122.7	19.7
天 津	77.0	17.3	62.7	19.2
河 北	53.2	25.3	42.7	21.3
山 西	57.9	15.1	60.9	13.2
内蒙古	81.8	16.0	38.8	21.6
辽 宁	76.7	13.9	61.8	15.1
吉 林	80.2	26.4	28.3	24.6
黑龙江	55.1	22.3	34.8	16.0
上 海	73.7	23.8	186.8	26.5
江 苏	67.0	18.1	86.3	15.5
浙 江	63.4	18.8	91.4	16.9
安 徽	40.7	24.5	79.8	15.4
福 建	47.6	24.9	234.5	20.2
江 西	28.8	23.0	93.1	13.6
山 东	71.8	16.4	45.0	14.2
河 南	52.5	22.9	28.7	19.8
湖 北	69.3	21.3	60.3	17.0
湖 南	40.8	22.6	83.0	18.1
广 东	57.1	15.2	67.1	12.8
广 西	39.7	28.2	39.3	27.1
海 南	109.2	33.8	30.5	55.6
重 庆	64.6	15.6	90.8	10.2
四 川	43.8	36.8	48.7	31.1
贵 州	87.2	20.8	40.4	21.6
云 南	54.9	38.3	80.5	28.0
西 藏				
陕 西	72.1	20.1	58.7	21.5
甘 肃	61.2	23.4	39.4	22.7
青 海	74.3	28.5	17.6	34.3
宁 夏	64.0	25.9	39.4	25.3
新 疆	40.2	29.6	69.1	20.3

3-12 续表 4

医药及医疗器材专门零售

地 区	负债比率 (%)	主营业务毛利率 (%)	人均营业收入 (万元)	费用率 (%)
全 国	**78.1**	**11.0**	**83.0**	**10.1**
北 京	75.2	11.1	231.8	9.8
天 津	88.3	9.8	116.6	6.6
河 北	80.2	15.8	34.2	15.1
山 西	76.2	12.4	79.2	10.5
内蒙古	82.6	10.4	68.0	8.7
辽 宁	78.8	17.6	42.0	15.7
吉 林	75.7	17.9	73.6	11.3
黑龙江	80.9	11.7	74.0	9.6
上 海	82.3	12.2	106.6	9.5
江 苏	81.8	8.4	157.5	6.8
浙 江	77.0	11.8	93.2	9.9
安 徽	84.4	8.3	123.8	7.0
福 建	66.6	14.5	79.9	10.1
江 西	82.4	9.8	91.1	8.1
山 东	79.2	14.2	81.3	10.7
河 南	72.7	10.8	48.7	8.1
湖 北	77.8	9.9	106.1	7.7
湖 南	79.1	12.8	85.7	10.5
广 东	75.5	18.1	49.9	16.1
广 西	79.9	-34.4	104.3	7.8
海 南	63.8	22.5	18.8	22.0
重 庆	73.0	15.6	62.7	11.5
四 川	89.9	15.9	35.4	18.7
贵 州	87.7	15.1	44.6	12.8
云 南	64.2	12.6	28.0	23.9
西 藏	62.2	43.4	81.0	43.5
陕 西	88.1	15.6	32.9	12.0
甘 肃	80.6	22.7	28.6	19.8
青 海	76.9	12.4	40.7	11.1
宁 夏	82.4	8.7	122.3	7.4
新 疆	62.8	9.8	141.9	6.0

3-12 续表 5

汽车、摩托车、燃料及零配件专门零售

地　区	负债比率 (%)	主营业务毛利率 (%)	人均营业收入 (万元)	费用率 (%)
全　国	**73.7**	**6.4**	**274.1**	**5.3**
北　京	75.9	5.4	370.3	5.7
天　津	67.5	5.3	334.0	5.1
河　北	79.0	5.5	218.5	5.2
山　西	71.1	5.0	283.5	4.6
内蒙古	86.8	6.7	287.0	5.1
辽　宁	69.5	6.9	314.6	5.8
吉　林	76.7	12.2	283.0	7.2
黑龙江	85.5	6.5	269.5	5.8
上　海	75.5	6.2	305.6	5.9
江　苏	79.8	6.1	256.0	5.9
浙　江	82.6	4.7	313.4	5.1
安　徽	69.2	6.0	251.8	4.5
福　建	59.5	7.0	239.5	5.8
江　西	74.7	5.6	271.8	4.8
山　东	80.5	6.6	241.8	5.5
河　南	79.0	6.1	225.5	4.9
湖　北	75.0	6.2	256.8	5.0
湖　南	59.2	6.9	322.6	4.9
广　东	62.4	7.9	251.0	5.8
广　西	74.4	8.0	143.2	5.9
海　南	61.0	5.8	277.3	5.4
重　庆	70.6	7.2	295.5	4.6
四　川	69.2	7.1	282.5	5.0
贵　州	85.0	0.7	308.0	4.5
云　南	76.1	7.8	286.8	5.2
西　藏	42.0	16.8	277.5	6.6
陕　西	79.2	6.6	233.2	5.6
甘　肃	80.1	5.9	352.3	3.5
青　海	71.1	7.9	250.5	5.5
宁　夏	79.0	6.6	217.2	5.4
新　疆	106.1	6.2	261.3	4.8

3-12 续表 6

家用电器及电子产品专门零售

地 区	负债比率 (%)	主营业务毛利率 (%)	人均营业收入 (万元)	费用率 (%)
全 国	**75.4**	**11.3**	**127.5**	**10.6**
北 京	91.8	6.7	316.5	7.8
天 津	79.1	10.2	139.6	11.6
河 北	76.0	10.8	76.4	10.5
山 西	84.6	9.9	101.9	9.9
内蒙古	76.0	10.2	99.1	12.5
辽 宁	79.9	9.5	106.0	8.1
吉 林	70.7	14.3	101.7	14.4
黑龙江	83.5	12.5	101.8	9.2
上 海	51.6	13.8	154.5	18.2
江 苏	66.7	12.7	114.1	12.4
浙 江	78.0	12.3	107.1	13.6
安 徽	80.1	11.6	110.3	10.6
福 建	79.5	9.9	113.9	9.3
江 西	70.9	9.9	89.8	8.1
山 东	78.4	11.2	108.1	8.0
河 南	81.8	14.9	88.5	10.1
湖 北	76.5	12.1	136.6	10.1
湖 南	70.2	11.9	101.0	11.0
广 东	82.5	13.2	92.2	11.5
广 西	79.4	10.8	78.9	9.9
海 南	82.8	11.4	83.5	12.9
重 庆	65.9	9.9	132.0	8.0
四 川	75.5	11.2	149.8	10.1
贵 州	64.4	12.6	91.7	11.7
云 南	68.7	23.6	155.3	13.9
西 藏	85.1	25.8	48.5	10.5
陕 西	49.8	15.3	199.5	8.8
甘 肃	78.8	12.2	101.5	13.0
青 海	36.5	14.2	173.9	10.5
宁 夏	72.4	11.1	135.9	11.1
新 疆	68.6	10.6	123.4	10.1

3-12 续表 7

五金、家具及室内装饰材料专门零售

地 区	负债比率 (%)	主营业务毛利率 (%)	人均营业收入 (万元)	费用率 (%)
全 国	**64.3**	**23.7**	**90.0**	**14.0**
北 京	81.1	40.1	82.5	34.2
天 津	82.6	44.1	110.9	49.5
河 北	72.2	15.6	43.4	15.1
山 西	37.9	23.0	164.9	9.1
内蒙古	23.9	22.4	39.0	19.0
辽 宁	90.4	16.9	72.2	19.9
吉 林	27.2	55.0	103.1	27.2
黑龙江	68.0	70.4	47.1	9.1
上 海	73.2	28.0	95.3	29.4
江 苏	66.7	12.8	175.4	11.3
浙 江	54.3	25.4	107.0	21.3
安 徽	69.6	45.5	77.3	11.0
福 建	59.9	24.9	103.9	17.6
江 西	62.1	7.9	145.8	6.0
山 东	53.4	24.1	51.6	10.0
河 南	73.3	17.3	62.9	10.7
湖 北	77.4	16.5	122.8	8.6
湖 南	59.2	20.8	79.4	13.3
广 东	75.6	28.4	71.3	25.6
广 西	32.4	24.2	15.5	27.3
海 南	80.9	16.1	29.9	14.5
重 庆	49.8	16.3	355.5	4.2
四 川	84.1	23.8	56.1	18.4
贵 州				
云 南	40.7	7.6	127.7	3.5
西 藏				
陕 西	62.4	25.0	186.5	4.7
甘 肃	45.2	46.1	4.0	40.8
青 海				
宁 夏	94.9	27.6	23.2	98.3
新 疆	37.3	55.4	55.5	44.6

3-12 续表 8

货摊、无店铺及其他零售业

地 区	负债比率 (%)	主营业务毛利率 (%)	人均营业收入 (万元)	费用率 (%)
全 国	**84.8**	**9.8**	**167.0**	**10.4**
北 京	108.0	4.5	170.3	11.9
天 津	83.8	7.2	501.6	5.9
河 北	61.8	7.7	43.5	13.7
山 西	77.3	18.3	46.8	18.4
内蒙古	59.6	22.9	221.1	13.8
辽 宁	87.0	12.9	89.7	13.4
吉 林	36.2	5.4	183.5	3.8
黑龙江	42.0	16.6	165.9	9.3
上 海	95.7	5.4	219.7	11.2
江 苏	85.5	6.1	201.8	7.5
浙 江	74.8	9.5	163.8	8.6
安 徽	55.8	27.6	79.4	18.2
福 建	72.8	9.1	129.5	10.1
江 西	65.1	19.5	105.7	16.9
山 东	76.1	17.2	169.6	6.2
河 南	61.1	17.1	100.4	6.3
湖 北	63.6	5.5	286.8	4.5
湖 南	50.4	23.0	151.6	16.2
广 东	82.1	14.8	127.8	13.6
广 西	61.2	14.2	114.1	9.8
海 南	25.8	31.0	56.6	16.3
重 庆	38.7	14.4	649.8	6.5
四 川	76.9	11.2	147.9	9.4
贵 州	51.9	35.3	87.1	29.2
云 南	70.0	57.9	50.2	16.6
西 藏				
陕 西	72.0	17.5	73.5	16.2
甘 肃	78.3	9.4	150.2	7.3
青 海	75.1	7.0	40.8	13.5
宁 夏	34.4	9.9	40.3	17.7
新 疆	68.5	57.7	36.4	32.4

3-13 大中型住宿业企业分行业基本情况

地区	住宿业		旅游饭店	
	法人单位数(个)	年末从业人数(人)	法人单位数(个)	年末从业人数(人)
全国	**4089**	**1296835**	**3643**	**1181419**
北京	359	122860	311	111118
天津	52	15707	41	11143
河北	114	35435	94	28166
山西	77	24580	67	22002
内蒙古	52	16610	42	14159
辽宁	118	35728	115	34846
吉林	44	12476	42	12096
黑龙江	38	11023	33	9930
上海	199	62917	159	52266
江苏	297	88579	279	85109
浙江	394	111762	366	104949
安徽	102	27476	91	24899
福建	170	53146	155	49531
江西	66	18945	56	16071
山东	246	74199	218	65550
河南	148	40508	127	36179
湖北	114	32486	91	27492
湖南	170	56628	151	52222
广东	555	210502	501	193859
广西	76	23824	73	23384
海南	101	39555	100	39294
重庆	85	26737	78	24929
四川	152	45203	130	41065
贵州	41	12076	37	11036
云南	91	28725	77	26528
西藏	8	1902	8	1902
陕西	110	36454	97	32831
甘肃	36	9920	33	9369
青海	10	3175	10	3175
宁夏	18	4201	17	4043
新疆	46	13496	44	12276

3-13 续表

地　区	一般旅馆		其他住宿业	
	法人单位数(个)	年末从业人数（人)	法人单位数(个)	年末从业人数(人)
全　国	**381**	**99243**	**65**	**16173**
北　京	45	10927	3	815
天　津	8	3701	3	863
河　北	15	5033	5	2236
山　西	8	2065	2	513
内蒙古	10	2451		
辽　宁	3	882		
吉　林	1	189	1	191
黑龙江	5	1093		
上　海	28	7270	12	3381
江　苏	15	2893	3	577
浙　江	27	6590	1	223
安　徽	9	2148	2	429
福　建	11	2506	4	1109
江　西	9	2665	1	209
山　东	26	8389	2	260
河　南	20	4219	1	110
湖　北	22	4809	1	185
湖　南	18	4304	1	102
广　东	45	14482	9	2161
广　西	2	312	1	128
海　南			1	261
重　庆	5	1292	2	516
四　川	16	3189	6	949
贵　州	3	765	1	275
云　南	13	2008	1	189
西　藏				
陕　西	11	3132	2	491
甘　肃	3	551		
青　海				
宁　夏	1	158		
新　疆	2	1220		

3-14 大中型住宿业企业分行业经营情况

旅游饭店　　单位：万元

地　区	营业额				
		客房收入	餐费收入	商品销售额	其他收入
全　国	**22128336**	**9120559**	**9951306**	**608259**	**2448213**
北　京	2752653	1215188	938881	55784	542801
天　津	211689	95920	84951	7157	23661
河　北	412865	147109	214403	5703	45650
山　西	294910	95479	159608	9640	30183
内蒙古	235926	81527	127321	4307	22771
辽　宁	670292	276608	321036	10494	62154
吉　林	216794	94517	101604	4509	16164
黑龙江	167909	82045	68735	7438	9691
上　海	1428323	623100	557506	28977	218740
江　苏	1638922	559280	864074	69403	146165
浙　江	2197368	770408	1209509	28670	188782
安　徽	382272	155676	183877	14274	28445
福　建	938235	344638	469246	58566	65784
江　西	241934	109963	102123	8920	20929
山　东	1185322	407164	636699	45516	95944
河　南	563169	226402	242321	32321	62126
湖　北	511278	234378	214802	13569	48530
湖　南	889381	345361	446971	29825	67225
广　东	3395045	1420447	1491211	66536	416852
广　西	345053	143137	159325	16722	25868
海　南	756857	466759	232515	11356	46227
重　庆	425992	175973	193960	12203	43856
四　川	742494	354125	295664	18613	74092
贵　州	157219	78456	62205	5427	11130
云　南	399342	206649	135262	10079	47352
西　藏	23191	12876	6777	612	2925
陕　西	499755	206448	239970	17122	36215
甘　肃	132008	64406	54793	4236	8574
青　海	42880	24693	13770	1296	3122
宁　夏	55271	23890	25367	1615	4399
新　疆	213987	77936	96822	7372	31858

3-14 续表 1

一般旅馆 单位：万元

地 区	营业额	客房收入	餐费收入	商品销售额	其他收入
全 国	**1808122**	**925690**	**673987**	**40668**	**167777**
北 京	233421	148992	48148	3368	32914
天 津	41044	13018	20542	132	7352
河 北	79746	27039	43373	1434	7900
山 西	26862	11142	15207	87	427
内蒙古	34697	14109	18962	125	1503
辽 宁	17723	3501	11171	1570	1481
吉 林	2410	770	1641		
黑龙江	24429	15565	8356	160	349
上 海	183019	85548	51834	1055	44583
江 苏	49746	19306	26457	48	3935
浙 江	139530	72302	59618	630	6980
安 徽	36639	14855	18557	1788	1439
福 建	46064	22344	21384	284	2052
江 西	35548	19758	13431	1615	744
山 东	111720	50014	48249	4484	8973
河 南	88959	41833	41873	1868	3386
湖 北	95561	43544	41166	3618	7233
湖 南	71707	25931	37255	5337	3184
广 东	262488	176392	56764	5727	23606
广 西	7173	5200	1973		
海 南					
重 庆	22561	9303	11586	978	694
四 川	62251	33914	23851	975	3510
贵 州	8718	4653	2922	244	899
云 南	46249	33851	5558	3824	3016
西 藏					
陕 西	47540	16377	29340	1257	566
甘 肃	10729	7344	3235	43	108
青 海					
宁 夏	2978	496	2482		
新 疆	18609	8591	9054	18	946

3-14 续表 2

其他住宿业　　单位：万元

地　区	营业额	客房收入	餐费收入	商品销售额	其他收入
全　国	**286581**	**134762**	**103726**	**9154**	**38939**
北　京	11985	4844	3568	681	2892
天　津	14160	3389	3354	439	6979
河　北	27976	8991	12148	1877	4960
山　西	5138	1518	934	468	2218
内蒙古					
辽　宁					
吉　林	6067	1145	4610		312
黑龙江					
上　海	84550	53154	27308	217	3871
江　苏	11664	8881	2451	56	275
浙　江	4010	2320	1666		24
安　徽	6363	1941	3143	51	1228
福　建	11489	4914	5566	24	985
江　西	3946	1679	1650	568	50
山　东	6063	1884	3194	823	162
河　南	3873	1067	2158	410	239
湖　北	2340	1325	682	13	320
湖　南	2175	942	896	333	4
广　东	32495	17642	11253	339	3260
广　西	4348	285	90	6	3968
海　南	3038	996	1778	88	176
重　庆	8871	2323	4609	361	1579
四　川	16337	9282	6119	3	934
贵　州	3548	1374	2172		3
云　南	2803	1212	774		816
西　藏					
陕　西	13340	3654	3603	2398	3685
甘　肃					
青　海					
宁　夏					
新　疆					

3-15 大中型住宿业企业分行业年末资产负债

旅游饭店

单位：万元

地区	流动资产合计	固定资产原价	累计折旧	资产总计	负债合计	所有者权益合计
全国	**20590158**	**43755960**	**16995252**	**62189297**	**43736818**	**18452479**
北京	2737503	6555306	2815222	9000260	6660533	2339727
天津	301888	387974	102651	723469	558785	164684
河北	373624	980762	305696	1294155	999019	295136
山西	207797	468548	158106	604647	399385	205263
内蒙古	137768	454601	148269	593977	385168	208809
辽宁	635648	1514840	638382	1805671	1146352	659318
吉林	136779	574306	194398	566945	381222	185723
黑龙江	86038	447018	162563	440683	281072	159611
上海	1114250	3271810	1572953	3941576	1979113	1962463
江苏	1483640	3110557	1183130	4828521	3455571	1372949
浙江	2299869	4090525	1471474	6419949	4778727	1641223
安徽	330602	643492	189430	1132522	769728	362794
福建	638282	1233058	400728	2007098	1203654	803444
江西	224754	387724	129329	682771	434909	247863
山东	924594	2044297	755155	2863068	1938707	924362
河南	576291	953005	358894	1444115	1058334	385781
湖北	341936	975070	365259	1361889	898187	463702
湖南	718930	1604641	555672	2326604	1644819	681785
广东	3426908	5989500	2635279	8830206	6711915	2118291
广西	238147	872422	341690	1032910	701679	331231
海南	997989	1243685	474490	2135042	1494965	640078
重庆	572609	721708	286498	1246025	1037590	208436
四川	658342	1560177	522676	2080761	1546078	534683
贵州	121255	282379	76442	394243	311967	82275
云南	507362	981734	387569	1509934	809770	700164
西藏	17731	101370	43151	96676	31038	65638
陕西	364492	1407979	407778	1706305	1392658	313647
甘肃	123532	229140	102859	321011	223443	97568
青海	38340	100734	25840	124119	44244	79875
宁夏	60144	145477	31178	115442	87508	27934
新疆	193117	422125	152493	558702	370680	188021

3-15 续表 1

一般旅馆　　　　单位：万元

地区	流动资产合计	固定资产原价	累计折旧	资产总计	负债合计	所有者权益合计
全　国	**1535648**	**2162587**	**614100**	**4295976**	**2975974**	**1320002**
北　京	314814	293624	89603	868443	483836	384607
天　津	18920	116805	42886	102372	110870	-8497
河　北	115833	73424	18069	196481	124049	72432
山　西	17966	48728	8094	64747	45438	19309
内蒙古	28200	65707	24135	78311	63455	14857
辽　宁	22423	24852	10704	52721	33996	18725
吉　林	1749			3237	1363	1875
黑龙江	7135	12990	389	20081	5429	14652
上　海	141851	158382	64392	468142	359364	108778
江　苏	28343	56157	13185	118917	103696	15221
浙　江	106106	160142	27250	355908	252542	103366
安　徽	23881	62394	9726	87391	47162	40230
福　建	21241	31547	7472	61439	50082	11358
江　西	42545	32942	4649	78288	44905	33383
山　东	94087	166210	45320	299975	270806	29169
河　南	33913	99239	30136	154086	119762	34324
湖　北	58996	72836	24462	134804	81178	53626
湖　南	18906	64966	9982	83587	59497	24090
广　东	307937	391292	130070	696112	449804	246307
广　西	388	796	516	779	437	342
海　南						
重　庆	45723	44714	7192	101177	71809	29368
四　川	30308	67937	18160	95839	78902	16937
贵　州	4576	14768	2791	16694	6027	10667
云　南	16893	55703	12103	77758	62097	15661
西　藏						
陕　西	19676	40656	10993	57974	39181	18793
甘　肃	1415	517	202	5098	4113	985
青　海						
宁　夏	198	2330	1101	1427	583	845
新　疆	11623	2932	522	14186	5592	8594

3-15 续表 2

其他住宿业　　单位：万元

地　区	流动资产合计	固定资产原价	累计折旧	资产总计	负债合计	所有者权益合计
全　国	**194432**	**430768**	**116336**	**624193**	**481689**	**142504**
北　京	7461	30450	8299	48846	53481	-4635
天　津	9450	37698	12839	38356	31795	6561
河　北	22104	90719	26553	104300	100026	4274
山　西	1714	18114	3544	17591	15125	2466
内蒙古						
辽　宁						
吉　林	1807	223	142	1887	3242	-1355
黑龙江						
上　海	50155	54072	13921	104804	66892	37912
江　苏	4800	1184	539	11446	17833	-6387
浙　江	484	850	693	641	1092	-451
安　徽	4334	40965	3892	47971	44189	3782
福　建	30185	21693	7115	51109	45269	5839
江　西	11881	5591	422	21270	11374	9896
山　东	2730	8744	4906	6569	1274	5295
河　南	425	180	42	1463	987	476
湖　北	1938	17942		19880	15972	3908
湖　南	16	190	5	201	35	166
广　东	16319	38358	15492	53072	43569	9503
广　西	5302	1253	740	6583	2454	4130
海　南	1478	469	185	1763	1424	339
重　庆	3847	3839	546	7488	6298	1190
四　川	5049	25632	9006	24111	860	23251
贵　州	724	809	422	1111	357	754
云　南	802	7237	710	7582	3982	3600
西　藏						
陕　西	11429	24558	6327	46149	14160	31989
甘　肃						
青　海						
宁　夏						
新　疆						

3-16 大中型住宿业企业分行业实收资本及构成

旅游饭店　　　　单位：万元

地　区	实收资本	国家资本	集体资本	法人资本	个人资本	港澳台资本	外商资本
全　国	**19504428**	**5704805**	**851384**	**6860687**	**2256244**	**2387216**	**1444091**
北　京	2625898	760142	29830	1158045	56056	489592	132233
天　津	235045	3813	2000	205845	17225		6163
河　北	456311	181966	13752	185595	60001	14998	
山　西	211205	66928	12002	81467	43483	7325	
内蒙古	203489	34223	4800	75681	24075	22241	42468
辽　宁	637584	177957	247	174434	123463	139399	22083
吉　林	146387	42476	100	51532	19855	200	32225
黑龙江	187256	65249		77101	9073	18198	17635
上　海	2147820	759075	467543	621932	72470	93794	133006
江　苏	1603366	636937	24263	373377	217473	137824	213491
浙　江	1558222	403892	70826	644810	221398	143817	73480
安　徽	278155	41378	524	176455	53978	1820	4000
福　建	681819	75050	7396	305205	86424	130446	77298
江　西	194064	64641	3740	65277	38939	8524	12943
山　东	658355	264672	75338	167153	58854	77783	14554
河　南	398151	145235	3740	98923	81304	68105	845
湖　北	458966	187134	12570	109580	74437	75207	39
湖　南	647461	216937	11450	259579	99758	43657	16080
广　东	2450621	540042	50665	670862	239854	579673	369525
广　西	599308	123622	300	271159	45809	138605	19813
海　南	547822	56702	21160	392579	22171	34041	21169
重　庆	269788	40320	7790	121755	39954	26664	33306
四　川	524964	82296	5213	160223	136722	29031	111479
贵　州	98312	25357		50977	13697	6800	1480
云　南	568793	284643	15700	109856	118788	15646	24161
西　藏	37575	32075		500	5000		
陕　西	554980	193051	5500	104274	129939	79829	42387
甘　肃	89216	44661	3469	24832	3982	2000	10272
青　海	73750	29623		14703	17469		11955
宁　夏	45573	19621		20215	5737		
新　疆	314174	105088	1467	86762	118858	2000	

3-16 续表 1

一般旅馆 单位：万元

地　区	实收资本	国家资本	集体资本	法人资本	个人资本	港澳台资本	外商资本
全　国	**1216860**	**162642**	**33225**	**571097**	**249384**	**106998**	**93516**
北　京	290153	8087	500	251918	17990	10637	1020
天　津	37160	12844	2356	21960			
河　北	70915	4703	213	11230	54769		
山　西	12615	1522	100	1000	9993		
内蒙古	16131	5730	57	7153	3191		
辽　宁	1100	800	40		260		
吉　林	800	800					
黑龙江	8882	3125		757	5000		
上　海	75693	700	478	49271	12325	4844	8076
江　苏	22501	2989	1951	7105	10455		
浙　江	70659	221	200	21664	36100	12474	
安　徽	29477	5000		20989	3488		
福　建	8769	1166		2003	5500	100	
江　西	34373	24649		2076	7648		
山　东	40268	18992	6707	7892	6677		
河　南	41518	11776	386	13285	7349	8722	
湖　北	31564	5747	2233	10615	10970	2000	
湖　南	24640			4050	20541	50	
广　东	284020	36995	3283	80406	10747	68169	84420
广　西	600			100	500		
海　南							
重　庆	30336		5000	25336			
四　川	25383	4349	9121	1819	10094		
贵　州	10552			5252	5300		
云　南	12763			12407	356		
西　藏							
陕　西	26183	3561	85	12809	9728		
甘　肃	865	45	515		305		
青　海							
宁　夏	540	540					
新　疆	8400	8300			100		

3-16 续表 2

其他住宿业　　单位：万元

地　区	实收资本	国家资本	集体资本	法人资本	个人资本	港澳台资本	外商资本
全　国	**158726**	**9052**	**5518**	**86151**	**23877**	**21194**	**12935**
北　京	4703			2500	2203		
天　津	6997		1268	5729			
河　北	37195			23500	1500	500	11695
山　西	6060			60	6000		
内蒙古							
辽　宁							
吉　林	200	200					
黑龙江							
上　海	15748	1000	4050	8748	1950		
江　苏	1100		50		1050		
浙　江							
安　徽	6500			6500			
福　建	11470			6000	1332	4138	
江　西	10200			10200			
山　东	2204			2204			
河　南	221	221					
湖　北	3908			3908			
湖　南	15			13	2		
广　东	19035		100	7600	3740	6356	1240
广　西	108			108			
海　南	200			200			
重　庆	180			80	100		
四　川	7882	7032	50	800			
贵　州	599	599					
云　南	3600			3600			
西　藏							
陕　西	20600			4400	6000	10200	
甘　肃							
青　海							
宁　夏							
新　疆							

3-17 大中型住宿业企业分行业损益及分配

旅游饭店

地区	主营业务收入	主营业务成本	主营业务税金及附加	主营业务利润	其他业务利润	销售费用
全国	**21836327**	**7050175**	**1173373**	**13612779**	**417631**	**6355697**
北京	2763554	731613	151797	1880144	6366	736159
天津	210253	73533	11686	125034	283	62399
河北	407151	157733	22305	227113	2731	141155
山西	281550	112212	15194	154144	16448	96089
内蒙古	227292	89697	12046	125549	17295	61241
辽宁	650890	234447	33748	382695	33146	164795
吉林	212923	79015	11597	122311	5333	63170
黑龙江	163842	46871	9498	107473	9504	51221
上海	1392740	411711	73437	907592	56923	411010
江苏	1612782	573517	83987	955278	8838	466640
浙江	2183257	710892	120562	1351803	30611	651687
安徽	367949	139225	19520	209204	15252	103379
福建	926927	321804	49067	556056	6577	271923
江西	241977	77401	10890	153686	545	78484
山东	1169218	469027	61818	638373	23182	309198
河南	553043	205667	29781	317595	17749	154170
湖北	533038	223721	25643	283674	13652	127588
湖南	874821	281974	45834	547013	12473	212172
广东	3317525	1012327	185940	2119258	68196	1067423
广西	344622	106674	18348	219600	9838	121421
海南	756299	156103	38663	561533	10062	197727
重庆	417153	145146	22112	249895	5711	119467
四川	723644	198903	38011	486730	4862	222948
贵州	155155	52267	8721	94167	6087	48648
云南	391221	101208	21903	268110	14200	129870
西藏	24051	5696	1380	16975	114	10128
陕西	493593	162660	25223	305710	18807	147130
甘肃	130240	46186	7638	76416	185	31364
青海	46936	11082	2617	33237	64	18384
宁夏	55237	21247	2343	31647	4	20784
新疆	207445	90616	12066	104763	2596	57924

单位：万元

管理费用	财务费用	营业利润	利润总额	应交所得税	应付职工薪酬
6369785	**1104974**	**1816**	**80530**	**219054**	**4447195**
948823	127310	86178	31703	50278	716410
62770	13414	-10145	-5483	579	41493
126122	29851	-67217	-63545	1096	87746
63001	10386	-12068	-10526	358	49419
75189	7603	-12366	-11299	445	51309
209249	25442	-8947	-6839	3790	110494
61743	6776	-12707	-11659	1201	33391
53148	5152	2345	3309	2316	30557
467967	55538	-3794	10546	18421	283916
478155	101338	-75575	-84427	11028	285359
599874	169443	-34544	-3098	19894	441923
99219	16623	-1275	1014	2330	75850
207448	45239	32563	32614	13052	189949
63231	12009	-779	6191	2084	44922
316523	36499	-15029	675	9997	210349
148879	26308	-6401	-5181	4542	96294
135256	19876	1735	11683	1293	80222
271112	63380	-8936	-2230	6631	170268
859264	167110	54970	66762	30093	739705
109809	20360	-21869	-7173	1310	72351
256230	23395	105467	96265	10347	115269
109819	34231	-7691	-2124	4869	84094
206034	41565	38116	42830	8749	118755
44016	11883	-10337	-8499	1965	32066
116675	5404	17818	20364	5297	82280
4933	275	9	-19	93	5564
162536	20158	-23977	-22644	3256	96724
36688	2021	3386	5331	691	26335
13546	981	1048	1326	91	9213
11065	3149	-6748	-4310	132	10843
51464	2255	-1413	-1027	2827	54127

3-17 续表 1

一般旅馆

地　区	主营业务收入	主营业务成本	主营业务税金及附加	主营业务利润	其他业务利润	销售费用
全　国	**1801278**	**674772**	**95147**	**1031359**	**31873**	**506555**
北　京	241382	60053	13419	167910	1339	75204
天　津	41254	14542	2184	24528	2337	12340
河　北	82320	42495	5029	34796	108	18311
山　西	26572	9108	1563	15901	2	8473
内蒙古	33732	13344	1445	18943		11120
辽　宁	18712	9568	730	8414		3050
吉　林	2410	1860	13	537		209
黑龙江	24110	8418	2011	13681	2043	6573
上　海	184105	40021	10162	133922	877	42742
江　苏	49343	22117	2752	24474	490	13600
浙　江	138827	36148	7889	94790	1395	60405
安　徽	36673	15466	1809	19398	4612	8902
福　建	45754	11287	2505	31962	325	15585
江　西	35442	14042	1877	19523	34	11598
山　东	110905	46647	4875	59383	2574	34507
河　南	86461	43610	3373	39478	1815	19611
湖　北	95480	49085	3750	42645	4017	20936
湖　南	68607	37756	2863	27988	600	13475
广　东	247270	99068	15223	132979	5968	77114
广　西	7173	2419	392	4362		3127
海　南						
重　庆	19197	11831	1063	6303	209	3760
四　川	71529	25658	3194	42677	1142	14031
贵　州	8718	2061	501	6156	1358	4174
云　南	46125	21610	2174	22341	570	13858
西　藏						
陕　西	46412	18381	2514	25517	47	7770
甘　肃	10562	2007	597	7958	9	2693
青　海						
宁　夏	2978	1680	164	1134		966
新　疆	19224	14494	1076	3654		2420

单位：万元

管理费用	财务费用	营业利润	利润总额	应交所得税	应付职工薪酬
452146	**61500**	**50384**	**62872**	**20094**	**329596**
81457	7560	33670	35394	3738	56008
12518	1063	-2010	-1780	39	10554
16100	850	-357	10119	204	18937
5646	609	1071	1272	415	5684
11143	906	-2274	-1789	204	5892
6164	305	-1206	-862		4003
221		108			295
4274	221	2932	2733	730	2236
75382	5555	19543	21273	5749	33081
14075	2093	-4804	-4431	276	10243
37686	4482	-6023	-3881	577	23587
6379	1238	2934	-486	292	5934
14637	1244	822	1289	739	11572
5161	2603	-1962	-84	67	6777
27045	4495	-6895	-6116	1316	20256
13387	2163	4428	4431	294	11195
12856	3271	7748	7730	988	13186
10463	1927	3379	1820	378	7525
56622	13670	-5938	-6361	1850	45270
1149	22	63	63	18	907
6006	1541	-2255	-2588	105	3954
14765	2571	-419	-163	267	9675
1437	220	325	501	14	1352
4383	1269	105	206	254	6259
10195	1391	3792	1014	73	8878
2179	69	3183	3186	1409	920
156	20	-8	-10		480
662	142	431	392	98	4937

3-17 续表 2

其他住宿业

地　区	主营业务收入	主营业务成本	主营业务税金及附加	主营业务利润	其他业务利润	销售费用
全　国	**269005**	**78818**	**14368**	**175819**	**18400**	**79406**
北　京	11985	4493	642	6850	248	3779
天　津	13798	4100	651	9047	17	5191
河　北	27977	9355	1599	17023		4761
山　西	5258	1091	291	3876		1954
内蒙古						
辽　宁						
吉　林	6067	2511	342	3214		2419
黑龙江						
上　海	67359	14002	3662	49695	14884	21244
江　苏	11664	2205	574	8885	-1660	3392
浙　江	4010	831	218	2961		2719
安　徽	6363	3324	327	2712		757
福　建	11385	3524	444	7417	2307	3719
江　西	3946	1007	221	2718		1325
山　东	5901	2971	339	2591		1380
河　南	3873	2788	116	969		78
湖　北	2727	1380	154	1193		103
湖　南	2175			2175	2	2
广　东	32487	7357	1925	23205	1	11176
广　西	4301	629	239	3433		1333
海　南	2945	912	166	1867		1140
重　庆	7305	3335	308	3662	30	2178
四　川	17788	7858	1153	8777	2571	5996
贵　州	3548	880	199	2469		979
云　南	2803	985	177	1641		
西　藏						
陕　西	13340	3280	621	9439		3783
甘　肃						
青　海						
宁　夏						
新　疆						

单位：万元

管理费用	财务费用	营业利润	利润总额	应交所得税	应付职工薪酬
95673	**11782**	**-294**	**3527**	**4213**	**54328**
2458	3797	-3183	-3143		2625
4046	39	-239	-170	403	3068
13465	2026	-3229	-3223	62	6257
1880	1038	-985	-1164		767
803	23	-30	-30		1167
30942	1290	9931	10730	2563	13583
5373	109	-1649	-1656	18	1462
402	38	-198	-152	55	910
2133	228	-405	-179		1596
2594	1287	-779	-628	108	3363
1597	38	-242	-228		575
683	207	320	580	113	826
50	14	827	827	233	165
992	14	85	87		495
35	55	46			184
13833	1195	-2992	-977	192	8501
375	15	1758	1730	289	324
536	17	211	211	82	672
2500	35	212	432	29	1477
3254	205	-709	-625	68	2512
2105	11	-626	-667		753
1781	18	-159			582
3838	84	1741	1772		2467

3-18 大中型住宿业企业分行业经济效益分析指标

旅游饭店

地　区	负债比率 (%)	主营业务毛利率 (%)	人均营业收入 (万元)	费用率 (%)
全　国	**70.3**	**67.7**	**18.8**	**62.3**
北　京	74.0	73.5	25.0	65.3
天　津	77.2	65.0	19.0	65.6
河　北	77.2	61.3	14.5	72.5
山　西	66.1	60.1	13.3	58.0
内蒙古	64.8	60.5	16.7	60.9
辽　宁	63.5	64.0	19.2	59.6
吉　林	67.2	62.9	17.9	60.9
黑龙江	63.8	71.4	17.0	64.9
上　海	50.2	70.4	27.3	65.4
江　苏	71.6	64.4	19.1	64.3
浙　江	74.4	67.4	21.2	64.0
安　徽	68.0	62.2	15.4	57.3
福　建	60.0	65.3	18.8	56.2
江　西	63.7	68.0	15.1	63.2
山　东	67.7	59.9	18.0	56.1
河　南	73.3	62.8	15.4	59.0
湖　北	66.0	58.0	19.6	52.6
湖　南	70.7	67.8	16.8	62.2
广　东	76.0	69.5	17.4	62.2
广　西	67.9	69.0	15.3	70.5
海　南	70.0	79.4	20.2	60.1
重　庆	83.3	65.2	17.0	62.0
四　川	74.3	72.5	18.1	63.2
贵　州	79.1	66.3	14.2	66.8
云　南	53.6	74.1	15.4	61.7
西　藏	32.1	76.3	12.7	63.4
陕　西	81.6	67.0	15.2	66.0
甘　肃	69.6	64.5	14.0	53.5
青　海	35.6	76.4	14.8	69.8
宁　夏	75.8	61.5	13.7	63.3
新　疆	66.3	56.3	17.5	52.0

注：费用率等于销售费用、管理费用、财务费用三项之和除以营业收入合计(下表同)。

3-18 续表 1

一般旅馆

地　区	负债比率 (%)	主营业务毛利率 (%)	人均营业收入 (万元)	费用率 (%)
全　国	**69.3**	**62.5**	**18.5**	**55.5**
北　京	55.7	75.1	22.3	67.4
天　津	108.3	64.8	11.2	62.6
河　北	63.1	48.4	16.4	42.7
山　西	70.2	65.7	12.9	55.4
内蒙古	81.0	60.4	14.6	64.5
辽　宁	64.5	48.9	21.3	50.7
吉　林	42.1	22.8	12.8	17.8
黑龙江	27.0	65.1	22.4	45.3
上　海	76.8	78.3	26.8	63.5
江　苏	87.2	55.2	17.1	60.3
浙　江	71.0	74.0	21.3	73.1
安　徽	54.0	57.8	17.1	45.0
福　建	81.5	75.3	18.4	68.3
江　西	57.4	60.4	13.3	54.5
山　东	90.3	57.9	13.2	59.5
河　南	77.7	49.6	20.5	40.6
湖　北	60.2	48.6	19.9	38.8
湖　南	71.2	45.0	16.2	37.0
广　东	64.6	59.9	17.9	56.8
广　西	56.1	66.3	23.0	59.9
海　南				
重　庆	71.0	38.4	17.3	50.6
四　川	82.3	64.1	22.6	43.6
贵　州	36.1	76.4	11.4	66.9
云　南	79.9	53.1	23.2	41.8
西　藏				
陕　西	67.6	60.4	15.2	40.7
甘　肃	80.7	81.0	19.5	46.1
青　海				
宁　夏	40.9	43.6	18.8	38.3
新　疆	39.4	24.6	15.8	16.7

3-18 续表 2

其他住宿业

地　区	负债比率 (%)	主营业务毛利率 (%)	人均营业收入 (万元)	费用率 (%)
全　国	**77.2**	**70.7**	**17.8**	**64.9**
北　京	109.5	62.5	14.7	83.7
天　津	82.9	70.3	16.0	67.2
河　北	95.9	66.6	12.5	72.4
山　西	86.0	79.3	10.2	92.7
内蒙古				
辽　宁				
吉　林	171.8	58.6	31.8	53.5
黑龙江				
上　海	63.8	79.2	25.0	63.2
江　苏	155.8	81.1	20.2	76.1
浙　江	170.4	79.3	18.0	78.8
安　徽	92.1	47.8	14.8	49.0
福　建	88.6	69.0	10.5	65.6
江　西	53.5	74.5	18.9	75.0
山　东	19.4	49.7	22.7	38.5
河　南	67.5	28.0	35.2	3.7
湖　北	80.3	49.4	14.7	40.7
湖　南	17.4	100.0	21.3	4.2
广　东	82.1	77.4	15.0	80.6
广　西	37.3	85.4	34.0	39.6
海　南	80.8	69.0	11.6	55.7
重　庆	84.1	54.3	16.9	54.2
四　川	3.6	55.8	18.7	53.2
贵　州	32.1	75.2	12.9	87.2
云　南	52.5	64.9	14.8	64.2
西　藏				
陕　西	30.7	75.4	27.2	57.8
甘　肃				
青　海				
宁　夏				
新　疆				

3-19 大中型餐饮业企业分行业基本情况

地区	餐饮业		正餐服务	
	法人单位数(个)	年末从业人数(人)	法人单位数(个)	年末从业人数(人)
全国	**3209**	**1363475**	**2886**	**863425**
北京	398	176232	341	115789
天津	60	41856	50	12132
河北	57	16140	57	16140
山西	92	37916	88	30616
内蒙古	53	12778	51	12350
辽宁	73	25327	59	12217
吉林	9	4094	9	4094
黑龙江	18	7664	17	7359
上海	308	150611	269	91581
江苏	270	125396	234	54732
浙江	229	90679	209	61560
安徽	72	24869	64	19974
福建	87	48801	76	34090
江西	28	12639	27	7271
山东	200	59802	187	50892
河南	61	17535	55	13971
湖北	104	53106	95	31762
湖南	73	28452	68	19760
广东	501	219509	448	118176
广西	23	13235	19	5453
海南	19	3642	18	3362
重庆	83	43496	76	37916
四川	138	66891	130	34020
贵州	24	7098	23	6972
云南	38	15296	34	9220
西藏	2	290	2	290
陕西	120	42267	114	36479
甘肃	27	6283	26	5732
青海	11	2958	11	2958
宁夏	14	3165	14	3165
新疆	17	5448	15	3392

3-19 续表

地区	快餐服务		饮料及冷饮服务		其他餐饮业	
	法人单位数（个）	年末从业人数（人）	法人单位数（个）	年末从业人数（人）	法人单位数（个）	年末从业人数（人）
全　国	**219**	**424050**	**26**	**26939**	**78**	**49061**
北　京	39	50131	7	3182	11	7130
天　津	6	28512			4	1212
河　北						
山　西	4	7300				
内蒙古	2	428				
辽　宁	10	12416	2	251	2	443
吉　林						
黑龙江	1	305				
上　海	24	39981	4	14309	11	4740
江　苏	20	58954	2	3720	14	7990
浙　江	12	27424	1	139	7	1556
安　徽	7	4685			1	210
福　建	9	13971	1	382	1	358
江　西	1	5368				
山　东	10	8129	1	148	2	633
河　南	5	3289			1	275
湖　北	5	19559	1	978	3	807
湖　南	4	8302	1	390		
广　东	35	93376	6	3440	12	4517
广　西	3	7182			1	600
海　南	1	280				
重　庆	4	4881			3	699
四　川	4	15531			4	17340
贵　州	1	126				
云　南	3	5525			1	551
西　藏						
陕　西	6	5788				
甘　肃	1	551				
青　海						
宁　夏						
新　疆	2	2056				

3-20 大中型餐饮业企业分行业经营情况

正餐服务　　单位：万元

地区	营业额	客房收入	餐费收入	商品销售额	其他收入
全　国	**16292551**	**1161191**	**14167953**	**522038**	**441369**
北　京	2649525	30951	2519015	34747	64813
天　津	220801	13379	196154	3219	8049
河　北	249193	28700	211979	5998	2516
山　西	501348	86162	375722	28189	11276
内蒙古	243946	39765	198632	2389	3160
辽　宁	265576	19878	227962	8251	9485
吉　林	75711	25680	38925	1160	9946
黑龙江	91735	10087	59045	6067	16536
上　海	2029618	32482	1954343	25416	17377
江　苏	1015140	132992	835099	17552	29497
浙　江	1204014	128112	1010547	28913	36443
安　徽	268402	39461	201813	21896	5233
福　建	555743	29351	502494	15620	8279
江　西	111567	7670	91631	11198	1068
山　东	940658	160018	665454	80240	34946
河　南	248650	33990	193915	7836	12909
湖　北	563061	47857	483918	21039	10247
湖　南	324463	28267	272885	8772	14539
广　东	2144003	109913	1913115	56338	64637
广　西	86737	3208	80274	2411	844
海　南	58744	1786	50380	712	5865
重　庆	696014	26547	630822	32295	6350
四　川	617946	44099	513885	26780	33183
贵　州	88454	5441	76468	4140	2405
云　南	178894	5418	156468	12944	4064
西　藏	6496		6496		
陕　西	639976	44953	518246	55178	21599
甘　肃	93031	8183	82878	929	1041
青　海	29946	4912	23836	242	956
宁　夏	45728	4507	36647	1434	3140
新　疆	47431	7422	38904	136	969

3-20 续表 1

快餐服务　　　　单位：万元

地　区	营业额	客房收入	餐费收入	商品销售额	其他收入
全　国	**8215110**	**2208**	**8145716**	**22968**	**44219**
北　京	1194295		1175891	5276	13129
天　津	454146		453345	801	
河　北					
山　西	93908		93908		
内蒙古	11489	478	4829	6167	15
辽　宁	598268		597969		298
吉　林					
黑龙江	12902		12902		
上　海	732920		729976		2944
江　苏	895744		895568		176
浙　江	580830	985	575962	730	3154
安　徽	82564		70428	9364	2772
福　建	282156		282156		
江　西	58302		58302		
山　东	319770	30	318709		1032
河　南	126908		117557	51	9299
湖　北	276268		276256		11
湖　南	162414		161788	579	47
广　东	1690665		1689852		812
广　西	68034		68034		
海　南	6110		6110		
重　庆	103306		103306		
四　川	218867		218660		207
贵　州	3254		3254		
云　南	76922		74851		2071
西　藏					
陕　西	90953	715	82640		7599
甘　肃	29628		29628		
青　海					
宁　夏					
新　疆	44487		43834		653

3-20 续表 2

饮料及冷饮服务　　　　单位：万元

地区	营业额	客房收入	餐费收入	商品销售额	其他收入
全　国	**556702**		**515606**	**34187**	**6909**
北　京	92519		80136	9689	2694
天　津					
河　北					
山　西					
内蒙古					
辽　宁	8350		7384	966	
吉　林					
黑龙江					
上　海	303873		284986	18887	
江　苏	28713		24630		4083
浙　江	3114		2918	196	
安　徽					
福　建	2313		1400	913	
江　西					
山　东	5375		4824	551	
河　南					
湖　北	17911		17911		
湖　南	9461		8049	1281	132
广　东	85073		83368	1705	
广　西					
海　南					
重　庆					
四　川					
贵　州					
云　南					
西　藏					
陕　西					
甘　肃					
青　海					
宁　夏					
新　疆					

3-20 续表 3

其他餐饮业　　单位：万元

地　区	营业额	客房收入	餐费收入	商品销售额	其他收入
全　国	**802457**	**7589**	**722922**	**33967**	**37980**
北　京	98524		74390	420	23714
天　津	19906	2624	16952		330
河　北					
山　西					
内蒙古					
辽　宁	9687		8954	178	556
吉　林					
黑龙江					
上　海	59023		58892		131
江　苏	85590	2021	58122	25164	284
浙　江	34463		28913	3402	2148
安　徽	2532		2532		
福　建	10819		10819		
江　西					
山　东	14694		12946	1375	373
河　南	3376		3088	288	
湖　北	17739	1336	13783		2620
湖　南					
广　东	85176		78630	3009	3538
广　西	3138		3138		
海　南					
重　庆	17653	1607	13828	56	2162
四　川	331165		330857	75	233
贵　州					
云　南	8972		7079		1893
西　藏					
陕　西					
甘　肃					
青　海					
宁　夏					
新　疆					

3-21 大中型餐饮业企业分行业年末资产负债

正餐服务　　单位：万元

地　区	流动资产合计	固定资产原价	累计折旧	资产总计	负债合计	所有者权益合计
全　国	**8296622**	**7866245**	**2429910**	**18369011**	**13132981**	**5236761**
北　京	1299292	587556	232728	2305648	1622086	683563
天　津	153934	143394	31540	346296	255740	90555
河　北	114142	115433	37554	234835	170199	65418
山　西	256540	396685	129330	687622	552776	134846
内蒙古	153185	266718	46590	498648	350954	147694
辽　宁	195165	258630	78541	532183	414111	118072
吉　林	47603	171015	35819	205328	61669	143658
黑龙江	33773	35603	5562	79618	34243	45375
上　海	764633	492499	153997	1481397	1003577	477770
江　苏	652206	554886	182989	1427822	1165401	262421
浙　江	753192	838215	223239	1719752	1340121	379630
安　徽	174110	170730	63525	411497	306263	105234
福　建	209401	166278	66808	387703	257863	129840
江　西	73023	95790	14107	180350	82316	98035
山　东	530852	1035566	271528	1836919	1346641	490278
河　南	143318	97530	23312	313315	203726	109589
湖　北	256938	269985	93580	579854	468925	110930
湖　南	106813	189453	44302	336576	206989	129586
广　东	847756	800760	316899	1724452	1266105	458347
广　西	27396	19738	6501	50410	30154	20256
海　南	21751	25009	10970	40634	35535	5100
重　庆	278576	198607	60001	486318	250360	235958
四　川	490731	317676	114922	1065830	792545	273284
贵　州	55011	32337	12969	91731	74265	17466
云　南	259716	122730	22153	387605	222588	165017
西　藏	276	247	45	2895	2552	343
陕　西	267528	304897	110368	605392	379795	225597
甘　肃	27622	36339	10138	65837	40532	25305
青　海	25118	38211	9138	76162	46221	29942
宁　夏	52119	63345	11709	127888	104075	23813
新　疆	24906	20387	9052	78495	44657	33839

3-21 续表 1

快餐服务　　单位：万元

地　区	流动资产合计	固定资产原价	累计折旧	资产总计	负债合计	所有者权益合计
全　国	**1241332**	**1663863**	**705003**	**3732922**	**2431427**	**1301496**
北　京	198804	204274	96206	512219	300843	211376
天　津	31690	84858	34381	169503	95550	73953
河　北						
山　西	6649	5482	1080	26348	11213	15135
内蒙古	11146	7886	3790	16010	11332	4678
辽　宁	85026	87034	41888	245823	166689	79134
吉　林						
黑龙江	1591	4699	2180	7382	6217	1165
上　海	120982	209110	108031	308878	265873	43005
江　苏	113256	139546	56619	357233	241335	115897
浙　江	94535	116657	48762	257057	176730	80327
安　徽	34198	19172	6328	55847	34502	21344
福　建	24083	69023	25771	126044	101328	24716
江　西	3425	9068	4379	16366	8335	8031
山　东	30222	73671	28604	155269	120554	34714
河　南	19109	36383	9077	67110	51476	15633
湖　北	23147	56612	21306	123803	99386	24418
湖　南	12952	34121	9760	50682	39164	11518
广　东	314631	345444	150428	882714	493119	389595
广　西	7154	8946	3131	24090	12313	11777
海　南	2330	1643	1021	3022	985	2037
重　庆	19080	19926	8303	56584	40308	16276
四　川	26321	62571	17578	107945	79887	28058
贵　州	879	238	171	946	216	730
云　南	7601	13800	5340	29833	16770	13064
西　藏						
陕　西	39407	39170	16272	97606	46137	51469
甘　肃	4360	3006	1686	9603	2973	6630
青　海						
宁　夏						
新　疆	8757	11523	2911	25008	8192	16817

3-21 续表 2

饮料及冷饮服务 单位：万元

地　区	流动资产合计	固定资产原价	累计折旧	资产总计	负债合计	所有者权益合计
全　国	**168351**	**97153**	**25997**	**327008**	**169613**	**157394**
北　京	29573	15744	6219	53549	31868	21681
天　津						
河　北						
山　西						
内蒙古						
辽　宁	2845	1396	805	5060	1274	3786
吉　林						
黑龙江						
上　海	95620	44273	7816	165733	92505	73228
江　苏	15498	14654	3554	42572	18541	24031
浙　江	954	513	390	1106	265	841
安　徽						
福　建	1840	3437	351	6105	2115	3990
江　西						
山　东	992	807	385	2689	702	1987
河　南						
湖　北	1755	2977	859	9767	5683	4085
湖　南		859	108	1020	130	890
广　东	19274	12493	5511	39407	16532	22875
广　西						
海　南						
重　庆						
四　川						
贵　州						
云　南						
西　藏						
陕　西						
甘　肃						
青　海						
宁　夏						
新　疆						

3-21 续表 3

其他餐饮业　　　　单位：万元

地 区	流动资产合计	固定资产原价	累计折旧	资产总计	负债合计	所有者权益合计
全 国	**358060**	**148809**	**56151**	**652898**	**402224**	**250674**
北 京	112141	11501	5517	239693	238899	794
天 津	7720	1017	557	9031	6463	2568
河 北						
山 西						
内蒙古						
辽 宁	5935	4482	2666	9256	2040	7216
吉 林						
黑龙江						
上 海	19126	6964	3668	23241	11268	11973
江 苏	15471	15101	4854	40345	18671	21675
浙 江	14498	8185	3673	21548	10289	11260
安 徽	196	1955	60	2090	26	2065
福 建	5499	4028	1666	10009	3543	6467
江 西						
山 东	2511	2575	837	5088	3049	2039
河 南	2059	3294	901	4800	2051	2749
湖 北	10783	7335	1121	19386	10339	9047
湖 南						
广 东	43641	16604	9509	61323	27860	33463
广 西	6467	1498	384	9856	1177	8679
海 南						
重 庆	6229	20368	3157	26248	13488	12760
四 川	98144	40059	16101	160780	50499	110281
贵 州						
云 南	7642	3845	1482	10203	2563	7640
西 藏						
陕 西						
甘 肃						
青 海						
宁 夏						
新 疆						

3-22 大中型餐饮业企业分行业实收资本及构成

正餐服务　　　　单位：万元

地区	实收资本						
		国家资本	集体资本	法人资本	个人资本	港澳台资本	外商资本
全　国	**3724251**	**299446**	**81896**	**1611607**	**1198354**	**341080**	**191867**
北　京	373423	3273	3191	181234	118889	26047	40789
天　津	65234	2162		16614	46448	10	
河　北	53731	1893		21025	30814		
山　西	143471	6207	916	90235	45655	459	
内蒙古	95591	14634		42145	38812		
辽　宁	106467	889	100	37447	65364	852	1815
吉　林	80093	16653		63440			
黑龙江	25014	237	529	2850	16148	5233	17
上　海	322449	36730	1327	119907	35530	74350	54606
江　苏	326379	34494	14670	93041	110264	68844	5067
浙　江	379510	15327	29397	149311	118311	27025	40140
安　徽	86866	7056	233	40332	39245		
福　建	97862	1189	589	29959	42572	23552	
江　西	29200	300		12560	15427	813	100
山　东	264984	60462	5615	118074	68942	10590	1301
河　南	80064	1232	2273	50672	25887		
湖　北	127035	7261	62	63945	48356	5145	2265
湖　南	86812	1817	551	57558	26886		
广　东	354307	28564	5227	108458	101328	87049	23682
广　西	14919			9084	5835		
海　南	10239		138	3000	2180	4922	
重　庆	106318	6335	5	65186	19765		15028
四　川	158853	3208	8968	89837	54613	1827	400
贵　州	16501	2747		8653	5100		
云　南	31433	5455		10447	14160	1372	
西　藏	12				12		
陕　西	190060	8166	7826	99407	65014	2990	6658
甘　肃	11589	84	246	5269	5991		
青　海	25358	52		9646	15660		
宁　夏	22659	3000		10750	8909		
新　疆	37816	30019	35	1522	6240		

3-22 续表 1

快餐服务　　单位：万元

地区	实收资本	国家资本	集体资本	法人资本	个人资本	港澳台资本	外商资本
全　国	**801700**	**13415**	**3572**	**191203**	**42874**	**136223**	**414412**
北　京	89819	206	1080	17510	5610	27365	38048
天　津	18974			760	340	235	17638
河　北							
山　西	2849			1010	100		1739
内蒙古	200			100		50	50
辽　宁	23473			664		2363	20446
吉　林							
黑龙江	2482						2482
上　海	172637	5650		56093	200	47109	63585
江　苏	48340		2492	11701	3547	2045	28555
浙　江	56102	100		21434	2075		32493
安　徽	9091	5000		1073	535	2484	
福　建	26834			1000	1551	15918	8366
江　西	2109						2109
山　东	17650	1759		2529	250	1516	11596
河　南	5851			1000	380	2070	2401
湖　北	22183			6246	300		15637
湖　南	4745			310	2694		1741
广　东	239241	700		37025	21139	30007	150370
广　西	4008				1773		2235
海　南	337					337	
重　庆	6614			1000		2068	3547
四　川	10206			2490			7716
贵　州	500				500		
云　南	6345			4109		1657	579
西　藏							
陕　西	24522			20591	1881	1000	1050
甘　肃	1410						1410
青　海							
宁　夏							
新　疆	5178			4558			621

3-22 续表 2

饮料及冷饮服务　　　　单位：万元

地区	实收资本	国家资本	集体资本	法人资本	个人资本	港澳台资本	外商资本
全　国	**79978**	**245**	**360**	**8745**	**380**	**40943**	**29306**
北　京	13531			1700		9157	2674
天　津							
河　北							
山　西							
内蒙古							
辽　宁	3570					3570	
吉　林							
黑龙江							
上　海	22155			6865		7532	7758
江　苏	18873						18873
浙　江	245	245					
安　徽							
福　建	5600					5600	
江　西							
山　东	818					818	
河　南							
湖　北	1740					1740	
湖　南	570		360	120	90		
广　东	12876			60	290	12526	
广　西							
海　南							
重　庆							
四　川							
贵　州							
云　南							
西　藏							
陕　西							
甘　肃							
青　海							
宁　夏							
新　疆							

3-22 续表 3

其他餐饮业　　　　单位：万元

地　区	实收资本	国家资本	集体资本	法人资本	个人资本	港澳台资本	外商资本
全　国	**116408**	**8630**	**800**	**49154**	**18015**	**8091**	**31718**
北　京	21582	90		12039	1748		7705
天　津	2655			1635	1020		
河　北							
山　西							
内蒙古							
辽　宁	4326	3676				650	
吉　林							
黑龙江							
上　海	25582	295		160	1160	2058	21909
江　苏	6063			614	3838	1365	246
浙　江	4290	71		1572	123	1325	1200
安　徽	2000			2000			
福　建	1211			618		593	
江　西							
山　东	1009	509			500		
河　南	2642				2642		
湖　北	5000			5000			
湖　南							
广　东	14600	1788	800	9704	685	1623	
广　西	1000			1000			
海　南							
重　庆	8373	2200		6123	50		
四　川	14159			7250	6250		659
贵　州							
云　南	1917			1440		477	
西　藏							
陕　西							
甘　肃							
青　海							
宁　夏							
新　疆							

3-23 大中型餐饮业企业分行业损益及分配

正餐服务 单位：万元

地 区	主营业务收入	主营业务成本	主营业务税金及附加	主营业务利润
全 国	**15807075**	**7427873**	**856113**	**7523089**
北 京	2676254	1113962	147995	1414297
天 津	218840	98177	11986	108677
河 北	246801	124273	13497	109031
山 西	471628	231331	24625	215672
内蒙古	242739	116603	9964	116172
辽 宁	255813	120175	14711	120927
吉 林	69940	22600	2978	44362
黑龙江	84638	30735	4568	49335
上 海	1688916	715131	106274	867511
江 苏	1008456	449600	56118	502738
浙 江	1195154	586408	63649	545097
安 徽	260500	118542	13391	128567
福 建	555368	286676	34049	234643
江 西	109946	54772	5025	50149
山 东	931797	459000	45207	427590
河 南	246685	125287	10492	110906
湖 北	562895	285713	29899	247283
湖 南	319925	166510	17586	135829
广 东	2129907	1005728	117451	1006728
广 西	76377	46211	4732	25434
海 南	53205	27397	3605	22203
重 庆	684617	437238	28342	219037
四 川	601402	269875	32173	299354
贵 州	81155	39344	4693	37118
云 南	177361	99171	8213	69977
西 藏	6496	3807	356	2333
陕 西	636724	295297	33685	307742
甘 肃	92816	46795	4381	41640
青 海	31610	14170	1529	15911
宁 夏	42020	18855	2458	20707
新 疆	47091	18491	2482	26118

3-23 续表 1

正餐服务

地 区	其他业务利润	销售费用	管理费用	财务费用
全 国	**136679**	**4823297**	**2048225**	**394182**
北 京	7611	945507	316325	37979
天 津	1809	74673	26606	4790
河 北	1912	77426	23138	5386
山 西	6517	145910	78551	16269
内蒙古	4608	54532	40685	5744
辽 宁	3428	63796	40017	14777
吉 林	651	16562	22031	1707
黑龙江	409	14333	10055	211
上 海	26066	698602	242993	33261
江 苏	3685	322136	171074	36511
浙 江	6505	361648	173783	45620
安 徽	7059	81261	41181	10644
福 建	854	116087	71413	10367
江 西	1795	27510	10553	3442
山 东	6883	229595	143008	34693
河 南	5112	52862	21834	6906
湖 北	7572	158995	58500	18967
湖 南	4496	82501	36473	9083
广 东	12702	653277	235272	49693
广 西	2050	19701	9707	952
海 南	2641	19344	7287	517
重 庆	1364	99876	50195	6817
四 川	1719	187687	72774	17054
贵 州	94	23748	13540	2241
云 南	1543	46485	22208	5423
西 藏		2132	40	2
陕 西	9928	183081	79683	9366
甘 肃	4750	23959	6097	1032
青 海	2566	10835	4267	609
宁 夏	114	14856	7790	2864
新 疆	236	14382	11146	1255

单位：万元

营业利润	利润总额	应交所得税	应付职工薪酬
523897	**684275**	**184671**	**2655903**
133078	142826	43655	516319
26291	26886	3563	44384
3437	1501	1383	41782
-12585	-7371	2952	70717
14329	7455	1627	38964
11890	5924	2359	32497
6714	8366	1356	14209
8137	6064	1073	15322
69754	95280	29756	280437
-23267	-20203	6496	163820
-8540	999	9252	193558
651	1409	4110	46923
34661	29919	8741	108101
5045	7381	869	15584
24407	22816	11293	134818
25043	20796	2341	33642
9726	7763	5853	85098
7305	7433	2159	54623
63959	60114	23548	372343
3139	2074	870	12228
-373	-224	861	8598
64664	67725	4737	96234
18591	22496	6401	92953
-976	-627	613	18526
-2570	128011	1661	28127
160	213	26	812
34207	31773	6417	99729
9405	8723	253	11314
826	1017	70	7301
-1153	-744	205	8718
-2057	-1521	172	8224

3-23 续表 2

快餐服务

地　区	主营业务收入	主营业务成本	主营业务税金及附加	主营业务利润	其他业务利润	销售费用
全　国	**7519475**	**3403953**	**407457**	**3708065**	**65899**	**2776720**
北　京	1180747	491089	64992	624666	10745	480862
天　津	458655	211126	25216	222313	5605	139186
河　北						
山　西	90338	46145	4743	39450		21483
内蒙古	11489	4490	204	6795		3602
辽　宁	591118	268795	33460	288863		181178
吉　林						
黑龙江	12902	4843	710	7349		6225
上　海	428098	183831	21217	223050	10521	273198
江　苏	894624	430292	48696	415636	5783	262811
浙　江	575958	279025	32015	264918	3068	166424
安　徽	79755	34608	2806	42341	107	35370
福　建	280493	125640	16017	138836	2005	104918
江　西	60141	29533	3342	27266		16581
山　东	319010	156222	16987	145801	-19	99794
河　南	116904	52797	6594	57513	7270	42976
湖　北	276268	123850	15585	136833	11	92712
湖　南	162402	79456	9001	73945	47	51721
广　东	1405795	617484	73903	714408	1845	599727
广　西	16443	6472	863	9108		18741
海　南	6110	2259	338	3513	3513	988
重　庆	92459	35229	5192	52038	2697	37141
四　川	223597	115739	12563	95295	5527	62700
贵　州	3254	1962	186	1106		821
云　南	75139	34438	4140	36561	1428	23594
西　藏						
陕　西	83361	36360	4629	42372	5746	35758
甘　肃	29628	13510	1663	14455		6127
青　海						
宁　夏						
新　疆	44788	18762	2398	23628		12081

单位：万元

管理费用	财务费用	营业利润	利润总额	应交所得税	应付职工薪酬
631784	**32272**	**552058**	**538706**	**147261**	**1140208**
90604	1105	63427	58867	16871	203991
35143	394	53193	52820	13777	46820
6072	-185	13883	13830	3307	2645
1624	402	1042	1039	260	1573
46709	1034	60960	61996	15914	19117
363	157	605	555		1729
72428	7469	1193	5917	8492	88953
71197	5609	76567	77351	20669	163658
44043	4980	52372	53600	14184	112050
4602	1005	3152	3458	1744	8092
22747	2071	12481	12626	2796	39073
4383	70	6232	6279	1570	6442
24657	2905	18564	18407	5765	48270
11617	857	9334	9383	2501	16196
22924	2357	18824	18368	4683	34222
11680	1255	9158	9041	2756	16884
112710	-1113	92363	74874	22081	255442
4633	-45	10311	9695	2458	8762
2056	12	458	401	100	1026
6108	132	5940	5420	1699	12115
17515	1247	13379	17029	566	28602
128	32	126	126	32	268
5860	14	8524	7702	74	10213
6344	677	5562	5810	1663	11881
2064	-205	6469	6360	1510	1300
3576	38	7940	7755	1790	887

3-23 续表 3

饮料及冷饮服务

地　区	主营业务收入	主营业务成本	主营业务税金及附加	主营业务利润	其他业务利润	销售费用
全　国	**551397**	**170762**	**27261**	**353374**	**373**	**266834**
北　京	89132	26621	4522	57989	337	46275
天　津						
河　北						
山　西						
内蒙古						
辽　宁	8292	2218	420	5654		3784
吉　林						
黑龙江						
上　海	300435	88515	15717	196203	14	145663
江　苏	28713	7666	1591	19456		15687
浙　江	3086	847	163	2076		1090
安　徽						
福　建	2313	711	94	1508		2298
江　西						
山　东	5296	1462	271	3563		2394
河　南						
湖　北	17911	5140	971	11800		8875
湖　南	9461	9253	27	181	22	50
广　东	86759	28329	3486	54944		40718
广　西						
海　南						
重　庆						
四　川						
贵　州						
云　南						
西　藏						
陕　西						
甘　肃						
青　海						
宁　夏						
新　疆						

单位：万元

管理费用	财务费用	营业利润	利润总额	应交所得税	应付职工薪酬
37625	**1886**	**45706**	**54111**	**14777**	**76071**
9704	-133	2143	2418	2173	14024
536	41	1293	1328	264	896
15281	1132	34150	39827	9406	37481
4239	492	-961	331	249	3319
774	29	182	175	44	1068
24		-814		11	898
224	32	914	915	229	522
958	79	1888	1883	529	3011
60	25	68			1650
5825	190	6844	7234	1872	13203

3-23 续表 4

其他餐饮业

地　区	主营业务收入	主营业务成本	主营业务税金及附加	主营业务利润	其他业务利润	销售费用
全　国	**794865**	**392491**	**37071**	**365303**	**4694**	**206198**
北　京	97053	67293	4361	25399	25	16016
天　津	19958	12610	980	6368		2005
河　北						
山　西						
内蒙古						
辽　宁	9115	5727	175	3213		
吉　林						
黑龙江						
上　海	59541	38922	2744	17875	8	14180
江　苏	84890	42197	3876	38817	211	26971
浙　江	32154	19292	1203	11659	1400	7318
安　徽			127	-127		
福　建	10819	7980	203	2636		371
江　西						
山　东	14321	11797	658	1866	373	585
河　南	3376	3005	29	342	37	66
湖　北	17739	7448	779	9512		5103
湖　南						
广　东	85034	44799	4093	36142	2134	16751
广　西	3138	2381		757		780
海　南						
重　庆	17653	7221	380	10052		4468
四　川	331115	115139	17314	198662	506	111338
贵　州						
云　南	8960	6680	149	2131		247
西　藏						
陕　西						
甘　肃						
青　海						
宁　夏						
新　疆						

单位：万元

管理费用	财务费用	营业利润	利润总额	应交所得税	应付职工薪酬
86625	**4539**	**71254**	**69107**	**19707**	**158942**
13065	996	-4653	-4678	217	25431
3359	124	-48	32	126	4649
841	-5	2398	1161	298	1305
5839	18	-1760	-1363	182	14992
4552	460	7247	7369	1697	12400
3696	151	1908	1862	1031	7455
633	18	109			
1050	-33	1248	1261	352	2635
1352	43	259	189	70	1551
174	56	84	84	21	169
1583	196	1539	1548	194	2343
16833	170	4444	4482	1079	17862
880	163	-1066	-972		160
3923	7	1653	1657	225	3320
27269	2325	57425	56010	14141	62147
1577	-147	467	466	74	2524

3-24 大中型餐饮业企业分行业经济效益分析指标

正餐服务

地区	负债比率(%)	主营业务毛利率(%)	人均营业收入(万元)	费用率(%)
全国	**71.5**	**53.0**	**18.9**	**44.5**
北京	70.4	58.4	23.2	48.4
天津	73.9	55.1	18.2	48.1
河北	72.5	49.6	15.3	42.9
山西	80.4	51.0	16.2	48.7
内蒙古	70.4	52.0	19.7	41.6
辽宁	77.8	53.0	21.9	44.4
吉林	30.0	67.7	18.7	52.7
黑龙江	43.0	63.7	12.4	26.9
上海	67.7	57.7	22.2	48.0
江苏	81.6	55.4	18.5	52.4
浙江	77.9	50.9	19.6	48.3
安徽	74.4	54.5	13.4	49.6
福建	66.5	48.4	16.5	35.2
江西	45.6	50.2	15.3	37.2
山东	73.3	50.7	18.4	43.4
河南	65.0	49.2	17.7	33.1
湖北	80.9	49.2	17.8	41.9
湖南	61.5	48.0	16.5	39.3
广东	73.4	52.8	18.1	43.8
广西	59.8	39.5	15.9	34.9
海南	87.5	48.5	17.5	46.2
重庆	51.5	36.1	18.5	22.3
四川	74.4	55.1	18.2	44.9
贵州	81.0	51.5	12.6	45.0
云南	57.4	44.1	19.3	41.6
西藏	88.2	41.4	22.4	33.5
陕西	62.7	53.6	17.5	42.7
甘肃	61.6	49.6	16.4	33.2
青海	60.7	55.2	10.7	49.6
宁夏	81.4	55.1	14.4	55.9
新疆	56.9	60.7	14.0	56.5

注：费用率等于销售费用、管理费用、财务费用三项之和除以营业收入合计(下表同)。

3-24 续表 1

快餐服务

地　区	负债比率 (%)	主营业务毛利率 (%)	人均营业收入 (万元)	费用率 (%)
全　国	**65.1**	**54.7**	**19.3**	**42.1**
北　京	58.7	58.4	23.9	47.9
天　津	56.4	54.0	16.1	38.1
河　北				
山　西	42.6	48.9	12.9	29.1
内蒙古	70.8	60.9	26.9	48.9
辽　宁	67.8	54.5	47.7	38.6
吉　林				
黑龙江	84.2	62.5	42.3	52.3
上　海	86.1	57.1	18.3	48.2
江　苏	67.6	51.9	15.2	37.9
浙　江	68.8	51.6	21.1	37.2
安　徽	61.8	56.6	17.6	49.6
福　建	80.4	55.2	20.2	46.0
江　西	50.9	50.9	11.2	35.0
山　东	77.6	51.0	39.3	39.9
河　南	76.7	54.8	35.5	47.4
湖　北	80.3	55.2	14.1	42.7
湖　南	77.3	51.1	19.6	39.8
广　东	55.9	56.1	17.8	42.7
广　西	51.1	60.6	9.5	34.1
海　南	32.6	63.0	21.8	50.0
重　庆	71.2	61.9	18.9	46.9
四　川	74.0	48.2	14.4	36.4
贵　州	22.8	39.7	25.8	30.1
云　南	56.2	54.2	13.9	38.3
西　藏				
陕　西	47.3	56.4	15.7	47.0
甘　肃	31.0	54.4	53.8	27.0
青　海				
宁　夏				
新　疆	32.8	58.1	21.8	35.0

3-24 续表 2

饮料及冷饮服务

地　区	负债比率 (%)	主营业务毛利率 (%)	人均营业收入 (万元)	费用率 (%)
全　国	**51.9**	**69.0**	**20.5**	**55.6**
北　京	59.5	70.1	28.0	62.7
天　津				
河　北				
山　西				
内蒙古				
辽　宁	25.2	73.3	33.0	52.6
吉　林				
黑龙江				
上　海	55.8	70.5	21.0	53.9
江　苏	43.6	73.3	7.7	71.1
浙　江	24.0	72.6	22.2	61.3
安　徽				
福　建	34.6	69.3	6.1	100.4
江　西				
山　东	26.1	72.4	35.8	50.0
河　南				
湖　北	58.2	71.3	18.3	55.3
湖　南	12.7	2.2	24.3	1.4
广　东	42.0	67.3	25.2	53.9
广　西				
海　南				
重　庆				
四　川				
贵　州				
云　南				
西　藏				
陕　西				
甘　肃				
青　海				
宁　夏				
新　疆				

3-24 续表 3

其他餐饮业

地区	负债比率(%)	主营业务毛利率(%)	人均营业收入(万元)	费用率(%)
全国	**61.6**	**50.6**	**16.3**	**37.1**
北京	99.7	30.7	13.6	31.0
天津	71.6	36.8	16.5	27.5
河北				
山西				
内蒙古				
辽宁	22.0	37.2	20.6	9.2
吉林				
黑龙江				
上海	48.5	34.6	12.6	33.6
江苏	46.3	50.3	10.7	37.4
浙江	47.7	40.0	22.0	32.6
安徽	1.2		12.1	25.7
福建	35.4	26.2	30.2	12.8
江西				
山东	59.9	17.6	23.2	13.5
河南	42.7	11.0	12.4	8.7
湖北	53.3	58.0	22.2	38.4
湖南				
广东	45.4	47.3	18.8	39.7
广西	11.9	24.1	5.2	58.1
海南				
重庆	51.4	59.1	25.3	47.6
四川	31.4	65.2	19.1	42.5
贵州				
云南	25.1	25.4	16.3	18.7
西藏				
陕西				
甘肃				
青海				
宁夏				
新疆				

企业篇

简要说明:

一、本篇资料主要内容为分地区大型批发业、零售业、住宿业和餐饮业企业名称、所属行业和所在地等。

二、本篇资料来源于批发和零售业、住宿和餐饮业企业上报的2012年统计年报。

4-1 分地区大型批发业企业名单

企业名称	所属行业	企业所在地
北京市		
中国石化化工销售有限公司	其他化工产品批发	北京市朝阳区
宝马(中国)汽车贸易有限公司	汽车批发	北京市朝阳区
神华销售集团有限公司	煤炭及制品批发	北京市海淀区
一汽丰田汽车销售有限公司	汽车批发	北京市海淀区
中国航空油料有限责任公司	石油及制品批发	北京市顺义区
五矿钢铁有限责任公司	金属及金属矿批发	北京市海淀区
梅赛德斯-奔驰(中国)汽车销售有限公司	汽车批发	北京市朝阳区
中国海洋石油总公司销售分公司	石油及制品批发	北京市东城区
中国石化燃料油销售有限公司	石油及制品批发	北京市朝阳区
天翼电信终端有限公司	通讯及广播电视设备批发	北京市西城区
中国中煤能源股份有限公司	煤炭及制品批发	北京市朝阳区
奥迪(中国)企业管理有限公司	汽车批发	北京市朝阳区
丰田汽车(中国)投资有限公司	汽车批发	北京市朝阳区
中国矿产有限责任公司	金属及金属矿批发	北京市海淀区
联通华盛通信有限公司	通讯及广播电视设备批发	北京市东城区
索尼(中国)有限公司	家用电器批发	北京市朝阳区
神华销售集团华北能源贸易有限公司	煤炭及制品批发	北京市昌平区
中粮食品营销有限公司	米、面制品及食用油批发	北京市东城区
中石油昆仑燃气有限公司	石油及制品批发	北京市顺义区
北京普天太力通信科技有限公司	通讯及广播电视设备批发	北京市海淀区
佳能(中国)有限公司	家用电器批发	北京市东城区
中钢钢铁有限公司	金属及金属矿批发	北京市海淀区
中化化肥有限公司	化肥批发	北京市西城区
中国首钢国际贸易工程公司	金属及金属矿批发	北京市海淀区
五矿有色金属股份有限公司	金属及金属矿批发	北京市海淀区
中国石油技术开发公司	其他机械设备及电子产品批发	北京市西城区
松下电器(中国)有限公司	家用电器批发	北京市朝阳区
中国石油天然气股份有限公司北京销售分公司	石油及制品批发	北京市朝阳区
西门子(中国)有限公司	通讯及广播电视设备批发	北京市朝阳区
中国铁路物资北京有限公司	金属及金属矿批发	北京市西城区
中国铁路物资股份有限公司	金属及金属矿批发	北京市丰台区
施耐德电气(中国)有限公司	电气设备批发	北京市朝阳区
中国烟草总公司北京市公司	烟草制品批发	北京市通州区
大金(中国)投资有限公司	家用电器批发	北京市东城区
北京红牛饮料销售有限公司	酒、饮料及茶叶批发	北京市朝阳区
中化物产股份有限公司	其他化工产品批发	北京市东城区
翰林汇信息产业股份有限公司	计算机、软件及辅助设备批发	北京市海淀区
日产(中国)投资有限公司	汽车批发	北京市朝阳区
诺基亚(中国)投资有限公司	通讯及广播电视设备批发	北京市大兴区
现代汽车(中国)投资有限公司	汽车批发	北京市朝阳区
北京科园信海医药经营有限公司	中药批发	北京市丰台区
中国有色金属建设股份有限公司	金属及金属矿批发	北京市丰台区
中化塑料有限公司	其他化工产品批发	北京市西城区
中邮普泰通信服务股份有限公司	通讯及广播电视设备批发	北京市西城区
北京金隅水泥经贸有限公司	建材批发	北京市房山区
中粮集团有限公司	谷物、豆及薯类批发	北京市东城区
路易达孚(北京)贸易有限责任公司	谷物、豆及薯类批发	北京市朝阳区
国药集团药业股份有限公司	西药批发	北京市东城区
北大荒营销股份有限公司	米、面制品及食用油批发	北京市大兴区
乐金电子(中国)有限公司	家用电器批发	北京市朝阳区

4-1 续表 1

企业名称	所属行业	企业所在地
中铁物资集团有限公司	金属及金属矿批发	北京市海淀区
北京首钢新钢联科贸有限公司	金属及金属矿批发	北京市石景山区
华润雪花啤酒(中国)有限公司	酒、饮料及茶叶批发	北京市东城区
中粮国际(北京)有限公司	米、面制品及食用油批发	北京市朝阳区
北京龙禹石油化工有限公司	石油及制品批发	北京市平谷区
亚马逊卓越有限公司	图书批发	北京市朝阳区
国药控股北京有限公司	中药批发	北京市东城区
中国黄金集团营销有限公司	首饰、工艺品及收藏品批发	北京市房山区
中建材国际贸易有限公司	建材批发	北京市海淀区
中国植物油公司	米、面制品及食用油批发	北京市西城区
中国机械进出口(集团)有限公司	贸易代理	北京市西城区
中航技进出口有限责任公司	其他机械设备及电子产品批发	北京市大兴区
神华物资集团有限公司	其他机械设备及电子产品批发	北京市昌平区
中国航空技术北京有限公司	其他机械设备及电子产品批发	北京市大兴区
北京神州数码供应链服务有限公司	计算机、软件及辅助设备批发	北京市海淀区
中国再生资源开发有限公司	再生物资回收与批发	北京市西城区
中国石油化工股份有限公司润滑油分公司	石油及制品批发	北京市海淀区
诺基亚西门子通信技术(北京)有限公司	通讯及广播电视设备批发	北京市东城区
中钢设备股份有限公司	其他机械设备及电子产品批发	北京市海淀区
李宁(中国)体育用品有限公司	体育用品及器材批发	北京市通州区
戴姆勒东北亚零部件贸易服务有限公司	汽车零配件批发	北京市朝阳区
中国北方工业公司	其他未列明批发业	北京市西城区
北京市糖业烟酒公司	酒、饮料及茶叶批发	北京市东城区
中国电子进出口总公司	其他机械设备及电子产品批发	北京市海淀区
北京九州通医药有限公司	西药批发	北京市大兴区
北京周大福珠宝金行有限公司	首饰、工艺品及收藏品批发	北京市东城区
中国免税品(集团)有限责任公司	烟草制品批发	北京市东城区
新时代健康产业(集团)有限公司	营养和保健品批发	北京市昌平区
国药控股北京华鸿有限公司	西药批发	北京市东城区
东陶(中国)有限公司	厨房、卫生间用具及日用杂货批发	北京市朝阳区
北京中邮普泰移动通信设备有限责任公司	通讯及广播电视设备批发	北京市丰台区
卡特彼勒(中国)投资有限公司	电气设备批发	北京市朝阳区
北京酷人通讯科技有限公司	通讯及广播电视设备批发	北京市朝阳区
中国精密机械进出口有限公司	贸易代理	北京市海淀区
中建材信息技术有限公司	计算机、软件及辅助设备批发	北京市海淀区
中国联合石油有限责任公司	石油及制品批发	北京市西城区
北京福田国际贸易有限公司	汽车批发	北京市昌平区
北京同仁堂健康药品经营有限公司	中药批发	北京市朝阳区
北京恒通华泰汽车销售有限公司	汽车批发	北京市朝阳区
威斯特(北京)机械设备有限公司	其他机械设备及电子产品批发	北京市大兴区
奥林巴斯(北京)销售服务有限公司	医疗用品及器材批发	北京市朝阳区
中国航空技术国际控股有限公司	其他机械设备及电子产品批发	北京市朝阳区
保利科技有限公司	其他机械设备及电子产品批发	北京市东城区
百丽鞋业(北京)有限公司	鞋帽批发	北京市通州区
中国牧工商(集团)总公司	西药批发	北京市丰台区
北京现代摩比斯汽车配件有限公司	汽车零配件批发	北京市顺义区
中国仪器进出口(集团)公司	贸易代理	北京市西城区
北京讯宜创新电子有限公司	计算机、软件及辅助设备批发	北京市海淀区
北京朝批商贸股份有限公司	米、面制品及食用油批发	北京市朝阳区
中农立华生物科技股份有限公司	农药批发	北京市海淀区
索尼移动通信产品(中国)有限公司	通讯及广播电视设备批发	北京市朝阳区

4-1 续表 2

企业名称	所属行业	企业所在地
超威半导体产品(中国)有限公司	通讯及广播电视设备批发	北京市海淀区
北京中科三环高技术股份有限公司	金属及金属矿批发	北京市海淀区
中国电子器材总公司	其他机械设备及电子产品批发	北京市海淀区
中国石油物资公司	金属及金属矿批发	北京市西城区
北京双鹤药业经营有限责任公司	西药批发	北京市海淀区
中国石化国际事业有限公司	其他机械设备及电子产品批发	北京市朝阳区
北京惠买在线网络科技有限公司	厨房、卫生间用具及日用杂货批发	北京市大兴区
默克雪兰诺有限公司	西药批发	北京市顺义区
中国海外经济合作总公司	贸易代理	北京市西城区
北京中油公交石油销售有限公司	石油及制品批发	北京市通州区
中国出国人员服务总公司	其他机械设备及电子产品批发	北京市朝阳区
三星电子(北京)技术服务有限公司	其他机械设备及电子产品批发	北京市朝阳区
北京中青旅创格科技有限公司	计算机、软件及辅助设备批发	北京市海淀区
北京北方京糖洋酒销售有限公司	酒、饮料及茶叶批发	北京市西城区
北京金隅商贸有限公司	建材批发	北京市朝阳区
阿尔派电子(中国)有限公司	汽车零配件批发	北京市朝阳区
中国水利电力物资有限公司	金属及金属矿批发	北京市西城区
中粮肉食(北京)有限公司	肉、禽、蛋、奶及水产品批发	北京市朝阳区
中国集邮总公司	首饰、工艺品及收藏品批发	北京市东城区
本田技研工业(中国)投资有限公司	汽车批发	北京市朝阳区
标致雪铁龙(中国)汽车贸易有限公司	汽车批发	北京市朝阳区
北京伊藤忠华糖综合加工有限公司	化妆品及卫生用品批发	北京市东城区
通用美康医药有限公司	中药批发	北京市东城区
北京北汽陆驰汽车销售有限公司	汽车批发	北京市顺义区
中航国际航空发展有限公司	贸易代理	北京市朝阳区
富士施乐(中国)有限公司	其他机械设备及电子产品批发	北京市朝阳区
史赛克(北京)医疗器械有限公司	医疗用品及器材批发	北京市东城区
华润新龙(北京)医药有限公司	中药批发	北京市大兴区
中建材国际装备有限公司	建材批发	北京市海淀区
北京一商美洁商业有限公司	化妆品及卫生用品批发	北京市丰台区
北京一商宇洁商贸有限公司	厨房、卫生间用具及日用杂货批发	北京市东城区
北京蒙牛宏达乳制品有限责任公司	肉、禽、蛋、奶及水产品批发	北京市通州区
北京市西南郊食品冷冻厂	肉、禽、蛋、奶及水产品批发	北京市丰台区
北京曲美馨家商业有限公司	其他家庭用品批发	北京市顺义区
北京法雅商贸有限责任公司	服装批发	北京市西城区
北京鑫方盛五金交电有限公司	五金产品批发	北京市大兴区
爱尔康(中国)眼科产品有限公司	医疗用品及器材批发	北京市朝阳区
北京恒信玺利珠宝股份有限公司	首饰、工艺品及收藏品批发	北京市平谷区
北京同仁堂商业投资集团有限公司	中药批发	北京市西城区
北京元隆雅图文化传播有限责任公司	首饰、工艺品及收藏品批发	北京市西城区
康明斯发动机(北京)有限公司	其他机械设备及电子产品批发	北京市大兴区
北京小松工程机械有限公司	其他机械设备及电子产品批发	北京市通州区
北京郊区电信实业有限公司	通讯及广播电视设备批发	北京市密云县
北京紫竹医药经营有限公司	西药批发	北京市海淀区
北京二商集团有限责任公司	肉、禽、蛋、奶及水产品批发	北京市西城区
北京恒城实业发展公司	化妆品及卫生用品批发	北京市大兴区
泰戈特(北京)工程技术有限公司	其他机械设备及电子产品批发	北京市朝阳区
中国国际石油化工联合有限责任公司	贸易代理	北京市朝阳区
北京润美康医药有限公司	西药批发	北京市顺义区
北京骏马机械有限公司	其他机械设备及电子产品批发	北京市海淀区
北京赛科昌盛医药有限责任公司	西药批发	北京市朝阳区

4-1 续表 3

企业名称	所属行业	企业所在地
北京青岛啤酒北方销售有限公司	酒、饮料及茶叶批发	北京市密云县
北京全聚德仿膳食品有限责任公司	肉、禽、蛋、奶及水产品批发	北京市大兴区
北京建贸新科建材有限公司	建材批发	北京市朝阳区
华歌尔(中国)时装有限公司	服装批发	北京市大兴区
中粮创新食品(北京)有限公司	米、面制品及食用油批发	北京市东城区
北京市千叶世纪珠宝首饰有限公司	首饰、工艺品及收藏品批发	北京市东城区
英皇钟表珠宝(北京)有限公司	其他家庭用品批发	北京市朝阳区
北京大恒创新技术有限公司	计算机、软件及辅助设备批发	北京市海淀区
北京鼎力兴商贸有限责任公司	酒、饮料及茶叶批发	北京市西城区
威能(北京)供暖设备有限公司	其他机械设备及电子产品批发	北京市朝阳区
中国医药工业有限公司	西药批发	北京市海淀区
北京燃气用户服务有限公司	厨房、卫生间用具及日用杂货批发	北京市朝阳区
北京白金至尊酒业有限公司	酒、饮料及茶叶批发	北京市延庆县
北京市尧舜建材供应站	建材批发	北京市丰台区
北京明诚技术开发有限公司	其他机械设备及电子产品批发	北京市石景山区
北京金色农华种业科技有限公司	种子批发	北京市海淀区
中国种子集团公司	种子批发	北京市西城区
北京台湖出版物会展贸易中心有限责任公司	图书批发	北京市通州区
北京德瑞恩钻石有限公司	首饰、工艺品及收藏品批发	北京市朝阳区
北京首钢特殊钢有限公司	金属及金属矿批发	北京市石景山区
迈盛悦合体育用品有限公司	服装批发	北京市东城区
小松(中国)矿山设备有限公司	其他机械设备及电子产品批发	北京市朝阳区
北京布逸昊服装服饰有限公司	服装批发	北京市东城区
北京美缇商贸有限公司	化妆品及卫生用品批发	北京市顺义区
中铁信息计算机工程有限责任公司	计算机、软件及辅助设备批发	北京市海淀区
天津市		
中国石化销售有限公司华北分公司	石油及制品批发	天津市南开区
大众汽车(中国)销售有限公司	汽车批发	天津市保税区
天津正弘顺工贸科技有限公司	金属及金属矿批发	天津市东丽区
中国铁路物资天津有限公司	金属及金属矿批发	天津市河东区
中粮食品营销有限公司	贸易代理	天津市滨海新区
中国烟草总公司天津市公司	烟草制品批发	天津市和平区
国药控股天津有限公司	西药批发	天津市和平区
丰田通商(天津)有限公司	汽车零配件批发	天津市空港经济区
天津市大桥集团电焊条供销有限公司	金属及金属矿批发	天津市西青区
天津医药集团太平医药有限公司	西药批发	天津市和平区
天津天士力医药营销集团有限公司	中药批发	天津市北辰区
渤海石油物资供应有限责任公司	石油及制品批发	天津市滨海新区
玉柴重工(天津)有限公司	其他机械设备及电子产品批发	天津市武清区
永立建机(中国)有限公司	电气设备批发	天津市保税区
美卓矿机(天津)国际贸易有限公司	电气设备批发	天津市保税区
天津裕华经济贸易总公司	其他化工产品批发	天津市和平区
中盐天津市长芦盐业有限公司	盐及调味品批发	天津市和平区
中国农业机械华北集团有限公司	汽车批发	天津市和平区
天津空港国际汽车园发展有限公司	汽车批发	天津市空港经济区
天津港物资供应有限责任公司	建材批发	天津市保税区
威莱(天津)贸易有限公司	化妆品及卫生用品批发	天津市武清区
天津王朝酒业销售有限公司	酒、饮料及茶叶批发	天津市北辰区
天津TCL电器销售有限公司	五金产品批发	天津市河西区
天津罗升企业有限公司	电气设备批发	天津市空港经济区
天津市石化管件有限公司	建材批发	天津市滨海新区
重庆新日日顺家电销售有限公司天津分公司	家用电器批发	天津市北辰区

4-1 续表 4

企业名称	所属行业	企业所在地
昶盈贸易(天津)有限公司	服装批发	天津市武清区
天津市凯益达百货有限公司	其他家庭用品批发	天津市西青区
天津津铁经济技术开发总公司	煤炭及制品批发	天津市河北区
内蒙古伊利实业集团股份有限公司天津分公司	肉、禽、蛋、奶及水产品批发	天津市河东区
天天希杰(天津)商贸有限公司	其他家庭用品批发	天津市空港经济区
河北省		
开滦集团国际物流有限责任公司	煤炭及制品批发	河北省唐山市
保定长城汽车销售有限公司	汽车批发	河北省保定市
庞大汽贸集团股份有限公司	汽车批发	河北省唐山市
国药乐仁堂医药有限公司	西药批发	河北省石家庄市
中国石油化工股份有限公司河北唐山石油分公司	石油及制品批发	河北省唐山市
中国石油化工股份有限公司河北石家庄石油分公司	石油及制品批发	河北省石家庄市
河北省唐山市滦通商贸有限公司	煤炭及制品批发	河北省唐山市
迁安市九江煤炭储运有限公司	煤炭及制品批发	河北省唐山市
河北省烟草公司石家庄市公司	烟草制品批发	河北省石家庄市
河北省烟草公司保定市公司	烟草制品批发	河北省保定市
河北省烟草公司唐山市公司	烟草制品批发	河北省唐山市
中国石油化工股份有限公司河北邯郸石油分公司	石油及制品批发	河北省邯郸市
中国石油化工股份有限公司河北邢台石油分公司	石油及制品批发	河北省邢台市
河北省烟草公司邯郸市公司	烟草制品批发	河北省邯郸市
中国石油化工股份有限公司河北保定石油分公司	石油及制品批发	河北省保定市
中国石油化工股份有限公司河北沧州石油分公司	石油及制品批发	河北省沧州市
河北省烟草公司沧州市公司	烟草制品批发	河北省沧州市
中国石油化工股份有限公司河北承德石油分公司	石油及制品批发	河北省承德市
中国石油化工股份有限公司河北廊坊石油分公司	石油及制品批发	河北省廊坊市
中国石油化工股份有限公司河北张家口石油分公司	石油及制品批发	河北省张家口市
中国石油天然气股份有限公司河北保定销售分公司	石油及制品批发	河北省保定市
秦皇岛中油华奥销售有限公司	石油及制品批发	河北省秦皇岛市
河北省烟草公司邢台市公司	烟草制品批发	河北省邢台市
承德晨阳汽配城有限公司	汽车零配件批发	河北省承德市
中国石油天然气股份有限公司河北石家庄销售分公司	石油及制品批发	河北省石家庄市
中国石油化工股份有限公司河北衡水石油分公司	石油及制品批发	河北省衡水市
河北省新华书店有限责任公司	图书批发	河北省石家庄市
汉沽管区中油石油销售有限公司	石油及制品批发	河北省唐山市
河北省烟草公司承德市公司	烟草制品批发	河北省承德市
唐山市冀东物贸集团有限责任公司	汽车批发	河北省唐山市
河北省烟草公司秦皇岛市公司	烟草制品批发	河北省秦皇岛市
中国石油天然气股份有限公司河北沧州销售分公司	石油及制品批发	河北省沧州市
中国石油天然气股份有限公司河北唐山销售分公司	石油及制品批发	河北省唐山市
中国石油天然气股份有限公司河北秦皇岛销售分公司	石油及制品批发	河北省秦皇岛市
中铁物资集团华北有限公司	金属及金属矿批发	河北省石家庄市
中国石油天然气股份有限公司河北廊坊销售分公司	石油及制品批发	河北省廊坊市
保定市保北医药药材有限责任公司	西药批发	河北省保定市
中国石油天然气股份有限公司河北张家口销售分公司	石油及制品批发	河北省张家口市
衡水老白干营销有限公司	酒、饮料及茶叶批发	河北省衡水市
中国石油天然气股份有限公司河北邯郸销售分公司	石油及制品批发	河北省邯郸市
河北爱普医药药材有限公司	西药批发	河北省石家庄市
文安县天运商贸有限公司	其他化工产品批发	河北省廊坊市
中国石油天然气股份有限公司河北衡水销售分公司	石油及制品批发	河北省衡水市
保定通达医药药材经营有限责任公司	西药批发	河北省保定市
保定银河棉业有限公司	棉、麻批发	河北省保定市

4-1 续表 5

企业名称	所属行业	企业所在地
中国船舶燃料秦皇岛有限公司	石油及制品批发	河北省秦皇岛市
沧州天元医药有限公司	西药批发	河北省沧州市
承德聚鑫贸易有限责任公司	酒、饮料及茶叶批发	河北省承德市
中国石油天然气股份有限公司河北承德销售分公司	石油及制品批发	河北省承德市
平泉山庄老酒经营有限公司	酒、饮料及茶叶批发	河北省承德市
河北恒祥医药集团有限公司	西药批发	河北省邢台市
石家庄桥西糖烟酒食品股份有限公司	酒、饮料及茶叶批发	河北省石家庄市
河北旭跃实业集团有限公司	煤炭及制品批发	河北省石家庄市
河北迁西板栗集团有限公司	果品、蔬菜批发	河北省唐山市
河北龙隆医药有限公司	西药批发	河北省保定市
唐山海永商贸有限公司	家用电器批发	河北省唐山市
邯郸市龙安达贸易有限公司	建材批发	河北省邯郸市
石家庄中山日化有限责任公司	化妆品及卫生用品批发	河北省石家庄市
河北万合汽车贸易股份有限公司	汽车批发	河北省邯郸市
山西省		
山西焦煤集团国际贸易有限责任公司	煤炭及制品批发	山西省太原市
山西潞安煤炭经销有限责任公司	煤炭及制品批发	山西省长治市
山西省国新能源发展集团有限公司	煤炭及制品批发	山西省太原市
山西省焦炭集团有限责任公司	煤炭及制品批发	山西省太原市
山西煤炭运销集团长治有限公司	煤炭及制品批发	山西省长治市
山西煤炭运销集团吕梁有限公司	煤炭及制品批发	山西省吕梁市
山西建邦集团有限公司	金属及金属矿批发	山西省临汾市
山西省煤炭运销集团朔州有限公司	煤炭及制品批发	山西省朔州市
山西煤炭运销集团吕梁柳林有限公司	煤炭及制品批发	山西省吕梁市
山西煤炭运销集团长治市长治县有限公司	煤炭及制品批发	山西省长治市
山西省烟草公司太原市公司	烟草制品批发	山西省太原市
山西煤炭运销集团阳泉有限公司	煤炭及制品批发	山西省阳泉市
山西煤炭运销集团吕梁交口有限公司	煤炭及制品批发	山西省吕梁市
山西省煤炭运销总公司晋城分公司高平市公司	煤炭及制品批发	山西省晋城市
山西煤炭运销集团阳泉盂县有限公司	煤炭及制品批发	山西省阳泉市
中国石油化工股份有限公司山西朔州石油分公司	石油及制品批发	山西省朔州市
山西省烟草公司临汾市公司	烟草制品批发	山西省临汾市
大同煤矿集团煤炭运销朔州矿业公司	煤炭及制品批发	山西省朔州市
晋城市铁路煤炭销售有限公司	煤炭及制品批发	山西省晋城市
山西煤炭运销集团长治襄垣有限公司	煤炭及制品批发	山西省长治市
山西省烟草公司运城市公司	烟草制品批发	山西省运城市
山西煤炭运销集团临汾古县有限公司	煤炭及制品批发	山西省临汾市
山西省烟草公司大同市公司	烟草制品批发	山西省大同市
山西省烟草公司晋中市公司	烟草制品批发	山西省晋中市
山西省烟草公司吕梁市公司	烟草制品批发	山西省吕梁市
山西省烟草公司长治市公司	烟草制品批发	山西省长治市
阳泉天成煤炭铁路集运有限公司	煤炭及制品批发	山西省阳泉市
山西省烟草公司忻州市分公司	烟草制品批发	山西省忻州市
山西煤炭运销集团临汾蒲县有限公司	煤炭及制品批发	山西省临汾市
山西煤炭运销集团临汾乡宁有限公司	煤炭及制品批发	山西省临汾市
山西煤炭运销集团吕梁中阳有限公司	煤炭及制品批发	山西省吕梁市
山西煤炭运销集团晋中有限公司	煤炭及制品批发	山西省晋中市
山西煤炭运销集团阳泉郊区有限公司	煤炭及制品批发	山西省阳泉市
山西煤炭运销集团晋中寿阳有限公司	煤炭及制品批发	山西省晋中市
山西省烟草公司晋城市公司	烟草制品批发	山西省晋城市
国药控股山西有限公司	西药批发	山西省太原市

4-1 续表 6

企业名称	所属行业	企业所在地
山西煤炭运销集团临汾尧都有限公司	煤炭及制品批发	山西省临汾市
晋城市阳城公路煤炭销售有限公司	煤炭及制品批发	山西省晋城市
山西焦煤集团中源物贸有限责任公司	煤炭及制品批发	山西省太原市
阳城县皇城相府(集团)实业有限公司	煤炭及制品批发	山西省晋城市
晋城市泽州公路煤炭销售有限公司	煤炭及制品批发	山西省晋城市
山西煤炭运销集团长治武乡有限公司	煤炭及制品批发	山西省长治市
山西煤炭运销集团吕梁孝义有限公司	煤炭及制品批发	山西省吕梁市
山西省烟草公司朔州市公司	烟草制品批发	山西省朔州市
山西煤炭运销集团	煤炭及制品批发	山西省阳泉市
山西新华书店集团有限公司	图书批发	山西省太原市
长治市明华煤业有限公司	煤炭及制品批发	山西省长治市
山西省烟草公司阳泉市公司	烟草制品批发	山西省阳泉市
晋城市沁水公路煤炭销售有限公司	煤炭及制品批发	山西省晋城市
山西亚宝医药经销有限公司	中药批发	山西省运城市
山西三一晋湘工程机械有限公司	其他机械设备及电子产品批发	山西省太原市
山西煤炭运销集团临汾洪洞有限公司	煤炭及制品批发	山西省临汾市
山西康美徕医药有限公司	西药批发	山西省太原市
清徐县美特好农产品配送物流有限公司	果品、蔬菜批发	山西省太原市
山西煤炭运销集团晋中灵石有限公司	煤炭及制品批发	山西省晋中市
山西三龙聚兴工程机械销售有限公司	其他机械设备及电子产品批发	山西省晋中市
华润新龙(山西)医药有限公司	西药批发	山西省太原市
潞安五阳广源实业公司	金属及金属矿批发	山西省长治市
晋城市陵川公路煤炭销售有限公司	煤炭及制品批发	山西省晋城市
山西煤炭运销集团晋中和顺有限公司	煤炭及制品批发	山西省晋中市
山西汇丰兴业焦煤集团有限公司	煤炭及制品批发	山西省吕梁市
山西新华现代出版物连锁有限责任公司	图书批发	山西省晋中市
山西煤炭运销集团太原古交有限公司	煤炭及制品批发	山西省太原市
深圳创维-RGB电子有限公司山西分公司	家用电器批发	山西省太原市
山西煤炭运销集团晋中昔阳有限公司	煤炭及制品批发	山西省晋中市
山西百圆裤业连锁经营股份有限公司	服装批发	山西省太原市
青岛海信电器股份有限公司太原经营分公司	家用电器批发	山西省太原市
山西省襄垣县出口煤公司	煤炭及制品批发	山西省长治市
山西统配煤矿综合经营总公司	煤炭及制品批发	山西省太原市
山西欣予药业有限公司	西药批发	山西省太原市
大同市新荣区公路煤炭交易市场	煤炭及制品批发	山西省大同市
大同煤矿集团朔州矿业公司马邑煤炭集运站	煤炭及制品批发	山西省朔州市
襄垣县五阳新世纪有限责任公司	煤炭及制品批发	山西省长治市
山西东方建银投资有限公司	汽车零配件批发	山西省晋中市
内蒙古自治区		
中国石油天然汽股份有限公司内蒙古赤峰销售分公司	石油及制品批发	内蒙古自治区赤峰市
中国石油化工股份有限公司内蒙古石油分公司	石油及制品批发	内蒙古自治区呼和浩特市
中国石油天然气股份有限公司内蒙古呼和浩特市分公司	石油及制品批发	内蒙古自治区呼和浩特市
内蒙古自治区烟草公司呼和浩特市分公司	烟草制品批发	内蒙古自治区呼和浩特市
中国石油天然气股份有限公司内蒙古巴彦淖尔分公司	石油及制品批发	内蒙古自治区巴彦淖尔市
内蒙古自治区烟草公司鄂尔多斯市公司	烟草制品批发	内蒙古自治区鄂尔多斯市
内蒙古铁鑫煤化集团有限公司	煤炭及制品批发	内蒙古自治区包头市
内蒙古自治区烟草公司包头市公司	烟草制品批发	内蒙古自治区包头市
内蒙古自治区烟草公司赤峰市公司	烟草制品批发	内蒙古自治区赤峰市
内蒙古自治区烟草公司乌兰察布市公司	烟草制品批发	内蒙古自治区乌兰察布市
内蒙古烟草公司巴彦淖尔市分公司	烟草制品批发	内蒙古自治区巴彦淖尔市
内蒙古自治区烟草公司呼伦贝尔市公司	烟草制品批发	内蒙古自治区呼伦贝尔市

4-1 续表 7

企业名称	所属行业	企业所在地
内蒙古自治区烟草公司通辽分公司	烟草制品批发	内蒙古自治区通辽市
内蒙古西蒙煤炭有限责任公司	煤炭及制品批发	内蒙古自治区鄂尔多斯市
呼伦贝尔铁路煤炭运销总公司	煤炭及制品批发	内蒙古自治区呼伦贝尔市
内蒙古河套酒业集团销售有限责任公司	酒、饮料及茶叶批发	内蒙古自治区巴彦淖尔市
呼和浩特市恒昌商贸有限责任公司	服装批发	内蒙古自治区呼和浩特市
呼和浩特市朝晖商贸有限责任公司	糕点、糖果及糖批发	内蒙古自治区呼和浩特市
呼和浩特铁路局多种经营总公司包头多种经营公司	煤炭及制品批发	内蒙古自治区包头市
中国石油化工股份有限公司内蒙古赤峰石油分公司	石油及制品批发	内蒙古自治区赤峰市
内蒙古辽鞍机械有限公司	其他机械设备及电子产品批发	内蒙古自治区呼和浩特市
包头市如意煤化有限责任公司	煤炭及制品批发	内蒙古自治区包头市
重庆新日日顺家电销售有限公司内蒙古分公司	家用电器批发	内蒙古自治区呼和浩特市
赤峰雷蒙药品经销有限责任公司	西药批发	内蒙古自治区赤峰市
辽宁省		
中国石油天然气股份有限公司东北销售分公司	石油及制品批发	辽宁省沈阳市
鞍钢集团国际经济贸易公司	金属及金属矿批发	辽宁省鞍山市
中国铁路物资沈阳有限公司	金属及金属矿批发	辽宁省沈阳市
辽宁省烟草公司沈阳市公司	烟草制品批发	辽宁省沈阳市
中国烟草总公司大连市公司	烟草制品批发	辽宁省大连市
国药控股沈阳有限公司	西药批发	辽宁省沈阳市
中国石油天然气股份有限公司辽宁鞍山销售分公司	石油及制品批发	辽宁省鞍山市
中国石油天然气股份有限公司辽宁营口销售分公司	石油及制品批发	辽宁省营口市
中铁物资集团东北有限公司	金属及金属矿批发	辽宁省沈阳市
中国石油天然气股份有限公司辽宁抚顺销售分公司	石油及制品批发	辽宁省抚顺市
中国石油天然气股份有限公司东北润滑油销售分公司	石油及制品批发	辽宁省大连市
中国石油天然气股份有限公司辽宁盘锦销售分公司	石油及制品批发	辽宁省盘锦市
沈阳铁道金属物资有限公司	金属及金属矿批发	辽宁省沈阳市
中国石油天然气股份有限公司辽宁葫芦岛销售分公司	石油及制品批发	辽宁省葫芦岛市
中国石油天然气股份有限公司辽宁辽阳销售分公司	石油及制品批发	辽宁省辽阳市
中油辽宁铁岭销售分公司	石油及制品批发	辽宁省铁岭市
中国石油天然气股份有限公司辽宁阜新销售分公司	石油及制品批发	辽宁省阜新市
中国石油天然气股份有限公司辽宁本溪分公司	石油及制品批发	辽宁省本溪市
中国石油天然气股份有限公司辽宁朝阳销售分公司	石油及制品批发	辽宁省朝阳市
辽宁省烟草公司鞍山市公司	烟草制品批发	辽宁省鞍山市
第一汽车大连保税区口岸通商中心	汽车零配件批发	辽宁省大连市
华润辽宁医药有限公司	西药批发	辽宁省沈阳市
辽宁省烟草公司锦州市公司	烟草制品批发	辽宁省锦州市
东北制药集团公司供销公司	西药批发	辽宁省沈阳市
辽宁省烟草公司营口市分公司	烟草制品批发	辽宁省营口市
辽宁省烟草公司铁岭市公司	烟草制品批发	辽宁省铁岭市
辽宁省烟草公司丹东市公司	酒、饮料及茶叶批发	辽宁省丹东市
中国烟草总公司辽宁葫芦岛分公司	烟草制品批发	辽宁省葫芦岛市
辽宁省烟草公司朝阳市公司	烟草制品批发	辽宁省朝阳市
辽宁省烟草公司抚顺市公司	烟草制品批发	辽宁省抚顺市
大连中石油昆仑天诚燃气有限公司	石油及制品批发	辽宁省大连市
辽宁恒力工程机械有限公司	汽车零配件批发	辽宁省沈阳市
辽宁省烟草公司辽阳市公司	烟草制品批发	辽宁省辽阳市
东北制药集团销售有限公司	西药批发	辽宁省沈阳市
博宇金属股份有限公司	金属及金属矿批发	辽宁省沈阳市
朝阳昊天有色金属有限公司	金属及金属矿批发	辽宁省朝阳市
辽宁省烟草公司阜新市公司	烟草制品批发	辽宁省阜新市
辽宁烟草公司本溪分公司	烟草制品批发	辽宁省本溪市

4-1 续表 8

企业名称	所属行业	企业所在地
辽宁九州通医药有限公司	医疗用品及器材批发	辽宁省沈阳市
中国船舶燃料大连有限公司	石油及制品批发	辽宁省大连市
辽宁省烟草公司盘锦市公司	烟草制品批发	辽宁省盘锦市
一重集团大连国际科技贸易有限公司	其他机械设备及电子产品批发	辽宁省大连市
中国石油天然气股份有限公司河北销售瑞州分公司	石油及制品批发	辽宁省葫芦岛市
大连环嘉集团有限公司	再生物资回收与批发	辽宁省大连市
大连金嘉物资回收有限公司	再生物资回收与批发	辽宁省大连市
鞍山银珠米业有限公司	米、面制品及食用油批发	辽宁省鞍山市
万代国际贸易(大连)有限公司	服装批发	辽宁省大连市
沈阳长生产业集团股份有限公司	米、面制品及食用油批发	辽宁省沈阳市
吉林省		
一汽马自达汽车销售有限公司	汽车零配件批发	吉林省长春市
中国石油天然气股份有限公司吉林长春分公司	石油及制品批发	吉林省长春市
吉林亚泰集团水泥销售有限公司	建材批发	吉林省长春市
扶余县三井子农工商有限责任公司	谷物、豆及薯类批发	吉林省松原市
吉林省烟草公司长春市公司	烟草制品批发	吉林省长春市
中国石油天然气股份有限公司吉林省吉林市销售分公司	石油及制品批发	吉林省吉林市
中国石油天然气股份有限公司吉林松原销售分公司	石油及制品批发	吉林省松原市
吉林省烟草公司吉林市公司	烟草制品批发	吉林省吉林市
修正药业集团营销有限公司	中药批发	吉林省通化市
吉林省烟草公司延边州公司	烟草制品批发	吉林省延边朝鲜族自治州
吉林省烟草公司通化公司	烟草制品批发	吉林省通化市
吉林省烟草公司松原市公司	烟草制品批发	吉林省松原市
中国石油天然气股份有限公司吉林辽源销售分公司	石油及制品批发	吉林省辽源市
吉林省烟草公司白城市公司	烟草制品批发	吉林省白城市
吉林省烟草公司白山市公司	烟草制品批发	吉林省白山市
吉粮集团公主岭金玉收储有限责任公司	谷物、豆及薯类批发	吉林省四平市
吉林省北方医药有限责任公司	西药批发	吉林省长春市
重庆新日日顺家电销售有限公司长春分公司	家用电器批发	吉林省长春市
吉林省东良粮食集团有限公司	谷物、豆及薯类批发	吉林省四平市
黑龙江省		
中国石油销售东北公司大庆分公司	石油及制品批发	黑龙江省大庆市
中国铁路物资哈尔滨有限公司	石油及制品批发	黑龙江省哈尔滨市
黑龙江倍丰农业生产资料集团有限公司	化肥批发	黑龙江省哈尔滨市
中国石油天然气股份有限公司黑龙江哈尔滨销售分公司	石油及制品批发	黑龙江省哈尔滨市
中油黑龙江农垦石油有限公司	石油及制品批发	黑龙江省哈尔滨市
黑龙江雨润实业有限公司	肉、禽、蛋、奶及水产品批发	黑龙江省哈尔滨市
黑龙江省烟草公司哈尔滨市公司	烟草制品批发	黑龙江省哈尔滨市
北大荒粮食物流有限公司	米、面制品及食用油批发	黑龙江省哈尔滨市
中国石油天然气股份有限公司黑龙江大庆销售分公司	石油及制品批发	黑龙江省大庆市
黑龙江北大荒集团农业生产资料有限公司	化肥批发	黑龙江省哈尔滨市
中国石油天燃汽股份有限公司黑龙江齐齐哈尔销售分公司	石油及制品批发	黑龙江省齐齐哈尔市
依安县鹏程粮油储备物流有限公司	谷物、豆及薯类批发	黑龙江省齐齐哈尔市
哈药集团三精医药商贸有限公司	西药批发	黑龙江省哈尔滨市
中国石油天然气股份有限公司黑龙江鸡西销售分公司	石油及制品批发	黑龙江省鸡西市
中国石油天然气股份有限公司黑龙江佳木斯销售分公司	石油及制品批发	黑龙江省佳木斯市
黑龙江省烟草公司齐齐哈尔市公司	烟草制品批发	黑龙江省齐齐哈尔市
中国石油天然气股份有限公司黑龙江牡丹江销售分公司	石油及制品批发	黑龙江省牡丹江市
黑龙江省烟草公司绥化市公司	烟草制品批发	黑龙江省绥化市
中国石油天然气股份有限公司绥化分公司	石油及制品批发	黑龙江省绥化市
黑龙江省烟草公司大庆分公司	烟草制品批发	黑龙江省大庆市

4-1 续表 9

企业名称	所属行业	企业所在地
中国石油天然气股份有限公司黑龙江双鸭山销售分公司	石油及制品批发	黑龙江省双鸭山市
中国石油天然气股分有限公司黑龙江七台河销售分公司	石油及制品批发	黑龙江省七台河市
黑龙江省烟草公司佳木斯市公司	烟草制品批发	黑龙江省佳木斯市
哈尔滨珍宝岛医药贸易有限公司	中药批发	黑龙江省哈尔滨市
中国石油天然气股份有限公司黑龙江尚志销售分公司	石油及制品批发	黑龙江省哈尔滨市
依安县亿丰农副产品有限责任公司	谷物、豆及薯类批发	黑龙江省齐齐哈尔市
黑龙江省烟草公司牡丹江烟叶公司	烟草制品批发	黑龙江省牡丹江市
中国石油天燃气股份有限公司黑龙江肇东销售分公司	石油及制品批发	黑龙江省绥化市
中国烟草总公司黑龙江省鸡西分公司	烟草制品批发	黑龙江省鸡西市
黑龙江省烟草公司哈尔滨烟叶公司	酒、饮料及茶叶批发	黑龙江省哈尔滨市
中石油天然气股份有限公司黑龙江鹤岗分公司	石油及制品批发	黑龙江省鹤岗市
中国石油天然气股份有限公司黑龙江伊春经销分公司	石油及制品批发	黑龙江省伊春市
黑龙江省农业机械有限责任公司	农业机械批发	黑龙江省哈尔滨市
中国石油天然气股份有限公司黑龙江大兴安岭销售分公司	石油及制品批发	黑龙江省大兴安岭地区
齐齐哈尔北方洽洽食品销售有限公司	果品、蔬菜批发	黑龙江省齐齐哈尔市
上海市		
中国石化销售有限公司华东分公司	石油及制品批发	上海市长宁区
上海上汽大众汽车销售有限公司	汽车批发	上海市嘉定区
上汽通用汽车销售有限公司	汽车批发	上海市浦东新区
苹果电脑贸易(上海)有限公司	通讯及广播电视设备批发	上海市浦东新区
上海三星半导体有限公司	家用电器批发	上海市浦东新区
捷豹路虎汽车贸易(上海)有限公司	汽车批发	上海市浦东新区
中国石油化工股份有限公司上海石油分公司	石油及制品批发	上海市黄浦区
保时捷(中国)汽车销售有限公司	汽车批发	上海市浦东新区
托克贸易(上海)有限公司	金属及金属矿批发	上海市浦东新区
上海浦东国际机场航空油料有限责任公司	石油及制品批发	上海市浦东新区
中化国际(控股)股份有限公司	其他化工产品批发	上海市浦东新区
中国石油天然气股份有限公司上海销售分公司	石油及制品批发	上海市浦东新区
英迈(中国)投资有限公司	计算机、软件及辅助设备批发	上海市浦东新区
上海云峰(集团)有限公司	煤炭及制品批发	上海市闵行区
上海汽车进出口有限公司	汽车批发	上海市静安区
中国铁路物资上海有限公司	金属及金属矿批发	上海市闸北区
佳通轮胎(中国)投资有限公司	汽车零配件批发	上海市浦东新区
华硕电脑(上海)有限公司	计算机、软件及辅助设备批发	上海市闵行区
三菱商事(上海)有限公司	其他化工产品批发	上海市浦东新区
国药控股分销中心有限公司	西药批发	上海市浦东新区
宝钢资源有限公司	金属及金属矿批发	上海市浦东新区
欧莱雅(中国)有限公司	化妆品及卫生用品批发	上海市静安区
沃尔沃汽车销售(上海)有限公司	汽车批发	上海市嘉定区
欧尚(中国)投资有限公司	其他未列明批发业	上海市杨浦区
松下电器机电(中国)有限公司	其他机械设备及电子产品批发	上海市浦东新区
上海伊藤忠商事有限公司	其他化工产品批发	上海市浦东新区
三井物产(上海)贸易有限公司	其他化工产品批发	上海市浦东新区
瑞表企业管理(上海)有限公司	其他家庭用品批发	上海市浦东新区
丰田通商(上海)有限公司	其他机械设备及电子产品批发	上海市浦东新区
保乐力加(中国)贸易有限公司	酒、饮料及茶叶批发	上海市黄浦区
上海亚一金店有限公司	首饰、工艺品及收藏品批发	上海市黄浦区
卡夫食品企业管理(上海)有限公司	米、面制品及食用油批发	上海市徐汇区
杜邦贸易(上海)有限公司	其他化工产品批发	上海市浦东新区
夏普商贸(中国)有限公司	电气设备批发	上海市浦东新区
小松(中国)投资有限公司	其他机械设备及电子产品批发	上海市浦东新区

4-1 续表 10

企业名称	所属行业	企业所在地
上海神州数码有限公司	计算机、软件及辅助设备批发	上海市长宁区
米其林(中国)投资有限公司	其他化工产品批发	上海市长宁区
上海韩泰轮胎销售有限公司	汽车零配件批发	上海市徐汇区
上海永裕医药有限公司	西药批发	上海市松江区
村田电子贸易(上海)有限公司	其他机械设备及电子产品批发	上海市浦东新区
酩悦轩尼诗帝亚吉欧洋酒(上海)有限公司	酒、饮料及茶叶批发	上海市浦东新区
尼康映像仪器销售(中国)有限公司	其他未列明批发业	上海市黄浦区
舍弗勒贸易(上海)有限公司	其他未列明批发业	上海市嘉定区
上海电力燃料有限公司	煤炭及制品批发	上海市黄浦区
联想(上海)有限公司	计算机、软件及辅助设备批发	上海市长宁区
埃克森美孚(中国)投资有限公司	石油及制品批发	上海市徐汇区
上海老庙黄金有限公司	首饰、工艺品及收藏品批发	上海市黄浦区
佳电(上海)管理有限公司	计算机、软件及辅助设备批发	上海市浦东新区
强生(上海)医疗器材有限公司	医疗用品及器材批发	上海市浦东新区
通用电气医疗系统贸易发展(上海)有限公司	医疗用品及器材批发	上海市浦东新区
上海华冶钢铁集团有限公司	金属及金属矿批发	上海市宝山区
日立建机(上海)有限公司	其他机械设备及电子产品批发	上海市浦东新区
ABB(中国)有限公司上海分公司	其他机械设备及电子产品批发	上海市黄浦区
泰科电子(上海)有限公司	其他机械设备及电子产品批发	上海市浦东新区
上海博世力士乐液压及自动化有限公司	其他未列明批发业	上海市浦东新区
阿特拉斯.科普柯(上海)贸易有限公司	其他机械设备及电子产品批发	上海市浦东新区
罗氏诊断产品(上海)有限公司	医疗用品及器材批发	上海市浦东新区
雅培贸易(上海)有限公司	其他食品批发	上海市浦东新区
资生堂(中国)投资有限公司	化妆品及卫生用品批发	上海市浦东新区
上海良友(集团)有限公司	谷物、豆及薯类批发	上海市浦东新区
上海吉利美嘉峰国际贸易股份有限公司	汽车批发	上海市浦东新区
上海市五金矿产进出口有限公司	金属及金属矿批发	上海市闸北区
丸红(上海)有限公司	金属及金属矿批发	上海市浦东新区
明尼苏达矿业制造(上海)国际贸易有限公司	其他化工产品批发	上海市浦东新区
赛默飞世尔科技(中国)有限公司	其他机械设备及电子产品批发	上海市浦东新区
索尼物流贸易(中国)有限公司	其他机械设备及电子产品批发	上海市浦东新区
上海浦东海澜之家服饰有限公司	服装批发	上海市浦东新区
宝钢金属有限公司	金属及金属矿批发	上海市宝山区
上海诺华贸易有限公司	医疗用品及器材批发	上海市浦东新区
雅诗兰黛(上海)商贸有限公司	化妆品及卫生用品批发	上海市闵行区
上海新联纺进出口有限公司	服装批发	上海市长宁区
莫仕商贸(上海)有限公司	其他机械设备及电子产品批发	上海市浦东新区
锦湖(中国)轮胎销售有限公司	汽车零配件批发	上海市嘉定区
科勒(中国)投资有限公司	厨房、卫生间用具及日用杂货批发	上海市闸北区
三菱电机自动化(中国)有限公司	其他机械设备及电子产品批发	上海市浦东新区
劲霸男装(上海)有限公司	服装批发	上海市普陀区
斯凯孚(中国)销售有限公司	其他机械设备及电子产品批发	上海市黄浦区
美敦力(上海)管理有限公司	医疗用品及器材批发	上海市浦东新区
上海雅马哈建设摩托车销售有限公司	摩托车及零配件批发	上海市闵行区
上海新宇钟表集团有限公司	其他家庭用品批发	上海市黄浦区
科世达(上海)管理有限公司	汽车零配件批发	上海市嘉定区
丹佛斯自动控制管理(上海)有限公司	其他机械设备及电子产品批发	上海市浦东新区
香奈儿(中国)贸易有限公司	化妆品及卫生用品批发	上海市浦东新区
上海住友商事有限公司	金属及金属矿批发	上海市浦东新区
联强国际贸易(中国)有限公司	计算机、软件及辅助设备批发	上海市长宁区
博柏利(上海)贸易有限公司	服装批发	上海市静安区

4-1 续表 11

企业名称	所属行业	企业所在地
金佰利(中国)有限公司	厨房、卫生间用具及日用杂货批发	上海市黄浦区
路威酩轩香水化妆品(上海)有限公司	化妆品及卫生用品批发	上海市浦东新区
上海丝绸集团股份有限公司	服装批发	上海市浦东新区
上海胜华电缆(集团)有限公司	电气设备批发	上海市浦东新区
上海浦星贸易有限公司	其他食品批发	上海市黄浦区
约克(中国)商贸有限公司	其他机械设备及电子产品批发	上海市普陀区
上海斐讯数据通信技术有限公司	通讯及广播电视设备批发	上海市松江区
上海和氏璧化工有限公司	其他化工产品批发	上海市浦东新区
上海宝钢工贸有限公司	金属及金属矿批发	上海市宝山区
派克汉尼汾流体传动产品(上海)有限公司	电气设备批发	上海市浦东新区
富士施乐实业发展(上海)有限公司	其他机械设备及电子产品批发	上海市浦东新区
大昌洋行(上海)有限公司	西药批发	上海市浦东新区
杰尼亚贸易(上海)有限公司	服装批发	上海市浦东新区
上海九州通医药有限公司	中药批发	上海市普陀区
安川电机(中国)有限公司	其他贸易经纪与代理	上海市浦东新区
福特汽车(中国)有限公司	汽车批发	上海市浦东新区
上海中燃船舶燃料有限公司	石油及制品批发	上海市虹口区
欧姆龙自动化(中国)有限公司	其他机械设备及电子产品批发	上海市浦东新区
雅马哈发动机商贸(上海)有限公司	电气设备批发	上海市闵行区
博世贸易(上海)有限公司	汽车零配件批发	上海市浦东新区
上海飞科电器股份有限公司	家用电器批发	上海市松江区
上海建发酒业有限公司	其他家庭用品批发	上海市浦东新区
罗克韦尔自动化(中国)有限公司	电气设备批发	上海市浦东新区
礼来国际贸易(上海)有限公司	贸易代理	上海市浦东新区
费列罗贸易(上海)有限公司	糕点、糖果及糖批发	上海市浦东新区
雅马哈乐器音响(中国)投资有限公司	其他文化用品批发	上海市静安区
伊藤忠纤维贸易(中国)有限公司	纺织品、针织品及原料批发	上海市浦东新区
碧迪医疗器械(上海)有限公司	医疗用品及器材批发	上海市浦东新区
上海烟草集团浦东烟草糖酒有限公司	烟草制品批发	上海市浦东新区
山特维克矿山工程机械贸易(上海)有限公司	其他机械设备及电子产品批发	上海市嘉定区
格兰富水泵(上海)有限公司	其他机械设备及电子产品批发	上海市浦东新区
亚什兰(中国)投资有限公司	其他化工产品批发	上海市闵行区
上海烟草集团黄浦烟草糖酒有限公司	烟草制品批发	上海市黄浦区
上海万虎光大通信设备有限公司	通讯及广播电视设备批发	上海市普陀区
富仕兰食品贸易(上海)有限公司	肉、禽、蛋、奶及水产品批发	上海市黄浦区
西门子医学诊断产品(上海)有限公司	医疗用品及器材批发	上海市浦东新区
爱茉莉太平洋贸易有限公司	化妆品及卫生用品批发	上海市嘉定区
百家好(上海)时装有限公司	服装批发	上海市浦东新区
东芝电脑网络(上海)有限公司	计算机、软件及辅助设备批发	上海市浦东新区
上海百红商业贸易有限公司	化妆品及卫生用品批发	上海市黄浦区
卡西欧(上海)贸易有限公司	其他文化用品批发	上海市浦东新区
柯尼卡美能达办公系统(中国)有限公司	电气设备批发	上海市黄浦区
上海南浦食品公司浦东分公司	其他食品批发	上海市浦东新区
上海森马服饰有限公司	服装批发	上海市闵行区
费森尤斯医药用品(上海)有限公司	其他未列明批发业	上海市浦东新区
山特维克工具商贸(上海)有限公司	贸易代理	上海市闵行区
贝克曼库尔特商贸(中国)有限公司	医疗用品及器材批发	上海市浦东新区
施耐德电气信息技术(中国)有限公司	其他机械设备及电子产品批发	上海市浦东新区
大陆马牌轮胎贸易(上海)有限公司	汽车零配件批发	上海市黄浦区
日立高新技术(上海)国际贸易有限公司	其他机械设备及电子产品批发	上海市浦东新区
理光(中国)投资有限公司	电气设备批发	上海市黄浦区

4-1 续表 12

企业名称	所属行业	企业所在地
富士电机(中国)有限公司	其他机械设备及电子产品批发	上海市浦东新区
上海烟草集团虹口烟草糖酒有限公司	烟草制品批发	上海市虹口区
科莱恩化工(中国)有限公司	其他化工产品批发	上海市长宁区
上海克瑞特服饰有限公司	服装批发	上海市浦东新区
匡威体育用品(中国)有限公司	服装批发	上海市静安区
基恩士(中国)有限公司	其他机械设备及电子产品批发	上海市浦东新区
福禄克测试仪器(上海)有限公司	其他机械设备及电子产品批发	上海市浦东新区
兄弟(中国)商业有限公司	其他机械设备及电子产品批发	上海市长宁区
橡果贸易(上海)有限公司	厨房、卫生间用具及日用杂货批发	上海市青浦区
上海烟草集团嘉定烟草糖酒有限公司	烟草制品批发	上海市嘉定区
圣犹达医疗用品(上海)有限公司	医疗用品及器材批发	上海市浦东新区
大昌华嘉商业(中国)有限公司	西药批发	上海市浦东新区
施华洛世奇(上海)贸易有限公司	首饰、工艺品及收藏品批发	上海市黄浦区
泰科医疗器材国际贸易(上海)有限公司	医疗用品及器材批发	上海市浦东新区
先锋电子(中国)投资有限公司	家用电器批发	上海市长宁区
蔻驰贸易(上海)有限公司	其他家庭用品批发	上海市静安区
庞贝捷漆油贸易(上海)有限公司	其他化工产品批发	上海市浦东新区
重机(中国)投资有限公司	其他机械设备及电子产品批发	上海市嘉定区
米思米(中国)精密机械贸易有限公司	五金产品批发	上海市奉贤区
德利多富信息系统(上海)有限公司	计算机、软件及辅助设备批发	上海市浦东新区
明基电通有限公司	计算机、软件及辅助设备批发	上海市长宁区
林肯电气管理(上海)有限公司	金属及金属矿批发	上海市宝山区
爱步贸易(上海)有限公司	鞋帽批发	上海市浦东新区
上海烟草集团闵行烟草糖酒有限公司	烟草制品批发	上海市闵行区
阿法拉伐(上海)技术有限公司	电气设备批发	上海市浦东新区
东方国际创业股份有限公司	服装批发	上海市浦东新区
蔡司光学仪器(上海)国际贸易有限公司	医疗用品及器材批发	上海市浦东新区
太古资源(上海)商贸有限公司	服装批发	上海市黄浦区
上海第一食品连锁发展有限公司	其他食品批发	上海市黄浦区
勃林格殷格翰国际贸易上海有限公司	西药批发	上海市静安区
上海金枫酒业股份有限公司	酒、饮料及茶叶批发	上海市浦东新区
上海三枪(集团)有限公司	纺织品、针织品及原料批发	上海市黄浦区
雅培医疗器械贸易(上海)有限公司	医疗用品及器材批发	上海市浦东新区
上海复星药业有限公司	中药批发	上海市普陀区
上海联亚商业有限公司	服装批发	上海市浦东新区
梅特勒－托利多国际贸易(上海)有限公司	其他未列明批发业	上海市浦东新区
上海睿盈贸易有限公司	鞋帽批发	上海市黄浦区
上海苏食肉品销售有限公司	肉、禽、蛋、奶及水产品批发	上海市宝山区
乐金华奥斯贸易(上海)有限公司	其他化工产品批发	上海市浦东新区
上海烟草集团南汇烟草糖酒有限公司	烟草制品批发	上海市浦东新区
国药集团化学试剂有限公司	其他化工产品批发	上海市闸北区
利惠商业(上海)有限公司	服装批发	上海市静安区
岛津企业管理(中国)有限公司	医疗用品及器材批发	上海市浦东新区
马克华菲(上海)商业有限公司	服装批发	上海市徐汇区
上海烟草集团杨浦烟草糖酒有限公司	烟草制品批发	上海市杨浦区
上海恩德斯豪斯自动化设备有限公司	其他机械设备及电子产品批发	上海市闵行区
菲拉格慕时装贸易(上海)有限公司	服装批发	上海市静安区
彪马(上海)商贸有限公司	服装批发	上海市黄浦区
中德莎(上海)贸易有限公司	其他化工产品批发	上海市浦东新区
东芝开利空调销售(上海)有限公司	家用电器批发	上海市黄浦区
上海烟草集团宝山烟草糖酒有限公司	烟草制品批发	上海市宝山区

4-1 续表 13

企业名称	所属行业	企业所在地
上海烟草集团松江烟草糖酒有限公司	烟草制品批发	上海市松江区
东方表行(中国)贸易有限公司	其他家庭用品批发	上海市黄浦区
上海蒙牛乳业有限公司	肉、禽、蛋、奶及水产品批发	上海市闸北区
上海中集汽车销售服务有限公司	汽车批发	上海市宝山区
上海烟草集团崇明烟草糖酒有限公司	烟草制品批发	上海市崇明县
上海烟草集团奉贤烟草糖酒有限公司	烟草制品批发	上海市奉贤区
上海信谊联合医药药材有限公司	中药批发	上海市闸北区
上海烟草集团青浦烟草糖酒有限公司	烟草制品批发	上海市青浦区
上海烟草集团普陀烟草糖酒有限公司	烟草制品批发	上海市普陀区
上海福然德部件加工有限公司	金属及金属矿批发	上海市宝山区
英格索兰机械(上海)有限公司	其他机械设备及电子产品批发	上海市浦东新区
贝朗医疗(上海)国际贸易有限公司	医疗用品及器材批发	上海市浦东新区
上海六和勤强食品有限公司	肉、禽、蛋、奶及水产品批发	上海市松江区
欧文斯科宁(中国)投资有限公司	建材批发	上海市浦东新区
上海烟草集团金山烟草糖酒有限公司	烟草制品批发	上海市金山区
上海天成企业发展有限公司	酒、饮料及茶叶批发	上海市黄浦区
通用电气企业发展(上海)有限公司	其他机械设备及电子产品批发	上海市浦东新区
安富利电子(上海)有限公司	其他机械设备及电子产品批发	上海市浦东新区
中化上海有限公司	其他化工产品批发	上海市黄浦区
海格曼商贸(上海)有限公司	通讯及广播电视设备批发	上海市浦东新区
上海曼伦商贸有限公司	医疗用品及器材批发	上海市徐汇区
上海童涵春堂药业股份有限公司	中药批发	上海市黄浦区
肯纳飞硕金属(上海)有限公司	五金产品批发	上海市浦东新区
先进装配系统有限公司	其他机械设备及电子产品批发	上海市浦东新区
帝亚吉欧洋酒贸易(上海)有限公司	酒、饮料及茶叶批发	上海市静安区
麦网电子商务(上海)有限公司	服装批发	上海市长宁区
上海乐扣乐扣贸易有限公司	厨房、卫生间用具及日用杂货批发	上海市闵行区
好时食品国际贸易(上海)有限公司	糕点、糖果及糖批发	上海市浦东新区
上海信谊天一药业有限公司	西药批发	上海市闸北区
滔搏体育(上海)有限公司	鞋帽批发	上海市长宁区
上海烟草集团闸北烟草糖酒有限公司	烟草制品批发	上海市闸北区
美标(中国)有限公司	厨房、卫生间用具及日用杂货批发	上海市徐汇区
威士达医疗设备(上海)有限公司	医疗用品及器材批发	上海市浦东新区
泰华施贸易(上海)有限公司	其他化工产品批发	上海市浦东新区
上海五天实业有限公司	厨房、卫生间用具及日用杂货批发	上海市青浦区
友讯电子设备(上海)有限公司	计算机、软件及辅助设备批发	上海市浦东新区
琳玛(上海)贸易有限公司	服装批发	上海市黄浦区
罗技(中国)科技有限公司	计算机、软件及辅助设备批发	上海市静安区
上海雷允上药业西区有限公司	西药批发	上海市静安区
辉门(中国)有限公司	汽车零配件批发	上海市浦东新区
巴丽(上海)商业有限公司	服装批发	上海市徐汇区
傲胜(中国)商业有限公司	家用电器批发	上海市浦东新区
朗盛化学(中国)有限公司	其他未列明批发业	上海市浦东新区
穆勒电气(上海)有限公司	电气设备批发	上海市浦东新区
乐金生活健康贸易(上海)有限公司	化妆品及卫生用品批发	上海市浦东新区
上海烟草集团卢湾烟草糖酒有限公司	烟草制品批发	上海市黄浦区
倍乐生商贸(中国)有限公司	报刊批发	上海市徐汇区
好俪姿(上海)服饰商贸有限公司	服装批发	上海市静安区
喜力亚太酿酒(上海)有限公司	服装批发	上海市闵行区
上海日播实业有限公司	服装批发	上海市松江区
巴德医疗科技(上海)有限公司	医疗用品及器材批发	上海市浦东新区

4-1 续表 14

企业名称	所属行业	企业所在地
上海雷允上北区药业股份有限公司	中药批发	上海市虹口区
高丝化妆品销售(中国)有限公司	化妆品及卫生用品批发	上海市虹口区
湖南旺旺食品有限公司上海分公司	酒、饮料及茶叶批发	上海市闵行区
上海好孩子儿童服饰有限公司	服装批发	上海市黄浦区
奥林巴斯(上海)映像销售有限公司	家用电器批发	上海市徐汇区
喜利得(中国)商贸有限公司	五金产品批发	上海市徐汇区
上海农夫山泉饮用水有限公司	酒、饮料及茶叶批发	上海市浦东新区
上海百雀羚日用化学有限公司	化妆品及卫生用品批发	上海市静安区
中兴投资(中国)有限公司	纺织品、针织品及原料批发	上海市徐汇区
英潍捷基(上海)贸易有限公司	医疗用品及器材批发	上海市浦东新区
上海信谊医药有限公司	中药批发	上海市闸北区
水为裳(上海)商贸有限公司	服装批发	上海市闵行区
上海伟康卫生后勤服务有限公司	医疗用品及器材批发	上海市浦东新区
远流贸易(上海)有限公司	酒、饮料及茶叶批发	上海市静安区
西诺迪斯食品(上海)有限公司	米、面制品及食用油批发	上海市浦东新区
中盐上海市盐业公司	盐及调味品批发	上海市普陀区
上海合力叉车有限公司	电气设备批发	上海市虹口区
库柏电气(上海)有限公司	贸易代理	上海市浦东新区
和绵国际贸易(上海)有限公司	服装批发	上海市浦东新区
上海浦东新区医药药材有限公司	西药批发	上海市浦东新区
上海益忠天惠实业有限公司	汽车零配件批发	上海市松江区
上海冰洁服饰有限公司	服装批发	上海市黄浦区
上海光明奶酪黄油有限公司	肉、禽、蛋、奶及水产品批发	上海市浦东新区
史丹利五金工具(上海)有限公司	五金产品批发	上海市浦东新区
上海洋帆实业有限公司	其他未列明批发业	上海市浦东新区
丰田纺织(中国)有限公司	汽车零配件批发	上海市浦东新区
上海龙净环保科技工程有限公司	其他未列明批发业	上海市浦东新区
上海汽车工业销售有限公司	汽车批发	上海市普陀区
曼恩动力设备(上海)有限公司	其他机械设备及电子产品批发	上海市浦东新区
江苏省		
中国石油化工股份有限公司江苏石油分公司	石油及制品批发	江苏省南京市
苏宁电器股份有限公司南京采购中心	家用电器批发	江苏省南京市
江苏苏美达集团公司	其他机械设备及电子产品批发	江苏省南京市
中国石油天然气股份有限公司江苏销售分公司	石油及制品批发	江苏省南京市
南京华能南方实业开发股份有限公司	金属及金属矿批发	江苏省南京市
江苏苏酒实业股份有限公司	酒、饮料及茶叶批发	江苏省宿迁市
江苏国泰国际集团有限公司	服装批发	江苏省苏州市
耐克体育(中国)有限公司	鞋帽批发	江苏省苏州市
江苏省海外企业集团有限公司	其他机械设备及电子产品批发	江苏省南京市
博西家用电器(中国)有限公司	家用电器批发	江苏省南京市
阿迪达斯体育(中国)有限公司	服装批发	江苏省苏州市
江苏大明金属制品有限公司	金属及金属矿批发	江苏省无锡市
扬子江药业集团江苏扬子江医药经营有限公司	中药批发	江苏省泰州市
阿斯利康(无锡)贸易有限公司	西药批发	江苏省无锡市
江苏省烟草公司苏州市公司	烟草制品批发	江苏省苏州市
江苏省南京市烟草专卖局公司	烟草制品批发	江苏省南京市
宏图三胞高科技术有限公司	计算机、软件及辅助设备批发	江苏省南京市
江苏高速公路石油发展有限公司	石油及制品批发	江苏省南京市
徐州工程机械集团进出口有限公司	其他机械设备及电子产品批发	江苏省徐州市
江苏省烟草公司无锡市公司	烟草制品批发	江苏省无锡市
江苏金翔石油化工有限公司	石油及制品批发	江苏省南京市

4-1 续表 15

企业名称	所属行业	企业所在地
江苏汇鸿集团中鼎控股股份有限公司	纺织品、针织品及原料批发	江苏省南京市
江苏省烟草公司南通市公司	烟草制品批发	江苏省南通市
江苏汇鸿股份有限公司	纺织品、针织品及原料批发	江苏省南京市
江苏苏豪国际集团股份有限公司	纺织品、针织品及原料批发	江苏省南京市
中电电气集团有限公司	电气设备批发	江苏省南京市
南京蓝燕石化储运实业有限公司	石油及制品批发	江苏省南京市
江苏省烟草公司常州市公司	烟草制品批发	江苏省常州市
江苏省烟草公司盐城分公司	烟草制品批发	江苏省盐城市
苏州国信集团	纺织品、针织品及原料批发	江苏省苏州市
江苏省烟草公司徐州公司	烟草制品批发	江苏省徐州市
江苏波司登营销有限公司	服装批发	江苏省苏州市
江苏省烟草公司泰州市公司	烟草制品批发	江苏省泰州市
江苏省烟草公司扬州市公司	烟草制品批发	江苏省扬州市
南京纺织品进出口股份有限公司	纺织品、针织品及原料批发	江苏省南京市
江苏苏农农资连锁集团股份有限公司	化肥批发	江苏省南京市
江苏汇鸿国际集团土产进出口股份有限公司	建材批发	江苏省南京市
江阴海澜之家供应链管理有限公司	纺织品、针织品及原料批发	江苏省无锡市
江苏省烟草公司镇江市公司	烟草制品批发	江苏省镇江市
江苏凤凰出版传媒股份有限公司	图书批发	江苏省南京市
江阴利泰能源材料有限公司	煤炭及制品批发	江苏省无锡市
涟水今世缘酒业销售有限公司	酒、饮料及茶叶批发	江苏省淮安市
苏州市苏创集团有限公司	石油及制品批发	江苏省苏州市
江苏舜天国际集团机械进出口股份有限公司	其他机械设备及电子产品批发	江苏省南京市
江苏省烟草公司淮安市公司	烟草制品批发	江苏省淮安市
江苏省食品集团有限公司	肉、禽、蛋、奶及水产品批发	江苏省南京市
常熟市交电家电有限责任公司	家用电器批发	江苏省苏州市
徐州淮海药业有限公司	西药批发	江苏省徐州市
周大福珠宝金行(苏州)有限公司	首饰、工艺品及收藏品批发	江苏省苏州市
江苏省烟草公司连云港市公司	烟草制品批发	江苏省连云港市
江苏苏美达轻纺国际贸易有限公司	服装批发	江苏省南京市
江苏苏美达五金工具有限公司	其他机械设备及电子产品批发	江苏省南京市
江阴市长江钢管有限公司	金属及金属矿批发	江苏省无锡市
利星行机械(昆山)有限公司	其他机械设备及电子产品批发	江苏省苏州市
江苏省烟草公司宿迁市公司	烟草制品批发	江苏省宿迁市
江苏先声药业有限公司	西药批发	江苏省南京市
江苏金一文化发展有限公司	首饰、工艺品及收藏品批发	江苏省无锡市
江苏舜天股份有限公司	服装批发	江苏省南京市
江苏苏食肉品有限公司	肉、禽、蛋、奶及水产品批发	江苏省南京市
梅特勒-托利多(常州)称重系统设备有限公司	其他机械设备及电子产品批发	江苏省常州市
南京华东医药有限责任公司	西药批发	江苏省南京市
哈森商贸(中国)股份有限公司	鞋帽批发	江苏省苏州市
江苏华晓医药物流有限公司	西药批发	江苏省盐城市
好孩子(中国)商贸有限公司	其他家庭用品批发	江苏省苏州市
江苏百胜电子有限公司	家用电器批发	江苏省南京市
国药控股徐州有限公司	中药批发	江苏省徐州市
常熟市汇邦新材料有限公司	其他化工产品批发	江苏省苏州市
连云港港口物流有限公司	煤炭及制品批发	江苏省连云港市
统一商贸(昆山)有限公司	酒、饮料及茶叶批发	江苏省苏州市
南京TCL电器销售有限公司	家用电器批发	江苏省南京市
常州常发农业机械营销有限公司	农业机械批发	江苏省常州市
昆山利通天然气有限公司	石油及制品批发	江苏省苏州市

4-1 续表 16

企业名称	所属行业	企业所在地
江苏恩华和润医药有限公司	中药批发	江苏省徐州市
南通开发区炜赋对外贸易有限公司	服装批发	江苏省南通市
江苏金太阳纺织科技有限公司	纺织品、针织品及原料批发	江苏省南通市
江苏蜂星电讯有限公司	通讯及广播电视设备批发	江苏省南京市
江苏省农垦米业有限公司	谷物、豆及薯类批发	江苏省南京市
江苏众诚鸭业有限公司	肉、禽、蛋、奶及水产品批发	江苏省苏州市
亚欧大陆桥国际商运股份有限公司	金属及金属矿批发	江苏省连云港市
江苏澳洋医药物流有限公司	中药批发	江苏省苏州市
江苏亚邦医药物流中心有限公司	西药批发	江苏省常州市
深圳创维RGB电子有限公司江苏分公司	家用电器批发	江苏省南京市
江苏开元畜产嘉羽贸易有限公司	服装批发	江苏省南京市
江苏万邦医药营销有限公司	中药批发	江苏省徐州市
南京百胜欧珀通讯设备有限公司	家用电器批发	江苏省南京市
江苏文峰电器有限公司	家用电器批发	江苏省南通市
江苏新晨医药有限公司	西药批发	江苏省连云港市
常熟市波司登进出口有限公司	服装批发	江苏省苏州市
江苏银海农佳乐国际棉花仓储交易有限公司	纺织品、针织品及原料批发	江苏省盐城市
江苏大众医药连锁有限公司	西药批发	江苏省无锡市
江苏柯菲平医药有限公司	中药批发	江苏省南京市
南京江宁粮食投资发展集团有限公司	米、面制品及食用油批发	江苏省南京市
江苏省大华种业集团有限公司	种子批发	江苏省南京市
江苏明珠家用设备集成有限公司	家用电器批发	江苏省苏州市
沃得精机销售有限公司	其他未列明批发业	江苏省镇江市
南京中富达电子通讯技术有限公司	其他机械设备及电子产品批发	江苏省南京市
苏州工业园区新宇世家钟表有限公司	其他家庭用品批发	江苏省苏州市
常州老三集团进出口有限公司	服装批发	江苏省常州市
青岛啤酒(徐州)淮海营销有限公司	酒、饮料及茶叶批发	江苏省徐州市
南京妍庭商贸有限公司	化妆品及卫生用品批发	江苏省南京市
苏州嘉友贸易有限公司	米、面制品及食用油批发	江苏省苏州市
江苏阳光东升进出口有限公司	服装批发	江苏省南京市
张家港保税区大德新福珠宝金行有限公司	首饰、工艺品及收藏品批发	江苏省苏州市
宜兴市药业有限公司	西药批发	江苏省无锡市
无锡汇全物流有限公司	厨房、卫生间用具及日用杂货批发	江苏省无锡市
苏州鲁特轻纺有限公司	服装批发	江苏省苏州市
江苏济源医药有限公司	西药批发	江苏省泰州市
吴中医药销售有限公司	中药批发	江苏省苏州市
南通三润贸易有限公司	服装批发	江苏省南通市
江苏千年翠钻珠宝有限公司	首饰、工艺品及收藏品批发	江苏省南京市
金红叶纸业(苏州工业园区)有限公司南京分公司	文具用品批发	江苏省南京市
江苏春兰电子商务有限公司	电气设备批发	江苏省泰州市
苏州航天信息有限公司	计算机、软件及辅助设备批发	江苏省苏州市
江苏亚邦药业集团股份有限公司	中药批发	江苏省常州市
江苏民星茧丝绸股份有限公司	其他农牧产品批发	江苏省盐城市
沛县长胜物资回收有限公司	再生物资回收与批发	江苏省徐州市
赣榆县粮食购销公司	谷物、豆及薯类批发	江苏省连云港市
南京普迪建材实业集团有限公司	建材批发	江苏省南京市
麦考林科技(中国)有限公司	服装批发	江苏省苏州市
无锡天鹏集团有限公司	肉、禽、蛋、奶及水产品批发	江苏省无锡市
江苏增力商贸发展有限公司	酒、饮料及茶叶批发	江苏省淮安市
浙江省		
浙江物产金属集团有限公司	金属及金属矿批发	浙江省杭州市

4-1 续表 17

企业名称	所属行业	企业所在地
杭州热联进出口股份有限公司	金属及金属矿批发	浙江省杭州市
浙江吉利控股集团汽车销售有限公司	汽车批发	浙江省杭州市
浙江物产国际贸易有限公司	金属及金属矿批发	浙江省杭州市
杭州宏盛食品饮料营销有限公司	酒、饮料及茶叶批发	浙江省杭州市
浙江前程石化股份有限公司	其他化工产品批发	浙江省宁波市
杭州娃哈哈启力食品集团有限公司	酒、饮料及茶叶批发	浙江省杭州市
中国石油化工股份有限公司浙江石油分公司	石油及制品批发	浙江省杭州市
中基宁波集团股份有限公司	金属及金属矿批发	浙江省宁波市
浙江省烟草公司杭州市公司	烟草制品批发	浙江省杭州市
中国石油化工股份有限公司浙江宁波石油分公司	石油及制品批发	浙江省宁波市
浙江省烟草公司宁波市公司	烟草制品批发	浙江省宁波市
浙江物产环保能源股份有限公司	煤炭及制品批发	浙江省杭州市
浙江超威动力能源有限公司	电气设备批发	浙江省湖州市
华东医药股份有限公司	西药批发	浙江省杭州市
浙江省烟草公司温州市公司	烟草制品批发	浙江省温州市
中国石油化工股份有限公司浙江金华石油分公司	石油及制品批发	浙江省金华市
浙江娃哈哈食品饮料营销有限公司	酒、饮料及茶叶批发	浙江省丽水市
浙江英特药业有限责任公司	西药批发	浙江省杭州市
农夫山泉股份有限公司	酒、饮料及茶叶批发	浙江省杭州市
纳爱斯丽水销售有限公司	化妆品及卫生用品批发	浙江省丽水市
中国石油化工股份有限公司浙江嘉兴石油分公司	石油及制品批发	浙江省嘉兴市
浙江省烟草公司台州市公司	烟草制品批发	浙江省台州市
浙江省烟草公司金华市公司	烟草制品批发	浙江省金华市
浙江省烟草公司嘉兴市公司	烟草制品批发	浙江省嘉兴市
浙江省烟草公司绍兴市分公司	烟草制品批发	浙江省绍兴市
浙江高速石油发展有限公司	石油及制品批发	浙江省杭州市
中国石油化工股份有限公司浙江绍兴石油分公司	石油及制品批发	浙江省绍兴市
中国石油化工股份有限公司浙江舟山石油分公司	石油及制品批发	浙江省舟山市
浙江省烟草公司湖州市公司	烟草制品批发	浙江省湖州市
浙江省医药工业有限公司	西药批发	浙江省杭州市
浙江物产中大元通集团股份有限公司	纺织品、针织品及原料批发	浙江省杭州市
宁波市慈溪进出口股份有限公司	其他机械设备及电子产品批发	浙江省宁波市
中国石油天然气股份有限公司浙江宁波销售分公司	石油及制品批发	浙江省宁波市
浙江福士达集团有限公司	服装批发	浙江省杭州市
浙江新大集团有限公司	服装批发	浙江省杭州市
中国石油化工股份有限公司浙江衢州石油分公司	石油及制品批发	浙江省衢州市
浙江省医药保健品进出口有限责任公司	西药批发	浙江省杭州市
宁波兴铜金属材料有限公司	金属及金属矿批发	浙江省宁波市
特易购企业管理(上海)有限公司嘉善分公司	其他食品批发	浙江省嘉兴市
浙江省粮油食品进出口股份有限公司	米、面制品及食用油批发	浙江省杭州市
浙江省纺织品进出口集团有限公司	纺织品、针织品及原料批发	浙江省杭州市
中国石油天然气股份有限公司浙江杭州销售分公司	石油及制品批发	浙江省杭州市
浙江省烟草公司衢州市公司	烟草制品批发	浙江省衢州市
浙江省土产畜产进出口集团有限公司	服装批发	浙江省杭州市
浙江省再生资源集团有限公司	再生物资回收与批发	浙江省杭州市
宁波方太营销有限公司	家用电器批发	浙江省宁波市
浙江省新华书店集团有限公司	图书批发	浙江省杭州市
浙江美承数码科技集团有限公司	计算机、软件及辅助设备批发	浙江省杭州市
中化宁波(集团)有限公司	其他化工产品批发	浙江省宁波市
农夫山泉(淳安坪山)有限公司	酒、饮料及茶叶批发	浙江省杭州市
广汽吉奥汽车销售有限公司	汽车批发	浙江省杭州市

4-1 续表 18

企业名称	所属行业	企业所在地
国药控股温州有限公司	西药批发	浙江省温州市
杭州九阳生活电器有限公司	家用电器批发	浙江省杭州市
浙江东方集团股份有限公司	服装批发	浙江省杭州市
温州金州集团有限公司	鞋帽批发	浙江省温州市
杭州巨星科技股份有限公司	五金产品批发	浙江省杭州市
浙江省邮电器材公司	通讯及广播电视设备批发	浙江省杭州市
浙江海越股份有限公司	石油及制品批发	浙江省绍兴市
中国石油天然气股份有限公司浙江舟山销售分公司	石油及制品批发	浙江省舟山市
宁波慈星纺织机械销售有限公司	其他机械设备及电子产品批发	浙江省宁波市
环球控股集团有限公司	电气设备批发	浙江省宁波市
杭州市轻工工艺纺织品进出口有限公司	服装批发	浙江省杭州市
话机世界数码连锁集团股份有限公司	通讯及广播电视设备批发	浙江省杭州市
杭州中油石油天然气销售有限公司	石油及制品批发	浙江省杭州市
浙江嘉信医药股份有限公司	中药批发	浙江省嘉兴市
中国石油天然气股份有限公司浙江湖州销售分公司	石油及制品批发	浙江省湖州市
浙江中捷环洲供应链集团股份有限公司	金属及金属矿批发	浙江省台州市
浙江珍诚医药在线股份有限公司	西药批发	浙江省杭州市
宁波太平鸟时尚服饰股份有限公司	服装批发	浙江省宁波市
中国石油天然气股份有限公司浙江嘉兴销售分公司	石油及制品批发	浙江省嘉兴市
宁波博洋服饰有限公司	服装批发	浙江省宁波市
汇信进出口集团股份有限公司	其他家庭用品批发	浙江省嘉兴市
台州上药医药有限公司	西药批发	浙江省台州市
宁波狮丹努进出口有限公司	服装批发	浙江省宁波市
浙江震元股份有限公司	中药批发	浙江省绍兴市
浙江凯喜雅国际股份有限公司	纺织品、针织品及原料批发	浙江省杭州市
杭州珀莱雅贸易有限公司	化妆品及卫生用品批发	浙江省杭州市
宁波三江食品加工配送有限公司	其他食品批发	浙江省宁波市
浙江仙居制药销售有限公司	西药批发	浙江省台州市
浙江农华优质农副产品配送中心有限公司	肉、禽、蛋、奶及水产品批发	浙江省杭州市
浙江印象实业股份有限公司	服装批发	浙江省杭州市
浙江雅莹时装销售有限公司	服装批发	浙江省嘉兴市
华润衢州医药有限公司	西药批发	浙江省衢州市
中浪环保股份有限公司	金属及金属矿批发	浙江省舟山市
新秀丽国际贸易(宁波)有限公司	其他家庭用品批发	浙江省宁波市
高邦集团有限公司	服装批发	浙江省温州市
温州木材集团有限公司	建材批发	浙江省温州市
华东医药宁波有限公司	中药批发	浙江省宁波市
绍兴县华通医药有限公司	西药批发	浙江省绍兴市
新世纪控股集团有限公司	五金产品批发	浙江省台州市
杭州五丰联合肉类有限公司	肉、禽、蛋、奶及水产品批发	浙江省杭州市
杭州杭丝时装进出口有限公司	服装批发	浙江省杭州市
杭州红牛饮料有限公司	酒、饮料及茶叶批发	浙江省杭州市
杭州梯西爱尔(TCL)电器销售有限公司	家用电器批发	浙江省杭州市
浙江来益医药有限公司	西药批发	浙江省杭州市
浙江龙华农业开发有限公司	果品、蔬菜批发	浙江省丽水市
国药控股台州有限公司	西药批发	浙江省台州市
湖州劳伦斯装饰材料有限公司	建材批发	浙江省湖州市
杭州萧山医药有限公司	中药批发	浙江省杭州市
浙江万达食品商贸有限公司	米、面制品及食用油批发	浙江省金华市
浙江省建设机械集团有限公司	其他机械设备及电子产品批发	浙江省杭州市
杭州中艺实业有限公司	其他家庭用品批发	浙江省杭州市

4-1 续表 19

企业名称	所属行业	企业所在地
浙江华易通信设备服务有限公司	通讯及广播电视设备批发	浙江省杭州市
浙江艾莱依商贸有限公司	纺织品、针织品及原料批发	浙江省丽水市
杭州富阳海陆医药有限公司	中药批发	浙江省杭州市
宁波英特药业有限公司	西药批发	浙江省宁波市
浙江帅康营销有限公司	家用电器批发	浙江省宁波市
温州市南亚粮油食品有限公司	米、面制品及食用油批发	浙江省温州市
浙江英诺法医药有限公司	中药批发	浙江省金华市
浙江振德医药有限公司	西药批发	浙江省杭州市
浙江国商实业股份有限公司	家用电器批发	浙江省台州市
浙江不老神食品有限公司	肉、禽、蛋、奶及水产品批发	浙江省衢州市
金华市医药有限公司	西药批发	浙江省金华市
浙江新大商贸有限公司	五金产品批发	浙江省杭州市
浙江欧诗漫集团销售有限公司	化妆品及卫生用品批发	浙江省湖州市
德华兔宝宝销售有限公司	建材批发	浙江省湖州市
宁波萌恒进出口有限公司	化妆品及卫生用品批发	浙江省宁波市
浙江康恩贝医药销售有限公司	中药批发	浙江省杭州市
宁波华孚进出口有限公司	化妆品及卫生用品批发	浙江省宁波市
温州美特斯邦威服饰有限公司	服装批发	浙江省温州市
杭州新花海商贸有限公司	化妆品及卫生用品批发	浙江省杭州市
浙江宝瑞医药有限公司	西药批发	浙江省宁波市
嘉兴立华畜禽有限公司	牲畜批发	浙江省嘉兴市
德清德欣时装贸易有限公司	服装批发	浙江省湖州市
浙江康莱特医药保健品销售有限公司	中药批发	浙江省杭州市
浙江华章自动化设备有限公司	电气设备批发	浙江省杭州市
九州通集团杭州医药有限公司	西药批发	浙江省杭州市
浙江省新昌县医药药材有限公司	中药批发	浙江省绍兴市
宁波市北仑食品有限责任公司	肉、禽、蛋、奶及水产品批发	浙江省宁波市
浙江轩昊服饰有限公司	服装批发	浙江省杭州市
温岭市食品总公司	肉、禽、蛋、奶及水产品批发	浙江省台州市
台州宝利经贸有限公司	其他家庭用品批发	浙江省台州市
温州九州通医药有限公司	西药批发	浙江省温州市
浙江新安物流有限公司	煤炭及制品批发	浙江省杭州市
杭州商泰服饰有限公司	服装批发	浙江省杭州市
安徽省		
安徽省徽商金属股份有限公司	金属及金属矿批发	安徽省合肥市
海尔电器销售(合肥)有限公司	家用电器批发	安徽省合肥市
中国石油天然气股份有限公司安徽销售分公司	石油及制品批发	安徽省合肥市
联合利华服务(合肥)有限公司	化妆品及卫生用品批发	安徽省合肥市
安徽华源医药股份有限公司	西药批发	安徽省阜阳市
中国石油化工股份有限公司安徽合肥石油分公司	石油及制品批发	安徽省合肥市
安徽省烟草公司合肥市公司	烟草制品批发	安徽省合肥市
芜湖美的日用家电销售有限公司	家用电器批发	安徽省芜湖市
安徽省技术进出口股份有限公司	其他文化用品批发	安徽省合肥市
安徽江淮汽车股份有限公司多功能车营销分公司	汽车批发	安徽省合肥市
安徽盛世欣兴格力贸易有限公司	家用电器批发	安徽省合肥市
安徽烟草公司阜阳市公司	烟草制品批发	安徽省阜阳市
亳州古井销售有限公司	酒、饮料及茶叶批发	安徽省亳州市
安徽省烟草公司六安市公司	烟草制品批发	安徽省六安市
中国石油化工股份有限公司安徽滁州石油分公司	石油及制品批发	安徽省滁州市
安徽省烟草公司安庆市公司	烟草制品批发	安徽省安庆市
安徽省烟草公司滁州市公司	烟草制品批发	安徽省滁州市

4-1 续表 20

企业名称	所属行业	企业所在地
安徽省烟草公司芜湖市公司	烟草制品批发	安徽省芜湖市
中国石油化工股份有限公司安徽阜阳石油分公司	石油及制品批发	安徽省阜阳市
安徽省烟草公司宿州分公司	烟草制品批发	安徽省宿州市
中国石油化工股份有限公司安徽蚌埠石油分公司	石油及制品批发	安徽省蚌埠市
安徽迎驾酒业销售有限公司	酒、饮料及茶叶批发	安徽省六安市
中国石油天然气股份有限公司安徽滁州销售分公司	石油及制品批发	安徽省滁州市
安徽省烟草公司宣城市公司	烟草制品批发	安徽省宣城市
安徽省烟草公司亳州市公司	其他未列明批发业	安徽省亳州市
安徽省烟草公司蚌埠市公司	烟草制品批发	安徽省蚌埠市
安徽省烟草公司马鞍山市公司	烟草制品批发	安徽省马鞍山市
洽洽食品股份有限公司	其他食品批发	安徽省合肥市
中国石油天然气股份有限公司安徽合肥销售分公司	石油及制品批发	安徽省合肥市
安徽省烟草公司淮南市公司	烟草制品批发	安徽省淮南市
中国石油化工股份有限公司马鞍山市石油分公司	石油及制品批发	安徽省马鞍山市
安徽省阜阳市康泰药业有限责任公司	西药批发	安徽省阜阳市
安徽轻工国际贸易股份有限公司	灯具、装饰物品批发	安徽省合肥市
安徽百大电器连锁有限公司	家用电器批发	安徽省合肥市
合肥旺旺食品有限公司合肥分公司	营养和保健品批发	安徽省合肥市
六安市裕园义乌小商品市场服务有限公司	服装批发	安徽省六安市
安徽省中安油料销售有限责任公司	石油及制品批发	安徽省合肥市
安徽省服装进出口股份有限公司	服装批发	安徽省合肥市
安徽商之都股份有限公司	服装批发	安徽省合肥市
安徽省烟草公司池州市公司	烟草制品批发	安徽省池州市
中国石油化工股份有限公司安徽铜陵石油分公司	石油及制品批发	安徽省铜陵市
芜湖奇瑞汽车备件有限公司	汽车零配件批发	安徽省芜湖市
安徽省烟草公司淮北市公司	烟草制品批发	安徽省淮北市
合肥曼迪新药业有限责任公司	西药批发	安徽省合肥市
安徽省烟草公司黄山市公司	烟草制品批发	安徽省黄山市
中国石油天然气股份有限公司安徽蚌埠销售分公司	石油及制品批发	安徽省蚌埠市
中国石油天然气股份有限公司安徽宣城销售分公司	石油及制品批发	安徽省宣城市
安徽省百川商贸发展有限公司	酒、饮料及茶叶批发	安徽省合肥市
合肥统一企业有限公司合肥销售部	酒、饮料及茶叶批发	安徽省合肥市
青岛海信电器股份有限公司合肥经营分公司	家用电器批发	安徽省合肥市
合肥TCL电器销售有限公司	家用电器批发	安徽省合肥市
合肥亿帆医药经营有限公司	西药批发	安徽省合肥市
滁州市金达石油有限公司	石油及制品批发	安徽省滁州市
安徽阜阳医药集团有限公司	西药批发	安徽省阜阳市
合肥丰乐种业股份有限公司	种子批发	安徽省合肥市
芜湖双鹤医药有限责任公司	西药批发	安徽省芜湖市
安徽振兴物业服务有限公司	建材批发	安徽省六安市
安徽皖南烟叶有限责任公司	烟草制品批发	安徽省宣城市
安徽省临泉县文王酒类有限公司	酒、饮料及茶叶批发	安徽省阜阳市
合肥湘元工程机械有限公司	其他机械设备及电子产品批发	安徽省合肥市
安徽高炉酒类销售有限公司	酒、饮料及茶叶批发	安徽省亳州市
安徽省宣城市医药有限公司	西药批发	安徽省宣城市
安徽天禾药业有限责任公司	西药批发	安徽省安庆市
中铁四局集团物资工贸有限公司	建材批发	安徽省合肥市
安徽小松工程机械有限公司	其他机械设备及电子产品批发	安徽省合肥市
安徽三一工程设备有限公司	其他机械设备及电子产品批发	安徽省合肥市
芜湖华立工程机械有限责任公司	汽车批发	安徽省芜湖市
安徽省石油化工集团有限责任公司	化肥批发	安徽省合肥市

4-1 续表 21

企业名称	所属行业	企业所在地
福建省		
厦门建发股份有限公司	金属及金属矿批发	福建省厦门市
中石化森美(福建)石油有限公司	石油及制品批发	福建省福州市
福建中烟工业有限责任公司	烟草制品批发	福建省厦门市
厦门国贸集团股份有限公司	金属及金属矿批发	福建省厦门市
厦门信达股份有限公司	其他未列明批发业	福建省厦门市
厦门象屿物流集团有限责任公司	其他未列明批发业	福建省厦门市
福建省烟草公司福州市公司	烟草制品批发	福建省福州市
中国石油天然气股份有限公司福建销售分公司	石油及制品批发	福建省福州市
厦门安踏贸易有限公司	鞋帽批发	福建省厦门市
福建省烟草公司三明市公司	烟草制品批发	福建省三明市
龙工(中国)机械销售有限公司	其他机械设备及电子产品批发	福建省龙岩市
厦门特步投资有限公司	服装批发	福建省厦门市
福州闽台茶业有限公司	酒、饮料及茶叶批发	福建省福州市
华电(厦门)能源有限公司	石油及制品批发	福建省厦门市
福建省烟草公司厦门烟草分公司	烟草制品批发	福建省厦门市
福建省烟草公司南平市公司	烟草制品批发	福建省南平市
福建闽侯永辉商业有限公司	其他贸易经纪与代理	福建省福州市
中国厦门国际经济技术合作公司	其他化工产品批发	福建省厦门市
福建省烟草公司莆田市公司	烟草制品批发	福建省莆田市
福建省烟草公司宁德市公司	烟草制品批发	福建省宁德市
厦门夏商农产品集团有限公司	果品、蔬菜批发	福建省厦门市
厦门七匹狼服装营销有限公司	服装批发	福建省厦门市
福建图图儿童用品有限责任公司	鞋帽批发	福建省泉州市
福建七匹狼实业股份有限公司	服装批发	福建省泉州市
福建盛世欣兴格力贸易有限公司	家用电器批发	福建省福州市
中海石油福建新能源有限公司	石油及制品批发	福建省莆田市
福建汇丰物流有限公司	煤炭及制品批发	福建省福州市
厦门青岛啤酒东南营销有限公司	酒、饮料及茶叶批发	福建省厦门市
福州华闽进出口有限公司	贸易代理	福建省福州市
福州民天实业有限公司	果品、蔬菜批发	福建省福州市
国药控股福建有限公司	西药批发	福建省厦门市
厦门信和达电子有限公司	其他机械设备及电子产品批发	福建省厦门市
福建九州通医药有限公司	西药批发	福建省福州市
鸿星尔克(厦门)投资管理有限公司	纺织品、针织品及原料批发	福建省厦门市
鹭燕(福建)药业股份有限公司	中药批发	福建省厦门市
厦门新五菱汽车销售有限公司	汽车批发	福建省厦门市
九牧王股份有限公司厦门分公司	服装批发	福建省厦门市
重庆新日日顺家电销售有限公司福州分公司	家用电器批发	福建省福州市
厦门三峡国际贸易有限公司	家用电器批发	福建省厦门市
明一世代(福建)贸易有限公司	米、面制品及食用油批发	福建省福州市
厦门宏仁医药有限公司	西药批发	福建省厦门市
福建省莆田富力进出口有限公司	鞋帽批发	福建省莆田市
厦门福闽源服装贸易有限公司	服装批发	福建省厦门市
福建五丰大商场有限公司	其他家庭用品批发	福建省福州市
福建诺奇股份有限公司	服装批发	福建省泉州市
国药控股龙岩有限公司	西药批发	福建省龙岩市
中绿之源(厦门)贸易有限公司	酒、饮料及茶叶批发	福建省厦门市
深圳创维-RGB电子有限公司福建分公司	家用电器批发	福建省厦门市
福建小松工程机械有限公司	汽车批发	福建省福州市
福建明一宏业电子商务有限公司	营养和保健品批发	福建省三明市
福州TCL电器销售有限公司	家用电器批发	福建省福州市

4-1 续表 22

企业名称	所属行业	企业所在地
江西省		
江西煤炭销售运输有限责任公司	煤炭及制品批发	江西省南昌市
中国石油化工股份有限公司江西赣州石油分公司	石油及制品批发	江西省赣州市
中国石油化工股份有限公司江西南昌石油分公司	石油及制品批发	江西省南昌市
中国石油化工股份公司江西吉安分公司	石油及制品批发	江西省吉安市
中国石油化工股份有限公司江西宜春石油分公司	石油及制品批发	江西省宜春市
江西省烟草公司赣州市公司	烟草制品批发	江西省赣州市
江西省烟草公司南昌市公司	烟草制品批发	江西省南昌市
江西省烟草公司上饶市公司	烟草制品批发	江西省上饶市
江西省烟草公司宜春市公司(江西省宜春市烟草专卖局)	烟草制品批发	江西省宜春市
江西省烟草公司九江市公司	烟草制品批发	江西省九江市
中国石油化工股份有限公司江西抚州石油分公司	石油及制品批发	江西省抚州市
中国石油化工股份有限公司江西上饶石油分公司	石油及制品批发	江西省上饶市
江西省烟草公司抚州市公司	烟草制品批发	江西省抚州市
江西四特酒营销有限责任公司	酒、饮料及茶叶批发	江西省宜春市
江西省烟草公司吉安市公司	烟草制品批发	江西省吉安市
中国石油化工股份有限公司江西景德镇石油分公司	石油及制品批发	江西省景德镇市
中国石油天然气股份有限公司江西南昌销售分公司	石油及制品批发	江西省南昌市
江西江中医药贸易有限责任公司	中药批发	江西省南昌市
江西江铃进出口有限责任公司	汽车批发	江西省南昌市
南昌海达瑞工贸有限公司	家用电器批发	江西省南昌市
中国石油化工股份有限公司江西萍乡石油分公司	石油及制品批发	江西省萍乡市
中国石油化工股份有限公司江西新余石油分公司	石油及制品批发	江西省新余市
江西省烟草公司萍乡市公司	烟草制品批发	江西省萍乡市
江西仁和药业有限公司	中药批发	江西省宜春市
景德镇市烟草公司	烟草制品批发	江西省景德镇市
中石化江西鹰潭石油分公司	石油及制品批发	江西省鹰潭市
江西九州通药业有限公司	西药批发	江西省南昌市
江西省烟草公司新余市公司	烟草制品批发	江西省新余市
江西省烟草公司鹰潭市公司	烟草制品批发	江西省鹰潭市
景德镇陶邑文化发展有限公司	首饰、工艺品及收藏品批发	江西省景德镇市
江西五洲医药营销有限公司	西药批发	江西省宜春市
江西九州医药有限公司	西药批发	江西省宜春市
深圳创维-RGB电子有限公司江西分公司	家用电器批发	江西省宜春市
江西仁翔药业有限公司	西药批发	江西省宜春市
江西省粮油集团新干购销有限公司	米、面制品及食用油批发	江西省吉安市
山东省		
青岛海尔零部件采购有限公司	金属及金属矿批发	山东省青岛市
青岛海达瑞采购服务有限公司	其他化工产品批发	山东省青岛市
山东晨鸣纸业销售有限公司	文具用品批发	山东省潍坊市
新汶矿业集团物资供销有限责任公司	其他机械设备及电子产品批发	山东省泰安市
山东济宁烟草有限公司	烟草制品批发	山东省济宁市
中国石油化工股份有限公司山东青岛石油分公司	石油及制品批发	山东省青岛市
中国石油化工股份有限公司山东潍坊分公司	石油及制品批发	山东省潍坊市
青岛烟草有限公司	烟草制品批发	山东省青岛市
青岛日日顺乐家贸易有限公司	其他家庭用品批发	山东省青岛市
山东济南烟草有限公司	烟草制品批发	山东省济南市
中国石油化工股份有限公司山东济南石油分公司	石油及制品批发	山东省济南市
道恩集团有限公司	其他化工产品批发	山东省烟台市
中国石油化工股份有限公司山东烟台石油分公司	石油及制品批发	山东省烟台市
山东鲁花集团商贸有限公司	米、面制品及食用油批发	山东省烟台市

4-1 续表 23

企业名称	所属行业	企业所在地
青岛海尔国际贸易有限公司	电气设备批发	山东省青岛市
临清市泰润轴承有限公司	其他机械设备及电子产品批发	山东省聊城市
山东科瑞石油装备有限公司	其他机械设备及电子产品批发	山东省东营市
海尔集团电器产业有限公司	家用电器批发	山东省青岛市
山东烟台烟草有限公司	烟草制品批发	山东省烟台市
山东临沂烟草有限公司	烟草制品批发	山东省临沂市
中国重汽集团进出口有限公司	汽车批发	山东省济南市
中国石油化工股份有限公司山东淄博石油公司	石油及制品批发	山东省淄博市
山东省农业生产资料有限责任公司	化肥批发	山东省济南市
山东聊城鲁西化工销售有限公司	化肥批发	山东省聊城市
烟台张裕葡萄酿酒销售有限公司	酒、饮料及茶叶批发	山东省烟台市
中国石油化工股份有限公司山东济宁石油分公司	石油及制品批发	山东省济宁市
中国石油化工股份有限公司山东菏泽石油分公司	石油及制品批发	山东省菏泽市
华润山东医药有限公司	西药批发	山东省济南市
山东菏泽烟草有限公司	烟草制品批发	山东省菏泽市
济南中油华铁石油产品销售有限公司	石油及制品批发	山东省济南市
中国石油化工股份有限公司山东石油分公司	石油及制品批发	山东省济南市
山东瑞康医药股份有限公司	西药批发	山东省烟台市
诸城福田汽车科技开发有限公司	汽车批发	山东省潍坊市
山东盛世欣兴格力贸易有限公司	家用电器批发	山东省济南市
山东晨曦集团有限公司	其他化工产品批发	山东省日照市
中国石化山东泰山石油股份有限公司	石油及制品批发	山东省泰安市
山东泰安烟草有限公司	烟草制品批发	山东省泰安市
中国石油天然气股份有限公司山东济南销售分公司	石油及制品批发	山东省济南市
青岛益佳国际贸易集团有限公司	服装批发	山东省青岛市
山东淄博烟草有限公司	烟草制品批发	山东省淄博市
中国石油化工股份有限公司山东德州石油分公司	石油及制品批发	山东省德州市
山东德州烟草有限公司	烟草制品批发	山东省德州市
中国石油化工山东日照石油公司	石油及制品批发	山东省日照市
山东枣庄烟草有限公司	烟草制品批发	山东省枣庄市
中国石油化工股份有限公司山东枣庄石油分公司	石油及制品批发	山东省枣庄市
中国石油化工股份有限公司山东聊城石油分公司	石油及制品批发	山东省聊城市
山东滨州烟草有限公司	烟草制品批发	山东省滨州市
烟台市农业生产资料总公司	化肥批发	山东省烟台市
史丹利化肥销售有限公司	化肥批发	山东省临沂市
中国石油天然气股份有限公司山东烟台销售分公司	石油及制品批发	山东省烟台市
诸城雷沃科技有限公司	汽车零配件批发	山东省潍坊市
山东九州通医药有限公司	西药批发	山东省济南市
沾化王尔庄海产品有限公司	肉、禽、蛋、奶及水产品批发	山东省滨州市
山东齐鲁万和医药营销有限公司	医疗用品及器材批发	山东省济南市
山东新华书店集团有限公司	图书批发	山东省济南市
山东威海烟草有限公司	烟草制品批发	山东省威海市
山东银宝食品有限公司	肉、禽、蛋、奶及水产品批发	山东省泰安市
山东赛菲尔珠宝首饰有限公司	首饰、工艺品及收藏品批发	山东省潍坊市
山东东方誉源现代农业集团有限责任公司	化肥批发	山东省潍坊市
山东宏济堂医药集团有限公司	中药批发	山东省济南市
中国石油天然气股份有限公司山东菏泽销售分公司	石油及制品批发	山东省菏泽市
青岛福兴祥物流有限公司	纺织品、针织品及原料批发	山东省青岛市
山东祥泰洁净煤有限公司	煤炭及制品批发	山东省泰安市
山东东营烟草有限公司	烟草制品批发	山东省东营市
中国石油天然气股份有限公司山东潍坊销售分公司	石油及制品批发	山东省潍坊市

4-1 续表 24

企业名称	所属行业	企业所在地
中远佐敦船舶涂料(青岛)有限公司	其他未列明批发业	山东省青岛市
中国石油天然气股份有限公司山东淄博销售分公司	石油及制品批发	山东省淄博市
山东银座配送有限公司	米、面制品及食用油批发	山东省济南市
绮丽集团有限责任公司	服装批发	山东省青岛市
山东福田雷沃重工国际贸易有限公司	农业机械批发	山东省潍坊市
中国石油天然气股份有限公司山东枣庄销售分公司	石油及制品批发	山东省枣庄市
山东荣庆物流有限公司	果品、蔬菜批发	山东省临沂市
重庆海尔家电销售有限公司济宁分公司	家用电器批发	山东省济宁市
青岛百洋医药科技有限公司	医疗用品及器材批发	山东省青岛市
山东瑞中医药有限公司	西药批发	山东省济宁市
东营金田小商品市场发展有限公司	服装批发	山东省东营市
威海联桥服饰有限公司	其他贸易经纪与代理	山东省威海市
烟台市供销石油公司	石油及制品批发	山东省烟台市
山东省万事达物资有限公司	金属及金属矿批发	山东省滨州市
山东邹平长城能源科技有限公司	煤炭及制品批发	山东省滨州市
山东康惠医药有限公司	西药批发	山东省潍坊市
中国石油天然气股份有限公司山东聊城销售分公司	石油及制品批发	山东省聊城市
山东银座电器有限责任公司	家用电器批发	山东省济南市
重庆新日日顺家电销售有限公司青岛分公司	家用电器批发	山东省青岛市
中化工油气销售有限公司	石油及制品批发	山东省济南市
山东南菜园蔬菜食品有限公司	果品、蔬菜批发	山东省临沂市
淄博矿业集团济北矿区铁路运销处	煤炭及制品批发	山东省济宁市
济南天业工程机械有限公司	其他机械设备及电子产品批发	山东省济南市
济南TCL电器销售有限公司	家用电器批发	山东省济南市
百丽国际鞋业(青岛)有限公司	鞋帽批发	山东省青岛市
山东莱芜烟草有限公司	烟草制品批发	山东省莱芜市
山东华东三一工程机械有限公司	其他机械设备及电子产品批发	山东省济南市
重庆新日日顺家电销售有限公司济南分公司	家用电器批发	山东省济南市
山东新华医药贸易有限公司	西药批发	山东省淄博市
中国石油天然气山东日照销售分公司	石油及制品批发	山东省日照市
青岛福兴祥商品配送有限公司	米、面制品及食用油批发	山东省青岛市
青岛南车四方车辆物流有限公司	其他未列明批发业	山东省青岛市
中国船舶燃料青岛有限公司	石油及制品批发	山东省青岛市
华润潍坊远东医药有限公司	西药批发	山东省潍坊市
山东鲁滨首饰有限公司	首饰、工艺品及收藏品批发	山东省滨州市
青岛黄海制药经营有限公司	西药批发	山东省青岛市
青岛天合医药集团股份有限公司	西药批发	山东省青岛市
山东康诺盛世医药有限公司	西药批发	山东省烟台市
山东龙大商贸有限公司	米、面制品及食用油批发	山东省烟台市
山东省桓台县供销合作社联合社	化肥批发	山东省淄博市
山东八戒食品有限公司	肉、禽、蛋、奶及水产品批发	山东省泰安市
山东潍坊烟草有限公司诸城分公司	烟草制品批发	山东省潍坊市
苍山县北方物流有限公司	果品、蔬菜批发	山东省临沂市
山东景芝酒厂销售总公司	酒、饮料及茶叶批发	山东省潍坊市
山东环球医药集团有限公司	西药批发	山东省济南市
山东永弘工程设备有限公司	其他机械设备及电子产品批发	山东省烟台市
枣庄银海医药有限公司	西药批发	山东省枣庄市
招远皮革城有限公司	服装批发	山东省烟台市
国运集团有限公司	汽车批发	山东省青岛市
山东潍坊烟草有限公司高密分公司	烟草制品批发	山东省潍坊市
山东山推工程机械成套设备有限公司	其他机械设备及电子产品批发	山东省济宁市

4-1 续表 25

企业名称	所属行业	企业所在地
山东金田小商品市场发展有限公司	厨房、卫生间用具及日用杂货批发	山东省威海市
青岛瑞尚贸易发展有限公司	服装批发	山东省青岛市
诸城金顺粮油购销有限公司	米、面制品及食用油批发	山东省潍坊市
日照市华大投资发展有限公司	建材批发	山东省日照市
巴龙集团有限公司	纺织品、针织品及原料批发	山东省青岛市
山东登海先锋种业有限公司	种子批发	山东省烟台市
山东中外运弘志物流有限公司	贸易代理	山东省淄博市
青岛海信电器股份有限公司临沂经营分公司	家用电器批发	山东省临沂市
潍坊烟草有限公司安丘分公司	烟草制品批发	山东省潍坊市
山东德州扒鸡集团有限公司	肉、禽、蛋、奶及水产品批发	山东省德州市
山东潍坊烟草有限公司临朐分公司	烟草制品批发	山东省潍坊市
海信科龙电器股份有限公司山东分公司	家用电器批发	山东省济南市
深圳创维-RGB电子有限公司山东分公司	家用电器批发	山东省济南市
德州和谐贸易有限公司	石油及制品批发	山东省德州市
青岛宝瑞纳体育用品有限公司	服装批发	山东省青岛市
德州银龙集团有限公司	棉、麻批发	山东省德州市
山东大陆企业集团有限公司	金属及金属矿批发	山东省临沂市
威海金蚂蚁集团有限公司	五金产品批发	山东省威海市
曲阜孔府家酒业有限公司	酒、饮料及茶叶批发	山东省济宁市
华润济宁医药有限公司	西药批发	山东省济宁市
莒县新宇商贸有限公司	农用薄膜批发	山东省日照市
河南省		
郑州煤电物资供销有限公司	建材批发	河南省郑州市
中国石油化工股份有限公司河南郑州石油分公司	石油及制品批发	河南省郑州市
河南省烟草公司郑州市公司	烟草制品批发	河南省郑州市
郑州日产汽车销售有限公司	汽车批发	河南省郑州市
河南诚信格力电器市场营销有限公司	家用电器批发	河南省郑州市
河南省烟草公司南阳市公司	烟草制品批发	河南省南阳市
郑州煤炭工业(集团)正运煤炭销售有限公司	煤炭及制品批发	河南省郑州市
中国石油化工股份有限公司河南南阳石油分公司	石油及制品批发	河南省南阳市
洛阳长兴农业机械有限公司	农业机械批发	河南省洛阳市
河南省烟草公司洛阳市公司	烟草制品批发	河南省洛阳市
中国石油天然气股份有限公司河南销售分公司	石油及制品批发	河南省郑州市
河南省烟草公司商丘市公司	烟草制品批发	河南省商丘市
中国石油天然气股份有限公司河南郑州销售分公司	石油及制品批发	河南省郑州市
河南省烟草公司平顶山分公司	烟草制品批发	河南省平顶山市
河南省烟草公司驻马店市公司	烟草制品批发	河南省驻马店市
河南省烟草公司信阳分公司	烟草制品批发	河南省信阳市
郑州海永蓝工贸有限公司	家用电器批发	河南省郑州市
河南省烟草公司周口市公司	烟草制品批发	河南省周口市
河南九州通医药有限公司	西药批发	河南省郑州市
河南省烟草公司新乡市公司	烟草制品批发	河南省新乡市
中国石油化工股份有限公司河南三门峡石油分公司	石油及制品批发	河南省三门峡市
国药控股河南股份有限公司	中药批发	河南省郑州市
中国石油化工股份有限公司河南平顶山石油分公司	石油及制品批发	河南省平顶山市
河南省烟草公司三门峡市公司	烟草制品批发	河南省三门峡市
河南省烟草公司安阳市公司	烟草制品批发	河南省安阳市
河南中油高速公路油品股份有限公司	石油及制品批发	河南省郑州市
中国石油化工股份有限公司河南安阳石油分公司	石油及制品批发	河南省安阳市
河南省新华书店发行集团有限公司	图书批发	河南省郑州市
华润河南医药有限公司	医疗用品及器材批发	河南省郑州市

4-1 续表 26

企业名称	所属行业	企业所在地
中国石油化工股份有限公司驻马店分公司	石油及制品批发	河南省驻马店市
中国石油化工股份有限公司河南焦作石油分公司	石油及制品批发	河南省焦作市
河南省烟草公司开封市公司	烟草制品批发	河南省开封市
中国石油化工股份有限公司河南许昌石油分公司	石油及制品批发	河南省许昌市
许昌天润实业有限公司	建材批发	河南省许昌市
中国石油化工股份有限公司河南中原分公司	石油及制品批发	河南省濮阳市
河南省烟草公司焦作市公司	烟草制品批发	河南省焦作市
新乡市红旗区洪门镇钢材市场	金属及金属矿批发	河南省新乡市
中国石油化工股份有限公司周口分公司	石油及制品批发	河南省周口市
河南省烟草公司濮阳市公司	烟草制品批发	河南省濮阳市
河南省医药有限公司	中药批发	河南省郑州市
中国石油化工股份有限公司河南漯河石油分公司	石油及制品批发	河南省漯河市
河南省烟草公司漯河市公司	烟草制品批发	河南省漯河市
中国石油化工股份有限公司河南开封石油分公司	石油及制品批发	河南省开封市
中国石油天然气股份有限公司河南周口销售分公司	石油及制品批发	河南省周口市
中国石油天然气股份有限公司河南许昌销售分公司	石油及制品批发	河南省许昌市
河南圣光医药物流有限公司	西药批发	河南省平顶山市
郑州铁路华东实业总公司	煤炭及制品批发	河南省郑州市
中国石油天然气股份有限公司河南平顶山销售分公司	石油及制品批发	河南省平顶山市
中国石油天然气股份有限公司河南开封销售分公司	石油及制品批发	河南省开封市
郑州铁路煤炭运销有限公司	煤炭及制品批发	河南省郑州市
中国石油化工股份有限公司河南鹤壁石油分公司	石油及制品批发	河南省鹤壁市
哈药集团世一堂百川医药商贸有限公司	西药批发	河南省商丘市
中国石油天然气股份有限公司河南南阳销售分公司	石油及制品批发	河南省南阳市
中国石油化工股份有限公司河南济源分公司	石油及制品批发	河南省济源市
河南省烟草公司鹤壁市公司	烟草制品批发	河南省鹤壁市
河南省烟草公司邓州市分公司	烟草制品批发	河南省南阳市
洛阳铁路运通集团实业发展公司	煤炭及制品批发	河南省洛阳市
河南中储粮商水直属库	谷物、豆及薯类批发	河南省周口市
南阳市东森医药有限公司	西药批发	河南省南阳市
洛阳市鼎信御安药业有限公司	西药批发	河南省洛阳市
漯河市烟草公司临颍县分公司	烟草制品批发	河南省漯河市
南阳市烟草公司内乡县分公司	烟草制品批发	河南省南阳市
鹿邑县真源办事处供销社	谷物、豆及薯类批发	河南省周口市
河南凯隆工程机械有限公司	其他机械设备及电子产品批发	河南省郑州市
河南千里马工程机械有限公司	其他机械设备及电子产品批发	河南省郑州市
南阳市烟草公司方城县分公司	烟草制品批发	河南省南阳市
南阳市烟草公司唐河县分公司	烟草制品批发	河南省南阳市
南阳市烟草公司镇平县分公司	烟草制品批发	河南省南阳市
河南郑柳工程机械有限公司	摩托车及零配件批发	河南省郑州市
方城县鸿发商贸集团有限公司	煤炭及制品批发	河南省南阳市
河南省烟草公司济源市公司	烟草制品批发	河南省济源市
郑州湘元三一工程机械有限公司	其他机械设备及电子产品批发	河南省郑州市
郑州金星啤酒销售有限公司	其他食品批发	河南省郑州市
新乡洪门建筑材料市场管理委员会	建材批发	河南省新乡市
漯河市烟草公司舞阳分公司	烟草制品批发	河南省漯河市
南阳市烟草公司社旗县分公司	烟草制品批发	河南省南阳市
河南省晨光实业有限公司	酒、饮料及茶叶批发	河南省郑州市
湖北省		
中国石化销售有限公司华中分公司	石油及制品批发	湖北省武汉市
中国石油化工股份有限公司湖北石油分公司	石油及制品批发	湖北省武汉市

4-1 续表 27

企业名称	所属行业	企业所在地
武钢集团国际经济贸易总公司	贸易代理	湖北省武汉市
中国石油天然气股份有限公司湖北销售分公司	石油及制品批发	湖北省武汉市
中国铁路物资武汉公司	贸易代理	湖北省武汉市
中石化长江燃料有限公司	石油及制品批发	湖北省武汉市
武汉白沙洲冷链物流有限责任公司	肉、禽、蛋、奶及水产品批发	湖北省武汉市
湖北省烟草公司武汉市公司	烟草制品批发	湖北省武汉市
九州通医药集团股份有限公司	西药批发	湖北省武汉市
武汉艾德蒙科技股份有限公司	计算机、软件及辅助设备批发	湖北省武汉市
湖北银丰实业集团有限责任公司	棉、麻批发	湖北省武汉市
湖北盛兴格力电器销售有限公司	家用电器批发	湖北省武汉市
湖北省烟草公司恩施州公司	烟草制品批发	湖北省恩施市
中石化湖北宜昌石油分公司	石油及制品批发	湖北省宜昌市
中国石油化工股份有限公司湖北襄樊石油分公司	石油及制品批发	湖北省襄阳市
湖北省农业生产资料集团有限公司	化肥批发	湖北省武汉市
湖北省烟草公司黄冈市公司	烟草制品批发	湖北省黄冈市
湖北劲牌保健酒业有限公司	酒、饮料及茶叶批发	湖北省黄石市
湖北省烟草公司荆州市公司	烟草制品批发	湖北省荆州市
东风裕隆汽车销售有限公司	汽车批发	湖北省武汉市
湖北省烟草公司襄阳市公司	烟草制品批发	湖北省襄阳市
中国石油化工有限公司湖北十堰石油分公司	石油及制品批发	湖北省十堰市
湖北省新华书店(集团)有限公司	图书批发	湖北省武汉市
中国石油化工股份有限公司湖北荆州石油分公司	石油及制品批发	湖北省荆州市
湖北省烟草公司宜昌市公司	烟草制品批发	湖北省宜昌市
中国石油化工股份有限公司湖北荆门石油分公司	石油及制品批发	湖北省荆门市
中国石油化工股份有限公司湖北黄冈石油分公司	石油及制品批发	湖北省黄冈市
中铁大桥局集团物资有限公司	金属及金属矿批发	湖北省武汉市
中国石油天然气股份有限公司湖北黄冈销售分公司	石油及制品批发	湖北省黄冈市
周大福珠宝金行(武汉)有限公司	首饰、工艺品及收藏品批发	湖北省武汉市
新龙药业集团有限公司	西药批发	湖北省武汉市
中国石油化工股份有限公司湖北咸宁石油分公司	石油及制品批发	湖北省咸宁市
枝江吉星商贸有限公司	其他食品批发	湖北省宜昌市
中国石油化工股份有限公司湖北恩施石油分公司	石油及制品批发	湖北省恩施市
中国石油天然气股份有限公司湖北襄阳销售分公司	石油及制品批发	湖北省襄阳市
黄石市烟草专卖局	烟草制品批发	湖北省黄石市
中国石油天然气股份有限公司湖北咸宁销售分公司	石油及制品批发	湖北省咸宁市
百威英博(中国)销售有限公司	酒、饮料及茶叶批发	湖北省武汉市
湖北省烟草公司随州市公司	烟草制品批发	湖北省随州市
中国石油化工股份有限公司湖北随州石油分公司	石油及制品批发	湖北省随州市
武汉市南浦食品有限责任公司	其他食品批发	湖北省武汉市
湖北立旺食品有限公司武汉分公司	其他食品批发	湖北省武汉市
武汉长江沙鸥植物油有限公司	米、面制品及食用油批发	湖北省武汉市
湖北盐业集团有限公司	盐及调味品批发	湖北省武汉市
中国石油天然气股份有限公司湖北恩施销售分公司	石油及制品批发	湖北省恩施市
武汉友谊副食品商业有限责任公司	其他食品批发	湖北省武汉市
湖北省金属材料总公司	金属及金属矿批发	湖北省武汉市
湖北省烟草公司仙桃市公司	烟草制品批发	湖北省仙桃市
中平能化集团湖北平鄂煤炭港埠有限公司	煤炭及制品批发	湖北省武汉市
中国石油天然气股份有限公司湖北荆门销售分公司	石油及制品批发	湖北省荆门市
宜昌宏信商贸有限责任公司	酒、饮料及茶叶批发	湖北省宜昌市
湖北华中三一机械设备有限公司	汽车批发	湖北省武汉市
武汉千里马工程机械有限公司	其他机械设备及电子产品批发	湖北省武汉市

4-1 续表 28

企业名称	所属行业	企业所在地
武汉TCL电器销售有限公司	家用电器批发	湖北省武汉市
武汉中南工程机械设备有限责任公司	汽车批发	湖北省武汉市
武汉光明乳业销售有限公司	肉、禽、蛋、奶及水产品批发	湖北省武汉市
武汉蒙牛乳业有限公司	肉、禽、蛋、奶及水产品批发	湖北省武汉市
湖北银海棉业有限责任公司	棉、麻批发	湖北省潜江市
湖南省		
南方建材股份有限公司	建材批发	湖南省长沙市
湖南省烟草公司长沙市公司	烟草制品批发	湖南省长沙市
湖南大唐燃料开发有限责任公司	煤炭及制品批发	湖南省长沙市
湖南省烟草公司郴州市公司	烟草制品批发	湖南省郴州市
湖南省烟草公司衡阳市公司	烟草制品批发	湖南省衡阳市
湖南省烟草公司岳阳市公司	烟草制品批发	湖南省岳阳市
湖南省烟草公司株洲分公司	烟草制品批发	湖南省株洲市
湖南省烟草公司常德市公司	烟草制品批发	湖南省常德市
湖南省烟草公司益阳分公司	烟草制品批发	湖南省益阳市
湖南省烟草公司永州市公司	烟草制品批发	湖南省永州市
湖南省烟草公司娄底市公司	烟草制品批发	湖南省娄底市
湖南省烟草公司湘西自治州公司	烟草制品批发	湖南省湘西土家族苗族自治州
长沙双鹤医药有限责任公司	中药批发	湖南省长沙市
湖南省烟草公司湘潭市公司	烟草制品批发	湖南省湘潭市
湖南省烟草公司怀化市公司	烟草制品批发	湖南省怀化市
湖南粮食集团有限责任公司	米、面制品及食用油批发	湖南省长沙市
湖南省新华书店有限责任公司	图书批发	湖南省长沙市
湖南时代阳光医药有限公司	西药批发	湖南省长沙市
湖南大旺食品有限公司长沙分公司	其他食品批发	湖南省长沙市
湖南盛世欣兴格力贸易有限公司	家用电器批发	湖南省长沙市
湖南盐业股份有限公司	盐及调味品批发	湖南省长沙市
湖南酒鬼酒销售有限公司	酒、饮料及茶叶批发	湖南省湘西土家族苗族自治州
湖南省烟草公司张家界市公司	烟草制品批发	湖南省张家界市
湖南中移鼎讯通信有限公司	通讯及广播电视设备批发	湖南省长沙市
长沙TCL电器销售有限公司	家用电器批发	湖南省长沙市
湖南康尔佳医药有限公司	西药批发	湖南省长沙市
湖南天士力民生药业有限公司	中药批发	湖南省湘潭市
湖南和顺石油化工有限公司	石油及制品批发	湖南省长沙市
湖南金果实业股份有限公司资产经营分公司	厨房、卫生间用具及日用杂货批发	湖南省衡阳市
青岛海信电器股份有限公司长沙经营分公司	家用电器批发	湖南省长沙市
湖南多喜爱纺织科技有限公司	纺织品、针织品及原料批发	湖南省长沙市
岳阳巴陵经贸有限公司	金属及金属矿批发	湖南省岳阳市
中储发展股份有限公司衡阳分公司	金属及金属矿批发	湖南省衡阳市
湖南常德鼎城德源医药有限公司	西药批发	湖南省常德市
华润湖南双舟医药有限公司	西药批发	湖南省长沙市
祁东县兴农农资连锁有限公司	化肥批发	湖南省衡阳市
郴州市青岛啤酒销售有限公司	酒、饮料及茶叶批发	湖南省郴州市
湖南省粮油食品进出口集团有限公司	其他农牧产品批发	湖南省长沙市
广东省		
中国石化销售有限公司华南分公司	石油及制品批发	广东省广州市
中国石油化工股份化工销售华南分公司	其他化工产品批发	广东省广州市
中国石油天然气股份有限公司华南销售分公司	石油及制品批发	广东省广州市
南方石化集团有限公司	石油及制品批发	广东省广州市
松日数码发展(深圳)有限公司	其他未列明批发业	广东省深圳市
中海石油炼化有限责任公司销售分公司	石油及制品批发	广东省广州市

4-1 续表 29

企业名称	所属行业	企业所在地
天音通信有限公司	通讯及广播电视设备批发	广东省深圳市
深圳市世纪通祥科技有限公司	音像制品及电子出版物批发	广东省深圳市
比亚迪汽车销售有限公司	汽车批发	广东省深圳市
中国石油化工股份有限公司广东石油分公司	石油及制品批发	广东省广州市
中油碧辟石油有限公司	石油及制品批发	广东省江门市
中国石油化工股份有限公司深圳石油分公司	石油及制品批发	广东省深圳市
中国石油天然气股份有限公司华南化工销售分公司	其他化工产品批发	广东省广州市
深圳中电投资股份有限公司	其他机械设备及电子产品批发	广东省深圳市
广州医药有限公司	西药批发	广东省广州市
中国烟草总公司深圳市公司	烟草制品批发	广东省深圳市
华南蓝天油料有限公司	石油及制品批发	广东省广州市
深圳市爱施德股份有限公司	通讯及广播电视设备批发	广东省深圳市
国药控股广州有限公司	西药批发	广东省广州市
广州立白企业集团有限公司	厨房、卫生间用具及日用杂货批发	广东省广州市
昆山润华商业有限公司广州黄埔分公司	服装批发	广东省广州市
中国石油天然气股份有限公司广东销售分公司	石油及制品批发	广东省广州市
广州人和新天地贸易有限公司	服装批发	广东省广州市
联想(深圳)电子有限公司	计算机、软件及辅助设备批发	广东省深圳市
广东烟草广州市有限公司	烟草制品批发	广东省广州市
广州市长晟实业发展有限公司	服装批发	广东省广州市
广东省纺织品进出口股份有限公司	纺织品、针织品及原料批发	广东省广州市
广州万力轮胎商贸有限公司	汽车零配件批发	广东省广州市
深圳市华富洋供应链有限公司	其他机械设备及电子产品批发	广东省深圳市
中山市物资集团有限公司	金属及金属矿批发	广东省中山市
华润水泥投资有限公司	建材批发	广东省深圳市
广州神州数码信息科技有限公司	计算机、软件及辅助设备批发	广东省广州市
中石化中海船舶燃料供应有限公司	石油及制品批发	广东省广州市
广州铁路物资公司	金属及金属矿批发	广东省广州市
广东烟草东莞市有限公司	烟草制品批发	广东省东莞市
深圳市年富实业发展有限公司	通讯及广播电视设备批发	广东省深圳市
广东烟草佛山市有限责任公司	烟草制品批发	广东省佛山市
深圳市中金岭南有色金属股份有限公司	金属及金属矿批发	广东省深圳市
广州天马国际时装贸易有限公司	服装批发	广东省广州市
东莞市永盛贸易有限公司	通讯及广播电视设备批发	广东省东莞市
广州纺织品进出口集团有限公司	服装批发	广东省广州市
深圳空港陆地石油化工有限公司	石油及制品批发	广东省深圳市
深圳市金立通信设备有限公司	通讯及广播电视设备批发	广东省深圳市
深圳华润三九医药贸易有限公司	中药批发	广东省深圳市
深圳承远航空油料有限公司	石油及制品批发	广东省深圳市
中国石油化工股份有限公司广东韶关石油分公司	石油及制品批发	广东省韶关市
广州钢铁交易中心有限公司	金属及金属矿批发	广东省广州市
众业达电气股份有限公司	其他机械设备及电子产品批发	广东省汕头市
中国石油化工股份有限公司广东清远石油分公司	石油及制品批发	广东省清远市
周生生中国商业有限公司	首饰、工艺品及收藏品批发	广东省广州市
广东烟草湛江市有限公司	烟草制品批发	广东省湛江市
维沃通信科技有限公司	通讯及广播电视设备批发	广东省东莞市
深圳伟仕宏业电子有限公司	其他机械设备及电子产品批发	广东省深圳市
广东天禾农资股份有限公司	化肥批发	广东省广州市
广州尚岑服饰有限公司	服装批发	广东省广州市
深圳市青岛啤酒华南营销有限公司	酒、饮料及茶叶批发	广东省深圳市
深圳市燃气集团股份有限公司	石油及制品批发	广东省深圳市

4-1 续表 30

企业名称	所属行业	企业所在地
广东烟草惠州市有限责任公司	烟草制品批发	广东省惠州市
广东烟草揭阳市有限公司	烟草制品批发	广东省揭阳市
中捷通信有限公司	通讯及广播电视设备批发	广东省广州市
广东烟草江门市有限公司	烟草制品批发	广东省江门市
东莞市汇富进出口贸易有限公司	鞋帽批发	广东省东莞市
深圳市东方嘉盛供应链股份有限公司	贸易代理	广东省深圳市
中国石油化工股份有限公司广东阳江分公司	石油及制品批发	广东省阳江市
深圳市华孚进出口有限公司	纺织品、针织品及原料批发	广东省深圳市
中化石油广东有限公司	石油及制品批发	广东省广州市
李锦记中国销售有限公司	盐及调味品批发	广东省广州市
广东烟草梅州市有限公司	烟草制品批发	广东省梅州市
广东烟草韶关市有限公司	烟草制品批发	广东省韶关市
广东烟草汕头市有限责任公司	烟草制品批发	广东省汕头市
蓝月亮(中国)有限公司	厨房、卫生间用具及日用杂货批发	广东省广州市
广东九州通医药有限公司	西药批发	广东省中山市
广东烟草茂名市有限责任公司	烟草制品批发	广东省茂名市
茂名市天源商贸发展有限公司	石油及制品批发	广东省茂名市
松下电器机电(深圳)有限公司	其他机械设备及电子产品批发	广东省深圳市
广东烟草肇庆市有限责任公司	烟草制品批发	广东省肇庆市
广东省中山食品水产进出口集团有限公司	肉、禽、蛋、奶及水产品批发	广东省中山市
广东烟草河源市有限责任公司	烟草制品批发	广东省河源市
百威英博(中国)销售有限公司广州分公司	酒、饮料及茶叶批发	广东省广州市
广州中山医医药有限公司	西药批发	广东省广州市
广东烟草中山市有限责任公司	烟草制品批发	广东省中山市
广东烟草清远市有限公司	烟草制品批发	广东省清远市
广东烟草汕尾市有限公司	烟草制品批发	广东省汕尾市
广州壳牌石油化工有限公司	石油及制品批发	广东省广州市
深圳市粮食集团有限公司	米、面制品及食用油批发	广东省深圳市
广东省轻工进出口股份有限公司	其他未列明批发业	广东省广州市
广东省机械进出口股份有限公司	其他机械设备及电子产品批发	广东省广州市
深圳市启悦光电有限公司	家用电器批发	广东省深圳市
广东省外贸开发公司	金属及金属矿批发	广东省广州市
广东烟草潮州市有限责任公司	烟草制品批发	广东省潮州市
卡西欧电子(深圳)有限公司	其他家庭用品批发	广东省深圳市
国药集团一致药业股份有限公司	西药批发	广东省深圳市
广州采芝林药业有限公司	中药批发	广东省广州市
三星中国投资有限公司广州分公司	家用电器批发	广东省广州市
施耐德电气(中国)投资有限公司广州分公司	电气设备批发	广东省广州市
和记黄埔(中国)商贸有限公司	化妆品及卫生用品批发	广东省广州市
广州盛世欣兴格力贸易有限公司	家用电器批发	广东省广州市
广州苏宁电器有限公司	家用电器批发	广东省广州市
深圳市年年丰粮油有限公司	米、面制品及食用油批发	广东省深圳市
广东烟草珠海市有限公司	烟草制品批发	广东省珠海市
TCL商用信息科技(惠州)股份有限公司	家用电器批发	广东省惠州市
深圳市怡化电脑有限公司	计算机、软件及辅助设备批发	广东省深圳市
肇庆市盛林再生资源有限公司	再生物资回收与批发	广东省肇庆市
东莞市糖酒集团美宜佳便利店有限公司	糕点、糖果及糖批发	广东省东莞市
广东烟草普宁市有限责任公司	烟草制品批发	广东省揭阳市
广东大地通讯连锁服务有限公司	通讯及广播电视设备批发	广东省东莞市
联强国际贸易(中国)有限公司广州分公司	计算机、软件及辅助设备批发	广东省广州市
TCL家用电器(惠州)有限公司	家用电器批发	广东省惠州市

4-1 续表 31

企业名称	所属行业	企业所在地
联新能源发展有限公司	石油及制品批发	广东省广州市
维达商贸有限公司	化妆品及卫生用品批发	广东省江门市
珠海盛世欣兴格力贸易有限公司	家用电器批发	广东省珠海市
广东烟草汕头市有限责任公司潮阳分公司	烟草制品批发	广东省汕头市
深圳市鑫荣懋实业发展有限公司	果品、蔬菜批发	广东省深圳市
广东周大福珠宝金行有限公司	首饰、工艺品及收藏品批发	广东省广州市
广东美康大光万特医药有限公司	中药批发	广东省广州市
广东烟草阳江市有限责任公司	烟草制品批发	广东省阳江市
中山市中顺商贸有限公司	化妆品及卫生用品批发	广东省中山市
汕头市创美药业有限公司	中药批发	广东省汕头市
惠东县商周实业有限公司	鞋帽批发	广东省惠州市
深圳市华成峰实业有限公司	电气设备批发	广东省深圳市
东莞市东糖集团有限公司	糕点、糖果及糖批发	广东省东莞市
中国船舶燃料广州有限公司	石油及制品批发	广东省广州市
福达(中国)投资有限公司	盐及调味品批发	广东省广州市
广东烟草云浮市有限责任公司	烟草制品批发	广东省云浮市
深圳市光汇石油化工股份有限公司	石油及制品批发	广东省深圳市
广东华南三一工程机械有限公司	其他机械设备及电子产品批发	广东省广州市
中国石油天然气股份有限公司广东惠州销售分公司	石油及制品批发	广东省惠州市
金利来(中国)有限公司广州分公司	服装批发	广东省广州市
东莞市晟世欣兴格力贸易有限公司	家用电器批发	广东省东莞市
深圳市齐普生信息科技有限公司	计算机、软件及辅助设备批发	广东省深圳市
广州市振戎燃气连锁经营有限公司	石油及制品批发	广东省广州市
珠海方正印刷电路板发展有限公司	电气设备批发	广东省珠海市
深圳市康哲药业有限公司	西药批发	广东省深圳市
广州市粮食集团有限责任公司	米、面制品及食用油批发	广东省广州市
广州大旺食品有限公司广州分公司	糕点、糖果及糖批发	广东省广州市
广东烟草南雄市有限公司	烟草制品批发	广东省韶关市
中山格兰仕家用电器销售有限公司	家用电器批发	广东省中山市
中国电子器材深圳有限公司	其他机械设备及电子产品批发	广东省深圳市
中国石油化工股份有限公司广东粤东石油分公司	石油及制品批发	广东省汕头市
深圳市红牛实业有限公司	酒、饮料及茶叶批发	广东省深圳市
广东新明珠陶瓷集团有限公司	建材批发	广东省佛山市
重庆新日日顺家电销售有限公司广州分公司	家用电器批发	广东省广州市
中国石油天燃气股份有限公司广东湛江销售分公司	石油及制品批发	广东省湛江市
达能益力贸易(深圳)有限公司	酒、饮料及茶叶批发	广东省深圳市
广州TCL电器销售有限公司	家用电器批发	广东省广州市
中国石油化工股份有限公司广东潮州石油分公司	石油及制品批发	广东省潮州市
无限极(中国)有限公司广州分公司	化妆品及卫生用品批发	广东省广州市
广州红牛维他命饮料有限公司	酒、饮料及茶叶批发	广东省广州市
恒得利服装有限公司	服装批发	广东省江门市
中山榄菊销售有限公司	其他家庭用品批发	广东省中山市
佛山市顺德区越大化工贸易有限公司	其他化工产品批发	广东省佛山市
广东海华实业投资有限公司	鞋帽批发	广东省广州市
深圳市锦龙汽车贸易有限公司	汽车批发	广东省深圳市
广州和氏壁化工材料有限公司	其他化工产品批发	广东省广州市
广州大参林药业有限公司	中药批发	广东省广州市
深圳市江波龙电子有限公司	计算机、软件及辅助设备批发	广东省深圳市
中国石油天然气股份有限公司广东东莞销售分公司	石油及制品批发	广东省东莞市
广州钢铁企业集团有限公司	金属及金属矿批发	广东省广州市
飞亚达销售有限公司	其他家庭用品批发	广东省深圳市

4-1 续表 32

企业名称	所属行业	企业所在地
佛山市东鹏陶瓷有限公司	建材批发	广东省佛山市
广州市盛世长运商贸连锁有限公司	服装批发	广东省广州市
深圳市金地珠宝首饰有限公司	首饰、工艺品及收藏品批发	广东省深圳市
广东新华发行集团股份有限公司	图书批发	广东省广州市
广东温氏食品集团股份有限公司勒竹分公司	肉、禽、蛋、奶及水产品批发	广东省云浮市
广州市森大贸易有限公司	其他未列明批发业	广东省广州市
广州市鲲跃体育用品有限公司	服装批发	广东省广州市
嘉顿食品贸易(中国)有限公司	糕点、糖果及糖批发	广东省东莞市
深圳市朵唯志远科技有限公司	通讯及广播电视设备批发	广东省深圳市
深圳市源兴果品有限公司	果品、蔬菜批发	广东省深圳市
深圳市昊天林实业有限公司	其他机械设备及电子产品批发	广东省深圳市
深圳市休明盛世商贸有限责任公司	其他农牧产品批发	广东省深圳市
广东华农温氏畜牧股份有限公司	肉、禽、蛋、奶及水产品批发	广东省云浮市
广州虎辉照明科技公司	灯具、装饰物品批发	广东省广州市
中国石油天然气股份有限公司广东韶关销售分公司	石油及制品批发	广东省韶关市
深圳市金龙珠宝首饰有限公司	首饰、工艺品及收藏品批发	广东省深圳市
信宜市粤信肉类食品有限公司	肉、禽、蛋、奶及水产品批发	广东省茂名市
茂名市实业发展集团公司	其他化工产品批发	广东省茂名市
广州食品企业集团有限公司	肉、禽、蛋、奶及水产品批发	广东省广州市
广东温氏食品集团有限公司车岗分公司	肉、禽、蛋、奶及水产品批发	广东省云浮市
广州九州通医药有限公司	中药批发	广东省广州市
中山市万荣营销有限公司	化妆品及卫生用品批发	广东省中山市
广东温氏食品集团有限公司稔村分公司	肉、禽、蛋、奶及水产品批发	广东省云浮市
广州市新力实业有限公司	其他机械设备及电子产品批发	广东省广州市
佛山创美药业有限公司	中药批发	广东省佛山市
深圳创维-RGB电子有限公司广州分公司	家用电器批发	广东省广州市
深圳荷花商贸有限公司	服装批发	广东省深圳市
大自然地板(中国)有限公司	建材批发	广东省佛山市
广东一力医药有限公司	中药批发	广东省肇庆市
东莞市东孚商贸有限公司	化妆品及卫生用品批发	广东省东莞市
广州市西陇化工有限公司	其他化工产品批发	广东省广州市
四会市龙翔金属资源有限公司	再生物资回收与批发	广东省肇庆市
广州酒家集团利口福营销有限公司	米、面制品及食用油批发	广东省广州市
蓝带啤酒销售有限公司	其他食品批发	广东省肇庆市
遂溪县供销合作联社	化肥批发	广东省湛江市
珠海市华海鹏城酒业有限公司	酒、饮料及茶叶批发	广东省珠海市
潮州市中凯华丰能源连锁配送有限公司	石油及制品批发	广东省潮州市
深圳市诺普信农资销售有限公司	农药批发	广东省深圳市
新兴县车岗温氏家禽有限公司	肉、禽、蛋、奶及水产品批发	广东省云浮市
东莞市荣兴纸业有限公司	其他未列明批发业	广东省东莞市
广东运通四方汽车配件有限公司	汽车零配件批发	广东省广州市
广东雄峰特殊钢有限公司	金属及金属矿批发	广东省佛山市
江门市康侨药业有限公司	中药批发	广东省江门市
深圳市金活医药有限公司	中药批发	广东省深圳市
中国石油天然气股份有限公司广东阳江销售分公司	石油及制品批发	广东省阳江市
深圳市美鹏机械设备有限公司	其他机械设备及电子产品批发	广东省深圳市
新兴县温氏食品联营有限公司	肉、禽、蛋、奶及水产品批发	广东省云浮市
海信科龙电器股份有限公司广州公司	家用电器批发	广东省广州市
雷州市食品总公司	肉、禽、蛋、奶及水产品批发	广东省湛江市
深圳市安新源贸易有限公司	化妆品及卫生用品批发	广东省深圳市
永恩投资(集团)有限公司广东经销部	鞋帽批发	广东省东莞市

4-2 续表 32

企业名称	所属行业	企业所在地
深圳市TCL电器销售有限公司	家用电器批发	广东省深圳市
比音勒芬服饰股份有限公司	纺织品、针织品及原料批发	广东省广州市
广州市万绿达集团有限公司	再生物资回收与批发	广东省广州市
广州市万荣商贸有限公司	其他家庭用品批发	广东省广州市
佛山市南海大洋实业有限公司	鞋帽批发	广东省佛山市
广州市长越贸易有限公司	服装批发	广东省广州市
银基贸易发展(深圳)有限公司	酒、饮料及茶叶批发	广东省深圳市
广东省广弘食品集团有限公司	肉、禽、蛋、奶及水产品批发	广东省广州市
深圳世强电讯有限公司	其他机械设备及电子产品批发	广东省深圳市
安富利物流(深圳)有限公司	其他机械设备及电子产品批发	广东省深圳市
深圳市马天奴服装专卖连锁企业有限公司	服装批发	广东省深圳市
惠东县大时兴鞋业有限公司	鞋帽批发	广东省惠州市
深圳市优博乐商贸有限公司	贸易代理	广东省深圳市
深圳市赛威特实业有限公司	计算机、软件及辅助设备批发	广东省深圳市
深圳四环医药有限公司	中药批发	广东省深圳市
深圳华润三九现代中药有限公司	中药批发	广东省深圳市
佛山市三水燃气有限公司	石油及制品批发	广东省佛山市
东莞市澳洁贸易有限公司	厨房、卫生间用具及日用杂货批发	广东省东莞市
哎呀呀饰品连锁股份有限公司	首饰、工艺品及收藏品批发	广东省广州市
微优商贸(深圳)有限公司	计算机、软件及辅助设备批发	广东省深圳市
深圳市百勤石油技术有限公司	其他机械设备及电子产品批发	广东省深圳市
广东省农业机械总公司	其他机械设备及电子产品批发	广东省广州市
五华县食品公司	肉、禽、蛋、奶及水产品批发	广东省梅州市
深圳市金永励实业发展有限公司	化妆品及卫生用品批发	广东省深圳市
深圳市硕捷实业有限公司	计算机、软件及辅助设备批发	广东省深圳市
深圳市盛宝粮油供应有限公司	米、面制品及食用油批发	广东省深圳市
广东省罗定市食品企业集团公司	肉、禽、蛋、奶及水产品批发	广东省云浮市
深圳市深南燃气有限公司	石油及制品批发	广东省深圳市
中国石油天然气股份有限公司广东清远销售分公司	石油及制品批发	广东省清远市
深圳市齐心文具股份有限公司	文具用品批发	广东省深圳市
深圳市好家庭实业有限公司	体育用品及器材批发	广东省深圳市
深圳天俊实业股份有限公司	其他食品批发	广东省深圳市
深圳市港利通科技股份有限公司	通讯及广播电视设备批发	广东省深圳市
深圳市燕加隆实业发展有限公司	建材批发	广东省深圳市
深圳市仁仁医疗发展有限公司	医疗用品及器材批发	广东省深圳市
广西壮族自治区		
中国石油化工股份有限公司广西南宁石油分公司	石油及制品批发	广西壮族自治区南宁市
广西壮族自治区烟草公司南宁市公司	烟草制品批发	广西壮族自治区南宁市
中国石油化工股份有限公司广西桂林石油分公司	石油及制品批发	广西壮族自治区桂林市
中国石油化工股份有限公司广西柳州石油分公司	石油及制品批发	广西壮族自治区柳州市
广西壮族自治区烟草公司桂林市公司	烟草制品批发	广西壮族自治区桂林市
中国石油天然气股份有限公司广西南宁销售分公司	石油及制品批发	广西壮族自治区南宁市
中国石油化工股份有限公司广西百色石油分公司	石油及制品批发	广西壮族自治区百色市
中国石油化工股份有限公司广西玉林石油分公司	石油及制品批发	广西壮族自治区玉林市
中国石油天然气股份有限公司广西销售分公司	石油及制品批发	广西壮族自治区南宁市
中国石油化工股份有限公司广西钦州石油分公司	石油及制品批发	广西壮族自治区钦州市
中国石油化工股份有限公司广西河池石油分公司	石油及制品批发	广西壮族自治区河池市
广西壮族自治区烟草公司柳州市公司	烟草制品批发	广西壮族自治区柳州市
中国石油天然气股份有限公司广西桂林销售分公司	石油及制品批发	广西壮族自治区桂林市
中国石油化工股份有限公司广西贵港石油分公司	石油及制品批发	广西壮族自治区贵港市
广西辉煌交通石化有限公司	石油及制品批发	广西壮族自治区南宁市

4-1 续表 34

企业名称	所属行业	企业所在地
广西晟世欣兴格力贸易有限公司	家用电器批发	广西壮族自治区南宁市
广西壮族自治区烟草公司百色市公司	烟草制品批发	广西壮族自治区百色市
中国石油化工股份有限公司广西梧州石油分公司	石油及制品批发	广西壮族自治区梧州市
中国石油天然气股份有限公司广西钦州销售分公司	石油及制品批发	广西壮族自治区钦州市
广西壮族自治区烟草公司玉林市公司	烟草制品批发	广西壮族自治区玉林市
中国石油天然气股份有限公司广西玉林销售分公司	石油及制品批发	广西壮族自治区玉林市
中国石油化工股份有限公司广西来宾石油分公司	石油及制品批发	广西壮族自治区来宾市
广西壮族自治区烟草公司河池市公司	烟草制品批发	广西壮族自治区河池市
中国石油化工股份有限公司广西贺州石油分公司	石油及制品批发	广西壮族自治区贺州市
中国石油化工股份有限公司广西北海石油分公司	石油及制品批发	广西壮族自治区北海市
中国石油化工股份有限公司广西崇左石油分公司	石油及制品批发	广西壮族自治区崇左市
广西壮族自治区烟草公司贵港市公司	烟草制品批发	广西壮族自治区贵港市
广西壮族自治区烟草公司梧州市公司	烟草制品批发	广西壮族自治区梧州市
中国石油天然气股份有限公司广西百色销售分公司	石油及制品批发	广西壮族自治区百色市
中国石油天然气股份有限公司广西梧州销售分公司	石油及制品批发	广西壮族自治区梧州市
广西壮族自治区烟草公司钦州市公司	烟草制品批发	广西壮族自治区钦州市
广西壮族自治区烟草公司北海市公司	烟草制品批发	广西壮族自治区北海市
中国石油天然气股份有限公司广西柳州销售分公司	石油及制品批发	广西壮族自治区柳州市
中国石油天然气股份有限公司广西河池销售分公司	石油及制品批发	广西壮族自治区河池市
广西壮族自治区烟草公司贺州市公司	烟草制品批发	广西壮族自治区贺州市
广西壮族自治区烟草公司来宾市公司	烟草制品批发	广西壮族自治区来宾市
广西太华医药有限公司	西药批发	广西壮族自治区南宁市
中国石油天然气股份有限公司广西贵港销售分公司	石油及制品批发	广西壮族自治区贵港市
广西壮族自治区烟草公司防城港市公司	烟草制品批发	广西壮族自治区防城港市
广西新华书店集团有限公司	图书批发	广西壮族自治区南宁市
广西百祥石油有限公司	石油及制品批发	广西壮族自治区南宁市
中国石油天然气股份有限公司广西贺州销售分公司	石油及制品批发	广西壮族自治区贺州市
南宁市王者通讯股份有限公司	通讯及广播电视设备批发	广西壮族自治区南宁市
广西壮族自治区盐业公司	盐及调味品批发	广西壮族自治区南宁市
广西平安堂药业有限责任公司	西药批发	广西壮族自治区玉林市
广西顶佳计算机信息有限公司	计算机、软件及辅助设备批发	广西壮族自治区南宁市
广西鼎华商业股份有限公司	糕点、糖果及糖批发	广西壮族自治区南宁市
广西南方黑芝麻食品销售有限公司	米、面制品及食用油批发	广西壮族自治区玉林市
广西新胜利农业生产资料有限责任公司	化肥批发	广西壮族自治区南宁市
广西洁宝纸业有限公司	化妆品及卫生用品批发	广西壮族自治区柳州市
广西小松工程机械设备有限责任公司	其他机械设备及电子产品批发	广西壮族自治区南宁市
中国石油天然气股份有限公司广西崇左销售分公司	石油及制品批发	广西壮族自治区崇左市
广西田园农资销售有限公司	农药批发	广西壮族自治区南宁市
南宁TCL电器销售有限公司	家用电器批发	广西壮族自治区南宁市
海南省		
海南一汽海马汽车销售有限公司	汽车批发	海南省海口市
海南省烟草公司海口公司	烟草制品批发	海南省海口市
海南省烟草公司三亚公司	烟草制品批发	海南省三亚市
海南省烟草公司琼海公司	烟草制品批发	海南省琼海市
海南天祥药业有限公司	中药批发	海南省儋州市
澄迈金迪科技有限公司	计算机、软件及辅助设备批发	海南省澄迈县
海南快克药业有限公司	西药批发	海南省海口市
重庆市		
中国石油天然气股份有限公司重庆销售分公司	石油及制品批发	重庆市渝中区
中国烟草总公司重庆市公司	烟草制品批发	重庆市江北区
中国石油化工股份有限公司重庆石油分公司	石油及制品批发	重庆市渝中区

4-1 续表 35

企业名称	所属行业	企业所在地
重庆医药(集团)股份有限公司	西药批发	重庆市渝中区
重庆力帆喜生活摩托车销售有限公司	摩托车及零配件批发	重庆市北碚区
重庆市油脂公司	米、面制品及食用油批发	重庆市渝中区
重庆东风渝安汽车销售有限公司	汽车零配件批发	重庆市沙坪坝区
重庆华轻商业公司	家用电器批发	重庆市渝中区
重庆明辉格力电器销售有限公司	家用电器批发	重庆市九龙坡区
中国石油天然气股份有限公司重庆永川销售分公司	石油及制品批发	重庆市永川区
九禾股份有限公司	化肥批发	重庆市九龙坡区
中国石油天然气股份有限公司重庆江南销售分公司	石油及制品批发	重庆市南岸区
重庆龙禹石油有限公司	石油及制品批发	重庆市渝北区
重庆桐君阁股份有限公司	中药批发	重庆市渝中区
重庆力帆汽车销售有限公司	汽车批发	重庆市渝北区
中国石油化工股份有限公司重庆三峡石油分公司	石油及制品批发	重庆市万州区
重庆新日日顺家电销售有限公司销售分公司	家用电器批发	重庆市江北区
中国石油天然气股份有限公司重庆江北销售分公司	石油及制品批发	重庆市江北区
重庆科渝药品经营有限公司	西药批发	重庆市南岸区
重庆市盐业(集团)有限公司	盐及调味品批发	重庆市渝北区
重庆九州通医药有限公司	西药批发	重庆市南岸区
中国石油天然气股份有限公司重庆销售江北分公司渝北经营部	石油及制品批发	重庆市渝北区
周大福珠宝金行(重庆)有限公司	首饰、工艺品及收藏品批发	重庆市涪陵区
重庆西部再生资源有限公司	非金属矿及制品批发	重庆市长寿区
重庆市长安跨越车辆营销有限公司	汽车批发	重庆市江北区
重庆长圣医药有限公司	西药批发	重庆市南岸区
重庆美的制冷产品销售有限公司	家用电器批发	重庆市渝中区
中国烟草总公司重庆市公司万州分公司	烟草制品批发	重庆市万州区
国药控股重庆有限公司	西药批发	重庆市南岸区
中国烟草总公司重庆市公司彭水分公司	烟草制品批发	重庆市彭水苗族土家族自治县
重庆粮食集团铜梁县粮食有限责任公司	谷物、豆及薯类批发	重庆市铜梁县
重庆诗仙太白酒类销售有限公司	酒、饮料及茶叶批发	重庆市万州区
重庆市南部治治食品销售有限公司	其他食品批发	重庆市荣昌县
重庆市凯福珠宝金行有限公司	首饰、工艺品及收藏品批发	重庆市涪陵区
中国烟草总公司重庆市公司涪陵分公司	烟草制品批发	重庆市涪陵区
重庆TCL电器销售有限公司	家用电器批发	重庆市九龙坡区
中国石油天然气股份有限公司重庆万州销售分公司	石油及制品批发	重庆市万州区
重庆博多物流有限公司	化妆品及卫生用品批发	重庆市江北区
中国烟草总公司重庆市公司武隆分公司	烟草制品批发	重庆市武隆县
重庆市北碚区中再顺祥再生资源回收有限公司	再生物资回收与批发	重庆市北碚区
中国烟草总公司重庆市公司巫山分公司	烟草制品批发	重庆市巫山县
中国烟草总公司重庆市公司酉阳分公司	烟草制品批发	重庆市酉阳土家族苗族自治县
重庆东银壳牌石化有限公司	石油及制品批发	重庆市渝北区
重庆市烟草公司奉节分公司	烟草制品批发	重庆市奉节县
中国烟草总公司重庆市公司巫溪分公司	烟草制品批发	重庆市巫溪县
重庆建设销售有限责任公司	摩托车及零配件批发	重庆市九龙坡区
重庆天利实业有限公司	米、面制品及食用油批发	重庆市渝中区
中国烟草总公司重庆市公司黔江分公司	烟草制品批发	重庆市黔江区
中国烟草总公司重庆市公司丰都分公司	烟草制品批发	重庆市丰都县
重庆医药销售有限公司	西药批发	重庆市南岸区
重庆智飞生物制品股份有限公司	医疗用品及器材批发	重庆市江北区
重庆丰都糖酒有限公司	酒、饮料及茶叶批发	重庆市丰都县
重庆卡美商贸有限责任公司	首饰、工艺品及收藏品批发	重庆市涪陵区

4-1 续表 36

企业名称	所属行业	企业所在地
四川省		
攀钢集团国际经济贸易有限公司	金属及金属矿批发	四川省成都市
四川省烟草公司成都市公司	烟草制品批发	四川省成都市
中国铁路物资成都有限公司	金属及金属矿批发	四川省成都市
中国石油天然气股份有限公司化工与销售西南分公司	其他化工产品批发	四川省成都市
四川长虹佳华信息产品有限责任公司	计算机、软件及辅助设备批发	四川省绵阳市
四川省烟草公司凉山州公司	烟草制品批发	四川省凉山彝族自治州
吉峰农机连锁股份有限公司	农业机械批发	四川省成都市
联想(成都)有限公司	计算机、软件及辅助设备批发	四川省成都市
四川科伦医药贸易有限公司	西药批发	四川省成都市
四川省医药有限公司	西药批发	四川省成都市
成都西部医药经营有限公司	西药批发	四川省成都市
中铁物资集团西南有限公司	金属及金属矿批发	四川省成都市
四川省烟草公司泸州市公司	烟草制品批发	四川省泸州市
中国航油集团四川石油有限公司	石油及制品批发	四川省德阳市
四川省烟草公司宜宾市公司	烟草制品批发	四川省宜宾市
四川省烟草公司绵阳市公司	烟草制品批发	四川省绵阳市
四川长虹佳华数字技术有限公司	汽车零配件批发	四川省绵阳市
四川省烟草公司南充市公司	烟草制品批发	四川省南充市
中国石油天然气股份有限公司四川德阳销售分公司	石油及制品批发	四川省德阳市
中国石油天然气股份有限公司四川宜宾销售分公司	石油及制品批发	四川省宜宾市
西昌川渝石化销售有限责任公司	石油及制品批发	四川省凉山彝族自治州
四川省烟草公司德阳市公司	烟草制品批发	四川省德阳市
中国石油四川广元销售分公司	石油及制品批发	四川省广元市
四川省烟草公司眉山市公司	烟草制品批发	四川省眉山市
四川沱牌舍得供销有限公司	酒、饮料及茶叶批发	四川省遂宁市
四川省烟草公司攀枝花市公司	烟草制品批发	四川省攀枝花市
西昌市宏达再生资源回收市场有限公司	再生物资回收与批发	四川省凉山彝族自治州
四川省烟草公司资阳市公司	酒、饮料及茶叶批发	四川省资阳市
中铁二局集团物资有限公司	建材批发	四川省成都市
四川省烟草公司乐山分公司	烟草制品批发	四川省乐山市
成都神州数码有限公司	计算机、软件及辅助设备批发	四川省成都市
四川省烟草公司内江分公司	烟草制品批发	四川省内江市
四川省烟草公司广元市公司	烟草制品批发	四川省广元市
中国石油天然气股份有限公司四川甘孜销售分公司	石油及制品批发	四川省甘孜藏族自治州
四川省烟草公司广安市公司	烟草制品批发	四川省广安市
宜宾市智溢酒业有限公司	酒、饮料及茶叶批发	四川省宜宾市
成都科讯药业有限公司	西药批发	四川省成都市
四川省烟草公司自贡市公司	烟草制品批发	四川省自贡市
四川华星天然气有限责任公司	石油及制品批发	四川省成都市
四川宏华国际贸易有限公司	其他机械设备及电子产品批发	四川省成都市
成都龙翔通讯有限责任公司	通讯及广播电视设备批发	四川省成都市
成都新亚通讯技术有限公司	计算机、软件及辅助设备批发	四川省成都市
中国石油天然气股份有限公司四川雅安销售分公司	石油及制品批发	四川省雅安市
四川省烟草公司巴中市公司	烟草制品批发	四川省巴中市
四川省古蔺县仙潭销售有限公司	酒、饮料及茶叶批发	四川省泸州市
中国石油天然气股份有限公司四川阿坝销售分公司	石油及制品批发	四川省阿坝藏族羌族自治州
成都创维电器有限公司	家用电器批发	四川省成都市
四川九州通科创医药有限公司	医疗用品及器材批发	四川省成都市
成都市医药工业有限公司	西药批发	四川省成都市
四川省烟草公司阿坝州公司	烟草制品批发	四川省阿坝藏族羌族自治州

4-1 续表 37

企业名称	所属行业	企业所在地
成都TCL电器销售有限公司	家用电器批发	四川省成都市
四川金山矿业集团有限公司	煤炭及制品批发	四川省内江市
古蔺县红赤渡酒销售有限公司	酒、饮料及茶叶批发	四川省泸州市
四川省烟草公司甘孜分公司	烟草制品批发	四川省甘孜藏族自治州
四川省绵阳药业集团公司	西药批发	四川省绵阳市
成都金松营销有限公司	家用电器批发	四川省成都市
成都德仁堂药业有限公司	中药批发	四川省成都市
成都泰立电信商场连锁有限公司	通讯及广播电视设备批发	四川省成都市
四川省盐业总公司成都分公司	盐及调味品批发	四川省成都市
四川德惠商业股份有限公司	米、面制品及食用油批发	四川省成都市
成都华裕玻璃制造有限公司	建材批发	四川省成都市
成都中顺纸业有限公司	化妆品及卫生用品批发	四川省成都市
四川同创工程机械有限公司	其他机械设备及电子产品批发	四川省成都市
成都泰格时代数码通讯有限公司	计算机、软件及辅助设备批发	四川省成都市
渠县人民市场开发服务有限公司	肉、禽、蛋、奶及水产品批发	四川省达州市
四川国光农资有限公司	化肥批发	四川省资阳市
四川超强电信发展有限公司	通讯及广播电视设备批发	四川省成都市
成都市荣贸食品有限公司	其他食品批发	四川省成都市
渠县龙溪综合批发市场	果品、蔬菜批发	四川省达州市
康佳集团股份有限公司内江分公司	家用电器批发	四川省内江市
中国石油化工股份有限公司四川德阳石油分公司	石油及制品批发	四川省德阳市
贵州省		
贵州茅台酒销售有限公司	酒、饮料及茶叶批发	贵州省遵义市
贵州开磷化肥有限责任公司	化肥批发	贵州省贵阳市
贵州省烟草公司遵义市公司	烟草制品批发	贵州省遵义市
贵州省烟草公司毕节市公司	烟草制品批发	贵州省毕节市
贵州省烟草公司贵阳市公司	烟草制品批发	贵州省贵阳市
中国石油化工股份有限公司贵州贵阳分公司	石油及制品批发	贵州省贵阳市
贵州前进轮胎销售有限公司	汽车零配件批发	贵州省贵阳市
贵州省烟草公司铜仁市公司	烟草制品批发	贵州省铜仁市
中国石油化工股份有限公司贵州黔南石油分公司	石油及制品批发	贵州省黔南布依族苗族自治州
贵州省黔西南州烟草公司	烟草制品批发	贵州省黔西南布依族苗族自治州
贵州贵铁物流有限公司	煤炭及制品批发	贵州省贵阳市
中国石油化工股份有限公司贵州黔东南石油分公司	石油及制品批发	贵州省黔东南苗族侗族自治州
贵州省烟草公司六盘水市公司	烟草制品批发	贵州省六盘水市
贵州省烟草公司黔南州公司	烟草制品批发	贵州省黔南布依族苗族自治州
贵州省习水县习酒销售公司	酒、饮料及茶叶批发	贵州省遵义市
贵州省烟草公司黔东南分公司	烟草制品批发	贵州省黔东南苗族侗族自治州
贵州省烟草公司安顺分公司	烟草制品批发	贵州省安顺市
贵州康心药业有限公司	西药批发	贵州省贵阳市
贵州省新华书店	图书批发	贵州省贵阳市
贵州宁铁南昆物流有限责任公司	煤炭及制品批发	贵州省黔西南布依族苗族自治州
贵州美的制冷产品销售有限公司	家用电器批发	贵州省贵阳市
贵州小松工程机械有限公司	其他机械设备及电子产品批发	贵州省贵阳市
镇远兴发商贸有限公司	酒、饮料及茶叶批发	贵州省黔东南苗族侗族自治州
云南省		
云南昆钢国际贸易有限公司	金属及金属矿批发	云南省昆明市
中国石油化工股份有限公司云南昆明石油分公司	石油及制品批发	云南省昆明市
云南云天化国际化工股份有限公司	化肥批发	云南省昆明市
云南省烟草公司曲靖市公司	烟草制品批发	云南省曲靖市
云天化集团有限责任公司	化肥批发	云南省昆明市

4-1 续表 38

企业名称	所属行业	企业所在地
云南省烟草公司红河州公司	烟草制品批发	云南省红河哈尼族彝族自治州
云南省烟草公司昆明市公司	烟草制品批发	云南省昆明市
云南省医药有限公司	西药批发	云南省昆明市
云南省烟草公司大理州公司	烟草制品批发	云南省大理白族自治州
中国石化股份有限公司曲靖石油分公司	石油及制品批发	云南省曲靖市
云南省烟草公司玉溪市公司	烟草制品批发	云南省玉溪市
云南省烟草公司昭通市公司	烟草制品批发	云南省昭通市
中国石油化工股份有限公司大理分公司	石油及制品批发	云南省大理白族自治州
云南省烟草公司普洱市公司	烟草制品批发	云南省普洱市
云南省烟草公司保山市公司	烟草制品批发	云南省保山市
云南省烟草公司临沧市公司	烟草制品批发	云南省临沧市
中国石油化工股份有限公司云南玉溪石油分公司	石油及制品批发	云南省玉溪市
中国石油化工股份有限公司云南楚雄石油分公司	石油及制品批发	云南省楚雄彝族自治州
云南省烟草公司丽江市公司	烟草制品批发	云南省丽江市
中国石化股份有限公司云南普洱石油分公司	石油及制品批发	云南省普洱市
昆明铁路磷业工贸有限公司	化肥批发	云南省昆明市
云南鑫盛物流有限公司	金属及金属矿批发	云南省昆明市
云南白药集团医药电子商务有限公司	化妆品及卫生用品批发	云南省昆明市
华致酒行连锁管理股份有限公司	酒、饮料及茶叶批发	云南省迪庆藏族自治州
西双版纳景阳橡胶有限责任公司	其他化工产品批发	云南省西双版纳傣族自治州
西双版纳中化橡胶有限公司	其他化工产品批发	云南省西双版纳傣族自治州
云南医药工业股份有限公司	中药批发	云南省昆明市
云南丰瑞油脂有限公司	米、面制品及食用油批发	云南省昆明市
中国石油天然气股份有限公司云南大理销售分公司	石油及制品批发	云南省大理白族自治州
云南同丰医药有限公司	西药批发	云南省昆明市
中国石油天然气股份有限公司云南曲靖销售分公司	石油及制品批发	云南省曲靖市
中国石油化工股份有限公司云南丽江石油分公司	石油及制品批发	云南省丽江市
昆明船舶设备集团有限公司	其他机械设备及电子产品批发	云南省昆明市
云南易初明通工程机械维修有限公司	其他机械设备及电子产品批发	云南省昆明市
云南东骏药业有限公司	西药批发	云南省昆明市
中国石油天然气股份有限公司云南楚雄销售分公司	石油及制品批发	云南省楚雄彝族自治州
中国石油化工股份有限公司云南德宏石油分公司	石油及制品批发	云南省德宏傣族景颇族自治州
云南东昌医药股份有限公司	西药批发	云南省昆明市
云南广垦橡胶有限公司	其他化工产品批发	云南省西双版纳傣族自治州
深圳创维-RGB电子有限公司云南分公司	家用电器批发	云南省昆明市
云南小松工程机械有限公司	其他机械设备及电子产品批发	云南省昆明市
武定县华翔经贸有限公司	金属及金属矿批发	云南省楚雄彝族自治州
中国石油天然气股份有限公司云南德宏销售分公司	石油及制品批发	云南省德宏傣族景颇族自治州
云南百江燃气有限公司	石油及制品批发	云南省昆明市
云南金六福联采商贸有限公司	酒、饮料及茶叶批发	云南省迪庆藏族自治州
西藏自治区		
西藏自治区烟草公司	烟草制品批发	西藏自治区拉萨市
陕西省		
中国石油化工股份有限公司陕西石油分公司	石油及制品批发	陕西省西安市
中国石油天然气股份有限公司陕西西安销售分公司	石油及制品批发	陕西省西安市
陕西省煤炭运销(集团)有限责任公司	煤炭及制品批发	陕西省西安市
榆林神华能源有限责任公司	煤炭及制品批发	陕西省榆林市
中国铁路物资西安公司	石油及制品批发	陕西省西安市
陕西省烟草公司西安分公司	烟草制品批发	陕西省西安市
陕西丹尼尔市场股份有限公司	服装批发	陕西省西安市
陕西丹尼尔康复路大卖场有限公司	服装批发	陕西省西安市

4-1 续表 39

企业名称	所属行业	企业所在地
中国石油天然气股份有限公司陕西榆林销售分公司	石油及制品批发	陕西省榆林市
中国石油天然气股份有限公司渭南销售分公司	石油及制品批发	陕西省渭南市
中国石油化工股份有限公司陕西西安石油分公司	石油及制品批发	陕西省西安市
中国石油天然气股份有限公司陕西延安销售分公司	石油及制品批发	陕西省延安市
陕西重型汽车进出口有限公司	汽车批发	陕西省西安市
陕西省汽车工业贸易总公司	汽车批发	陕西省西安市
中油股份陕西咸阳销售分公司	石油及制品批发	陕西省咸阳市
陕西省烟草公司榆林市公司	烟草制品批发	陕西省榆林市
陕西省烟草公司咸阳市公司	烟草制品批发	陕西省咸阳市
中国石油天然气股份有限公司陕西宝鸡销售分公司	石油及制品批发	陕西省宝鸡市
陕西盛世恒兴格力电器销售有限公司	家用电器批发	陕西省西安市
陕西西凤酒营销有限公司	酒、饮料及茶叶批发	陕西省宝鸡市
陕西省烟草公司安康市公司	烟草制品批发	陕西省安康市
陕西省烟草公司渭南市公司	烟草制品批发	陕西省渭南市
中国石油天然气股份有限公司陕西汉中销售分公司	石油及制品批发	陕西省汉中市
陕西医药控股集团派昂医药有限责任公司	西药批发	陕西省西安市
陕西省烟草公司宝鸡市分公司	烟草制品批发	陕西省宝鸡市
中国石化销售有限公司西北宝鸡分公司	石油及制品批发	陕西省宝鸡市
陕西省烟草公司延安市公司	烟草制品批发	陕西省延安市
陕西省烟草公司汉中市公司	烟草制品批发	陕西省汉中市
中国石油天然气股份有限公司陕西安康销售分公司	石油及制品批发	陕西省安康市
中国石油天然气股份有限公司陕西商洛销售分公司	石油及制品批发	陕西省商洛市
中国石油天然气股份有限公司陕西铜川销售分公司	石油及制品批发	陕西省铜川市
国药控股陕西有限公司	西药批发	陕西省西安市
西安西电国际工程有限责任公司	金属及金属矿批发	陕西省西安市
西安金康茶文化传播有限公司	酒、饮料及茶叶批发	陕西省西安市
陕西省烟草公司商洛市公司	烟草制品批发	陕西省商洛市
中国石油化工股份有限公司陕西汉中石油分公司	石油及制品批发	陕西省汉中市
陕西欣绿实业股份有限公司	果品、蔬菜批发	陕西省西安市
中国石油化工股份有限公司陕西渭南石油公司	石油及制品批发	陕西省渭南市
华润西安医药有限公司	中药批发	陕西省西安市
陕西新华发行集团有限责任公司	图书批发	陕西省西安市
城固县小河桥蔬菜瓜果批发市场	果品、蔬菜批发	陕西省汉中市
陕西百嘉贸易服务有限公司	化妆品及卫生用品批发	陕西省西安市
陕西省烟草公司铜川市公司	烟草制品批发	陕西省铜川市
陕西百丽鞋业有限公司	鞋帽批发	陕西省西安市
西安TCL电器销售有限公司	家用电器批发	陕西省西安市
榆林市煤炭出口集团有限责任公司	煤炭及制品批发	陕西省榆林市
甘肃省		
中国石油天然气股份有限公司西北销售兰州分公司	石油及制品批发	甘肃省兰州市
中国石油天然气股份有限公司甘肃酒泉销售分公司	石油及制品批发	甘肃省酒泉市
甘肃省烟草公司兰州市公司	烟草制品批发	甘肃省兰州市
中国石油天然气股份有限公司甘肃庆阳销售分公司	石油及制品批发	甘肃省庆阳市
中国石油天然气股份有限公司甘肃平凉销售分公司	石油及制品批发	甘肃省平凉市
中国石油天然气股份有限公司甘肃张掖销售分公司	石油及制品批发	甘肃省张掖市
中国石化销售有限公司西北甘肃分公司	石油及制品批发	甘肃省兰州市
中国石油天然气股份有限公司甘肃武威销售分公司	石油及制品批发	甘肃省武威市
甘肃省烟草公司天水分公司	烟草制品批发	甘肃省天水市
甘肃省烟草公司庆阳市公司	烟草制品批发	甘肃省庆阳市
甘肃省烟草公司陇南市公司	烟草制品批发	甘肃省陇南市
甘肃仕通汽车销售有限公司	汽车批发	甘肃省兰州市

4-1　续表 40

企业名称	所属行业	企业所在地
甘肃省烟草公司定西市公司	烟草制品批发	甘肃省定西市
中国石油天然气股份有限公司甘肃临夏销售分公司	石油及制品批发	甘肃省临夏回族自治州
兰州强生医药有限责任公司	西药批发	甘肃省兰州市
甘肃省烟草公司武威市公司	烟草制品批发	甘肃省武威市
金徽酒陇南销售公司	酒、饮料及茶叶批发	甘肃省陇南市
甘肃省新华书店	图书批发	甘肃省兰州市
甘肃省烟草公司临夏回族自治州公司	烟草制品批发	甘肃省临夏回族自治州
甘肃省烟草公司张掖分公司	烟草制品批发	甘肃省张掖市
甘肃天元药业有限公司	西药批发	甘肃省兰州市
兰州富春江商贸有限公司	首饰、工艺品及收藏品批发	甘肃省兰州市
兰州金徽酒业销售有限公司	酒、饮料及茶叶批发	甘肃省兰州市
甘肃省盐业集团股份有限公司	盐及调味品批发	甘肃省兰州市
青海省		
中国石油天然气股份有限公司青海销售公司	石油及制品批发	青海省西宁市
青海省烟草公司西宁市公司	烟草制品批发	青海省西宁市
中国石油天然气股份有限公司青海格尔木销售分公司	石油及制品批发	青海省海西蒙古族藏族自治州
中国石油天然气股份有限公司青海海西销售分公司	中药批发	青海省海西蒙古族藏族自治州
中国石油化工股份有限公司青海石油分公司	石油及制品批发	青海省西宁市
中国石油化工股份有限公司青海格尔木石油分公司	石油及制品批发	青海省海西蒙古族藏族自治州
西宁中油燃气有限责任公司	石油及制品批发	青海省西宁市
青海省烟草公司海东地区公司	烟草制品批发	青海省海东地区
宁夏回族自治区		
中国石油化工股份有限公司宁夏石油分公司	石油及制品批发	宁夏回族自治区银川市
中国石油天然气股份有限公司宁夏银川销售公司	石油及制品批发	宁夏回族自治区银川市
宁夏灵武宝塔大古储运有限公司	石油及制品批发	宁夏回族自治区银川市
中油宁夏石嘴山销售分公司	石油及制品批发	宁夏回族自治区石嘴山市
中国石油天然气股份有限公司宁夏高速公路销售分公司	石油及制品批发	宁夏回族自治区银川市
宁夏回族自治区烟草公司银川市公司	烟草制品批发	宁夏回族自治区银川市
宁夏驰创贸易有限责任公司	煤炭及制品批发	宁夏回族自治区银川市
中国石油天然气股份有限公司固原销售分公司	石油及制品批发	宁夏回族自治区固原市
宁夏回族自治区烟草公司吴忠市公司	烟草制品批发	宁夏回族自治区吴忠市
宁夏银铁平汝实业有限公司	煤炭及制品批发	宁夏回族自治区石嘴山市
宁夏回族自治区烟草公司固原市公司	烟草制品批发	宁夏回族自治区固原市
新疆维吾尔自治区		
新疆兵团棉麻公司	棉、麻批发	新疆维吾尔自治区乌鲁木齐市
中国石油天然气股份有限公司新疆阿克苏销售分公司	石油及制品批发	新疆维吾尔自治区阿克苏地区
中国石油天然气股份有限公司新疆库尔勒销售分公司	石油及制品批发	新疆维吾尔自治区巴音郭楞蒙古自治州
中国石油天然气股份有限公司新疆哈密销售分公司	石油及制品批发	新疆维吾尔自治区哈密地区
中国石油天然气股份有限公司新疆喀什销售分公司	石油及制品批发	新疆维吾尔自治区喀什地区
新疆农资(集团)有限责任公司	化肥批发	新疆维吾尔自治区乌鲁木齐市
新疆维吾尔自治区烟草公司乌鲁木齐市公司	烟草制品批发	新疆维吾尔自治区乌鲁木齐市
中国石油天然气股份有限公司新疆昌吉销售分公司	石油及制品批发	新疆维吾尔自治区昌吉回族自治州
中国石油天然气股份有限公司新疆伊犁销售分公司	石油及制品批发	新疆维吾尔自治区伊犁哈萨克自治州
新疆前海供销集团公司	棉、麻批发	新疆维吾尔自治区喀什地区
中国石油天然气股份有限公司新疆克拉玛依销售分公司	石油及制品批发	新疆维吾尔自治区克拉玛依市
新疆兵团农七师供销合作总公司	棉、麻批发	新疆维吾尔自治区伊犁哈萨克自治州
中国石油化工股份有限公司新疆石油分公司	石油及制品批发	新疆维吾尔自治区乌鲁木齐市
新疆兵团农业生产资料供应公司	化肥批发	新疆维吾尔自治区乌鲁木齐市
中国石油天然气股份有限公司新疆吐鲁番销售分公司	石油及制品批发	新疆维吾尔自治区吐鲁番地区
中国石油化工股份有限公司新疆阿克苏石油分公司	石油及制品批发	新疆维吾尔自治区阿克苏地区
新疆九州通医药有限公司	西药批发	新疆维吾尔自治区乌鲁木齐市

4-1 续表 41

企业名称	所属行业	企业所在地
新疆同益投资有限公司	石油及制品批发	新疆维吾尔自治区克拉玛依市
中国石油天然气股份有限公司新疆阿勒泰销售分公司	石油及制品批发	新疆维吾尔自治区阿勒泰地区
新疆农一师供销(集团)有限责任公司	化肥批发	新疆维吾尔自治区阿克苏地区
农四师供销合作社联合社	棉、麻批发	新疆维吾尔自治区伊犁哈萨克自治州
中国石油天然气股份有限公司新疆和田销售分公司	石油及制品批发	新疆维吾尔自治区和田地区
新疆维吾尔自治区新华书店	图书批发	新疆维吾尔自治区乌鲁木齐市
中国石油化工股份有限公司新疆巴州石油分公司	石油及制品批发	新疆维吾尔自治区巴音郭楞蒙古自治州
新疆维吾尔自治区阿克苏地区烟草公司	烟草制品批发	新疆维吾尔自治区阿克苏地区
昌吉回族自治州粮油购销(集团)有限责任公司	谷物、豆及薯类批发	新疆维吾尔自治区昌吉回族自治州
新疆维吾尔自治区昌吉回族自治州烟草公司	烟草制品批发	新疆维吾尔自治区昌吉回族自治州
新疆维吾尔自治区巴音郭楞蒙古自治州烟草公司	烟草制品批发	新疆维吾尔自治区巴音郭楞蒙古自治州
新疆维吾尔自治区喀什地区烟草公司	烟草制品批发	新疆维吾尔自治区喀什地区
中国石油化工股份有限公司新疆喀什石油分公司	石油及制品批发	新疆维吾尔自治区喀什地区
乌鲁木齐铁路局实业开发总公司	石油及制品批发	新疆维吾尔自治区乌鲁木齐市
新疆维吾尔自治区伊犁哈萨克自治州烟草公司	烟草制品批发	新疆维吾尔自治区伊犁哈萨克自治州
新疆亚欧大陆桥煤炭运销有限责任公司	煤炭及制品批发	新疆维吾尔自治区乌鲁木齐市
新疆星沃机械技术服务股份有限公司	汽车批发	新疆维吾尔自治区乌鲁木齐市
新疆兵团农三师农业生产资料公司	化肥批发	新疆维吾尔自治区喀什地区
中国石油天然气股份有限公司新疆塔城销售公司	石油及制品批发	新疆维吾尔自治区塔城地区
新疆维吾尔自治区塔城地区烟草公司	烟草制品批发	新疆维吾尔自治区塔城地区
新疆中石化基钰化工销售有限公司	石油及制品批发	新疆维吾尔自治区乌鲁木齐市
新疆工程机械科技有限公司	汽车批发	新疆维吾尔自治区乌鲁木齐市
中国石油天然气股份有限公司新疆博州销售分公司	石油及制品批发	新疆维吾尔自治区博尔塔拉蒙古自治州
新疆棉花产业(集团)莎车棉业有限责任公司	棉、麻批发	新疆维吾尔自治区喀什地区
新疆金塔投资(集团)有限公司	石油及制品批发	新疆维吾尔自治区克拉玛依市
新疆中泰工程机械有限公司	其他机械设备及电子产品批发	新疆维吾尔自治区乌鲁木齐市
新疆库尔勒华力运销公司	石油及制品批发	新疆维吾尔自治区巴音郭楞蒙古自治州
尉犁县棉麻公司	棉、麻批发	新疆维吾尔自治区巴音郭楞蒙古自治州
库车县棉麻公司	棉、麻批发	新疆维吾尔自治区阿克苏地区
新疆农垦宏业棉花有限责任公司	棉、麻批发	新疆维吾尔自治区乌鲁木齐市
巴楚县良种轧花厂(有限公司)	棉、麻批发	新疆维吾尔自治区喀什地区
森那美信昌机器工程(新疆)有限公司	其他机械设备及电子产品批发	新疆维吾尔自治区乌鲁木齐市
巴楚县鑫鹏棉业有限责任公司	棉、麻批发	新疆维吾尔自治区喀什地区
新疆京泓工程机械有限公司	其他机械设备及电子产品批发	新疆维吾尔自治区乌鲁木齐市
新疆千里马工程机械有限公司	其他机械设备及电子产品批发	新疆维吾尔自治区乌鲁木齐市
中国石油化工股份有限公司新疆伊犁石油分公司	石油及制品批发	新疆维吾尔自治区伊犁哈萨克自治州
新疆棉花产业(集团)巴楚棉业有限责任公司	棉、麻批发	新疆维吾尔自治区喀什地区
新疆棉花产业(集团)麦盖提棉业有限责任公司	棉、麻批发	新疆维吾尔自治区喀什地区

4-2　分地区大型零售业企业名单

企业名称	所属行业	企业所在地
北京市		
中国石油化工股份有限公司北京石油分公司	机动车燃料零售	北京市东城区
北京京东世纪信息技术有限公司	计算机、软件及辅助设备零售	北京市大兴区
华润医药商业集团有限公司	药品零售	北京市东城区
北京菜市口百货股份有限公司	百货零售	北京市西城区
北京小米科技有限责任公司	互联网零售	北京市海淀区
北京华联综合超市股份有限公司	超级市场零售	北京市西城区
北京物美商业集团股份有限公司	超级市场零售	北京市石景山区
北京苏宁电器有限公司	日用家电设备零售	北京市通州区
北京世纪卓越信息技术有限公司	互联网零售	北京市朝阳区
北京燕莎友谊商城有限公司	百货零售	北京市朝阳区
苹果电子产品商贸(北京)有限公司	计算机、软件及辅助设备零售	北京市东城区
北京市大中家用电器连锁销售有限公司	日用家电设备零售	北京市石景山区
华联新光百货(北京)有限公司	百货零售	北京市朝阳区
北京家乐福商业有限公司	超级市场零售	北京市丰台区
北京物美综合超市有限公司	超级市场零售	北京市大兴区
北京京东世纪贸易有限公司	互联网零售	北京市大兴区
国美电器有限公司	日用家电设备零售	北京市通州区
北京京客隆商业集团股份有限公司	超级市场零售	北京市朝阳区
北京翠微大厦股份有限公司	百货零售	北京市海淀区
百盛商业发展有限公司	百货零售	北京市西城区
北京沃尔玛百货有限公司	超级市场零售	北京市石景山区
中化道达尔燃油有限公司	机动车燃料零售	北京市海淀区
北京当当网信息技术有限公司	图书、报刊零售	北京市东城区
BHG(北京)百货有限公司	其他日用品零售	北京市西城区
日上免税行(中国)有限公司	百货零售	北京市顺义区
北京永辉超市有限公司	超级市场零售	北京市石景山区
北京美廉美连锁商业有限公司	超级市场零售	北京市海淀区
凡客诚品(北京)科技有限公司	服装零售	北京市丰台区
国兴汽车服务中心	汽车零售	北京市西城区
北京王府井百货(集团)股份有限公司	百货零售	北京市东城区
华糖洋华堂商业有限公司	百货零售	北京市朝阳区
北京易喜新世界百货有限公司	百货零售	北京市东城区
北京超市发连锁股份有限公司	超级市场零售	北京市海淀区
北京国泰平安百货有限公司	百货零售	北京市顺义区
北京中友百货有限责任公司	百货零售	北京市西城区
北京王府井百货集团双安商场有限责任公司	百货零售	北京市海淀区
北京晨德宝汽车销售服务有限公司	汽车零售	北京市朝阳区
乐天超市有限公司	超级市场零售	北京市朝阳区
北京物美大卖场商业管理有限公司	超级市场零售	北京市大兴区
北京新锐美电子商务有限公司	互联网零售	北京市海淀区
北京鑫海韵通商业大楼	百货零售	北京市顺义区
北京欧尚超市有限公司	超级市场零售	北京市海淀区
北京英龙华辰科技有限公司	计算机、软件及辅助设备零售	北京市房山区
北京华冠商业经营股份有限公司	超级市场零售	北京市房山区
北京当代商城有限责任公司	百货零售	北京市海淀区
北京首商集团股份有限公司	百货零售	北京市西城区
北京宝泽行汽车销售服务有限公司	汽车零售	北京市丰台区
飒拉商业(北京)有限公司	服装零售	北京市朝阳区
北京博瑞祥云汽车销售服务有限公司	汽车零售	北京市朝阳区
北京屈臣氏个人用品连锁商店有限公司	超级市场零售	北京市朝阳区

4-2 续表 1

企业名称	所属行业	企业所在地
北京城乡贸易中心股份有限公司	百货零售	北京市海淀区
北京宜家家居有限公司	家具零售	北京市朝阳区
北京市上品商业发展有限责任公司	服装零售	北京市东城区
北京赛特百货有限公司	百货零售	北京市朝阳区
北京三元石油有限公司	机动车燃料零售	北京市大兴区
安利(中国)日用品有限公司北京分公司	其他综合零售	北京市东城区
北京君太太平洋百货有限公司	百货零售	北京市西城区
宝盛道吉(北京)贸易有限公司	服装零售	北京市怀柔区
北京庄胜崇光百货商场	百货零售	北京市西城区
北京迪信通电子通信技术有限公司	通信设备零售	北京市海淀区
北京京宝行汽车销售服务有限公司	汽车零售	北京市海淀区
北京贵友大厦有限公司	百货零售	北京市朝阳区
中国图书进出口(集团)总公司	图书、报刊零售	北京市朝阳区
北京市华德宝汽车销售服务有限公司	汽车零售	北京市朝阳区
北京首都机场商贸有限公司	超级市场零售	北京市顺义区
库巴科技(北京)有限公司	互联网零售	北京市石景山区
北京中润发汽车销售有限公司	汽车零售	北京市丰台区
北京易初莲花连锁超市有限公司	超级市场零售	北京市朝阳区
北京盈之宝汽车销售服务有限公司	汽车零售	北京市朝阳区
北京创锐文化传媒有限公司	化妆品及卫生用品零售	北京市朝阳区
曙光信息产业(北京)有限公司	计算机、软件及辅助设备零售	北京市海淀区
北京崇德商贸有限公司	鞋帽零售	北京市西城区
北京中复电讯设备有限责任公司	通信设备零售	北京市朝阳区
柒一拾壹(北京)有限公司	其他综合零售	北京市东城区
国金黄金集团有限公司	珠宝首饰零售	北京市平谷区
北京蓝岛大厦有限责任公司	百货零售	北京市朝阳区
欧迪办公网络技术有限公司	互联网零售	北京市海淀区
北京市顺义国泰商业大厦	百货零售	北京市顺义区
沃尔玛(北京)商业零售有限公司	超级市场零售	北京市朝阳区
丝芙兰(北京)化妆品销售有限公司	化妆品及卫生用品零售	北京市朝阳区
北京同仁堂连锁药店有限责任公司	药品零售	北京市东城区
北京首航国力商贸有限公司	超级市场零售	北京市丰台区
北京卜蜂莲花连锁超市有限公司	超级市场零售	北京市朝阳区
北京物美京北大世界商贸有限公司	百货零售	北京市怀柔区
中视购物有限公司	互联网零售	北京市海淀区
北京味多美食品有限责任公司	糕点、面包零售	北京市西城区
北京市亨得利瑞士钟表有限责任公司	钟表、眼镜零售	北京市东城区
北京王府井百货集团长安商场有限责任公司	百货零售	北京市西城区
北京稻香村食品有限责任公司	糕点、面包零售	北京市东城区
北京美惠万家商业有限公司	百货零售	北京市西城区
北京金象复星医药股份有限公司	药品零售	北京市西城区
北京庆洋汽车服务有限公司	汽车零售	北京市丰台区
北京天超仓储超市有限责任公司	超级市场零售	北京市东城区
北京甘家口大厦有限责任公司	百货零售	北京市海淀区
北京新世界利莹百货有限公司	百货零售	北京市朝阳区
华润超级市场有限公司	超级市场零售	北京市朝阳区
北京旺市百利商业有限公司	超级市场零售	北京市朝阳区
北京丽家丽婴婴童用品有限公司	其他综合零售	北京市大兴区
乐购特易购商业(北京)有限公司	百货零售	北京市顺义区
永旺商业有限公司	百货零售	北京市昌平区
荣宝斋	工艺美术品及收藏品零售	北京市西城区

4-2 续表 2

企业名称	所属行业	企业所在地
北京京北美廉美超市有限公司	超级市场零售	北京市昌平区
北京华普联合商业投资有限公司	超级市场零售	北京市朝阳区
北京市复兴商业城有限公司	百货零售	北京市西城区
北京顺天府商贸有限公司	超级市场零售	北京市门头沟区
北京市昌平新世纪商城	百货零售	北京市昌平区
北京威联德骨科技术有限公司	医疗用品及器材零售	北京市海淀区
北京翠微家园超市连锁经营有限责任公司	超级市场零售	北京市海淀区
北京京烟卷烟零售连锁有限公司	烟草制品零售	北京市朝阳区
北京华联精品超市有限公司	超级市场零售	北京市西城区
迪卡侬(北京)体育用品有限公司	体育用品及器材零售	北京市朝阳区
每克拉美(北京)钻石商场有限公司	工艺美术品及收藏品零售	北京市朝阳区
北京创益佳家乐福商业有限公司	超级市场零售	北京市朝阳区
北京图书大厦有限责任公司	图书、报刊零售	北京市西城区
北京兴宇班尼路服装服饰有限公司	服装零售	北京市门头沟区
北京玉蜓桥物美商贸有限公司	超级市场零售	北京市丰台区
北京华润万家生活超市有限公司	超级市场零售	北京市丰台区
北京京客隆首超商业有限公司	超级市场零售	北京市石景山区
北京金象大药房医药连锁有限责任公司	药品零售	北京市西城区
北京华信通电讯有限公司	通信设备零售	北京市东城区
创和捷商贸(北京)有限公司	服装零售	北京市朝阳区
北京北辰超市连锁有限公司	超级市场零售	北京市朝阳区
北京迪亚商业有限公司	超级市场零售	北京市朝阳区
北京百安居装饰建材有限公司	家具零售	北京市朝阳区
统杰法宝(北京)超市有限公司	超级市场零售	北京市朝阳区
北京门城物美商城有限公司	超级市场零售	北京市门头沟区
北京美特斯邦威服饰有限公司	服装零售	北京市西城区
北京吴裕泰茶业股份有限公司	酒、饮料及茶叶零售	北京市东城区
北京天虹商业管理有限公司	百货零售	北京市西城区
北京时尚天虹百货有限公司	百货零售	北京市朝阳区
北京乐友达康商贸有限公司	其他日用品零售	北京市通州区
北京亿派创新科技发展有限公司	通信设备零售	北京市门头沟区
东芝医疗系统(中国)有限公司	医疗用品及器材零售	北京市朝阳区
北京港佳好邻居连锁便利店有限责任公司	其他综合零售	北京市西城区
北京人天书店有限公司	图书、报刊零售	北京市丰台区
波丝可商业(北京)有限公司	服装零售	北京市朝阳区
北京奥士凯物美商业有限公司	其他食品零售	北京市东城区
北京李宁体育用品销售有限公司	服装零售	北京市东城区
北京京房美廉美超市有限公司	超级市场零售	北京市房山区
北京酒仙电子商务有限公司	酒、饮料及茶叶零售	北京市大兴区
北京物美鼓楼商贸有限责任公司	超级市场零售	北京市密云县
北京心物不二电子商务有限公司	互联网零售	北京市通州区
北京金凤成祥食品有限责任公司	糕点、面包零售	北京市海淀区
北京科曼维斯凯服饰有限公司	服装零售	北京市大兴区
北京润福商业有限公司	超级市场零售	北京市朝阳区
北京市源烽世纪商贸有限责任公司	服装零售	北京市大兴区
北京市好利来食品有限公司	糕点、面包零售	北京市朝阳区
北京乐语金飞鸿通讯设备有限公司	通信设备零售	北京市海淀区
北京亨联达钟表有限责任公司	钟表、眼镜零售	北京市东城区
晶华宝岛(北京)眼镜有限公司	钟表、眼镜零售	北京市朝阳区
北京崇文门菜市场物美综合超市有限公司	其他综合零售	北京市东城区
北京联华快客便利超市有限公司	超级市场零售	北京市东城区
北京七彩云南商贸有限公司	珠宝首饰零售	北京市西城区

4-2 续表 3

企业名称	所属行业	企业所在地
天津市		
中国石油化工股份有限公司天津石油分公司	机动车燃料零售	天津市南开区
中国石油天然气股份有限公司天津销售分公司	机动车燃料零售	天津市河东区
天津一商友谊股份有限公司	百货零售	天津市河西区
天津国美电器有限公司	日用家电设备零售	天津市南开区
天津华润万家生活超市有限公司	超级市场零售	天津市滨海新区
壳牌华北石油集团有限公司	机动车燃料零售	天津市武清区
天津天宁苏宁电器有限公司	日用家电设备零售	天津市和平区
天津金元宝商厦集团有限公司	百货零售	天津市滨海新区
天津海信广场有限公司	百货零售	天津市和平区
天津市津工超市有限责任公司	超级市场零售	天津市东丽区
天津市人人乐商业有限公司	超级市场零售	天津市南开区
天津浩众汽车贸易服务有限公司	汽车零售	天津市东丽区
天津劝业场(集团)股份有限公司	百货零售	天津市和平区
天津物美未来商贸发展有限公司	超级市场零售	天津市南开区
乐宾百货(天津)有限公司	百货零售	天津市和平区
天津伊势丹有限公司	其他综合零售	天津市和平区
天津华润超级市场有限公司	超级市场零售	天津市保税区
天津泰达易买得超市有限公司	超级市场零售	天津市经济技术开发区
中原百货集团股份有限公司	百货零售	天津市和平区
天津劝业家乐福超市有限公司	超级市场零售	天津市东丽区
天津市捷兴汽车商贸有限公司	汽车零售	天津市滨海新区
天津滨江商厦有限公司	百货零售	天津市和平区
天津劝宝超市有限责任公司	超级市场零售	天津市宝坻区
天津市新中国现代文化用品有限责任公司	珠宝首饰零售	天津市和平区
天津市大港滨城商贸有限责任公司	超级市场零售	天津市滨海新区
天津桂发祥十八街麻花食品股份有限公司	其他食品零售	天津市河西区
天津滨江购物中心	百货零售	天津市和平区
沃尔玛深国投百货有限公司天津和平路分店	超级市场零售	天津市和平区
山田电机(天津)商贸有限公司南京路分公司	日用家电设备零售	天津市和平区
天津塘沽乐购生活购物有限公司	超级市场零售	天津市滨海新区
百丽鞋业(天津)有限公司	鞋帽零售	天津市和平区
天津家福商业有限公司	超级市场零售	天津市东丽区
天津市长湖大润发商业有限公司	超级市场零售	天津市河西区
乐天商业管理(天津)有限公司	百货零售	天津市南开区
天津市海达家乐超市有限公司	超级市场零售	天津市武清区
老百姓大药房连锁(天津)有限公司	药品零售	天津市河东区
天津金钟乐购生活购物有限公司	超级市场零售	天津市河北区
天津市大桥道糕点食品有限公司	糕点、面包零售	天津市河东区
天津津南区华润万家超级市场有限公司	超级市场零售	天津市津南区
河北省		
北国商城股份有限公司	百货零售	河北省石家庄市
唐山百货大楼集团有限责任公司	百货零售	河北省唐山市
河北保百集团有限公司	百货零售	河北省保定市
石家庄人民商场股份有限公司	百货零售	河北省石家庄市
中国石油天然气股份有限公司河北邢台销售分公司	机动车燃料零售	河北省邢台市
秦皇岛渤海物流控股股份有限公司	百货零售	河北省秦皇岛市
廊坊市明珠商业企业集团有限公司	百货零售	河北省廊坊市
邯郸新世纪商业广场股份有限公司	服装零售	河北省邯郸市
沧州市华北商厦有限公司	百货零售	河北省沧州市
石家庄东方城市广场有限公司	百货零售	河北省石家庄市

4-2 续表 4

企业名称	所属行业	企业所在地
保定北国商城有限责任公司	百货零售	河北省保定市
河北保定时代商厦有限公司	百货零售	河北省保定市
唐山市金客隆超市有限公司	超级市场零售	河北省唐山市
河北华北石油商业有限公司	百货零售	河北省沧州市
秦皇岛兴龙广缘商业连锁有限公司	百货零售	河北省秦皇岛市
保定商场股份有限公司	百货零售	河北省保定市
唐山华盛超市有限公司	超级市场零售	河北省唐山市
河北保龙仓家乐福商业有限公司	超级市场零售	河北省石家庄市
河北惠友商业连锁发展有限公司	超级市场零售	河北省保定市
邯郸武安新世纪商业广场有限公司	百货零售	河北省邯郸市
保定市惠友万家福超级市场有限公司	超级市场零售	河北省保定市
廊坊市至诚苏宁电器有限公司	日用家电设备零售	河北省廊坊市
秦皇岛家惠商贸集团有限公司	超级市场零售	河北省秦皇岛市
河北国美电器有限公司	家用视听设备零售	河北省石家庄市
邢台家乐园天一商贸有限公司	超级市场零售	河北省邢台市
信誉楼百货集团有限公司青县信誉楼商厦	百货零售	河北省沧州市
信誉楼百货集团有限公司泊头信誉楼商厦	百货零售	河北省沧州市
唐山家万佳超市有限公司	超级市场零售	河北省唐山市
石家庄苏宁电器有限公司	家用视听设备零售	河北省石家庄市
信誉楼百货集团有限公司黄骅信誉楼商厦	超级市场零售	河北省沧州市
承德宽广超市集团有限公司	超级市场零售	河北省承德市
张家口市帝达购物广场有限公司	百货零售	河北省张家口市
衡水百货大楼(集团)股份有限公司	百货零售	河北省衡水市
河北永辉超市有限公司	超级市场零售	河北省石家庄市
河北衡水爱特购物中心有限责任公司	百货零售	河北省衡水市
唐山荣川实业集团有限公司	汽车零售	河北省唐山市
正定县城关供销合作社	百货零售	河北省石家庄市
保定市亚太通讯器材有限公司	通信设备零售	河北省保定市
衡水吉美超市有限责任公司	超级市场零售	河北省衡水市
北京京客隆(廊坊)有限公司	超级市场零售	河北省廊坊市
石家庄市新华书店有限责任公司	图书、报刊零售	河北省石家庄市
沧州市同天购物中心有限公司	百货零售	河北省沧州市
河北乐语通讯器材销售有限公司	通信设备零售	河北省石家庄市
邯郸市阳光超市有限公司	超级市场零售	河北省邯郸市
唐山华润万家生活超市有限公司	超级市场零售	河北省唐山市
河北美食林商贸集团有限公司	超级市场零售	河北省邯郸市
河北家兴商贸集团有限公司	百货零售	河北省保定市
河北东之杰运动产业发展有限公司	鞋帽零售	河北省石家庄市
河北家乐园大洋百货有限责任公司	百货零售	河北省邢台市
河北家乐园购物广场有限责任公司	百货零售	河北省邢台市
张家口中美电器有限公司	家用视听设备零售	河北省张家口市
石家庄新兴药房连锁有限公司	药品零售	河北省石家庄市
黄骅市耀华商厦有限公司	百货零售	河北省沧州市
青岛润泰事业有限公司保定大润发分公司	超级市场零售	河北省保定市
邯郸市新华书店有限责任公司	图书、报刊零售	河北省邯郸市
定州市时代广场商贸有限责任公司	百货零售	河北省保定市
河北国大连锁商业有限公司	其他综合零售	河北省石家庄市
沧州市新华书店有限责任公司	图书、报刊零售	河北省沧州市
石家庄信誉楼百货有限公司	百货零售	河北省石家庄市
定州市大世界购物中心	百货零售	河北省保定市
石家庄新奥车用燃气有限公司	机动车燃料零售	河北省石家庄市

4-2 续表 5

企业名称	所属行业	企业所在地
石家庄市液化气总公司	生活用燃料零售	河北省石家庄市
河北华润万家生活超市有限公司	超级市场零售	河北省石家庄市
邢台家乐园集团超市有限责任公司	超级市场零售	河北省邢台市
邢台市天天便利商贸有限公司	百货零售	河北省邢台市
滦南县银泰商厦有限责任公司	百货零售	河北省唐山市
邯郸市阳光三联电器有限公司	日用家电设备零售	河北省邯郸市
山西省		
山西大昌汽车集团有限公司	汽车零售	山西省太原市
中国石油化工股份有限公司山西太原石油分公司	机动车燃料零售	山西省太原市
中国石油化工股份有限公司山西晋中石油分公司	机动车燃料零售	山西省晋中市
中国石油化工股份有限公司山西临汾石油分公司	机动车燃料零售	山西省临汾市
中国石油化工股份有限公司忻州石油分公司	机动车燃料零售	山西省忻州市
中国石油化工股份有限公司山西吕梁石油分公司	机动车燃料零售	山西省吕梁市
山西美特好连锁超市股份有限公司	超级市场零售	山西省太原市
中国石油化工股份有限公司山西运城石油分公司	机动车燃料零售	山西省运城市
中国石油化工股份有限公司山西长治石油分公司	机动车燃料零售	山西省长治市
山西双鹤药业有限公司	药品零售	山西省太原市
中国石油化工股份有限公司山西大同石油分公司	机动车燃料零售	山西省大同市
中国石油化工股份有限公司山西晋城石油分公司	机动车燃料零售	山西省晋城市
中国石油天然气股份有限公司山西太原销售分公司	机动车燃料零售	山西省太原市
山西诺维兰集团有限公司	汽车零售	山西省运城市
中国石油化工股份有限公司山西阳泉石油分公司	机动车燃料零售	山西省阳泉市
中国石油天然气股份有限公司山西忻州销售分公司	机动车燃料零售	山西省忻州市
中国石油天然气股份有限公司山西销售侯马分公司	机动车燃料零售	山西省临汾市
中国石油天然气股份有限公司山西晋中销售分公司	机动车燃料零售	山西省晋中市
山西华宇商业发展股份有限公司	百货零售	山西省太原市
山西国美电器有限公司	日用家电设备零售	山西省太原市
太原王府井百货有限责任公司	百货零售	山西省太原市
中国石油天然气股份有限公司山西销售大同分公司	机动车燃料零售	山西省大同市
中国石油天然气股份有限公司山西长治销售分公司	机动车燃料零售	山西省长治市
中国石油天然气股份有限公司山西销售晋城分公司	机动车燃料零售	山西省晋城市
山西天美新天地购物中心有限公司	服装零售	山西省太原市
山西铜锣湾国际购物中心有限公司	服装零售	山西省太原市
山西省太原唐久超市有限公司	其他综合零售	山西省太原市
山西海宁皮革城发展有限公司	服装零售	山西省朔州市
大同市华林新天地商贸有限责任公司	服装零售	山西省大同市
山西吉隆斯商贸股份有限公司	超级市场零售	山西省晋中市
太原轻型汽车总厂	汽车零售	山西省太原市
山西苏宁电器有限公司	日用家电设备零售	山西省太原市
晋城市华洋亚飞汽车连锁销售有限公司	汽车零售	山西省晋城市
太原三友精品商厦有限公司	日用家电设备零售	山西省太原市
山西宏艺首饰股份有限公司	珠宝首饰零售	山西省太原市
山西省芮城县供销合作社联合社	其他综合零售	山西省运城市
山西山姆士超市有限公司	超级市场零售	山西省太原市
大同银星金店有限公司	珠宝首饰零售	山西省大同市
大同市华林有限责任公司	百货零售	山西省大同市
临汾万佳福仓储超市有限公司	超级市场零售	山西省临汾市
山西田森超市集团有限公司	超级市场零售	山西省晋中市
山西华联综合超市有限公司	超级市场零售	山西省太原市
长治市飞路汽车贸易有限公司	汽车零售	山西省长治市
山西百盛商业发展有限公司	服装零售	山西省太原市

4-2 续表 6

企业名称	所属行业	企业所在地
阳泉华联商厦有限公司	百货零售	山西省阳泉市
山西博源超市有限公司	超级市场零售	山西省长治市
晋城市长江实业有限公司	汽车零售	山西省晋城市
大同市华润燃气有限公司	生活用燃料零售	山西省大同市
沃尔玛深国投百货有限公司大同永泰分店	百货零售	山西省大同市
晋城市凤展购物广场有限公司	超级市场零售	山西省晋城市
内蒙古自治区		
中国石油天然气股份有限公司内蒙古鄂尔多斯销售分公司	机动车燃料零售	内蒙古自治区鄂尔多斯市
中国石油天然气股份有限公司内蒙古呼伦贝尔销售分公司	机动车燃料零售	内蒙古自治区呼伦贝尔市
中国石油天然气股份有限公司内蒙古锡林郭勒销售分公司	机动车燃料零售	内蒙古自治区锡林郭勒盟
中国石油化工股份有限公司内蒙古鄂尔多斯石油分公司	机动车燃料零售	内蒙古自治区鄂尔多斯市
中国石油化工股份有限公司内蒙古包头石油分公司	机动车燃料零售	内蒙古自治区包头市
中国石油天然气股份有限公司内蒙古包头销售分公司	机动车燃料零售	内蒙古自治区包头市
中国石油天然气股份有限公司内蒙古乌海销售分公司	机动车燃料零售	内蒙古自治区乌海市
内蒙古民族商场有限责任公司	百货零售	内蒙古自治区呼和浩特市
中国石油天然气股份有限公司内蒙古通辽销售分公司	机动车燃料零售	内蒙古自治区通辽市
中国石油天燃气股份有限公司内蒙兴安石油销售分公司	机动车燃料零售	内蒙古自治区兴安盟
包头宁鹿石油有限公司	机动车燃料零售	内蒙古自治区包头市
中国石油天燃气股份有限公司内蒙古乌兰察布销售公司	机动车燃料零售	内蒙古自治区乌兰察布市
中国石油天然气股份有限公司内蒙古阿拉善销售分公司	机动车燃料零售	内蒙古自治区阿拉善盟
包头百货大楼股份有限公司	百货零售	内蒙古自治区包头市
内蒙古高速石油销售有限公司	机动车燃料零售	内蒙古自治区呼和浩特市
包头王府井百货有限责任公司	百货零售	内蒙古自治区包头市
内蒙古维多利商业(集团)有限公司	百货零售	内蒙古自治区呼和浩特市
内蒙古维多利商业管理有限公司	百货零售	内蒙古自治区呼和浩特市
内蒙古海亮商贸有限公司	服装零售	内蒙古自治区呼和浩特市
包头市华银机械设备有限公司	汽车零配件零售	内蒙古自治区包头市
内蒙古呼伦贝尔市友谊有限责任公司	百货零售	内蒙古自治区呼伦贝尔市
中国石油化工股份有限公司内蒙古巴彦淖尔石油分公司	机动车燃料零售	内蒙古自治区巴彦淖尔市
内蒙古金汇金旺角服装批发有限公司	服装零售	内蒙古自治区呼和浩特市
赤峰利丰汽车行有限公司	汽车零售	内蒙古自治区赤峰市
鄂尔多斯市蒙凯汽车销售集团有限公司	汽车零售	内蒙古自治区鄂尔多斯市
赤峰海达电器有限责任公司	日用家电设备零售	内蒙古自治区赤峰市
包头市金荣装饰建材城有限责任公司	其他室内装饰材料零售	内蒙古自治区包头市
内蒙古维多利超市连锁有限公司	超级市场零售	内蒙古自治区呼和浩特市
兴安盟利丰恒泰汽车销售有限责任公司	汽车零售	内蒙古自治区兴安盟
海亮百货有限公司	服装零售	内蒙古自治区呼和浩特市
内蒙古赤峰奔腾实业(集团)有限公司	日用家电设备零售	内蒙古自治区赤峰市
内蒙古恒信精攻皮革有限公司	服装零售	内蒙古自治区乌兰察布市
鄂尔多斯市每天百货都市有限责任公司	百货零售	内蒙古自治区鄂尔多斯市
鄂尔多斯市和兴汽车销售服务有限公司	汽车零售	内蒙古自治区鄂尔多斯市
鄂尔多斯市宏丰商贸有限责任公司	酒、饮料及茶叶零售	内蒙古自治区鄂尔多斯市
辽宁省		
中国石油天然气股份有限公司大连销售分公司	机动车燃料零售	辽宁省大连市
中国石油化工股份有限公司辽宁石油分公司	机动车燃料零售	辽宁省沈阳市
中国石油天然气股份有限公司辽宁沈阳销售分公司	机动车燃料零售	辽宁省沈阳市
大商股份有限公司	百货零售	辽宁省大连市
中国石油天然气股份有限公司辽宁锦州销售分公司	机动车燃料零售	辽宁省锦州市
大连国际商贸大厦有限公司	百货零售	辽宁省大连市
中兴-沈阳商业大厦(集团)股份有限公司	百货零售	辽宁省沈阳市
中国石油天然气股份有限公司辽宁丹东销售分公司	机动车燃料零售	辽宁省丹东市

4-2 续表 7

企业名称	所属行业	企业所在地
沈阳国美电器有限公司	日用家电设备零售	辽宁省沈阳市
沈阳兴隆大家庭购物中心有限公司	百货零售	辽宁省沈阳市
大商集团沈阳新玛特购物休闲广场有限公司	百货零售	辽宁省沈阳市
沈阳家乐福商业有限公司	超级市场零售	辽宁省沈阳市
辽宁卓展时代广场百货有限公司	百货零售	辽宁省沈阳市
大连大商投资管理有限公司	百货零售	辽宁省大连市
大商集团抚顺百货大楼有限公司	百货零售	辽宁省抚顺市
大商集团阜新新玛特购物广场有限公司	百货零售	辽宁省阜新市
大商集团本溪商业大厦有限公司	百货零售	辽宁省本溪市
中国石油化工股份有限公司辽宁大连石油分公司	机动车燃料零售	辽宁省大连市
辽宁兴隆百货集团有限公司	百货零售	辽宁省盘锦市
沈阳苏宁电器有限公司	日用家电设备零售	辽宁省沈阳市
大连国美电器有限公司	日用家电设备零售	辽宁省大连市
辽宁成大方圆医药连锁有限公司	药品零售	辽宁省沈阳市
大连友谊(集团)股份有限公司	百货零售	辽宁省大连市
大商集团锦州百货大楼有限公司	百货零售	辽宁省锦州市
大连沃尔玛百货有限公司	超级市场零售	辽宁省大连市
葫芦岛市百货大楼	百货零售	辽宁省葫芦岛市
沈阳铁西百货大楼有限公司	百货零售	辽宁省沈阳市
沈阳兴隆大天地购物中心有限公司	百货零售	辽宁省沈阳市
大连沈大苏宁电器有限公司	日用家电设备零售	辽宁省大连市
大商集团锦州百货大楼有限公司千盛购物广场	百货零售	辽宁省锦州市
特易购商业(辽宁)有限公司	超级市场零售	辽宁省沈阳市
沈阳商业城股份有限公司	百货零售	辽宁省沈阳市
沈阳荟华楼黄金珠宝首饰有限公司	珠宝首饰零售	辽宁省沈阳市
沈阳京东世纪贸易有限公司	互联网零售	辽宁省沈阳市
大连家乐福商业有限公司	超级市场零售	辽宁省大连市
欧亚集团沈阳联营有限公司	百货零售	辽宁省沈阳市
辽宁华润万家生活超市有限公司	超级市场零售	辽宁省沈阳市
大连锦辉购物广场有限责任公司	服装零售	辽宁省大连市
朝阳兴隆大家庭购物中心有限公司	百货零售	辽宁省朝阳市
沈阳新世界百货有限公司	百货零售	辽宁省沈阳市
辽宁亿家商业集团有限公司	超级市场零售	辽宁省鞍山市
大商集团铁岭新玛特有限公司	百货零售	辽宁省铁岭市
大商集团沈阳铁西新玛特购物休闲广场有限公司	百货零售	辽宁省沈阳市
大商集团沈阳新玛特购物休闲广场有限公司千盛百货购物中心	百货零售	辽宁省沈阳市
本溪华联商厦有限公司	百货零售	辽宁省本溪市
铁岭兴隆百货有限公司	百货零售	辽宁省铁岭市
沈阳大东兴隆百货有限公司	百货零售	辽宁省沈阳市
辽宁宜佳电视购物有限公司	百货零售	辽宁省沈阳市
辽宁百盛新药特药连锁有限公司	药品零售	辽宁省沈阳市
大连好又多百货商业广场有限公司	超级市场零售	辽宁省大连市
大商集团抚顺新玛特有限公司	超级市场零售	辽宁省抚顺市
大连海王星辰医药有限公司	药品零售	辽宁省大连市
沈阳乐购超市有限公司	超级市场零售	辽宁省沈阳市
大商集团鞍山商业投资有限公司	百货零售	辽宁省鞍山市
沈阳国大天益堂药房连锁有限公司	药品零售	辽宁省沈阳市
盘锦兴隆大厦二百有限公司	百货零售	辽宁省盘锦市
阜新兴隆百货有限公司	百货零售	辽宁省阜新市
营口兴隆百货有限公司	超级市场零售	辽宁省营口市
营口经济技术开发区商业大厦有限公司	百货零售	辽宁省营口市

4-2　续表 8

企业名称	所属行业	企业所在地
大商集团锦州市新玛特购物有限公司	超级市场零售	辽宁省锦州市
大石桥市兴隆百货有限公司	百货零售	辽宁省营口市
沈阳大润发商业有限公司	超级市场零售	辽宁省沈阳市
沈阳沃尔玛百货有限公司	超级市场零售	辽宁省沈阳市
本溪溪林商贸有限公司	计算机、软件及辅助设备零售	辽宁省本溪市
抚顺大商商业投资有限公司	百货零售	辽宁省抚顺市
大连旅顺供销大厦有限公司	百货零售	辽宁省大连市
大连天河百盛购物中心有限公司	百货零售	辽宁省大连市
营口经济技术开发区红旺广场购物中心有限公司	百货零售	辽宁省营口市
大连联华快客中山便利商业有限公司	其他综合零售	辽宁省大连市
沈阳于洪乐购生活购物有限公司	超级市场零售	辽宁省沈阳市
新民兴隆百货有限公司	百货零售	辽宁省沈阳市
沈阳润泰商业有限公司	超级市场零售	辽宁省沈阳市
朝阳商业城有限公司	百货零售	辽宁省朝阳市
锦州大润发商业有限公司	超级市场零售	辽宁省锦州市
盖州兴隆大家庭购物中心有限公司	超级市场零售	辽宁省营口市
沃尔玛(辽宁)百货有限公司	超级市场零售	辽宁省沈阳市
沃尔玛(大连)商业零售有限公司	超级市场零售	辽宁省大连市
海城市大和购物有限公司	百货零售	辽宁省鞍山市
辽宁国大一致药店连锁有限公司	药品零售	辽宁省沈阳市
沈阳东北大药房连锁店	药品零售	辽宁省沈阳市
辽宁乐语宏田科技有限公司	通信设备零售	辽宁省沈阳市
辽宁永辉超市有限公司	超级市场零售	辽宁省沈阳市
凌海电力商城有限责任公司	百货零售	辽宁省锦州市
辽宁天士力大药房连锁有限公司	药品零售	辽宁省沈阳市
辽宁乐天超市有限公司	超级市场零售	辽宁省沈阳市
葫芦岛市宏运商厦有限公司	百货零售	辽宁省葫芦岛市
鞍山大润发商业有限公司	百货零售	辽宁省鞍山市
鞍山银座(集团)股份有限公司	百货零售	辽宁省鞍山市
葫芦岛大润发商业有限公司	超级市场零售	辽宁省葫芦岛市
沈阳市苏家屯大润发商业有限公司	超级市场零售	辽宁省沈阳市
盘锦兴隆大厦三百有限公司	百货零售	辽宁省盘锦市
朝阳商业城超市连锁有限公司	超级市场零售	辽宁省朝阳市
调兵山市兴隆百货有限公司	百货零售	辽宁省铁岭市
大石桥市真实惠百货有限公司	超级市场零售	辽宁省营口市
吉林省		
长春欧亚集团股份有限公司	百货零售	吉林省长春市
中国石油天然气股份有限公司吉林白城销售分公司	机动车燃料零售	吉林省白城市
公主岭温州商城贸易有限公司	百货零售	吉林省四平市
中国石油天然气股份有限公司吉林延边销售分公司	机动车燃料零售	吉林省延边朝鲜族自治州
中国石油天然气股份有限公司吉林四平销售分公司	机动车燃料零售	吉林省四平市
长春伊通河石油经销有限公司	机动车燃料零售	吉林省长春市
中国石油天然气股份有限公司吉林白山销售分公司	机动车燃料零售	吉林省白山市
延吉百货大楼股份有限公司	百货零售	吉林省延边朝鲜族自治州
国药控股吉林有限公司	药品零售	吉林省长春市
长春市华阳汽车贸易有限责任公司	汽车零售	吉林省长春市
中国石油化工股份有限公司吉林市石油分公司	机动车燃料零售	吉林省吉林市
吉林省众诚汽车服务连锁有限公司	生活用燃料零售	吉林省长春市
吉林省华之诚汽车销售服务有限公司	汽车零售	吉林省长春市
吉林省华生交电集团有限公司	家用视听设备零售	吉林省四平市
吉林省华宇集团四平仁兴商厦有限公司	服装零售	吉林省四平市

4-2 续表 9

企业名称	所属行业	企业所在地
吉林省吉刚汽车贸易有限公司	汽车零售	吉林省长春市
吉林大药房药业股份有限公司	药品零售	吉林省长春市
吉林省白山方大商贸有限公司	超级市场零售	吉林省白山市
长春苏宁电器有限公司	日用家电设备零售	吉林省长春市
吉林市国美电器有限公司	日用家电设备零售	吉林省吉林市
吉林省金叶烟草有限责任公司	烟草制品零售	吉林省长春市
长春国商百货有限公司	百货零售	吉林省长春市
白山市合兴实业股份有限公司	百货零售	吉林省白山市
吉林省东丰万隆商贸有限责任公司	超级市场零售	吉林省辽源市
长春百货大楼集团股份有限公司	百货零售	吉林省长春市
吉林市大润发超市有限公司	超级市场零售	吉林省吉林市
吉林省威宝恒客隆仓储百货有限公司	超级市场零售	吉林省长春市
吉林市润泰商业有限公司	超级市场零售	吉林省吉林市
吉林省中东新天地购物公园有限公司	服装零售	吉林省长春市
松原大润发商业有限公司	超级市场零售	吉林省松原市
长春远方实业集团有限公司	超级市场零售	吉林省长春市
吉林国美电器有限公司	日用家电设备零售	吉林省长春市
长春卓展时代广场百货有限公司	百货零售	吉林省长春市
德惠市商贸大厦	百货零售	吉林省长春市
长春欧亚集团通化欧亚购物中心有限公司	超级市场零售	吉林省通化市
榆树市新新小镇现代生活馆有限公司	其他综合零售	吉林省长春市
吉林亚泰超市有限公司	超级市场零售	吉林省长春市
黑龙江省		
哈药集团医药有限公司	药品零售	黑龙江省哈尔滨市
黑龙江远大购物中心有限公司	百货零售	黑龙江省哈尔滨市
大商集团大庆新玛特购物休闲广场有限公司	百货零售	黑龙江省大庆市
哈尔滨中央红集团股份有限公司	百货零售	黑龙江省哈尔滨市
大商哈尔滨新一百购物广场有限公司	百货零售	黑龙江省哈尔滨市
大商集团大庆百货大楼有限公司	百货零售	黑龙江省大庆市
中国石油天然气股份有限公司黑龙江实华销售公司	机动车燃料零售	黑龙江省哈尔滨市
大庆市庆客隆连锁商贸有限公司	超级市场零售	黑龙江省大庆市
黑龙江黑天鹅家电有限公司	日用家电设备零售	黑龙江省哈尔滨市
哈尔滨家乐福超市有限公司	超级市场零售	黑龙江省哈尔滨市
哈尔滨松雷股份有限公司	百货零售	黑龙江省哈尔滨市
哈尔滨申格体育连锁有限公司	体育用品及器材零售	黑龙江省哈尔滨市
哈尔滨卓展时代广场百货有限公司	百货零售	黑龙江省哈尔滨市
大商集团大庆让胡路商场	百货零售	黑龙江省大庆市
哈尔滨市联强商业发展有限公司	超级市场零售	黑龙江省哈尔滨市
大商集团鸡西新玛特购物广场有限公司	百货零售	黑龙江省鸡西市
大商集团佳木斯百货大楼	百货零售	黑龙江省佳木斯市
大商集团牡丹江新玛特购物广场有限公司	百货零售	黑龙江省牡丹江市
佳木斯新玛特购物广场	百货零售	黑龙江省佳木斯市
大连国际商贸大厦有限公司哈尔滨麦凯乐百货总店	百货零售	黑龙江省哈尔滨市
大商集团牡丹江百货大楼有限公司	百货零售	黑龙江省牡丹江市
绥化市华辰商都	百货零售	黑龙江省绥化市
哈尔滨苏宁电器有限公司	日用家电设备零售	黑龙江省哈尔滨市
哈尔滨秋林集团股份有限公司	百货零售	黑龙江省哈尔滨市
大商集团股份有限公司大庆新东风购物广场	百货零售	黑龙江省大庆市
大商集团佳木斯华联商厦有限公司	百货零售	黑龙江省佳木斯市
黑龙江省东方新天地商厦有限责任公司	服装零售	黑龙江省佳木斯市
沃尔玛深国投百货有限公司哈尔滨中山路分店	超级市场零售	黑龙江省哈尔滨市

4-2 续表 10

企业名称	所属行业	企业所在地
黑龙江比优特商贸有限责任公司	超级市场零售	黑龙江省鹤岗市
黑龙江泰华医药集团有限公司	药品零售	黑龙江省绥化市
哈尔滨新世界百货商场有限公司	百货零售	黑龙江省哈尔滨市
大庆百脑汇电子信息有限公司	计算机、软件及辅助设备零售	黑龙江省大庆市
昆山润华商业有限公司牡丹江分公司	超级市场零售	黑龙江省牡丹江市
青岛润泰佳木斯大润发超市	超级市场零售	黑龙江省佳木斯市
大庆市香榭丽购物中心	百货零售	黑龙江省大庆市
哈尔滨润富商业有限公司	百货零售	黑龙江省哈尔滨市
齐齐哈尔百货大楼股份有限公司	服装零售	黑龙江省齐齐哈尔市
哈尔滨大润发商业有限公司	超级市场零售	黑龙江省哈尔滨市
佳木斯广江同源家居有限公司	日用家电设备零售	黑龙江省佳木斯市
上海市		
上海大润发有限公司	粮油零售	上海市闸北区
上海圆迈贸易有限公司	互联网零售	上海市嘉定区
农工商超市(集团)有限公司	超级市场零售	上海市普陀区
上海世纪联华超市发展有限公司	超级市场零售	上海市浦东新区
联华超市股份有限公司	超级市场零售	上海市普陀区
路易威登(中国)商业销售有限公司	箱、包零售	上海市静安区
国药控股股份有限公司	药品零售	上海市黄浦区
上海联家超市有限公司	超级市场零售	上海市虹口区
迅销(中国)商贸有限公司	服装零售	上海市徐汇区
历峰商业有限公司	工艺美术品及收藏品零售	上海市浦东新区
上海苏宁电器有限公司	日用家电设备零售	上海市虹口区
上海易迅电子商务发展有限公司	互联网零售	上海市宝山区
上海第一八佰伴有限公司	百货零售	上海市浦东新区
日上免税行(上海)有限公司	百货零售	上海市浦东新区
海恩斯莫里斯(上海)商业有限公司	服装零售	上海市黄浦区
华联集团吉买盛购物中心有限公司	超级市场零售	上海市闸北区
上海国美电器有限公司	日用家电设备零售	上海市普陀区
永乐(中国)电器销售有限公司	家用视听设备零售	上海市浦东新区
纽海信息技术(上海)有限公司	互联网零售	上海市浦东新区
中化道达尔油品有限公司	机动车燃料零售	上海市浦东新区
苹果贸易(上海)有限公司	通信设备零售	上海市浦东新区
上海美承高科技有限公司	计算机、软件及辅助设备零售	上海市虹口区
普拉达时装商业(上海)有限公司	服装零售	上海市静安区
上海百联集团股份有限公司	百货零售	上海市黄浦区
上海易初莲花连锁超市有限公司	超级市场零售	上海市浦东新区
上海拉夏贝尔服饰股份有限公司	服装零售	上海市徐汇区
上海久光百货有限公司	百货零售	上海市静安区
飒拉商业(上海)有限公司	服装零售	上海市静安区
上海益实多电子商务有限公司	互联网零售	上海市浦东新区
上海永乐通讯设备有限公司	其他电子产品零售	上海市浦东新区
沃尔玛华东百货有限公司	超级市场零售	上海市浦东新区
迪卡侬(上海)体育用品有限公司	体育用品及器材零售	上海市浦东新区
上海老凤祥银楼有限公司	珠宝首饰零售	上海市黄浦区
上海永达汽车浦东销售服务有限公司	汽车零售	上海市浦东新区
上海宝信汽车销售服务有限公司	汽车零售	上海市闵行区
上海可的便利店有限公司	其他综合零售	上海市黄浦区
上海宜家家居有限公司	家具零售	上海市徐汇区
丝芙兰(上海)化妆品销售有限公司	化妆品及卫生用品零售	上海市黄浦区
上海好德便利有限公司	其他综合零售	上海市黄浦区

4-2 续表 11

企业名称	所属行业	企业所在地
上海福满家便利有限公司	其他综合零售	上海市普陀区
克丽丝汀迪奥商业(上海)有限公司	服装零售	上海市静安区
东方商厦有限公司	百货零售	上海市徐汇区
上海家得利超市有限公司	超级市场零售	上海市徐汇区
上海欧尚超市有限公司	超级市场零售	上海市杨浦区
上海新世界股份有限公司	百货零售	上海市黄浦区
上海太平洋百货有限公司	百货零售	上海市徐汇区
上海屈臣氏日用品有限公司	超级市场零售	上海市黄浦区
鞋柜商贸有限公司	鞋帽零售	上海市青浦区
上海来伊份食品连锁经营有限公司	其他食品零售	上海市松江区
上海古今内衣有限公司	服装零售	上海市黄浦区
上海联华快客便利有限公司	其他综合零售	上海市虹口区
上海中升之星汽车销售服务有限公司	汽车零售	上海市嘉定区
上海橡果网络技术发展有限公司	百货零售	上海市青浦区
上海虹桥药业有限公司	药品零售	上海市闵行区
上海伍缘现代杂货有限公司	其他综合零售	上海市普陀区
上海新华传媒连锁有限公司	图书、报刊零售	上海市黄浦区
上海易买得超市有限公司	超级市场零售	上海市虹口区
上海迪亚零售有限公司	其他综合零售	上海市普陀区
上海宝景汽车销售服务有限公司	汽车零售	上海市闵行区
上海新欧尚超市有限公司	超级市场零售	上海市杨浦区
德颐购(上海)商贸有限公司	日用家电设备零售	上海市黄浦区
上海良友金伴便利连锁有限公司	其他综合零售	上海市徐汇区
广派商业(上海)有限公司	服装零售	上海市长宁区
上海汇金百货有限公司	百货零售	上海市徐汇区
安莉芳(上海)有限公司	服装零售	上海市杨浦区
万宝龙商业(中国)有限公司	文具用品零售	上海市静安区
好美家装潢建材有限公司	其他室内装饰材料零售	上海市虹口区
上海捷强烟草糖酒(集团)连锁有限公司	超级市场零售	上海市徐汇区
俊思(上海)商业有限公司	服装零售	上海市静安区
上海铂利德钻石有限公司	珠宝首饰零售	上海市闸北区
永安百货有限公司	百货零售	上海市黄浦区
博马努瓦服饰商贸(上海)有限公司	服装零售	上海市普陀区
特易购商业(上海)有限公司	超级市场零售	上海市普陀区
梦田服装(上海)有限公司	服装零售	上海市浦东新区
上海汇姿百货有限公司	百货零售	上海市杨浦区
阿尔弗雷德登喜路(上海)贸易有限公司	服装零售	上海市静安区
托德斯(上海)商贸有限公司	鞋帽零售	上海市静安区
上海三联(集团)有限公司	钟表、眼镜零售	上海市黄浦区
利邦(上海)服装贸易有限公司	服装零售	上海市闵行区
上海虹桥友谊商城有限公司	百货零售	上海市长宁区
昆山润华商业有限公司上海松江分公司	超级市场零售	上海市松江区
上海松江燃气有限公司	生活用燃料零售	上海市松江区
上海赫基服饰贸易有限公司	服装零售	上海市徐汇区
盖璞(上海)商业有限公司	服装零售	上海市静安区
上海长江口商城股份有限公司	百货零售	上海市宝山区
上海七宝乐购购物中心有限公司	超级市场零售	上海市闵行区
史泰博(上海)有限公司	文具用品零售	上海市长宁区
昆山润华商业有限公司上海闵行分公司	超级市场零售	上海市闵行区
昆山润华商业有限公司上海南汇分公司	百货零售	上海市浦东新区
西雅衣家(中国)商业有限公司	服装零售	上海市长宁区

4-2 续表 12

企业名称	所属行业	企业所在地
利永(上海)时装商贸有限公司	服装零售	上海市闵行区
上海智造空间家居用品有限公司	超级市场零售	上海市青浦区
上海五菱汽车销售有限公司	汽车零售	上海市浦东新区
上海美特斯邦威服饰销售有限公司	服装零售	上海市黄浦区
三星法绅贸易(上海)有限公司	服装零售	上海市浦东新区
上海梅林正广和便利连锁有限公司	其他综合零售	上海市闵行区
上海华氏大药房有限公司	药品零售	上海市长宁区
普罗旺斯欧舒丹贸易(上海)有限公司	化妆品及卫生用品零售	上海市静安区
上海九百购物中心有限公司	百货零售	上海市宝山区
上海奉贤大润发商贸有限公司	超级市场零售	上海市奉贤区
上海米源饮料有限公司	酒、饮料及茶叶零售	上海市浦东新区
上海康仁乐购超市贸易有限公司	超级市场零售	上海市普陀区
上海百安居建材超市有限公司	超级市场零售	上海市杨浦区
彩盈商贸(上海)有限公司	服装零售	上海市黄浦区
上海浦东好又多超市有限公司	超级市场零售	上海市浦东新区
上海华联罗森有限公司	其他综合零售	上海市黄浦区
上海复美益星大药房连锁有限公司	药品零售	上海市普陀区
上海闵行华漕大润发商贸有限公司	超级市场零售	上海市闵行区
上海牛奶棚食品有限公司	糕点、面包零售	上海市虹口区
上海益丰大药房连锁有限公司	药品零售	上海市黄浦区
上海好孩子儿童用品有限公司	其他食品零售	上海市黄浦区
上海三林大润发商贸有限公司	超级市场零售	上海市浦东新区
上海喜士多便利连锁有限公司	其他综合零售	上海市闸北区
上海班尼路服饰有限公司	服装零售	上海市黄浦区
上海嘉定大润发商贸有限公司	超级市场零售	上海市嘉定区
菲仕乐贸易(上海)有限公司	厨房用具及日用杂品零售	上海市浦东新区
莎莎化妆品(中国)有限公司	化妆品及卫生用品零售	上海市黄浦区
上海泗泾大润发商贸有限公司	百货零售	上海市松江区
上海好呀商贸有限公司	超级市场零售	上海市徐汇区
上海闵行大润发商贸有限公司	超级市场零售	上海市闵行区
永三商贸(上海)有限公司	服装零售	上海市黄浦区
玩具反斗城(上海)商贸有限公司	其他日用品零售	上海市闵行区
上海广亚百货商业有限公司	超级市场零售	上海市宝山区
统一超商(上海)便利有限公司	其他综合零售	上海市黄浦区
上海闸北南区大润发商贸有限公司	超级市场零售	上海市闸北区
上海养和堂药业连锁经营有限公司	药品零售	上海市浦东新区
上海光大通信终端产品销售有限公司	通信设备零售	上海市杨浦区
上海堡尼实业发展有限公司	服装零售	上海市闸北区
上海全球儿童用品股份有限公司	其他综合零售	上海市徐汇区
上海保德威服饰有限公司	服装零售	上海市普陀区
上海恭汇贸易有限公司	其他综合零售	上海市虹口区
上海震旦办公自动化销售有限公司	其他电子产品零售	上海市嘉定区
上海文峰千家惠超市发展有限公司	超级市场零售	上海市浦东新区
上海海烟烟草糖酒有限公司	烟草制品零售	上海市杨浦区
江苏省		
苏果超市有限公司	超级市场零售	江苏省南京市
昆山润华商业有限公司	超级市场零售	江苏省苏州市
江苏苏宁易购电子商务有限公司	互联网零售	江苏省南京市
江苏乐天玛特商业有限公司	超级市场零售	江苏省南通市
中石化壳牌(江苏)石油销售有限公司	机动车燃料零售	江苏省苏州市
江苏无锡商业大厦集团有限公司	百货零售	江苏省无锡市

4-2 续表 13

企业名称	所属行业	企业所在地
江苏五星电器有限公司	日用家电设备零售	江苏省南京市
江苏明都汽车集团有限公司	汽车零售	江苏省常州市
连云港中油石油销售有限公司	机动车燃料零售	江苏省连云港市
金鹰国际商贸集团(中国)有限公司	百货零售	江苏省南京市
南京中央商场股份有限公司	百货零售	江苏省南京市
无锡当当网信息技术有限公司	图书、报刊零售	江苏省无锡市
常州药业股份有限公司	药品零售	江苏省常州市
徐州金鹰国际实业有限公司	百货零售	江苏省徐州市
国药控股江苏有限公司	药品零售	江苏省扬州市
南京新街口百货商店股份有限公司	百货零售	江苏省南京市
苏州欧尚超市有限公司	超级市场零售	江苏省苏州市
南京朗驰集团有限公司	汽车零售	江苏省南京市
苏州人民商场股份有限公司	百货零售	江苏省苏州市
苏宁电器股份有限公司	日用家电设备零售	江苏省南京市
德基广场有限公司	服装零售	江苏省南京市
苏州函数集团有限责任公司	百货零售	江苏省苏州市
文峰大世界连锁发展股份有限公司南通文峰大世界	百货零售	江苏省南通市
好享购物股份有限公司	邮购及电视、电话零售	江苏省南京市
扬州金鹰国际实业有限公司	百货零售	江苏省扬州市
南京药业股份有限公司	药品零售	江苏省南京市
江苏新合作常客隆连锁超市有限公司	超级市场零售	江苏省苏州市
昆山商厦股份有限公司	百货零售	江苏省苏州市
宜兴新苏南商厦有限责任公司	百货零售	江苏省无锡市
无锡悦家商业有限公司	超级市场零售	江苏省无锡市
无锡八佰伴商贸中心有限公司	百货零售	江苏省无锡市
江阴华地百货有限公司	百货零售	江苏省无锡市
江苏宏信商贸股份有限公司	百货零售	江苏省扬州市
美丽华企业(南京)有限公司	鞋帽零售	江苏省南京市
江苏中央新亚百货股份有限公司	百货零售	江苏省淮安市
江阴市全顺汽车有限公司	汽车零售	江苏省无锡市
镇江市八佰伴商场有限公司	百货零售	江苏省镇江市
常州百货大楼股份有限公司	百货零售	江苏省常州市
连云港康缘医药商业有限公司	药品零售	江苏省连云港市
镇江百盛商城有限公司	百货零售	江苏省镇江市
华润昆山医药有限公司	药品零售	江苏省苏州市
无锡市新纪元汽车贸易集团有限公司	汽车零售	江苏省无锡市
江阴市盛达汽车销售服务有限公司	汽车零售	江苏省无锡市
南京白下苏宁电器有限公司	日用家电设备零售	江苏省南京市
江苏苏盛商贸有限公司	烟草制品零售	江苏省南京市
沃尔玛(江苏)商业零售有限公司	超级市场零售	江苏省南京市
福中集团有限公司	计算机、软件及辅助设备零售	江苏省南京市
徐州中央百货大楼股份有限公司	百货零售	江苏省徐州市
唯品会(昆山)电子商务有限公司	互联网零售	江苏省苏州市
苏州苏宁电器有限公司	日用家电设备零售	江苏省苏州市
江苏鹏润国美电器有限公司	日用家电设备零售	江苏省南京市
南京大洋百货有限公司	百货零售	江苏省南京市
苏州宏图三胞科技发展有限公司	日用家电设备零售	江苏省苏州市
苏州悦家超市有限公司	超级市场零售	江苏省苏州市
特易购商业(江苏)有限公司	百货零售	江苏省南京市
常熟市新合作常客隆购物广场有限公司	超级市场零售	江苏省苏州市
南京宏图三胞企业发展有限公司	计算机、软件及辅助设备零售	江苏省南京市

4-2 续表 14

企业名称	所属行业	企业所在地
宜兴市华地百货有限公司	百货零售	江苏省无锡市
江苏通灵翠钻有限公司	珠宝首饰零售	江苏省南京市
江苏圆周电子商务有限公司	图书、报刊零售	江苏省宿迁市
盐城金鹰国际购物中心有限公司	百货零售	江苏省盐城市
泰州第一百货商店股份有限公司	百货零售	江苏省泰州市
徐州医药股份有限公司	药品零售	江苏省徐州市
镇江九泰投资咨询有限责任公司	医疗用品及器材零售	江苏省镇江市
丹阳市华帝百货有限公司	百货零售	江苏省镇江市
江苏广吉汽车集团有限公司	汽车零售	江苏省无锡市
江苏华润万家超市有限公司	超级市场零售	江苏省苏州市
南京商厦股份有限公司	百货零售	江苏省南京市
南通苏宁电器有限公司	日用家电设备零售	江苏省南通市
南通文峰电器销售有限公司	日用家电设备零售	江苏省南通市
苏州市石路国际商城有限责任公司	百货零售	江苏省苏州市
常州市五星电器有限公司	家用视听设备零售	江苏省常州市
南京欧尚超市有限公司	超级市场零售	江苏省南京市
徐州苏宁电器有限公司	家用视听设备零售	江苏省徐州市
无锡市苏宁电器有限公司	家用视听设备零售	江苏省无锡市
盐城商业大厦有限公司	百货零售	江苏省盐城市
邳州市工贸大厦	超级市场零售	江苏省徐州市
苏州润瑞商业有限公司	超级市场零售	江苏省苏州市
张家港市第一人民商场有限责任公司	其他文化用品零售	江苏省苏州市
常州苏宁电器有限公司	家用视听设备零售	江苏省常州市
南京悦家超市有限公司	超级市场零售	江苏省南京市
常州泰富百货集团有限责任公司	百货零售	江苏省常州市
徐州悦家商业有限公司	超级市场零售	江苏省徐州市
久光百货(苏州)有限公司	百货零售	江苏省苏州市
江苏雅家乐集团有限公司	超级市场零售	江苏省盐城市
无锡欧尚超市有限公司	超级市场零售	江苏省无锡市
苏州鹏润国美电器有限公司	日用家电设备零售	江苏省苏州市
常熟市大润发超市有限公司	超级市场零售	江苏省苏州市
无锡三阳百盛广场有限公司	百货零售	江苏省无锡市
淮安苏宁电器有限责任公司	日用家电设备零售	江苏省淮安市
江苏盐阜人民商场有限公司	百货零售	江苏省盐城市
江苏中亚糖酒有限公司	烟草制品零售	江苏省扬州市
无锡天惠超市股份有限公司	超级市场零售	江苏省无锡市
江苏百润商品配送中心有限公司	超级市场零售	江苏省苏州市
扬州润良商业有限公司	超级市场零售	江苏省扬州市
常州金太阳至尊家电有限公司	家用视听设备零售	江苏省常州市
宜兴大润发商业有限公司	超级市场零售	江苏省无锡市
无锡华润万家生活超市有限公司	超级市场零售	江苏省无锡市
镇江扬中商城	百货零售	江苏省镇江市
苏果超市(淮安)有限公司	超级市场零售	江苏省淮安市
苏州润德商业有限公司	超级市场零售	江苏省苏州市
苏州天虹商场有限公司	百货零售	江苏省苏州市
无锡天润发超市有限公司	超级市场零售	江苏省无锡市
昆山润华商业有限公司镇江分公司	超级市场零售	江苏省镇江市
常州关河大润发商业有限公司	超级市场零售	江苏省常州市
吴江市润泰商业有限公司	超级市场零售	江苏省苏州市
张家港市新百信超市连锁经营有限公司	超级市场零售	江苏省苏州市
江苏大统华购物中心有限公司	超级市场零售	江苏省无锡市

4-2 续表 15

企业名称	所属行业	企业所在地
连云港家得福商贸有限公司	超级市场零售	江苏省连云港市
无锡爱莲连锁超市有限公司	家用视听设备零售	江苏省无锡市
江苏明都超市有限公司	超级市场零售	江苏省常州市
南通八佰伴商贸股份有限公司	百货零售	江苏省南通市
江苏省盐城药业有限公司	药品零售	江苏省盐城市
扬州苏宁电器有限公司	日用家电设备零售	江苏省扬州市
泰州苏宁电器有限公司	家用视听设备零售	江苏省泰州市
徐州市国美家用电器有限公司	日用家电设备零售	江苏省徐州市
吴江润良商业有限公司	超级市场零售	江苏省苏州市
南通通润发超市有限公司	超级市场零售	江苏省南通市
江苏新合作惠客隆连锁超市有限公司	超级市场零售	江苏省徐州市
如皋文峰大世界有限公司	百货零售	江苏省南通市
南京宜家家居有限公司	家具零售	江苏省南京市
盐城苏宁电器有限公司	日用家电设备零售	江苏省盐城市
扬州丰祥商业有限公司(万家福商城)	百货零售	江苏省扬州市
江苏汇银电器连锁有限公司	日用家电设备零售	江苏省扬州市
泰兴润泰商业有限公司	超级市场零售	江苏省泰州市
连云港润良商贸有限公司	超级市场零售	江苏省连云港市
宿迁润良商业有限公司	超级市场零售	江苏省宿迁市
如皋市大润发商业有限公司	超级市场零售	江苏省南通市
南通通州润泰商业有限公司	超级市场零售	江苏省南通市
江阴华联商厦有限公司	百货零售	江苏省无锡市
南京新华书店有限责任公司	图书、报刊零售	江苏省南京市
苏州浒关润华商业有限公司	超级市场零售	江苏省苏州市
南京中商金润发龙江超市有限公司	超级市场零售	江苏省南京市
南京中央金城仓储超市有限责任公司	超级市场零售	江苏省南京市
扬中市通达商业总公司	百货零售	江苏省镇江市
江苏弘惠医药有限公司	药品零售	江苏省南京市
苏果超市(连云港)有限公司	超级市场零售	江苏省连云港市
徐州国美电器有限公司	家用视听设备零售	江苏省徐州市
常州长虹大润发商业有限公司	超级市场零售	江苏省常州市
江苏国美永乐家用电器有限公司	家用视听设备零售	江苏省无锡市
常州市信特超市有限公司	超级市场零售	江苏省常州市
南京中商金润发鼓楼购物中心有限公司	超级市场零售	江苏省南京市
苏果超市(溧水)有限公司	超级市场零售	江苏省南京市
南京多尔田数码科技有限公司	照相器材零售	江苏省南京市
镇江家世界万方连锁超市有限责任公司	超级市场零售	江苏省镇江市
苏州宝带润泰商业有限公司	超级市场零售	江苏省苏州市
江苏先声连锁店有限公司	药品零售	江苏省南京市
昆山千灯润平商业有限公司	百货零售	江苏省苏州市
苏果超市(仪征)有限公司	超级市场零售	江苏省扬州市
无锡国美电器有限公司	家用视听设备零售	江苏省无锡市
南通欧尚超市有限公司	超级市场零售	江苏省南通市
溧阳大润发商业有限公司	超级市场零售	江苏省常州市
溧阳大统华购物中心有限公司	超级市场零售	江苏省常州市
苏果超市(姜堰)有限公司	超级市场零售	江苏省泰州市
镇江林宁苏果连锁超市有限公司	超级市场零售	江苏省镇江市
江苏海王星辰健康药房连锁有限公司	药品零售	江苏省苏州市
江苏益丰大药房连锁有限公司	药品零售	江苏省南京市
无锡市博臣贸易有限公司	其他综合零售	江苏省无锡市
建湖县大润发有限公司	超级市场零售	江苏省盐城市

4-2 续表 16

企业名称	所属行业	企业所在地
江苏沃尔玛百货有限公司	超级市场零售	江苏省南京市
常州怀德大润发商业有限公司	超级市场零售	江苏省常州市
苏州礼安医药连锁总店有限公司	药品零售	江苏省苏州市
苏果超市(宿迁)有限公司	超级市场零售	江苏省宿迁市
江苏盱眙县万润发商贸有限公司	超级市场零售	江苏省淮安市
永银文化创意产业发展有限责任公司	工艺美术品及收藏品零售	江苏省南京市
苏果超市(句容)有限公司	超级市场零售	江苏省镇江市
常熟华联商厦有限责任公司	百货零售	江苏省苏州市
盐城世纪联华超市有限公司	超级市场零售	江苏省盐城市
常州欧尚超市有限公司五星店	超级市场零售	江苏省常州市
江苏商联超市有限公司	超级市场零售	江苏省淮安市
大丰润泰商业有限公司	超级市场零售	江苏省盐城市
兴化润泰商业有限公司	超级市场零售	江苏省泰州市
苏果超市(扬州)有限公司	超级市场零售	江苏省扬州市
苏果超市(高邮)有限公司	超级市场零售	江苏省扬州市
沭阳县润泰商业有限公司	超级市场零售	江苏省宿迁市
东台大润发商业有限公司	超级市场零售	江苏省盐城市
苏州来伊份食品有限公司	其他食品零售	江苏省苏州市
苏州婴知岛孕婴用品有限公司	其他日用品零售	江苏省苏州市
苏果超市高淳有限公司	超级市场零售	江苏省南京市
南京爱婴岛儿童百货有限公司	超级市场零售	江苏省南京市
宜兴市宜客隆超市有限公司	超级市场零售	江苏省无锡市
徐州润华商业有限公司	超级市场零售	江苏省徐州市
维维茗酒坊有限公司	百货零售	江苏省徐州市
张家港大润发商业有限公司	超级市场零售	江苏省苏州市
江苏中大汽保设备销售有限公司	汽车零配件零售	江苏省盐城市
南通润华商业有限公司	超级市场零售	江苏省南通市
镇江市恺源商贸有限责任公司	超级市场零售	江苏省镇江市
涟水润华商业有限公司	超级市场零售	江苏省淮安市
苏果超市(南通)有限公司	超级市场零售	江苏省南通市
无锡买卖宝信息技术有限公司	通信设备零售	江苏省无锡市
常州欧尚超市有限公司	超级市场零售	江苏省常州市
苏果超市(海安)有限公司	超级市场零售	江苏省南通市
东台苏中大厦股份有限公司	百货零售	江苏省盐城市
徐州润东嘉华汽车销售服务有限公司	汽车零售	江苏省徐州市
浙江省		
中国石油化工股份有限公司浙江温州石油分公司	机动车燃料零售	浙江省温州市
杭州联华华商集团有限公司	超级市场零售	浙江省杭州市
中国石油化工股份有限公司浙江台州石油分公司	机动车燃料零售	浙江省台州市
中国石油化工股份有限公司浙江湖州石油分公司	机动车燃料零售	浙江省湖州市
杭州大厦有限公司	百货零售	浙江省杭州市
三江购物俱乐部股份有限公司	超级市场零售	浙江省宁波市
中国石油天然气股份有限公司浙江台州销售分公司	机动车燃料零售	浙江省台州市
中石化碧辟(浙江)石油有限公司绍兴分公司	机动车燃料零售	浙江省绍兴市
浙江银泰百货有限公司	百货零售	浙江省杭州市
华润万家生活超市(浙江)有限公司	超级市场零售	浙江省杭州市
中国石油天然气股份有限公司浙江温州销售分公司	机动车燃料零售	浙江省温州市
浙江康达汽车工贸有限公司	汽车零售	浙江省杭州市
浙江人本超市有限公司	超级市场零售	浙江省温州市
浙江华润慈客隆超市有限公司	超级市场零售	浙江省宁波市
中国石油化工股份有限公司浙江丽水石油分公司	机动车燃料零售	浙江省丽水市

4-2 续表 17

企业名称	所属行业	企业所在地
浙江世纪联华超市有限公司	超级市场零售	浙江省杭州市
中国石油天然气股份有限公司浙江绍兴销售分公司	机动车燃料零售	浙江省绍兴市
杭州解百集团股份有限公司	百货零售	浙江省杭州市
浙江华联商厦有限公司	百货零售	浙江省宁波市
浙江金湖机电有限公司	汽车零售	浙江省杭州市
雄风集团有限公司	百货零售	浙江省绍兴市
中石化碧辟(浙江)石油有限公司杭州分公司	机动车燃料零售	浙江省杭州市
浙江华策汽车有限公司	汽车零售	浙江省杭州市
杭州天天物美商业有限公司	超级市场零售	浙江省杭州市
杭州东星行汽车维修有限公司	汽车零售	浙江省杭州市
绍兴大通商城股份有限公司	百货零售	浙江省绍兴市
浙江国美电器有限公司	日用家电设备零售	浙江省杭州市
浙江上百贸易有限公司	超级市场零售	浙江省绍兴市
浙江宏图三胞科技发展有限公司	计算机、软件及辅助设备零售	浙江省杭州市
浙江奥通汽车有限公司	汽车零售	浙江省杭州市
宁波宝恒汽车销售服务有限公司	汽车零售	浙江省宁波市
浙江恩泽医药有限公司	药品零售	浙江省台州市
宁波欧尚超市有限公司	超级市场零售	浙江省宁波市
百大集团股份有限公司	百货零售	浙江省杭州市
宁波市北仑加贝购物俱乐部	超级市场零售	浙江省宁波市
浙江苏宁电器有限公司	日用家电设备零售	浙江省杭州市
浙江三江购物有限公司	超级市场零售	浙江省杭州市
杭州银西百货有限公司	百货零售	浙江省杭州市
海宁市华联大厦有限公司	百货零售	浙江省嘉兴市
浙江汇德隆实业集团有限公司	超级市场零售	浙江省杭州市
湖州市浙北大厦有限责任公司	百货零售	浙江省湖州市
浙江凯虹集团有限公司	百货零售	浙江省舟山市
银泰百货宁波海曙有限公司	百货零售	浙江省宁波市
好易购家庭购物有限公司	邮购及电视、电话零售	浙江省杭州市
浙江易川体育用品连锁有限公司	服装零售	浙江省金华市
宁波甬宁苏宁电器有限公司	家用视听设备零售	浙江省宁波市
宁波浙国美电器有限公司	家用视听设备零售	浙江省宁波市
浙江曼卡龙珠宝股份有限公司	珠宝首饰零售	浙江省杭州市
浙江东兴商厦股份有限公司	超级市场零售	浙江省嘉兴市
杭州外海家友超市有限公司	超级市场零售	浙江省杭州市
沃尔玛(浙江)百货有限公司	超级市场零售	浙江省杭州市
浙江星普五星电器有限公司	日用家电设备零售	浙江省杭州市
宁波新江厦连锁超市有限公司	超级市场零售	浙江省宁波市
衢州东方商厦有限公司	百货零售	浙江省衢州市
绍兴市国商大厦有限责任公司	百货零售	浙江省绍兴市
嘉兴市戴梦得购物中心有限公司	百货零售	浙江省嘉兴市
杭州联华华商集团拱墅世纪联华超市有限公司	超级市场零售	浙江省杭州市
宁波太平鸟风尚男装有限公司	服装零售	浙江省宁波市
浙江江南大厦股份有限公司	百货零售	浙江省嘉兴市
浙江供销超市有限公司	超级市场零售	浙江省绍兴市
杭州欧尚超市有限公司	超级市场零售	浙江省杭州市
杭州联华生鲜超市有限公司	超级市场零售	浙江省杭州市
浙江福泰隆连锁超市有限公司	粮油零售	浙江省金华市
宁波新江厦股份有限公司	百货零售	浙江省宁波市
浙江久加久食品饮料连锁有限公司	酒、饮料及茶叶零售	浙江省杭州市
台州华联超市有限公司	超级市场零售	浙江省台州市

4-2　续表 18

企业名称	所属行业	企业所在地
台州市三和连锁超市有限公司	超级市场零售	浙江省台州市
嵊州市国商大厦有限公司	百货零售	浙江省绍兴市
温州崇高百货有限公司	服装零售	浙江省温州市
宁波家乐福商业有限公司	超级市场零售	浙江省宁波市
杭州物美大卖场商业有限公司	超级市场零售	浙江省杭州市
温州苏宁电器有限公司	日用家电设备零售	浙江省温州市
浙江大唐电子通信有限公司	通信设备零售	浙江省台州市
宁波市家家乐食品有限责任公司	超级市场零售	浙江省宁波市
舟山市民生商厦有限责任公司	超级市场零售	浙江省舟山市
平湖大润发商业有限公司	超级市场零售	浙江省嘉兴市
龙游县香溢装饰材料市场有限公司	其他室内装饰材料零售	浙江省衢州市
耀达集团有限公司	百货零售	浙江省台州市
慈溪大润发商贸有限公司	超级市场零售	浙江省宁波市
浙江雄城商贸股份有限公司	百货零售	浙江省绍兴市
嘉兴市秀洲新区商业有限责任公司	超级市场零售	浙江省嘉兴市
浙江越王珠宝有限公司	珠宝首饰零售	浙江省绍兴市
浙北大厦超市有限公司	超级市场零售	浙江省湖州市
绍兴市千客隆超市有限公司	超级市场零售	浙江省绍兴市
昆山润华商业有限公司瑞安分公司	超级市场零售	浙江省温州市
湖州老大房超市有限公司	超级市场零售	浙江省湖州市
浙江滔搏体育用品有限公司	服装零售	浙江省杭州市
老百姓大药房连锁(浙江)有限公司	药品零售	浙江省杭州市
嘉兴苏宁电器有限公司	日用家电设备零售	浙江省嘉兴市
杭州瑞祥珠宝有限公司	珠宝首饰零售	浙江省杭州市
浙江好立方商贸连锁有限公司	超级市场零售	浙江省嘉兴市
桐庐大润发商业有限公司	超级市场零售	浙江省杭州市
诸暨大润发商业有限公司	超级市场零售	浙江省绍兴市
杭州家乐福超市有限公司	超级市场零售	浙江省杭州市
宁波联合联华超市有限公司	超级市场零售	浙江省宁波市
奉化大润发商业有限公司	超级市场零售	浙江省宁波市
宁波乐购生活购物有限公司	超级市场零售	浙江省宁波市
杭州世纪联华超市富阳百大连锁有限公司	超级市场零售	浙江省杭州市
海盐大润发商业有限公司	超级市场零售	浙江省嘉兴市
浙江震元医药连锁有限公司	药品零售	浙江省绍兴市
杭州百江液化气有限公司	生活用燃料零售	浙江省杭州市
浙江杭州市新华书店有限公司	图书、报刊零售	浙江省杭州市
嘉兴欧尚超市有限公司南湖店	超级市场零售	浙江省嘉兴市
华润万家生活超市(宁波)有限公司	超级市场零售	浙江省宁波市
温州百一超市有限公司	超级市场零售	浙江省温州市
台州人本十足便利店有限公司	其他综合零售	浙江省台州市
台州欧尚超市有限公司	超级市场零售	浙江省台州市
台州市中盛百货有限公司	百货零售	浙江省台州市
永康市华联商厦	百货零售	浙江省金华市
杭州九洲大药房连锁有限公司	药品零售	浙江省杭州市
嘉善大润发商业有限公司	超级市场零售	浙江省嘉兴市
永康润泰商业有限公司	超级市场零售	浙江省金华市
杭州海王星辰健康药房有限公司	药品零售	浙江省杭州市
杭州联华华商集团临安联华购物广场有限公司	超级市场零售	浙江省杭州市
淳安县同兴供销超市有限公司	超级市场零售	浙江省杭州市
浙江天天好大药房连锁有限公司	药品零售	浙江省杭州市
长兴县第一百货商店有限责任公司	百货零售	浙江省湖州市

4-2 续表 19

企业名称	所属行业	企业所在地
温州诚宏百货有限公司	超级市场零售	浙江省温州市
建德大润发商业有限公司	超级市场零售	浙江省杭州市
浙江元祖食品有限公司	糕点、面包零售	浙江省杭州市
富阳市玉长城商业有限公司	百货零售	浙江省杭州市
嘉善东方大厦	超级市场零售	浙江省嘉兴市
象山大润发商业有限公司	超级市场零售	浙江省宁波市
浙江来伊份食品有限公司	其他食品零售	浙江省杭州市
浙江万客隆商贸有限公司	其他综合零售	浙江省丽水市
安徽省		
合肥百货大楼集团股份有限公司	百货零售	安徽省合肥市
南京医药合肥天星有限公司	药品零售	安徽省合肥市
中国石油化工股份有限公司安徽宿州石油分公司	机动车燃料零售	安徽省宿州市
芜湖亚夏汽车股份有限公司	汽车零售	安徽省芜湖市
芜湖中油石油有限公司	机动车燃料零售	安徽省芜湖市
中国石油化工股份有限公司安徽芜湖石分公司	机动车燃料零售	安徽省芜湖市
安徽省高速石化有限公司	机动车燃料零售	安徽省合肥市
中国石油化工股份有限公司宣城石油分公司	机动车燃料零售	安徽省宣城市
中国石油天然气股份有限公司安徽六安销售分公司	机动车燃料零售	安徽省六安市
中国石油化工股份有限公司安徽淮南石油分公司	机动车燃料零售	安徽省淮南市
安徽百大合家福连锁超市股份有限公司	超级市场零售	安徽省合肥市
中国石油化工股份公司安徽黄山石油分公司	机动车燃料零售	安徽省黄山市
中国石油化工股份有限公司安徽池州石油分公司	机动车燃料零售	安徽省池州市
中国石油化工股份有限公司安徽亳州石油分公司	机动车燃料零售	安徽省亳州市
安徽亚夏实业股份有限公司	汽车零售	安徽省宣城市
中国石油天然气股份有限公司安徽阜阳销售分公司	机动车燃料零售	安徽省阜阳市
合肥悦家商业有限公司	超级市场零售	安徽省合肥市
安徽永辉超市有限公司	超级市场零售	安徽省合肥市
合肥鼓楼商厦有限责任公司	百货零售	安徽省合肥市
安徽五星电器有限公司	家用视听设备零售	安徽省合肥市
宣城亚通汽车销售服务有限公司	汽车零售	安徽省宣城市
中国石油化工股份有限公司安徽淮北石油分公司	机动车燃料零售	安徽省淮北市
合肥康丽药业有限责任公司	药品零售	安徽省合肥市
安徽华夏商场(集团)有限公司	百货零售	安徽省宿州市
中国石油天然气股份有限公司安徽宿州销售分公司	机动车燃料零售	安徽省宿州市
安徽金华联投资股份有限公司	百货零售	安徽省安庆市
芜湖华亿国际购物中心有限责任公司	百货零售	安徽省芜湖市
淮北市新惠康商贸有限公司	超级市场零售	安徽省淮北市
芜湖南京新百大厦有限公司	百货零售	安徽省芜湖市
安徽苏宁电器有限公司	家用视听设备零售	安徽省合肥市
安徽宏图三胞科技发展有限公司	计算机、软件及辅助设备零售	安徽省合肥市
安徽省台客隆连锁超市有限责任公司	超级市场零售	安徽省宣城市
安徽省阜阳商厦股份有限公司	百货零售	安徽省阜阳市
阜阳华联超市有限公司	超级市场零售	安徽省阜阳市
安徽华联商厦有限责任公司	百货零售	安徽省淮南市
蚌埠市华运超市有限责任公司	超级市场零售	安徽省蚌埠市
苏果超市(淮南)有限公司	超级市场零售	安徽省淮南市
合肥百货大楼集团蚌埠百货大楼有限责任公司	百货零售	安徽省蚌埠市
安徽省徽商红府连锁超市有限责任公司	超级市场零售	安徽省合肥市
合肥百货大楼集团铜陵合百商厦有限责任公司	百货零售	安徽省铜陵市
淮南新欣医药有限公司	药品零售	安徽省淮南市
安徽省庐江安德利贸易中心有限公司	百货零售	安徽省合肥市

4-2 续表 20

企业名称	所属行业	企业所在地
六安市家园大市场服务有限公司	其他室内装饰材料零售	安徽省六安市
合肥新华书店有限公司	图书、报刊零售	安徽省合肥市
巢湖安德利购物中心有限公司	百货零售	安徽省合肥市
安徽国美电器有限公司	家用视听设备零售	安徽省合肥市
苏果超市马鞍山有限公司	超级市场零售	安徽省马鞍山市
阜阳市国贸商城投资股份有限公司	百货零售	安徽省阜阳市
苏果超市(滁州)有限公司	超级市场零售	安徽省滁州市
合肥百大集团蚌埠合家福百大超市有限责任公司	超级市场零售	安徽省蚌埠市
苏果超市(合肥)有限公司	超级市场零售	安徽省合肥市
青岛润泰事业有限公司马鞍山分公司	超级市场零售	安徽省马鞍山市
安徽省蚌埠市绿十字医药连锁有限公司	药品零售	安徽省蚌埠市
安徽家家购物股份有限公司	邮购及电视、电话零售	安徽省合肥市
芜湖世纪联华发展有限公司	超级市场零售	安徽省芜湖市
安徽滔搏体育用品有限公司	服装零售	安徽省合肥市
合肥迪信通通信技术有限公司	通信设备零售	安徽省合肥市
淮南市大润发商业有限公司	超级市场零售	安徽省淮南市
安徽银泰商业有限责任公司	百货零售	安徽省合肥市
萧县新联华商贸有限责任公司	百货零售	安徽省宿州市
特易购商业(安徽)有限公司	超级市场零售	安徽省合肥市
安徽桂龙医药经营有限公司	药品零售	安徽省马鞍山市
芜湖苏宁电器有限公司	家用视听设备零售	安徽省芜湖市
淮北大润发商贸有限公司	超级市场零售	安徽省淮北市
沃尔玛安徽商业零售有限公司合肥长江东路店	百货零售	安徽省合肥市
芜湖大润发商贸有限公司	超级市场零售	安徽省芜湖市
黄山工商城有限责任公司	其他综合零售	安徽省黄山市
六安满天星贸易有限责任公司	超级市场零售	安徽省六安市
苏果超市(天长)有限公司	超级市场零售	安徽省滁州市
安徽省利辛县粮油食品商厦	超级市场零售	安徽省亳州市
合肥清溪大润发商业有限公司	超级市场零售	安徽省合肥市
安徽欧尚超市有限公司	超级市场零售	安徽省芜湖市
安徽中新高科产业有限公司阜阳分公司	超级市场零售	安徽省阜阳市
沃尔玛深国投百货有限公司芜湖中山北路分店	超级市场零售	安徽省芜湖市
灵璧县新百商贸有限责任公司	超级市场零售	安徽省宿州市
马鞍山市苏宁电器有限公司	家用视听设备零售	安徽省马鞍山市
合肥翡翠大润发商业有限公司	百货零售	安徽省合肥市
安庆市世纪华联超市有限公司	百货零售	安徽省安庆市
滁州新华书店有限公司	图书、报刊零售	安徽省滁州市
合肥庐阳大润发商业有限公司	超级市场零售	安徽省合肥市
阜南县新百购物广场商贸有限公司	超级市场零售	安徽省阜阳市
安徽白云(集团)商贸有限公司	百货零售	安徽省滁州市
南京医药合肥大药房连锁有限公司	药品零售	安徽省合肥市
阜阳大润发商业有限公司	超级市场零售	安徽省阜阳市
安徽百姓缘大药房连锁有限公司	药品零售	安徽省合肥市
宣城新百百货有限公司	百货零售	安徽省宣城市
合肥百维食品饮料有限责任公司	酒、饮料及茶叶零售	安徽省合肥市
安徽省金润商贸有限公司	超级市场零售	安徽省合肥市
安徽省青园工贸有限公司	超级市场零售	安徽省安庆市
涡阳县新华电商贸有限公司	百货零售	安徽省亳州市
安徽省东港工贸有限公司	其他未列明零售业	安徽省亳州市
黄山大润发商业有限公司	超级市场零售	安徽省黄山市
安徽省无为县食品公司	肉、禽、蛋、奶及水产品零售	安徽省芜湖市

4-2 续表 21

企业名称	所属行业	企业所在地
福建省		
中国石油化工股份有限公司福建石油分公司	机动车燃料零售	福建省福州市
永辉超市股份有限公司福建福州鼓楼分公司	超级市场零售	福建省福州市
福建新华发行(集团)有限责任公司	图书、报刊零售	福建省福州市
中国石油天然气股份有限公司泉州销售分公司	机动车燃料零售	福建省泉州市
泉州新华都购物广场有限公司	百货零售	福建省泉州市
中国石油天然气股份有限公司福建厦门销售分公司	机动车燃料零售	福建省厦门市
沃尔玛深国投百货有限公司福州山姆会员商店	超级市场零售	福建省福州市
一丁集团股份有限公司	计算机、软件及辅助设备零售	福建省福州市
中国石油天然气股份有限公司福建省漳州销售分公司	机动车燃料零售	福建省漳州市
福州麦多万嘉超市有限公司	粮油零售	福建省福州市
福州新华都综合百货有限公司	百货零售	福建省福州市
福州国美电器有限公司	日用家电设备零售	福建省福州市
福建华夏汽车城发展有限公司	汽车零售	福建省福州市
厦门市天虹商场有限公司	百货零售	福建省厦门市
福建苏宁电器有限公司	日用家电设备零售	福建省福州市
厦门新华都购物广场有限公司	超级市场零售	福建省厦门市
福建东百集团股份有限公司	百货零售	福建省福州市
泉州鹏润国美电器有限公司	日用家电设备零售	福建省泉州市
中国石油天燃气股份有限公司福建龙岩销售分公司	机动车燃料零售	福建省龙岩市
沃尔玛深国投百货有限公司厦门世贸分店	百货零售	福建省厦门市
泉州市中闽百汇购物有限公司	超级市场零售	福建省泉州市
厦门永乐思文家电有限公司	日用家电设备零售	福建省厦门市
厦门福厦苏宁电器有限公司	日用家电设备零售	福建省厦门市
厦门富山诚达百货商业广场有限公司	超级市场零售	福建省厦门市
福州家乐福商业有限公司	超级市场零售	福建省福州市
三明新华都购物广场有限公司	超级市场零售	福建省三明市
福建省米兰春天量贩有限公司	超级市场零售	福建省龙岩市
漳州新华都百货有限责任公司	超级市场零售	福建省漳州市
莆田永辉超市有限公司	超级市场零售	福建省莆田市
泉州市理想茶叶有限公司	酒、饮料及茶叶零售	福建省泉州市
厦门国美电器有限公司	日用家电设备零售	福建省厦门市
厦门银祥食品有限公司	肉、禽、蛋、奶及水产品零售	福建省厦门市
厦门润瑞商业有限公司	超级市场零售	福建省厦门市
日春股份公司	酒、饮料及茶叶零售	福建省泉州市
厦门市中闽百汇商业有限公司	百货零售	福建省厦门市
莆田市新华都万家惠购物广场有限公司	超级市场零售	福建省莆田市
厦门市中博贸易有限公司	通信设备零售	福建省厦门市
厦门永辉商业有限公司	超级市场零售	福建省厦门市
龙岩新华都辉业购物广场有限公司	超级市场零售	福建省龙岩市
厦门夏商百货集团三明有限公司	百货零售	福建省三明市
泉州市东南医药连锁有限公司	药品零售	福建省泉州市
福州好又多百货有限公司	超级市场零售	福建省福州市
厦门永辉民生超市有限公司	超级市场零售	福建省厦门市
沃尔玛深国投百货有限公司泉州江滨北路分店	百货零售	福建省泉州市
泉州苏宁电器有限公司	日用家电设备零售	福建省泉州市
福建海晟连锁营销发展有限公司	烟草制品零售	福建省福州市
永安永辉超市有限公司	超级市场零售	福建省三明市
沃尔玛(福建)商业零售有限公司	超级市场零售	福建省福州市
沃尔玛(福建)商业零售有限公司长乐广场路分店	超级市场零售	福建省福州市
厦门家乐福商业有限公司	超级市场零售	福建省厦门市

4-2 续表 22

企业名称	所属行业	企业所在地
福建宝闽体育用品有限公司	服装零售	福建省福州市
漳州大润发商业有限公司	超级市场零售	福建省漳州市
名鞋库网络科技有限公司	互联网零售	福建省厦门市
厦门夏商民兴超市有限公司	超级市场零售	福建省厦门市
南平市好当家商贸有限公司	超级市场零售	福建省南平市
福州沃尔玛百货有限公司	超级市场零售	福建省福州市
福建连冠食品有限公司	果品、蔬菜零售	福建省龙岩市
福建泉州市华远电讯有限公司	通信设备零售	福建省泉州市
南威软件股份有限公司	计算机、软件及辅助设备零售	福建省泉州市
沃尔玛(厦门)商业零售有限公司	超级市场零售	福建省厦门市
龙岩大润发商业有限公司	超级市场零售	福建省龙岩市
永安市佳洁贸易有限公司	超级市场零售	福建省三明市
厦门市越千阳发展有限公司	服装零售	福建省厦门市
福州心艺企业管理有限公司	其他日用品零售	福建省福州市
福建惠好四海医药连锁有限责任公司	药品零售	福建省福州市
晋江润德商业有限公司	超级市场零售	福建省泉州市
上海红星美凯龙品牌管理有限公司泉州洛江分公司	家具零售	福建省泉州市
江西省		
江西新华发行集团有限公司	图书、报刊零售	江西省南昌市
中国石油化工股份有限公司九江石油分公司	机动车燃料零售	江西省九江市
江西南华医药有限公司	药品零售	江西省南昌市
南昌百货大楼股份有限公司	百货零售	江西省南昌市
江西汇仁集团医药科研营销有限公司	药品零售	江西省南昌市
江西洪客隆百货投资有限公司	百货零售	江西省南昌市
洪城大厦(集团)股份有限公司	百货零售	江西省南昌市
南昌市香江实业有限公司	家具零售	江西省南昌市
联盛商业连锁股份有限公司	百货零售	江西省九江市
南昌市天虹商场有限公司	百货零售	江西省南昌市
南昌市四平贸易有限公司	日用家电设备零售	江西省南昌市
江西鹏润国美电器有限公司	家用视听设备零售	江西省南昌市
江西苏宁电器有限公司	日用家电设备零售	江西省南昌市
赣州国光实业有限公司	超级市场零售	江西省赣州市
江西煌上煌集团食品有限公司	肉、禽、蛋、奶及水产品零售	江西省南昌市
思创数码科技股份有限公司	计算机、软件及辅助设备零售	江西省南昌市
江西省绿滋肴实业有限公司	其他食品零售	江西省南昌市
腾达电器有限公司	家用视听设备零售	江西省新余市
江西风尚家庭购物有限公司	邮购及电视、电话零售	江西省南昌市
江西宏图三胞科技发展有限公司	计算机、软件及辅助设备零售	江西省南昌市
江西青龙集团商厦有限公司	超级市场零售	江西省宜春市
江西黄庆仁栈华氏大药房有限公司	药品零售	江西省南昌市
吉安市国光实业有限公司	超级市场零售	江西省吉安市
江西堆花实业有限公司贸易公司	酒、饮料及茶叶零售	江西省吉安市
江西宝元商贸有限公司	服装零售	江西省南昌市
心连心集团江西萍乡超市有限公司	超级市场零售	江西省萍乡市
九江市派拉蒙百货有限公司	超级市场零售	江西省九江市
南昌西湖大润发商业有限公司	超级市场零售	江西省南昌市
江西省万宜经贸有限公司	百货零售	江西省九江市
赣州大润发商业有限公司	百货零售	江西省赣州市
山东省		
淄博商厦股份有限公司	百货零售	山东省淄博市
山东潍坊百货集团股份有限公司	百货零售	山东省潍坊市

4-2 续表 23

企业名称	所属行业	企业所在地
山东家家悦集团有限公司	超级市场零售	山东省威海市
山东银座商城股份有限公司	百货零售	山东省济南市
山东远通汽车贸易集团有限公司	汽车零售	山东省临沂市
济南人民大润发商业有限公司	超级市场零售	山东省济南市
山东海王银河医药有限公司	药品零售	山东省潍坊市
山东新星集团有限公司	百货零售	山东省淄博市
济南华联商厦集团股份有限公司	百货零售	山东省济南市
中国石油天然气股份有限公司山东青岛销售分公司	机动车燃料零售	山东省青岛市
山东德州百货大楼(集团)有限责任公司	百货零售	山东省德州市
山东全福元商业集团有限责任公司	百货零售	山东省潍坊市
润华集团股份有限公司	汽车零售	山东省济南市
中国石油化工股份有限公司山东滨州石油分公司	机动车燃料零售	山东省滨州市
罗欣医药集团有限公司	药品零售	山东省临沂市
中国石油化工股份有限公司山东威海石油分公司	机动车燃料零售	山东省威海市
青岛利客来集团股份有限公司	百货零售	山东省青岛市
青岛永旺东泰商业有限公司	百货零售	山东省青岛市
烟台市家家悦超市有限公司	超级市场零售	山东省烟台市
青岛传承国际商贸有限公司	服装零售	山东省青岛市
青岛维客集团股份有限公司	百货零售	山东省青岛市
枣庄贵诚集团购物中心有限公司	百货零售	山东省枣庄市
山东九州商业集团有限公司	百货零售	山东省临沂市
临沂医药集团有限公司	药品零售	山东省临沂市
山东银座汽车有限公司	汽车零售	山东省济南市
烟台市振华百货集团股份有限公司振华商厦	百货零售	山东省烟台市
山东龙口市博商购物广场	百货零售	山东省烟台市
烟台振华量贩超市有限公司	百货零售	山东省烟台市
青州市新创宜佳商贸城经营管理有限公司	五金零售	山东省潍坊市
济宁九龙贵和商贸集团有限公司	日用家电设备零售	山东省济宁市
利群集团青岛利群商厦有限公司	百货零售	山东省青岛市
中国石油天然气股份有限公司山东济宁销售分公司	机动车燃料零售	山东省济宁市
青岛海信东海商贸有限公司	百货零售	山东省青岛市
山东省聊城市百货大楼有限责任公司	百货零售	山东省聊城市
中国石油天然气股份有限公司山东泰安销售分公司	机动车燃料零售	山东省泰安市
中国石油天然气股份有限公司山东德州销售分公司	机动车燃料零售	山东省德州市
中国石油化工股份有限公司山东莱芜石油分公司	机动车燃料零售	山东省莱芜市
东营银座商城有限公司	百货零售	山东省东营市
三联商社股份有限公司	百货零售	山东省济南市
青岛国美电器有限公司	日用家电设备零售	山东省青岛市
中国石油天然气股份有限公司山东威海销售分公司	机动车燃料零售	山东省威海市
济南国美电器有限公司	家用视听设备零售	山东省济南市
滨州银座商城有限公司	百货零售	山东省滨州市
济宁润华汽车销售服务有限公司	汽车零售	山东省济宁市
山东鲁百百货大楼集团有限公司	百货零售	山东省东营市
淄博银座商城有限责任公司	百货零售	山东省淄博市
山东奥德隆集团有限公司	百货零售	山东省淄博市
龙口市第一百货商店有限责任公司	百货零售	山东省烟台市
烟台振华购物中心有限公司	百货零售	山东省烟台市
青岛鲁宁苏宁电器有限公司	百货零售	山东省青岛市
山东金宇商贸有限公司	家具零售	山东省济宁市
麦凯乐(青岛)百货总店有限公司	百货零售	山东省青岛市
青岛北方国贸集团股份有限公司	百货零售	山东省青岛市

4-2 续表 24

企业名称	所属行业	企业所在地
胜利油田胜大超市	超级市场零售	山东省东营市
临沂佳轮汽车销售服务有限公司	汽车零售	山东省临沂市
泰安银座商城有限公司	百货零售	山东省泰安市
山东统一银座商业有限公司	超级市场零售	山东省济南市
山东苏宁电器有限公司	日用家电设备零售	山东省济南市
山东招金银楼有限公司	珠宝首饰零售	山东省烟台市
青岛润华汽车销售服务有限公司	汽车零售	山东省青岛市
新泰青云购物中心有限公司	百货零售	山东省泰安市
日照日百商业有限公司	百货零售	山东省日照市
青岛屈臣氏个人用品商店有限公司	超级市场零售	山东省青岛市
山东莱州市百货大楼有限公司	超级市场零售	山东省烟台市
龙口市城关供销合作社	百货零售	山东省烟台市
山东银座家居有限公司	家具零售	山东省济南市
青岛利群百货股份有限公司	百货零售	山东省青岛市
日照凌云工贸有限公司	百货零售	山东省日照市
山东省东营市日用工业品公司	百货零售	山东省东营市
淄博特信百货商城有限公司	百货零售	山东省淄博市
临沂银座商城有限公司	百货零售	山东省临沂市
邹城市百货大楼有限责任公司	百货零售	山东省济宁市
兖州新合作百意商贸有限公司	百货零售	山东省济宁市
淄博东泰商厦有限公司	百货零售	山东省淄博市
东营市商业大厦有限责任公司	百货零售	山东省东营市
银座集团股份有限公司菏泽银座商城	百货零售	山东省菏泽市
青岛第一百盛有限公司	百货零售	山东省青岛市
山东省德州泰康药业有限公司	药品零售	山东省德州市
邹城九龙贵和购物广场有限公司	百货零售	山东省济宁市
菏泽牡丹医药有限责任公司	药品零售	山东省菏泽市
青岛家乐福商业有限公司	超级市场零售	山东省青岛市
济南人民商场集团有限公司	百货零售	山东省济南市
苍山县五金交电化工公司	五金零售	山东省临沂市
利群集团莱州购物广场有限公司	超级市场零售	山东省烟台市
青岛新华书店有限责任公司	图书、报刊零售	山东省青岛市
青岛海信营销有限公司临沂分公司	日用家电设备零售	山东省临沂市
沂水兴河商贸有限公司	服装零售	山东省临沂市
东营振华百货发展有限公司	百货零售	山东省东营市
日照银座商城有限公司	百货零售	山东省日照市
济南银座北园购物广场有限公司	百货零售	山东省济南市
诸城百盛商场有限责任公司	百货零售	山东省潍坊市
山东圣豪商业有限公司	超级市场零售	山东省滨州市
日照市腾达汽车销售服务有限公司	汽车零售	山东省日照市
济南漱玉平民大药房有限公司	药品零售	山东省济南市
山东宏图三胞科技发展有限公司	计算机、软件及辅助设备零售	山东省济南市
淄博富尔玛家具广场有限公司	家具零售	山东省淄博市
济南银座商城有限责任公司	百货零售	山东省济南市
陵县粮食购销中心	粮油零售	山东省德州市
山东乐拍商业有限公司	邮购及电视、电话零售	山东省济南市
山东威海百货大楼集团股份有限公司	百货零售	山东省威海市
山东力威经贸有限公司	服装零售	山东省潍坊市
山东金都百货股份有限公司	超级市场零售	山东省烟台市
山东天成恒信科技大厦	计算机、软件及辅助设备零售	山东省东营市
潍坊广潍汽车销售服务有限公司	汽车零售	山东省潍坊市

4-2 续表 25

企业名称	所属行业	企业所在地
庆云县信誉商厦有限公司	百货零售	山东省德州市
日照市新世纪商厦有限公司	服装零售	山东省日照市
泰安凌云经贸有限公司	百货零售	山东省泰安市
山东儒原实业有限公司	百货零售	山东省泰安市
新泰银座商城有限公司	百货零售	山东省泰安市
山东五星电器有限公司	日用家电设备零售	山东省青岛市
银座集团德州商城有限公司	百货零售	山东省德州市
利群集团青岛瑞泰购物广场有限公司	百货零售	山东省青岛市
淄博圣隆润发商业有限公司	超级市场零售	山东省淄博市
青岛润泰事业有限公司	超级市场零售	山东省青岛市
山东金孚隆股份有限公司	超级市场零售	山东省潍坊市
济南天桥大润发商业有限公司	超级市场零售	山东省济南市
滕州银座商城有限公司	百货零售	山东省枣庄市
山东振华五星百货有限公司	百货零售	山东省聊城市
济宁银座购物广场有限责任公司	百货零售	山东省济宁市
济南市中大润发商业有限公司	百货零售	山东省济南市
山东梁山水泊商场	百货零售	山东省济宁市
银座集团股份有限公司莱芜银座商城	超级市场零售	山东省莱芜市
潍坊世纪泰华福乐多超市有限公司	百货零售	山东省潍坊市
山东荣丰食用菌有限公司	果品、蔬菜零售	山东省东营市
青岛润泰事业有限公司临沂分公司	超级市场零售	山东省临沂市
淄博信誉楼百货有限公司	百货零售	山东省淄博市
淄博齐鲁商业有限公司	百货零售	山东省淄博市
青岛春阳大润发商业有限公司	百货零售	山东省青岛市
山东世纪泰华集团有限公司	百货零售	山东省潍坊市
新泰齐云商场有限公司	百货零售	山东省泰安市
威海润华商业有限公司	百货零售	山东省威海市
潍坊百货大楼股份有限公司	百货零售	山东省潍坊市
山东新合作超市连锁有限公司	百货零售	山东省滨州市
山东十八乐超市有限公司莱芜店	超级市场零售	山东省莱芜市
济宁市中央百货有限责任公司	百货零售	山东省济宁市
麦凯乐(青岛)百货总店有限公司黄岛分公司	百货零售	山东省青岛市
山东三信实业有限公司	百货零售	山东省菏泽市
青岛华润万家生活超市有限公司	超级市场零售	山东省青岛市
淄博盈华置业有限公司惠仟佳购物广场	百货零售	山东省淄博市
山东爱客多商贸有限公司	超级市场零售	山东省济宁市
莱芜信誉楼百货有限公司	超级市场零售	山东省莱芜市
山东临朐华兴商场有限公司	百货零售	山东省潍坊市
山东龙口富龙汽车有限公司	汽车零售	山东省烟台市
邹平供销大厦集团有限公司	百货零售	山东省滨州市
山东省莱芜市医药公司	药品零售	山东省莱芜市
青岛即墨振华大润发商业有限公司	超级市场零售	山东省青岛市
东营信誉楼百货有限公司	百货零售	山东省东营市
山东泰山新合作商贸连锁有限公司	百货零售	山东省泰安市
枣庄市森博家具有限公司	家具零售	山东省枣庄市
烟台银座商城有限公司	百货零售	山东省烟台市
山东省桓台县联华超市有限公司	超级市场零售	山东省淄博市
利群集团股份有限公司	百货零售	山东省青岛市
特易购商业(山东)有限公司	超级市场零售	山东省济南市
山东燕喜堂医药连锁有限公司	药品零售	山东省威海市
临沭县物资集团总公司	服装零售	山东省临沂市
济宁大润发商业有限公司	百货零售	山东省济宁市

4-2 续表 26

企业名称	所属行业	企业所在地
河南省		
郑州丹尼斯百货有限公司	百货零售	河南省郑州市
中国石油化工股份有限公司河南洛阳石油分公司	机动车燃料零售	河南省洛阳市
中国石油化工股份有限公司河南信阳石油分公司	机动车燃料零售	河南省信阳市
大商集团郑州新玛特购物广场有限公司	百货零售	河南省郑州市
中国石油天然气股份有限公司河南洛阳销售分公司	机动车燃料零售	河南省洛阳市
河南大张实业有限公司	超级市场零售	河南省洛阳市
河南永乐生活电器有限公司	日用家电设备零售	河南省郑州市
河南省国美电器有限公司	日用家电设备零售	河南省郑州市
中国石油天然气股份有限公司河南商丘销售分公司	机动车燃料零售	河南省商丘市
大商集团(郑州)商贸有限公司	服装零售	河南省郑州市
许昌市胖东来商贸集团有限公司	百货零售	河南省许昌市
西亚和美商业股份有限公司	超级市场零售	河南省信阳市
河南威佳汽车贸易集团有限公司	汽车零售	河南省郑州市
中国石油天然气股份有限公司河南新乡销售分公司	机动车燃料零售	河南省新乡市
洛阳王府井百货有限责任公司	百货零售	河南省洛阳市
洛阳丹尼斯量贩有限公司	超级市场零售	河南省洛阳市
中国石油天然气股份有限公司河南信阳销售分公司	机动车燃料零售	河南省信阳市
新乡市胖东来百货有限公司	百货零售	河南省新乡市
商水县城关镇供销社	百货零售	河南省周口市
许昌市胖东来(集团)华豫电器有限公司	日用家电设备零售	河南省许昌市
河南张仲景大药房股份有限公司	药品零售	河南省郑州市
河南苏宁电器有限公司	日用家电设备零售	河南省郑州市
焦作新亚商厦有限责任公司	百货零售	河南省焦作市
郸城县城关供销社	其他综合零售	河南省周口市
南阳市万德隆商贸有限责任公司	百货零售	河南省南阳市
郑州市易初莲花连锁超市有限公司	超级市场零售	河南省郑州市
信阳亚兴集团有限责任公司	超级市场零售	河南省信阳市
郑州正道花园百货股份有限公司	百货零售	河南省郑州市
永城煤电控股集团先帅百货有限责任公司	百货零售	河南省商丘市
河南万宝股份有限公司	家用视听设备零售	河南省开封市
河南思达连锁商业有限公司	超级市场零售	河南省郑州市
河南东之杰运动产业发展有限公司	服装零售	河南省郑州市
漯河双汇商业连锁有限公司	肉、禽、蛋、奶及水产品零售	河南省漯河市
郑州悦家商业有限公司北环店	超级市场零售	河南省郑州市
新乡市胖东来生活广场有限公司	超级市场零售	河南省新乡市
河南华润万家生活超市有限公司	超级市场零售	河南省郑州市
永辉超市河南有限公司	超级市场零售	河南省郑州市
沈丘县北郊供销社	百货零售	河南省周口市
焦作市百货大楼有限责任公司	百货零售	河南省焦作市
河南九头崖集团平顶山商业连锁有限公司	超级市场零售	河南省平顶山市
河南富豪表行有限公司	钟表、眼镜零售	河南省郑州市
新乡市平原商场有限公司	百货零售	河南省新乡市
驻马店市爱家量贩有限公司	超级市场零售	河南省驻马店市
信阳市文新茶叶有限公司	酒、饮料及茶叶零售	河南省信阳市
郑州迪信通电子通信技术有限公司	通信设备零售	河南省郑州市
郑州丹尼斯生活广场有限公司济源分公司	百货零售	河南省济源市
河南乐语通讯器材有限公司	通信设备零售	河南省郑州市
辉县市中太石有限责任公司	机动车燃料零售	河南省新乡市
南阳大统集团金玛特商贸有限公司	超级市场零售	河南省南阳市
郑州润瑞商业有限公司	百货零售	河南省郑州市

4-2 续表 27

企业名称	所属行业	企业所在地
南阳市时令电器有限公司生活广场	日用家电设备零售	河南省南阳市
郑州好想你枣业商贸有限公司	其他食品零售	河南省郑州市
湖北省		
武汉武商集团股份有限公司	百货零售	湖北省武汉市
中百控股集团股份有限公司	超级市场零售	湖北省武汉市
武汉中商集团股份有限公司	百货零售	湖北省武汉市
中国石油化工股份有限公司湖北武汉分公司	机动车燃料零售	湖北省武汉市
中国石油天然气股份有限公司湖北武汉销售分公司	生活用燃料零售	湖北省武汉市
武汉屈臣氏个人用品商店有限公司	百货零售	湖北省武汉市
武汉工贸有限公司	日用家电设备零售	湖北省武汉市
三环集团公司	汽车零售	湖北省武汉市
湖北同济堂药房有限公司	药品零售	湖北省武汉市
湖北高路油站经营有限责任公司	机动车燃料零售	湖北省武汉市
国药控股湖北有限公司	药品零售	湖北省武汉市
武汉京东世纪贸易有限公司	互联网零售	湖北省武汉市
湖北白云边销售有限公司	酒、饮料及茶叶零售	湖北省荆州市
荆门市东方百货大厦	超级市场零售	湖北省荆门市
中国石油化工股份有限公司湖北黄石石油分公司	机动车燃料零售	湖北省黄石市
中国石油天然气股份有限公司湖北宜昌销售分公司	机动车燃料零售	湖北省宜昌市
湖北寿康永乐商贸集团有限公司	超级市场零售	湖北省十堰市
武汉国美电器有限公司	家用视听设备零售	湖北省武汉市
宜昌国贸大厦集团有限公司	百货零售	湖北省宜昌市
群光实业(武汉)有限公司	百货零售	湖北省武汉市
武汉苏宁电器有限公司	日用家电设备零售	湖北省武汉市
十堰市新合作超市有限公司	超级市场零售	湖北省十堰市
武汉汉福超市有限公司	超级市场零售	湖北省武汉市
湖北富迪实业有限公司	超级市场零售	湖北省仙桃市
中国石油化工股份有限公司湖北高速公路油站管理分公司	机动车燃料零售	湖北省武汉市
武汉武商集团十堰市人民商场有限公司	超级市场零售	湖北省十堰市
黄冈市黄商贸易股份有限公司	百货零售	湖北省黄冈市
中国石油天然气股份有限公司湖北孝感销售分公司	机动车燃料零售	湖北省孝感市
中石化长江燃料有限公司武汉分公司	机动车燃料零售	湖北省武汉市
湖北金城大厦(集团)实业公司	百货零售	湖北省荆门市
武汉市汉商集团股份有限公司	百货零售	湖北省武汉市
湖北博通电器有限公司	日用家电设备零售	湖北省潜江市
湖北新世纪购物中心股份有限公司	百货零售	湖北省随州市
湖北世纪愿景商贸有限公司	其他食品零售	湖北省武汉市
沃尔玛(湖北)商业零售有限公司	超级市场零售	湖北省武汉市
湖北良品铺子食品有限公司	其他食品零售	湖北省武汉市
百丽鞋业(武汉)有限公司	鞋帽零售	湖北省武汉市
武汉市滔搏商贸有限公司	服装零售	湖北省武汉市
房县供销合作社联合社	其他食品零售	湖北省十堰市
湖北银泰仙桃商城大厦有限公司	百货零售	湖北省仙桃市
武汉医药(集团)股份有限公司	药品零售	湖北省武汉市
郧西县供销合作社联合社	百货零售	湖北省十堰市
湖北孝感电器集团有限公司	日用家电设备零售	湖北省孝感市
沃尔玛深国投百货有限公司武汉中山大道分店	超级市场零售	湖北省武汉市
湖北鑫园商贸有限公司	百货零售	湖北省潜江市
宜昌太平鸟服饰营销有限公司	服装零售	湖北省宜昌市
湖北省东安工贸有限公司	汽车零售	湖北省武汉市
湖北省十堰市五堰商场股份有限公司	百货零售	湖北省十堰市

4-2 续表 28

企业名称	所属行业	企业所在地
武汉马应龙大药房连锁有限公司	药品零售	湖北省武汉市
襄阳鼓楼商场股份有限公司	其他综合零售	湖北省襄阳市
武汉大润发江汉超市发展有限公司	超级市场零售	湖北省武汉市
恩施中百连锁仓储超市有限公司	百货零售	湖北省恩施市
湖北雅斯连锁商业有限公司	超级市场零售	湖北省宜昌市
谷城县青峰商贸有限责任公司	酒、饮料及茶叶零售	湖北省襄阳市
湖北孝商股份有限公司	百货零售	湖北省孝感市
湖北美尔雅销售有限公司	服装零售	湖北省黄石市
心赢销服装(武汉)有限公司	服装零售	湖北省武汉市
武汉中邮时代电讯科技有限公司	通信设备零售	湖北省武汉市
武汉新华书店股份有限公司	图书、报刊零售	湖北省武汉市
恩施自治州好又多商贸有限责任公司	超级市场零售	湖北省恩施市
罗田县今天商贸有限责任公司	其他综合零售	湖北省黄冈市
沙洋万利家居建材城	家具零售	湖北省荆门市
湖北真维斯服饰有限公司	服装零售	湖北省武汉市
老百姓大药房连锁(湖北)有限公司	药品零售	湖北省武汉市
武汉市丽红商业有限公司	其他综合零售	湖北省武汉市
湖北航天信息技术有限公司	计算机、软件及辅助设备零售	湖北省武汉市
襄阳市新合作超市有限公司	百货零售	湖北省襄阳市
湖北顺泰商贸有限公司	超级市场零售	湖北省随州市
武汉美特斯邦威服饰有限公司	服装零售	湖北省武汉市
宜昌北山商业连锁有限责任公司	超级市场零售	湖北省宜昌市
武汉鲁巷广场购物中心	百货零售	湖北省武汉市
十堰市寿康永乐(郧县)郧阳购物广场有限公司	超级市场零售	湖北省十堰市
钟祥市乐福生商贸有限责任公司	百货零售	湖北省荆门市
宜城市千禧烟花爆竹有限责任公司	其他未列明零售业	湖北省襄阳市
襄樊佳邻超市有限公司	超级市场零售	湖北省襄阳市
汉川市汉正商业管理有限公司	服装零售	湖北省孝感市
襄阳天济大药房连锁有限责任公司	药品零售	湖北省襄阳市
随州中百仓储购物广场有限公司	百货零售	湖北省随州市
湖南省		
中国石油化工股份有限公司湖南长沙石油分公司	机动车燃料零售	湖南省长沙市
湖南友谊阿波罗商业股份有限公司	百货零售	湖南省长沙市
中国石油化工股份有限公司湖南株洲石油公司	机动车燃料零售	湖南省株洲市
中国石化湖南衡阳分公司	机动车燃料零售	湖南省衡阳市
中国石油化工股份有限公司湖南岳阳石油分公司	机动车燃料零售	湖南省岳阳市
中国石油化工股份有限公司湖南郴州石油分公司	机动车燃料零售	湖南省郴州市
长沙通程实业(集团)有限公司	百货零售	湖南省长沙市
中国石油化工股份有限公司湖南邵阳石油分公司	机动车燃料零售	湖南省邵阳市
中国石油化工股份有限公司湖南怀化石油分公司	机动车燃料零售	湖南省怀化市
中国石油天然气股份有限公司湖南长沙销售分公司	机动车燃料零售	湖南省长沙市
快乐购物有限责任公司	互联网零售	湖南省长沙市
中国石油化工股份有限公司湖南常德石油分公司	机动车燃料零售	湖南省常德市
中国石油化工股份有限公司湖南永州石油分公司	机动车燃料零售	湖南省永州市
中国石油天然气股份有限公司湖南销售郴州分公司	机动车燃料零售	湖南省郴州市
中国石油化工股份有限公司湖南湘潭石油分公司	机动车燃料零售	湖南省湘潭市
中国石油化工股份有限公司湖南娄底石油分公司	机动车燃料零售	湖南省娄底市
湖南博瑞新特药有限公司	药品零售	湖南省长沙市
步步高商业连锁股份有限公司	超级市场零售	湖南省湘潭市
中石化湖南益阳石油分公司	机动车燃料零售	湖南省益阳市
株洲百货股份有限公司	百货零售	湖南省株洲市

4-2 续表 29

企业名称	所属行业	企业所在地
平和堂(中国)有限公司	百货零售	湖南省长沙市
中国石油化工股份有限公司湖南湘西分公司	机动车燃料零售	湖南省湘西土家族苗族自治州
湖南家润多超市有限公司	超级市场零售	湖南省长沙市
湖南新一佳商业投资有限公司	超级市场零售	湖南省长沙市
中国石油天然气股份有限公司湖南销售常德分公司	机动车燃料零售	湖南省常德市
长沙王府井百货有限责任公司	百货零售	湖南省长沙市
长沙步步高商业连锁有限责任公司	超级市场零售	湖南省长沙市
湖南仁孚海润汽车销售服务有限公司	汽车零售	湖南省长沙市
中国石油化工股份有限公司湖南张家界石油分公司	机动车燃料零售	湖南省张家界市
湖南邵阳中油销售有限公司	机动车燃料零售	湖南省邵阳市
中国石油天然气股份有限公司湖南怀化销售分公司	机动车燃料零售	湖南省怀化市
中国石油湖南销售衡阳分公司	机动车燃料零售	湖南省衡阳市
湖南苏宁电器有限公司	日用家电设备零售	湖南省长沙市
湖南益丰大药房医药连锁有限公司	药品零售	湖南省常德市
湖南国美电器有限公司	日用家电设备零售	湖南省长沙市
心连心集团有限公司	超级市场零售	湖南省湘潭市
湖南梅尼超市股份有限公司	百货零售	湖南省张家界市
老百姓大药房连锁有限公司	药品零售	湖南省长沙市
新化县明园阳光购物中心	纺织品及针织品零售	湖南省娄底市
王一实业集团衡阳香江百货有限公司	百货零售	湖南省衡阳市
益阳恒康药业有限公司	药品零售	湖南省益阳市
长沙东之杰运动产业发展有限公司	服装零售	湖南省长沙市
长沙家乐福超市有限责任公司	超级市场零售	湖南省长沙市
长沙天潮贸易有限公司	汽车零售	湖南省长沙市
怀化步步高商业连锁有限责任公司	超级市场零售	湖南省怀化市
湖南比一比贸易有限责任公司	超级市场零售	湖南省长沙市
湖南崇盛商贸有限公司崇盛晶珠百货分公司	服装零售	湖南省衡阳市
衡阳步步高商业连锁有限责任公司	超级市场零售	湖南省衡阳市
长沙市人人乐商业有限公司	百货零售	湖南省长沙市
湖南佳惠百货有限责任公司	超级市场零售	湖南省怀化市
湖南华润万家生活超市有限公司	粮油零售	湖南省长沙市
湖南步步高连锁超市益阳有限公司	超级市场零售	湖南省益阳市
湖南绝味食品股份有限公司	肉、禽、蛋、奶及水产品零售	湖南省长沙市
湖南真维斯服饰有限公司	服装零售	湖南省长沙市
长沙市天虹百货有限公司	百货零售	湖南省长沙市
长沙路口物资供销有限公司	百货零售	湖南省长沙市
沃尔玛深国投百货有限公司长沙雨花亭分店	超级市场零售	湖南省长沙市
湖南千金金沙大药房零售连锁有限公司	药品零售	湖南省长沙市
沃尔玛深国投百货有限公司岳阳巴陵中路分店	超级市场零售	湖南省岳阳市
长沙润良商业有限公司	超级市场零售	湖南省长沙市
常德大润发商业有限公司	超级市场零售	湖南省常德市
百丽鞋业(长沙)有限公司	鞋帽零售	湖南省长沙市
沃尔玛深国投百货有限公司长沙黄兴南路分店	超级市场零售	湖南省长沙市
购宝乐商业(湖南)有限公司	超级市场零售	湖南省长沙市
嘉丽购物有限责任公司	邮购及电视、电话零售	湖南省长沙市
攸县上好嘉超市有限责任公司	超级市场零售	湖南省株洲市
永州步步高商业连锁有限责任公司	超级市场零售	湖南省永州市
沃尔玛深国投百货有限公司娄底春园分店	百货零售	湖南省娄底市
娄底市天客超市有限责任公司	超级市场零售	湖南省娄底市
耒阳市步步高商业连锁有限责任公司	超级市场零售	湖南省衡阳市
邵阳步步高连锁超市有限责任公司	百货零售	湖南省邵阳市

4-2　续表 30

企业名称	所属行业	企业所在地
湖南特邦商业股份有限公司	服装零售	湖南省娄底市
邵东县仟家连锁有限公司	超级市场零售	湖南省邵阳市
广东省		
中国石油化工股份有限公司广东广州石油分公司	机动车燃料零售	广东省广州市
广东物资集团汽车贸易公司	汽车零售	广东省广州市
华润万家有限公司	超级市场零售	广东省深圳市
天虹商场股份有限公司	百货零售	广东省深圳市
中国石油化工股份有限公司广东东莞石油分公司	机动车燃料零售	广东省东莞市
广州晶东贸易有限公司	互联网零售	广东省广州市
中油碧辟石油有限公司广州分公司	机动车燃料零售	广东省广州市
中国石油化工股份有限公司广东茂名石油分公司	机动车燃料零售	广东省茂名市
中国石油化工股份有限公司广东惠州石油分公司	机动车燃料零售	广东省惠州市
沃尔玛深国投百货有限公司	百货零售	广东省深圳市
中域电讯连锁集团股份有限公司	通信设备零售	广东省东莞市
中国石油化工股份有限公司湛江石油分公司	机动车燃料零售	广东省湛江市
深圳茂业商厦有限公司	百货零售	广东省深圳市
广州市国美电器有限公司	日用家电设备零售	广东省广州市
中国石油化工股份有限公司广东江门石油分公司	机动车燃料零售	广东省江门市
广州市广百股份有限公司	百货零售	广东省广州市
广州友谊集团股份有限公司	百货零售	广东省广州市
四会市东城街道经济实业发展总公司	珠宝首饰零售	广东省肇庆市
中国石油化工股份有限公司广东中山石油分公司	机动车燃料零售	广东省中山市
广州市唯品会信息科技有限公司	服装零售	广东省广州市
唯品会(中国)有限公司	体育用品及器材零售	广东省广州市
中石化工股份有限公司广东肇庆石油分公司	机动车燃料零售	广东省肇庆市
中海油销售深圳有限公司	机动车燃料零售	广东省深圳市
华润万家生活超市(广州)有限公司	超级市场零售	广东省广州市
中国石油天然气股份有限公司广东广州销售分公司	机动车燃料零售	广东省广州市
广东新协力集团有限公司	汽车零售	广东省佛山市
广州屈臣氏个人用品商店有限公司	超级市场零售	广东省广州市
广东吉之岛天贸百货有限公司	百货零售	广东省广州市
中国石油化工股份有限公司广东河源石油分公司	机动车燃料零售	广东省河源市
深圳酷动数码有限公司	通信设备零售	广东省深圳市
深圳市国美电器有限公司	日用家电设备零售	广东省深圳市
深圳市苏宁电器有限公司	日用家电设备零售	广东省深圳市
深圳市人人乐商业有限公司	超级市场零售	广东省深圳市
广东苏宁电器有限公司	家用视听设备零售	广东省广州市
广州百佳超级市场有限公司	超级市场零售	广东省广州市
中国石油化工股份有限公司广东珠海石油分公司	机动车燃料零售	广东省珠海市
广州易初莲花连锁超市有限公司	超级市场零售	广东省广州市
中国石油化工股份有限公司广东梅州石油分公司	机动车燃料零售	广东省梅州市
中山市壹加壹商业连锁有限公司	百货零售	广东省中山市
中油碧辟石油有限公司东莞分公司	机动车燃料零售	广东省东莞市
深圳市亨吉利世界名表中心有限公司	钟表、眼镜零售	广东省深圳市
广州友谊班尼路服饰有限公司	服装零售	广东省广州市
深圳百丽商贸有限公司	鞋帽零售	广东省深圳市
深圳市奥德汽车贸易有限公司	汽车零售	广东省深圳市
中海石油炼化惠州销售有限责任公司	机动车燃料零售	广东省惠州市
深圳市仁孚特力汽车服务有限公司	汽车零售	广东省深圳市
中国石油化工股份有限公司广东云浮石油分公司	机动车燃料零售	广东省云浮市
深圳市顺电连锁股份有限公司	日用家电设备零售	广东省深圳市

4-2 续表 31

企业名称	所属行业	企业所在地
广东君奥汽车贸易有限公司	汽车零售	广东省广州市
深圳市百佳华百货有限公司	百货零售	广东省深圳市
新一佳超市有限公司	百货零售	广东省深圳市
深圳市增特汽车贸易有限公司	汽车零售	广东省深圳市
深圳市海王星辰医药有限公司	药品零售	广东省深圳市
广东龙粤通信设备集团有限公司	通信设备零售	广东省广州市
深圳市易天移动数码连锁有限公司	通信设备零售	广东省深圳市
华润万家生活超市(珠海)有限公司	百货零售	广东省珠海市
广州市锦龙汽车发展有限公司	汽车零售	广东省广州市
中国石油天然气股份有限公司广东肇庆分公司	机动车燃料零售	广东省肇庆市
深圳市恒波商业连锁股份有限公司	通信设备零售	广东省深圳市
深圳汇洁集团股份有限公司	服装零售	广东省深圳市
广州家广超市有限公司	超级市场零售	广东省广州市
广州市好又多百货商业广场有限公司	百货零售	广东省广州市
永旺华南商业有限公司	百货零售	广东省深圳市
东莞市时尚电器有限公司	日用家电设备零售	广东省东莞市
深圳东风南方汽车销售服务有限公司	汽车零售	广东省深圳市
东莞市嘉荣超市有限公司	超级市场零售	广东省东莞市
中油碧辟石油有限公司江门分公司	机动车燃料零售	广东省江门市
深圳岁宝百货有限公司	百货零售	广东省深圳市
佛山市顺德区乐从供销集团有限公司	超级市场零售	广东省佛山市
百朗商贸(深圳)有限公司	鞋帽零售	广东省深圳市
深圳家乐福商业有限公司	超级市场零售	广东省深圳市
中国石油化工股份有限公司广东揭阳石油分公司	机动车燃料零售	广东省揭阳市
深圳市宝骏汽车销售服务有限公司	汽车零售	广东省深圳市
深圳市国有免税商品(集团)有限公司	烟草制品零售	广东省深圳市
中油碧辟石油有限公司中山分公司	机动车燃料零售	广东省中山市
东莞东风南方汽车销售服务有限公司	汽车零售	广东省东莞市
中国石油天然气股份有限公司广东江门销售分公司	机动车燃料零售	广东省江门市
珠海市免税企业集团有限公司	百货零售	广东省珠海市
广州市龙星行汽车销售服务有限公司	汽车零售	广东省广州市
东莞市天虹商场有限公司	百货零售	广东省东莞市
中油碧辟石油有限公司惠州分公司	机动车燃料零售	广东省惠州市
广东赛壹便利店有限公司	超级市场零售	广东省广州市
深圳岁宝连锁商业发展有限公司	百货零售	广东省深圳市
深圳市利联太阳百货有限公司	百货零售	广东省深圳市
广东大参林连锁药店有限公司	药品零售	广东省广州市
佛山市苏宁电器有限公司	日用家电设备零售	广东省佛山市
中国石化股份有限公司广东汕尾石油分公司	机动车燃料零售	广东省汕尾市
广州市国美电器有限公司佛山分公司	日用家电设备零售	广东省佛山市
雅芳(中国)有限公司	化妆品及卫生用品零售	广东省广州市
沃尔玛(广东)商业零售有限公司	超级市场零售	广东省广州市
广东仁孚怡邦汽车销售服务有限公司	汽车零售	广东省广州市
广州摩登百货股份有限公司	百货零售	广东省广州市
茂名市明湖百货有限公司	超级市场零售	广东省茂名市
广州沃尔玛百货有限公司	超级市场零售	广东省广州市
广州市金佳信通信产品发展有限公司	通信设备零售	广东省广州市
广东骏和通信设备连锁销售有限公司	通信设备零售	广东省广州市
深圳市领跑体育用品有限公司	服装零售	广东省深圳市
中国石油天然气股份有限公司广东茂名销售分公司	机动车燃料零售	广东省茂名市
沃尔玛(东莞)商业零售有限公司	超级市场零售	广东省东莞市

4-2 续表 32

企业名称	所属行业	企业所在地
深圳市深燃石油气有限公司	其他未列明零售业	广东省深圳市
广州王府井百货有限责任公司	百货零售	广东省广州市
深圳市岁孚服装有限公司	服装零售	广东省深圳市
华润万家生活超市(中山)有限公司	超级市场零售	广东省中山市
广州市百丽鞋业有限公司	鞋帽零售	广东省广州市
广东益华百货有限公司	百货零售	广东省中山市
龙浩天地股份有限公司	鞋帽零售	广东省深圳市
深圳出版发行集团公司	图书、报刊零售	广东省深圳市
深圳市国美电器有限公司东莞市分公司	日用家电设备零售	广东省东莞市
东莞市苏宁电器有限公司	日用家电设备零售	广东省东莞市
广东鸿粤汽车销售集团有限公司	汽车零售	广东省广州市
中山市信和商业连锁有限公司	超级市场零售	广东省中山市
广州摩拉贸易有限公司	互联网零售	广东省广州市
深圳市大兴丰田汽车销售有限公司	汽车零售	广东省深圳市
中山市华润万家便利超市有限公司	超级市场零售	广东省中山市
东莞家乐福商业有限公司	超级市场零售	广东省东莞市
广东万宁连锁商业有限公司	其他综合零售	广东省广州市
深圳市卡尔丹顿服饰股份有限公司	服装零售	广东省深圳市
深圳臻乔时装有限公司	服装零售	广东省深圳市
深圳市奇建贸易有限公司	汽车零售	广东省深圳市
茂名大参林连锁药店有限公司	药品零售	广东省茂名市
深圳百安居装饰建材有限公司	其他室内装饰材料零售	广东省深圳市
广州市田美润福商业有限公司	百货零售	广东省广州市
广州市宏丽有限公司	超级市场零售	广东省广州市
珠海市泰锋电业有限公司	家用视听设备零售	广东省珠海市
佛山市顺德区大润发商业有限公司	超级市场零售	广东省佛山市
海球(广州)商业有限公司	服装零售	广东省广州市
佛山市顺德区乐从供销集团顺客隆商场有限公司	超级市场零售	广东省佛山市
中山市创世纪汽车有限公司	汽车零售	广东省中山市
东莞市天和商贸有限公司	百货零售	广东省东莞市
广州卡奴迪路服饰股份有限公司	服装零售	广东省广州市
深圳宜家家居有限公司	家具零售	广东省深圳市
深圳宜和股份有限公司	邮购及电视、电话零售	广东省深圳市
红珏高级时装有限公司	服装零售	广东省深圳市
深圳市中恒国信通信科技有限公司	通信设备零售	广东省深圳市
惠州市天虹商场有限公司	百货零售	广东省惠州市
广州市新大新有限公司	百货零售	广东省广州市
深圳乐语通讯设备有限公司	通信设备零售	广东省深圳市
东莞沃尔玛百货有限公司	超级市场零售	广东省东莞市
广州宝元贸易有限公司	服装零售	广东省广州市
东莞市国贸超级市场有限公司	超级市场零售	广东省东莞市
广州百佳超级市场有限公司深圳分公司	超级市场零售	广东省深圳市
中山苏宁电器有限公司	家用视听设备零售	广东省中山市
佛山市好又多怡东百货商业有限公司	超级市场零售	广东省佛山市
广州购书中心有限公司	图书、报刊零售	广东省广州市
特易购商业(广东)有限公司	百货零售	广东省广州市
深圳市大润发商业有限公司	超级市场零售	广东省深圳市
深圳市国美电器有限公司惠州分公司	日用家电设备零售	广东省惠州市
东莞喜威液化石油气有限公司	生活用燃料零售	广东省东莞市
东莞市嘉祥通讯有限公司	通信设备零售	广东省东莞市
惠州市人人乐商业有限公司	百货零售	广东省惠州市

4-2 续表 33

企业名称	所属行业	企业所在地
昆山润华商业有限公司中山分公司	超级市场零售	广东省中山市
深圳市鹏峰汽车有限公司	汽车零售	广东省深圳市
江门华润万家生活超市有限公司	百货零售	广东省江门市
广州市番禺沙园集团有限公司	日用家电设备零售	广东省广州市
肇庆市大润发商业发展有限公司	超级市场零售	广东省肇庆市
昆山润华商业有限公司中山小榄分公司	百货零售	广东省中山市
惠州市丽日购物广场有限公司	百货零售	广东省惠州市
广州康诚商业有限公司	超级市场零售	广东省广州市
青岛润泰事业有限公司东莞大朗分公司	超级市场零售	广东省东莞市
深圳市一致医药连锁有限公司	药品零售	广东省深圳市
江门市益华百货有限公司	百货零售	广东省江门市
珠海众大利物资车业有限公司	汽车零售	广东省珠海市
汕头市易初莲花连锁超市有限公司	超级市场零售	广东省汕头市
广州市润平商业有限公司	百货零售	广东省广州市
美心食品(广州)有限公司	糕点、面包零售	广东省广州市
昆山润华商业有限公司潮州分公司	百货零售	广东省潮州市
广州市好又多新港百货商业有限公司	超级市场零售	广东省广州市
广州市福满家连锁便利店有限公司	其他综合零售	广东省广州市
利信达商业(中国)有限公司	服装零售	广东省广州市
韶关市大润发商业有限公司	超级市场零售	广东省韶关市
深圳市好又多量贩百货有限公司	超级市场零售	广东省深圳市
深圳市中央大厨房物流配送有限公司	果品、蔬菜零售	广东省深圳市
深圳市欧莎世家服饰有限公司	互联网零售	广东省深圳市
佛山市南海润良商业有限公司	超级市场零售	广东省佛山市
沃尔玛(深圳)百货有限公司	其他综合零售	广东省深圳市
广州市人人乐商业有限公司	超级市场零售	广东省广州市
阳江大润发商业有限公司	百货零售	广东省阳江市
广东胜佳超市有限公司	百货零售	广东省广州市
广东东明股份有限公司	超级市场零售	广东省韶关市
广州喜市多便利连锁有限公司	其他综合零售	广东省广州市
深圳市迪娜林饰品有限公司	珠宝首饰零售	广东省深圳市
广州市好又多芳村百货商业有限公司	百货零售	广东省广州市
江门市蓬江区大昌超市有限公司	超级市场零售	广东省江门市
广东迪信通商贸有限公司	通信设备零售	广东省广州市
广东海航乐万家连锁超市有限公司	超级市场零售	广东省梅州市
深圳市影儿服饰有限公司	服装零售	广东省深圳市
中山市中智大药房连锁有限公司	药品零售	广东省中山市
深圳市有荣配销有限公司	超级市场零售	广东省深圳市
广州健民医药连锁有限公司	药品零售	广东省广州市
广州市新华书店集团有限公司	图书、报刊零售	广东省广州市
佛山市顺德区金百惠贸易有限公司	超级市场零售	广东省佛山市
真维斯服饰(广东)有限公司	服装零售	广东省惠州市
广东赛壹便利店有限公司深圳分公司	其他综合零售	广东省深圳市
东莞润德商业有限公司	超级市场零售	广东省东莞市
深圳市八马茶业连锁有限公司	酒、饮料及茶叶零售	广东省深圳市
广东吉之岛天贸百货有限公司珠海扬名广场分公司	百货零售	广东省珠海市
深圳市中联大药房有限公司	药品零售	广东省深圳市
深圳市国惠康实业发展有限公司	超级市场零售	广东省深圳市
广州市好又多黄花岗百货有限公司	百货零售	广东省广州市
佛山市南海润瑞商业有限公司	超级市场零售	广东省佛山市
广州赫基服饰有限公司	服装零售	广东省广州市

4-2 续表 34

企业名称	所属行业	企业所在地
碧辟(佛山)液化石油气有限公司	生活用燃料零售	广东省佛山市
佛山市顺德区大参林药业有限公司	药品零售	广东省佛山市
东莞樟木头大润发商业有限公司	超级市场零售	广东省东莞市
永旺中国商业有限公司顺德分公司	超级市场零售	广东省佛山市
深圳市嘉乐祥珠宝饰品有限公司	珠宝首饰零售	广东省深圳市
深圳走秀网络科技有限公司	互联网零售	广东省深圳市
沃尔玛深国投百货有限公司惠州演达路分店	超级市场零售	广东省惠州市
广州市海王星辰医药连锁有限公司	药品零售	广东省广州市
博士眼镜连锁股份有限公司	钟表、眼镜零售	广东省深圳市
广东天天商业有限公司	超级市场零售	广东省佛山市
深圳市望家欢贸易有限公司	果品、蔬菜零售	广东省深圳市
广东华南通商贸发展有限公司汕头金平分公司	百货零售	广东省汕头市
永旺华南商业有限公司永旺惠州东平店	百货零售	广东省惠州市
梅州市喜多多超市连锁有限公司	超级市场零售	广东省梅州市
沃尔玛深国投百货有限公司惠州崇雅店	超级市场零售	广东省惠州市
深圳市邮政局	图书、报刊零售	广东省深圳市
深圳乐荣超市有限公司	超级市场零售	广东省深圳市
广西壮族自治区		
广西柳州医药股份有限公司	药品零售	广西壮族自治区柳州市
南宁百货大楼股份有限公司	百货零售	广西壮族自治区南宁市
广西南宁梦之岛百货有限公司	百货零售	广西壮族自治区南宁市
桂林微笑堂实业发展有限公司	百货零售	广西壮族自治区桂林市
广西玉柴机器专卖发展有限公司	其他未列明零售业	广西壮族自治区玉林市
南宁柏联百盛商业有限公司	百货零售	广西壮族自治区南宁市
广西南城百货股份有限公司	超级市场零售	广西壮族自治区南宁市
广西联华超市股份有限公司	超级市场零售	广西壮族自治区柳州市
广西钜荣汽车销售服务有限公司	汽车零售	广西壮族自治区南宁市
柳州工贸大厦股份有限公司	百货零售	广西壮族自治区柳州市
柳州市百货股份有限公司	百货零售	广西壮族自治区柳州市
南宁国美电器有限公司	日用家电设备零售	广西壮族自治区南宁市
南宁市人人乐商业有限公司	超级市场零售	广西壮族自治区南宁市
玉林金城商厦有限责任公司	百货零售	广西壮族自治区玉林市
广西苏宁电器有限公司	日用家电设备零售	广西壮族自治区南宁市
北海和安贸易有限责任公司	百货零售	广西壮族自治区北海市
广西华润万家生活超市有限公司	百货零售	广西壮族自治区南宁市
桂林市南城百货有限公司	超级市场零售	广西壮族自治区桂林市
桂林百货大楼股份有限公司	百货零售	广西壮族自治区桂林市
北海大润发商业有限公司	超级市场零售	广西壮族自治区北海市
广西利客隆超市有限公司	超级市场零售	广西壮族自治区南宁市
柳州润平商业有限公司	超级市场零售	广西壮族自治区柳州市
广西老百姓大药房连锁有限公司	药品零售	广西壮族自治区南宁市
柳州桂中大药房连锁有限责任公司	药品零售	广西壮族自治区柳州市
柳州市南城百货有限公司	超级市场零售	广西壮族自治区柳州市
广西通用商贸有限公司	超级市场零售	广西壮族自治区玉林市
桂林市华荣自选商店有限责任公司	超级市场零售	广西壮族自治区桂林市
广西贵港市华隆超市有限公司	超级市场零售	广西壮族自治区贵港市
南宁三燃燃气有限责任公司	生活用燃料零售	广西壮族自治区南宁市
柳州五菱新事业发展有限责任公司	汽车零售	广西壮族自治区柳州市
海南省		
中国石油化工股份有限公司海南石油分公司	机动车燃料零售	海南省海口市
中国石油天然气股份有限公司海南销售分公司	机动车燃料零售	海南省海口市

4-2 续表 35

企业名称	所属行业	企业所在地
中免集团三亚市内免税店有限公司	化妆品及卫生用品零售	海南省三亚市
海南大润发商业有限公司	超级市场零售	海南省海口市
海南望海国际商业广场有限公司	服装零售	海南省海口市
海口家乐福商业有限公司	超级市场零售	海南省海口市
广州市国美电器有限公司海南分公司	日用家电设备零售	海南省海口市
海南苏宁电器有限公司	家用视听设备零售	海南省海口市
重庆市		
重庆商社新世纪百货有限公司	百货零售	重庆市江北区
重庆百货大楼股份有限公司	百货零售	重庆市渝中区
重庆永辉超市有限公司	超级市场零售	重庆市江北区
重庆铠恩国际家居名都经营有限公司	家具零售	重庆市巴南区
重庆渝宁苏宁电器有限公司	日用家电设备零售	重庆市渝中区
重庆新华书店集团公司	图书、报刊零售	重庆市渝中区
重庆商社电器有限公司	日用家电设备零售	重庆市渝中区
重庆国美电器有限公司	日用家电设备零售	重庆市沙坪坝区
中国石油重庆销售涪陵分公司	机动车燃料零售	重庆市涪陵区
中国石油天然气股份有限公司重庆渝中销售分公司	机动车燃料零售	重庆市九龙坡区
中国石油化工股份有限公司重庆涪陵石油分公司	机动车燃料零售	重庆市涪陵区
重庆重客隆超市连锁有限责任公司	超级市场零售	重庆市渝中区
重庆和平药房连锁有限责任公司	药品零售	重庆市渝中区
重庆家乐福商业有限公司	百货零售	重庆市渝中区
重庆安福汽车营销有限公司	汽车零售	重庆市渝北区
重庆东风南方汽车销售服务有限公司	汽车零售	重庆市九龙坡区
重庆市新大兴实业(集团)有限公司	超级市场零售	重庆市涪陵区
重庆中百仓储超市有限公司	超级市场零售	重庆市渝北区
重庆八达电子工程有限公司	计算机、软件及辅助设备零售	重庆市九龙坡区
和记实业(重庆)有限公司	百货零售	重庆市渝中区
重庆市赛玛特科技有限责任公司	通信设备零售	重庆市九龙坡区
重庆梦工场乳制品连锁有限公司	肉、禽、蛋、奶及水产品零售	重庆市江北区
重庆桐君阁大药房连锁有限责任公司	药品零售	重庆市渝中区
重庆市黔江区依蝶商贸有限公司	百货零售	重庆市黔江区
重庆市綦江区万家福超市有限责任公司	超级市场零售	重庆市綦江区
重庆诚泰通信连锁有限公司	通信设备零售	重庆市渝中区
重庆名豪实业集团百货有限公司	百货零售	重庆市永川区
重庆好又多百货商业有限公司	超级市场零售	重庆市南岸区
重庆美特斯邦威服饰有限责任公司	服装零售	重庆市渝中区
南川区风之彩商贸有限公司	超级市场零售	重庆市南川区
沃尔玛(重庆)百货有限公司	百货零售	重庆市渝北区
重庆市万和药房连锁有限公司	药品零售	重庆市渝中区
瑞皇(重庆)钟表有限公司	钟表、眼镜零售	重庆市渝中区
重庆市万州区福意百货有限公司	百货零售	重庆市万州区
重庆沁园餐饮管理有限公司	糕点、面包零售	重庆市九龙坡区
重庆印龙服饰有限公司	服装零售	重庆市北碚区
四川省		
中国石油化工股份有限公司四川石油分公司	机动车燃料零售	四川省成都市
中国石油天然气股份有限公司四川成都销售分公司	机动车燃料零售	四川省成都市
中国石油天然气股份有限公司四川销售成品油分公司	机动车燃料零售	四川省成都市
成都红旗连锁股份有限公司	超级市场零售	四川省成都市
成都伊藤洋华堂有限公司	百货零售	四川省成都市
四川苏宁电器有限公司	日用家电设备零售	四川省成都市
延长壳牌(四川)石油有限公司	机动车燃料零售	四川省成都市

4-2 续表 36

企业名称	所属行业	企业所在地
新华文轩出版传媒股份有限公司	图书、报刊零售	四川省成都市
成都京东世纪贸易有限公司	互联网零售	四川省成都市
成都国美电器有限公司	日用家电设备零售	四川省成都市
中国石油天然气股份有限公司四川乐山销售分公司	机动车燃料零售	四川省乐山市
中国石油天然气公司泸州销售分公司	机动车燃料零售	四川省泸州市
中国石油天然气股份有限公司四川攀枝花销售分公司	机动车燃料零售	四川省攀枝花市
中国石油天然汽股份有限公司四川绵阳销售分公司	机动车燃料零售	四川省绵阳市
成都王府井百货有限公司	百货零售	四川省成都市
中国石油天然气股份有限公司四川凉山销售分公司	机动车燃料零售	四川省凉山彝族自治州
中国石油天然气股份有限公司四川广安销售分公司	机动车燃料零售	四川省广安市
成商集团股份有限公司	百货零售	四川省成都市
中国石油天然气股份有限公司四川南充销售分公司	机动车燃料零售	四川省南充市
中国石油天然气股份有限公司四川达州销售分公司	机动车燃料零售	四川省达州市
中国石油天然气股份有限公司四川眉山销售分公司	机动车燃料零售	四川省眉山市
四川华星锦业汽车销售服务有限公司	汽车零售	四川省成都市
中国石油天然气股份有限公司四川资阳销售分公司	机动车燃料零售	四川省资阳市
成都家乐福超市有限公司	超级市场零售	四川省成都市
四川新双立汽车销售服务有限责任公司	汽车零售	四川省成都市
成都万友经济开发总公司	汽车零售	四川省成都市
成都新元素兴业汽车服务有限公司	汽车零售	四川省成都市
成都宝悦汽车有限公司	汽车零售	四川省成都市
中国石油天然气股份有限公司四川巴中销售分公司	机动车燃料零售	四川省巴中市
四川华星名仕汽车销售服务有限公司	汽车零售	四川省成都市
中石化绵阳石化销售有限公司	机动车燃料零售	四川省绵阳市
成都青羊区仁和春天百货有限公司	百货零售	四川省成都市
中国石油天然气股份有限公司四川内江销售分公司	机动车燃料零售	四川省内江市
中国石油天然气股份有限公司四川自贡销售分公司	机动车燃料零售	四川省自贡市
成都仁和春天百货有限公司	百货零售	四川省成都市
中国石油化工股份有限公司四川攀枝花石油分公司	机动车燃料零售	四川省攀枝花市
成都市人人乐商业有限公司	百货零售	四川省成都市
泸州汇通百货股份有限公司	百货零售	四川省泸州市
百丽鞋业成都有限公司	鞋帽零售	四川省成都市
成都建国汽车贸易有限公司	汽车零售	四川省成都市
中国石油天然气股份有限公司四川遂宁销售分公司	机动车燃料零售	四川省遂宁市
四川省汇星实业(集团)有限公司	百货零售	四川省绵阳市
四川领跑体育用品有限公司	服装零售	四川省成都市
成都王府井购物中心有限公司	百货零售	四川省成都市
中国石油化工股份有限公司乐山石油分公司	机动车燃料零售	四川省乐山市
成都舞东风连锁超市有限责任公司	超级市场零售	四川省成都市
四川省互惠商业责任有限公司	超级市场零售	四川省成都市
成都大商投资有限公司	百货零售	四川省成都市
万源市爱家商贸有限公司	超级市场零售	四川省达州市
成都美美力诚百货有限公司	服装零售	四川省成都市
成都讯捷通讯连锁有限公司	通信设备零售	四川省成都市
成都国滔网络技术有限公司	计算机、软件及辅助设备零售	四川省成都市
成都好又多百货商业广场有限公司	超级市场零售	四川省成都市
成都欧尚超市有限公司	超级市场零售	四川省成都市
乐山市大众汽车贸易有限公司	汽车零售	四川省乐山市
唯品会(简阳)电子商务有限公司	互联网零售	四川省资阳市
群光大陆实业(成都)有限公司	计算机、软件及辅助设备零售	四川省成都市
成都宜家家居有限公司	家具零售	四川省成都市

4-2 续表 37

企业名称	所属行业	企业所在地
四川家福来实业集团有限公司	日用家电设备零售	四川省绵阳市
四川省达州商业集团有限公司	百货零售	四川省达州市
成都屈臣氏个人用品商店有限公司	化妆品及卫生用品零售	四川省成都市
四川哦哦超市连锁管理有限公司	超级市场零售	四川省成都市
四川卓尔百货有限公司	超级市场零售	四川省内江市
成都伊斯丹百货有限公司	百货零售	四川省成都市
成都欧尚超市有限公司高新店	超级市场零售	四川省成都市
四川宜宾叙府旅游开发有限公司	百货零售	四川省宜宾市
成都市青羊区红旗连锁有限公司	百货零售	四川省成都市
成都市锦江区红旗连锁有限公司	超级市场零售	四川省成都市
四川华润万通燃气股份有限公司	生活用燃料零售	四川省遂宁市
成都市滔博商贸有限公司	鞋帽零售	四川省成都市
四川汇金商贸有限公司	酒、饮料及茶叶零售	四川省德阳市
达县美好农贸有限责任公司	肉、禽、蛋、奶及水产品零售	四川省达州市
四川星普五星电器有限公司	日用家电设备零售	四川省成都市
成都爱林实业有限公司	服装零售	四川省成都市
成都市成华区红旗连锁有限公司	超级市场零售	四川省成都市
绵阳兴达好又多商贸有限公司	超级市场零售	四川省绵阳市
成都九龙贸易连锁有限责任公司	超级市场零售	四川省成都市
四川雅安博娟超市连锁有限公司	百货零售	四川省雅安市
成都远东百货有限公司	百货零售	四川省成都市
四川家乐福商业有限公司	超级市场零售	四川省成都市
成都美特斯邦威服饰有限责任公司	服装零售	四川省成都市
自贡市家和超市有限责任公司	超级市场零售	四川省自贡市
都江堰百伦商贸有限公司	百货零售	四川省成都市
成都通能压缩天然气有限公司	生活用燃料零售	四川省成都市
成都好家乡超市有限公司	超级市场零售	四川省成都市
四川省眉山宏远商贸有限公司	百货零售	四川省眉山市
四川九鼎集团有限公司	百货零售	四川省自贡市
渠县凯歌超市有限公司	超级市场零售	四川省达州市
宣汉县金向食品有限公司	肉、禽、蛋、奶及水产品零售	四川省达州市
成都统一量贩超市有限公司	超级市场零售	四川省成都市
贵州省		
中国石油化工股份有限公司贵州遵义石油分公司	机动车燃料零售	贵州省遵义市
中国石油化工股份有限公司六盘水石油分公司	机动车燃料零售	贵州省六盘水市
中国石油天然气股份有限公司贵州贵阳销售分公司	机动车燃料零售	贵州省贵阳市
中国石油化工股份有限公司贵州黔西南州石油分公司	机动车燃料零售	贵州省黔西南布依族苗族自治州
中国石油化工股份有限公司贵州安顺石油分公司	机动车燃料零售	贵州省安顺市
中国石油化工股份有限公司贵州铜仁分公司	机动车燃料零售	贵州省铜仁市
中国石油股份有限公司遵义销售分公司	机动车燃料零售	贵州省遵义市
中国石油天然气股份有限公司贵州毕节销售分公司	机动车燃料零售	贵州省毕节市
家有购物集团有限公司	邮购及电视、电话零售	贵州省贵阳市
贵阳星力百货集团有限公司	百货零售	贵州省贵阳市
贵阳东方苏宁电器有限公司	日用家电设备零售	贵州省贵阳市
贵州星力百货购物广场有限公司	百货零售	贵州省贵阳市
贵州永辉超市有限公司	超级市场零售	贵州省贵阳市
贵州国美电器有限公司	日用家电设备零售	贵州省贵阳市
贵州合力购物有限责任公司	超级市场零售	贵州省贵阳市
贵州一树连锁药业有限公司	药品零售	贵州省贵阳市
贵州滔搏体育用品有限公司	服装零售	贵州省贵阳市

4-2 续表 38

企业名称	所属行业	企业所在地
云南省		
中国石油天然气股份有限公司云南昆明销售分公司	机动车燃料零售	云南省昆明市
中国石油化工股份有限责任公司云南红河石油分公司	机动车燃料零售	云南省红河哈尼族彝族自治州
云南鸿翔一心堂药业(集团)股份有限公司	药品零售	云南省昆明市
云南沃尔玛百货有限公司	超级市场零售	云南省昆明市
中国石油化工股份有限公司云南昭通石油分公司	机动车燃料零售	云南省昭通市
中国石油化工股份有限公司云南文山石油分公司	机动车燃料零售	云南省文山壮族苗族自治州
中国石油天然气股份有限公司云南红河销售分公司	机动车燃料零售	云南省红河哈尼族彝族自治州
中国石油化工股份有限公司云南保山石油分公司	机动车燃料零售	云南省保山市
昆明云顺和商业发展有限公司	百货零售	云南省昆明市
云南万友汽车销售服务有限公司	汽车零配件零售	云南省昆明市
昆明家乐福超市有限公司	超级市场零售	云南省昆明市
昆明诺仕达企业(集团)有限公司	珠宝首饰零售	云南省昆明市
中国石油天然气股份有限公司云南文山销售分公司	机动车燃料零售	云南省文山壮族苗族自治州
昆明七彩云南实业股份有限公司	珠宝首饰零售	云南省昆明市
云南强林石化有限公司	机动车燃料零售	云南省昆明市
昆明国美电器有限公司	家用视听设备零售	云南省昆明市
云南英茂商务有限公司	汽车零售	云南省昆明市
昆明百货大楼商业有限公司	百货零售	云南省昆明市
中国石油天然气股份有限公司云南玉溪销售分公司	机动车燃料零售	云南省玉溪市
中国石油天然气股份有限公司云南保山销售分公司	机动车燃料零售	云南省保山市
昆明金美百货有限公司	百货零售	云南省昆明市
中国石油天然气股份有限公司云南昭通销售分公司	机动车燃料零售	云南省昭通市
云南苏宁电器有限公司	家用视听设备零售	云南省昆明市
云南中驰汽车销售服务有限公司	汽车零售	云南省昆明市
云南玉溪百信商贸集团有限公司	超级市场零售	云南省玉溪市
云南健之佳连锁健康药房有限公司	药品零售	云南省昆明市
沃尔玛(云南)商业零售有限公司	超级市场零售	云南省昆明市
昆明王府井百货有限责任公司	百货零售	云南省昆明市
昆明雄达商贸有限责任公司	酒、饮料及茶叶零售	云南省昆明市
会泽县土产公司综合市场	其他综合零售	云南省曲靖市
昆明顺城若普商贸有限公司	服装零售	云南省昆明市
昆明新华书店连锁有限公司	图书、报刊零售	云南省昆明市
云南美好家园商贸有限公司	百货零售	云南省昆明市
云南白药大药房有限公司	药品零售	云南省昆明市
云南立锐体育用品有限公司	服装零售	云南省昆明市
易门县龙泉市场开发有限公司	其他综合零售	云南省玉溪市
云南省曲靖市吉玛特百货有限公司	超级市场零售	云南省曲靖市
云南楚雄鹿城大厦实业有限责任公司	百货零售	云南省楚雄彝族自治州
安宁市金方商业集团有限责任公司	超级市场零售	云南省昆明市
西藏自治区		
西藏天圣药业有限公司	药品零售	西藏自治区拉萨市
西藏泰达厚生医药有限公司	药品零售	西藏自治区拉萨市
陕西省		
陕西西北轻工批发市场经营管理有限公司	日用家电设备零售	陕西省西安市
陕西延长壳牌石油有限公司	机动车燃料零售	陕西省西安市
西安大明宫雁塔购物广场有限责任公司	家具零售	陕西省西安市
陕西华润万家生活超市有限公司	超级市场零售	陕西省西安市
西安市人人乐超市有限公司	超级市场零售	陕西省西安市
陕西华东置业发展有限公司	服装零售	陕西省西安市
西安市国美电器有限公司	日用家电设备零售	陕西省西安市

4-2 续表 39

企业名称	所属行业	企业所在地
中国石油化工股份有限公司陕西榆林石油分公司	机动车燃料零售	陕西省榆林市
西安开元商城有限公司	百货零售	陕西省西安市
陕西苏宁电器有限责任公司	日用家电设备零售	陕西省西安市
西安之星汽车有限公司	汽车零售	陕西省西安市
西安爱家超市有限公司	超级市场零售	陕西省西安市
陕西凯达投资集团有限责任公司	服装零售	陕西省西安市
西安民生集团股份有限公司	百货零售	陕西省西安市
世纪金花股份有限公司	百货零售	陕西省西安市
陕西省军区军人服务社	百货零售	陕西省西安市
宝鸡商场有限公司	超级市场零售	陕西省宝鸡市
陕西万佳购物广场有限公司	家具零售	陕西省西安市
西安兴正元购物中心有限公司	百货零售	陕西省西安市
咸阳世纪金花商贸有限公司	超级市场零售	陕西省咸阳市
西安双鹤医药股份有限公司	药品零售	陕西省西安市
西安航天龙腾丰田汽车销售服务有限公司	汽车零售	陕西省西安市
西安光彩商贸有限责任公司	灯具零售	陕西省西安市
宝鸡天健医药有限公司	药品零售	陕西省宝鸡市
陕西渭南燕兴实业有限公司	汽车零售	陕西省渭南市
陕西五环胜道运动产业开发有限公司	服装零售	陕西省西安市
陕西乐家电视购物有限责任公司	邮购及电视、电话零售	陕西省西安市
陕西民生家乐商业连锁有限责任公司	超级市场零售	陕西省西安市
西安秋林商贸有限责任公司	百货零售	陕西省西安市
西安易初莲花连锁超市有限公司	超级市场零售	陕西省西安市
宝鸡人民商场股份有限公司	百货零售	陕西省宝鸡市
西安宝秦贸易有限公司	体育用品及器材零售	陕西省西安市
延安百货大楼(集团)有限公司	百货零售	陕西省延安市
开元商城宝鸡有限公司	百货零售	陕西省宝鸡市
西安市新华书店	图书、报刊零售	陕西省西安市
西安美特斯邦威服饰有限责任公司	服装零售	陕西省西安市
咸阳华润万家生活超市有限公司	超级市场零售	陕西省咸阳市
西安世纪金花宜品生活用品有限公司	超级市场零售	陕西省西安市
西安怡康医药连锁有限责任公司	药品零售	陕西省西安市
陕西老百姓大药房连锁有限公司	药品零售	陕西省西安市
沃尔玛陕西百货有限公司	超级市场零售	陕西省西安市
宝鸡华通商厦有限责任公司	百货零售	陕西省宝鸡市
勉县新世纪商城	超级市场零售	陕西省汉中市
西安大润发超市有限公司	百货零售	陕西省西安市
陕西乐友商贸有限公司	其他日用品零售	陕西省西安市
城固县经贸市场建设服务有限公司	纺织品及针织品零售	陕西省汉中市
甘肃省		
中国石油天然气股份有限公司甘肃兰州销售分公司	机动车燃料零售	甘肃省兰州市
甘肃中油交通油品有限公司	机动车燃料零售	甘肃省兰州市
中国石油甘肃白银销售分公司	机动车燃料零售	甘肃省白银市
中国石油天然气股份有限公司甘肃天水销售分公司	机动车燃料零售	甘肃省天水市
中国石油天然气股份有限公司甘肃定西销售分公司	机动车燃料零售	甘肃省定西市
中国石油天然气股份有限公司甘肃陇南销售分公司	机动车燃料零售	甘肃省陇南市
兰州国芳百盛购物广场有限责任公司	百货零售	甘肃省兰州市
兰州民百(集团)股份有限公司	百货零售	甘肃省兰州市
兰州西太华工贸集团股份有限公司	百货零售	甘肃省兰州市
兰州良志实业集团有限责任公司	汽车零售	甘肃省兰州市
甘肃华润万家生活超市有限公司	百货零售	甘肃省兰州市

4-2 续表 40

企业名称	所属行业	企业所在地
甘肃国芳综合超市有限公司	百货零售	甘肃省兰州市
甘肃东方百佳商贸有限公司	超级市场零售	甘肃省庆阳市
兰州惠仁堂药业有限公司	药品零售	甘肃省兰州市
甘肃众友健康医药连锁有限公司	药品零售	甘肃省兰州市
兰州虹盛百货购物广场有限公司	百货零售	甘肃省兰州市
兰州大润发商业有限公司	百货零售	甘肃省兰州市
甘肃新乐连锁超市有限责任公司	超级市场零售	甘肃省张掖市
青海省		
西宁大十字百货商店有限公司	百货零售	青海省西宁市
北京华联综合超市股份有限公司青海第一分公司	超级市场零售	青海省西宁市
青海百货有限责任公司	百货零售	青海省西宁市
青海宁食(集团)有限公司	其他综合零售	青海省西宁市
西宁王府井百货有限责任公司	百货零售	青海省西宁市
宁夏回族自治区		
中油宁夏吴忠销售分公司	机动车燃料零售	宁夏回族自治区吴忠市
银川市新华百货连锁超市有限公司	超级市场零售	宁夏回族自治区银川市
银川新华百货东桥电器有限公司	日用家电设备零售	宁夏回族自治区银川市
宁夏华润万家生活超市有限公司	百货零售	宁夏回族自治区银川市
新疆维吾尔自治区		
中国石油天然气股份有限公司新疆乌鲁木齐销售公司	机动车燃料零售	新疆维吾尔自治区乌鲁木齐市
新疆友好集团股份有限公司	百货零售	新疆维吾尔自治区乌鲁木齐市
国药集团新疆新特药业有限公司	药品零售	新疆维吾尔自治区乌鲁木齐市
美克美家家具连锁有限公司	家具零售	新疆维吾尔自治区乌鲁木齐市
新疆国美电器有限公司	家用视听设备零售	新疆维吾尔自治区乌鲁木齐市
新疆友好百盛商业发展有限公司	百货零售	新疆维吾尔自治区乌鲁木齐市
新疆好家乡超市有限公司	超级市场零售	新疆维吾尔自治区乌鲁木齐市
新疆家乐福超市有限公司	超级市场零售	新疆维吾尔自治区乌鲁木齐市
新疆苏宁电器有限公司	家用视听设备零售	新疆维吾尔自治区乌鲁木齐市
新疆友好集团库尔勒天百商贸有限公司	百货零售	新疆维吾尔自治区巴音郭楞蒙古自治州
新疆宏景通讯有限公司	通信设备零售	新疆维吾尔自治区乌鲁木齐市
新疆丹璐时尚百货有限公司	服装零售	新疆维吾尔自治区乌鲁木齐市
新疆百草堂医药连锁经销有限公司	药品零售	新疆维吾尔自治区乌鲁木齐市

4-3 分地区大型住宿业企业名单

企业名称	所属行业	企业所在地
北京市		
中国国际贸易中心有限公司	旅游饭店	北京市朝阳区
北京燕莎中心有限公司	旅游饭店	北京市朝阳区
北京九华山庄集团股份有限公司	旅游饭店	北京市昌平区
北京香格里拉饭店有限公司	旅游饭店	北京市海淀区
王府饭店有限公司	旅游饭店	北京市东城区
北京富华金宝中心有限公司	旅游饭店	北京市东城区
北京世纪金源大饭店有限责任公司	旅游饭店	北京市海淀区
北京昆仑饭店有限公司	旅游饭店	北京市朝阳区
北京友谊宾馆	旅游饭店	北京市海淀区
中国职工之家	旅游饭店	北京市西城区
北京市北京饭店	旅游饭店	北京市东城区
北京国际饭店	旅游饭店	北京市东城区
北京温都水城旅游饭店管理有限公司	旅游饭店	北京市昌平区
北京市蟹岛绿色生态农庄有限公司	旅游饭店	北京市朝阳区
北京亮马河大厦有限公司	旅游饭店	北京市朝阳区
桔子酒店管理(中国)有限公司	旅游饭店	北京市海淀区
七天快捷酒店管理(北京)有限公司	一般旅馆	北京市东城区
北京国际俱乐部有限公司	旅游饭店	北京市朝阳区
北京汉华国际饭店有限公司	旅游饭店	北京市东城区
丽都饭店有限公司	旅游饭店	北京市朝阳区
北京市西苑饭店	旅游饭店	北京市海淀区
北京香江财富酒店有限公司	旅游饭店	北京市朝阳区
东方艺术大厦有限公司	旅游饭店	北京市朝阳区
北京嘉里大酒店有限公司	旅游饭店	北京市朝阳区
北京香港马会会所有限公司	旅游饭店	北京市东城区
北京新世纪饭店有限公司	旅游饭店	北京市海淀区
北京春晖园文化娱乐有限责任公司	旅游饭店	北京市顺义区
北京市长富宫中心有限责任公司	旅游饭店	北京市朝阳区
北京金融街国际酒店有限公司	旅游饭店	北京市西城区
北京市长城饭店公司	旅游饭店	北京市朝阳区
如家和美酒店管理(北京)有限公司	一般旅馆	北京市朝阳区
北京天伦饭店有限公司	旅游饭店	北京市东城区
赛特集团有限公司	旅游饭店	北京市朝阳区
港澳中心有限公司	旅游饭店	北京市东城区
北京金隅凤山温泉度假村有限公司	旅游饭店	北京市昌平区
北京首都旅游国际酒店集团有限公司	一般旅馆	北京市东城区
北京新疆大厦	旅游饭店	北京市海淀区
北京云南大厦酒店有限公司	旅游饭店	北京市朝阳区
盘古氏国际大酒店有限责任公司	旅游饭店	北京市朝阳区
首都大酒店	旅游饭店	北京市东城区
北京华侨大厦有限公司	旅游饭店	北京市东城区
梅地亚电视中心有限公司	旅游饭店	北京市海淀区
中国妇女活动中心	旅游饭店	北京市东城区
北京市京伦饭店有限责任公司	旅游饭店	北京市朝阳区
北京新侨饭店有限公司	旅游饭店	北京市东城区
北京歌华开元大酒店有限公司	旅游饭店	北京市朝阳区
北京裕龙国际酒店	旅游饭店	北京市海淀区
北京贵宾楼饭店有限公司	旅游饭店	北京市东城区
北京亚洲大酒店有限公司	旅游饭店	北京市东城区
北京欣燕都酒店连锁有限公司	旅游饭店	北京市西城区

4-3 续表 1

企业名称	所属行业	企业所在地
北京润东酒店管理有限公司	旅游饭店	北京市东城区
北京光明饭店有限公司	旅游饭店	北京市朝阳区
北京燕京饭店有限责任公司	旅游饭店	北京市西城区
北京市建国饭店公司	旅游饭店	北京市朝阳区
北京龙熙温泉度假酒店有限公司	旅游饭店	北京市大兴区
保利大厦有限公司	旅游饭店	北京市东城区
北京凯迪克格兰云天大酒店有限公司	旅游饭店	北京市朝阳区
北京和平宾馆有限公司	旅游饭店	北京市东城区
北京西郊宾馆有限责任公司	旅游饭店	北京市海淀区
文津国际酒店管理(北京)有限公司	旅游饭店	北京市海淀区
渔阳饭店有限公司	旅游饭店	北京市朝阳区
中日青年交流中心	旅游饭店	北京市朝阳区
北京京铁天佑酒店管理有限公司	旅游饭店	北京市丰台区
北京国宾酒店有限责任公司	旅游饭店	北京市西城区
北京市中家鑫园温泉酒店	旅游饭店	北京市顺义区
北京京都信苑饭店有限公司	旅游饭店	北京市海淀区
北京港中旅维景国际大酒店有限公司	旅游饭店	北京市西城区
北京稻香湖投资发展有限责任公司	一般旅馆	北京市海淀区
北京北方华天置业有限公司	旅游饭店	北京市海淀区
北京伯豪瑞廷酒店有限责任公司	旅游饭店	北京市朝阳区
北京和园景逸大酒店有限公司	旅游饭店	北京市顺义区
北京中环鑫融酒店管理有限公司	旅游饭店	北京市西城区
北京市人民政府宽沟招待所	旅游饭店	北京市怀柔区
北京劳动大厦有限责任公司	旅游饭店	北京市朝阳区
北京银泉大厦	旅游饭店	北京市海淀区
天津市		
天津滨海泰达酒店开发有限公司	旅游饭店	天津市滨海新区
御道津旅(天津)发展有限公司威斯汀酒店	旅游饭店	天津市和平区
河北省		
河北世纪大饭店有限公司	旅游饭店	河北省石家庄市
新奥集团艾力枫社酒店有限公司	一般旅馆	河北省廊坊市
河北宾馆有限公司	旅游饭店	河北省石家庄市
秦皇岛秦皇国际大酒店有限公司	旅游饭店	河北省秦皇岛市
兴华财富集团武安财富国际酒店有限公司	一般旅馆	河北省邯郸市
石家庄世贸广场酒店有限公司	旅游饭店	河北省石家庄市
河北白鹿温泉旅游度假股份有限公司	旅游饭店	河北省石家庄市
福成国际大酒店有限公司	一般旅馆	河北省廊坊市
山西省		
山西迎泽宾馆	旅游饭店	山西省太原市
大同市云冈宾馆有限责任公司	旅游饭店	山西省大同市
山西晋祠宾馆	旅游饭店	山西省太原市
内蒙古自治区		
内蒙古东达酒店有限公司锦江国际大酒店	旅游饭店	内蒙古自治区呼和浩特市
内蒙古饭店有限责任公司	旅游饭店	内蒙古自治区呼和浩特市
香格里拉大酒店(呼和浩特)有限公司	旅游饭店	内蒙古自治区呼和浩特市
香格里拉大酒店(包头)有限公司	旅游饭店	内蒙古自治区包头市
包头海德酒店有限公司	旅游饭店	内蒙古自治区包头市
内蒙古新城宾馆旅游业集团有限责任公司	旅游饭店	内蒙古自治区呼和浩特市
辽宁省		
大连香格里拉酒店有限公司	旅游饭店	辽宁省大连市
大连富丽华大酒店	旅游饭店	辽宁省大连市

4-3　续表 2

企业名称	所属行业	企业所在地
辽宁瑞心酒店集团有限责任公司	旅游饭店	辽宁省沈阳市
沈阳丽都商务有限公司沈阳丽都喜来登饭店	旅游饭店	辽宁省沈阳市
辽宁大厦	旅游饭店	辽宁省沈阳市
营口红运酒店管理有限公司红运大饭店	旅游饭店	辽宁省营口市
沈阳盛贸饭店有限公司	旅游饭店	辽宁省沈阳市
营口港丰大酒店有限公司	旅游饭店	辽宁省营口市
大连长江广场有限公司日航饭店	旅游饭店	辽宁省大连市
沈阳北方航空扬子实业有限公司	旅游饭店	辽宁省沈阳市
沈阳市碧桂园玛丽蒂姆酒店有限公司	旅游饭店	辽宁省沈阳市
沈阳黎明酒店管理有限公司黎明国际酒店	旅游饭店	辽宁省沈阳市
辽宁友谊宾馆	旅游饭店	辽宁省沈阳市
吉林省		
长春香格里拉大酒店有限公司	旅游饭店	吉林省长春市
长春金安大饭店有限公司	旅游饭店	吉林省长春市
吉林省松苑宾馆	旅游饭店	吉林省长春市
黑龙江省		
哈尔滨香格里拉大饭店有限公司	旅游饭店	黑龙江省哈尔滨市
哈尔滨万达商业投资有限公司万达索菲特大酒店	旅游饭店	黑龙江省哈尔滨市
哈尔滨华旗饭店有限公司	旅游饭店	黑龙江省哈尔滨市
哈尔滨友谊宫宾馆	旅游饭店	黑龙江省哈尔滨市
上海市		
上海浦东新区香格里拉酒店有限公司	旅游饭店	上海市浦东新区
上海王宝和大酒店有限公司	旅游饭店	上海市黄浦区
锦江之星旅馆有限公司	一般旅馆	上海市闵行区
上海明天广场有限公司金威万豪酒店	旅游饭店	上海市黄浦区
上海国际会议中心有限公司	旅游饭店	上海市浦东新区
上海汽车工业活动中心	旅游饭店	上海市嘉定区
静安希尔顿饭店	旅游饭店	上海市静安区
上海西郊宾馆	旅游饭店	上海市长宁区
花园饭店	旅游饭店	上海市黄浦区
上海锦江饭店有限公司	旅游饭店	上海市黄浦区
上海太平洋大饭店有限公司	旅游饭店	上海市长宁区
上海元一酒店有限公司	一般旅馆	上海市闵行区
上海扬子江大酒店有限公司	旅游饭店	上海市长宁区
上海光大会展中心有限公司	旅游饭店	上海市徐汇区
上海上实南洋大酒店有限公司	旅游饭店	上海市静安区
上海锦江汤臣大酒店有限公司	旅游饭店	上海市浦东新区
上海虹桥迎宾馆	旅游饭店	上海市长宁区
上海东郊宾馆有限公司	旅游饭店	上海市浦东新区
上海长峰酒店管理有限公司	旅游饭店	上海市长宁区
上海市衡山(集团)公司	旅游饭店	上海市徐汇区
上海紫泰酒店管理有限公司	旅游饭店	上海市长宁区
上海和平饭店有限公司	旅游饭店	上海市黄浦区
上海华亭宾馆有限公司	旅游饭店	上海市徐汇区
上海新发展大酒店有限公司	旅游饭店	上海市普陀区
上海新世界丽笙大酒店有限公司	其他住宿业	上海市黄浦区
上海耀达房地产开发有限公司浦西洲际酒店	其他住宿业	上海市闸北区
上海虹桥宾馆有限公司	旅游饭店	上海市长宁区
上海市上海宾馆有限公司	旅游饭店	上海市静安区
上海兴国宾馆	旅游饭店	上海市长宁区
上海斯格威大酒店有限公司	旅游饭店	上海市黄浦区

4-3 续表 3

企业名称	所属行业	企业所在地
上海锦沧文华大酒店有限公司	旅游饭店	上海市静安区
上海国际贵都大饭店有限公司	旅游饭店	上海市静安区
上海南新雅大酒店有限公司	旅游饭店	上海市黄浦区
上海海仑宾馆有限公司	旅游饭店	上海市黄浦区
上海松江开元名都大酒店有限公司	其他住宿业	上海市松江区
上海银河宾馆有限公司	旅游饭店	上海市长宁区
上海建国宾馆有限公司	旅游饭店	上海市徐汇区
上海海鸥国际酒店投资管理有限公司	旅游饭店	上海市长宁区
上海东锦江大酒店有限公司	旅游饭店	上海市浦东新区
上海世茂庄园置业有限公司世茂佘山艾美酒店	旅游饭店	上海市徐汇区
上海紫金山大酒店	旅游饭店	上海市浦东新区
上海悦华大酒店	旅游饭店	上海市奉贤区
上海锦江国际饭店有限公司	旅游饭店	上海市黄浦区
上海国际网球中心酒店管理有限公司	旅游饭店	上海市徐汇区
银星宾馆	旅游饭店	上海市长宁区
上海天禧嘉福璞缇客酒店有限公司	一般旅馆	上海市闵行区
宝钢集团宝山宾馆	旅游饭店	上海市宝山区
上海大众空港宾馆有限公司	其他住宿业	上海市浦东新区
上海古象大酒店有限公司	旅游饭店	上海市黄浦区
上海宝隆宾馆有限公司	旅游饭店	上海市虹口区
上海大厦	旅游饭店	上海市虹口区
格林豪泰酒店(中国)有限公司	一般旅馆	上海市普陀区
江苏省		
金陵饭店股份有限公司	旅游饭店	江苏省南京市
苏州工业园区金鸡湖大酒店有限公司	旅游饭店	江苏省苏州市
南京中山大厦	旅游饭店	江苏省南京市
无锡湖滨饭店有限公司	旅游饭店	江苏省无锡市
苏州中茵皇冠假日酒店有限公司	旅游饭店	江苏省苏州市
江苏省会议中心有限公司(钟山宾馆)	旅游饭店	江苏省南京市
无锡汉爵投资有限公司	旅游饭店	江苏省无锡市
苏州新城花园酒店有限公司	旅游饭店	江苏省苏州市
南京维景国际大酒店有限公司	旅游饭店	江苏省南京市
常州富都大酒店有限公司	旅游饭店	江苏省常州市
南京玄武饭店有限责任公司	旅游饭店	江苏省南京市
南京中心大酒店有限公司	旅游饭店	江苏省南京市
南京黄马实业有限公司	旅游饭店	江苏省南京市
江阴国际大酒店有限公司	旅游饭店	江苏省无锡市
宜兴宾馆	旅游饭店	江苏省无锡市
南京国际会议大酒店	旅游饭店	江苏省南京市
徐州开元名都大酒店有限公司	旅游饭店	江苏省徐州市
南京古南都饭店有限公司	旅游饭店	江苏省南京市
常州涵田度假村酒店管理有限公司	旅游饭店	江苏省常州市
苏州胥城大厦有限公司	旅游饭店	江苏省苏州市
江苏天目湖宾馆有限公司	旅游饭店	江苏省常州市
吴江松陵饭店有限公司	旅游饭店	江苏省苏州市
泰州会宾楼宾馆有限公司	旅游饭店	江苏省泰州市
南京新纪元大酒店有限公司	旅游饭店	江苏省南京市
扬州迎宾馆有限责任公司	旅游饭店	江苏省扬州市
张家港华芳金陵国际酒店有限公司	旅游饭店	江苏省苏州市
苏州市会议中心	旅游饭店	江苏省苏州市
苏州同里湖大饭店有限公司	旅游饭店	江苏省苏州市
中国人民解放军南京军区华东饭店	旅游饭店	江苏省南京市

4-3 续表 4

企业名称	所属行业	企业所在地
浙江省		
上虞国际大酒店有限公司	旅游饭店	浙江省绍兴市
杭州华溥实业有限公司	旅游饭店	浙江省杭州市
浙江开元酒店投资管理集团有限公司杭州开元名都大酒店	旅游饭店	浙江省杭州市
香格里拉大酒店(温州)有限公司	旅游饭店	浙江省温州市
香格里拉大酒店(宁波)有限公司	旅游饭店	浙江省宁波市
杭州黄龙饭店有限公司	旅游饭店	浙江省杭州市
宁波华侨饭店有限公司	旅游饭店	浙江省宁波市
宁波东港波特曼大酒店有限公司	旅游饭店	浙江省宁波市
温州王朝大酒店有限公司	旅游饭店	浙江省温州市
浙江世贸君澜大饭店	旅游饭店	浙江省杭州市
杭州国际会议中心有限公司	旅游饭店	浙江省杭州市
温州万和豪生大酒店有限公司	旅游饭店	浙江省温州市
杭州香格里拉饭店有限公司	旅游饭店	浙江省杭州市
宁波南苑集团股份有限公司	旅游饭店	浙江省宁波市
浙江金马饭店有限公司	旅游饭店	浙江省杭州市
宁波太平洋大酒店有限公司	旅游饭店	浙江省宁波市
杭州之江饭店	旅游饭店	浙江省杭州市
宁波开元名都大酒店有限公司	旅游饭店	浙江省宁波市
温州华侨饭店有限公司	旅游饭店	浙江省温州市
上虞雷迪森万锦大酒店有限公司	旅游饭店	浙江省绍兴市
浙江萧山宾馆股份有限公司	旅游饭店	浙江省杭州市
纳德酒店股份有限公司	旅游饭店	浙江省杭州市
锦绣天地酒店管理有限公司	旅游饭店	浙江省杭州市
慈溪市杭州湾大酒店有限公司	旅游饭店	浙江省宁波市
绍兴咸亨大酒店有限公司	旅游饭店	浙江省绍兴市
嘉兴富悦大酒店管理有限公司	旅游饭店	浙江省嘉兴市
台州耀达国际酒店有限公司	旅游饭店	浙江省台州市
永康宾馆	旅游饭店	浙江省金华市
温州锦绣酒店投资有限公司	旅游饭店	浙江省温州市
平湖圣雷克大酒店有限责任公司	旅游饭店	浙江省嘉兴市
杭州第一世界大酒店有限公司	旅游饭店	浙江省杭州市
义乌市锦都酒店有限公司	旅游饭店	浙江省金华市
杭州太虚湖假日酒店有限公司	旅游饭店	浙江省杭州市
金华市世贸大饭店有限公司	旅游饭店	浙江省金华市
苍南国际大酒店有限公司	一般旅馆	浙江省温州市
宁波市凯洲实业有限公司	旅游饭店	浙江省宁波市
浙江宾馆有限责任公司	旅游饭店	浙江省杭州市
宁波开元大酒店有限公司	旅游饭店	浙江省宁波市
浙江三立国际大酒店有限公司	旅游饭店	浙江省杭州市
杭州大华饭店	旅游饭店	浙江省杭州市
金华国贸大厦有限公司	旅游饭店	浙江省金华市
浙江开元酒店管理有限公司诸暨耀江开元名都大酒店	一般旅馆	浙江省绍兴市
瑞安市钱塘阳光假日酒店有限公司	旅游饭店	浙江省温州市
舟山市新华侨饭店有限责任公司	旅游饭店	浙江省舟山市
雷迪森旅业集团有限公司	旅游饭店	浙江省杭州市
安徽省		
安徽省世纪金源大饭店管理有限公司	旅游饭店	安徽省合肥市
安徽元一大酒店有限公司	旅游饭店	安徽省合肥市
合肥万达广场投资有限公司万达威斯汀酒店	旅游饭店	安徽省合肥市
安徽天鹅湖大酒店有限公司	旅游饭店	安徽省合肥市

4-3 续表 5

企业名称	所属行业	企业所在地
福建省		
厦门磐基大酒店有限公司	旅游饭店	福建省厦门市
福州香格里拉酒店有限公司	旅游饭店	福建省福州市
福州世纪金源大饭店有限公司	旅游饭店	福建省福州市
厦门和平里酒店有限公司	旅游饭店	福建省厦门市
厦门海悦山庄酒店有限公司	旅游饭店	福建省厦门市
厦门国际大酒店有限公司	旅游饭店	福建省厦门市
泉州酒店	旅游饭店	福建省泉州市
杭钢(厦门)酒店有限公司	旅游饭店	福建省厦门市
福清融侨大酒店	旅游饭店	福建省福州市
厦门悦华酒店	旅游饭店	福建省厦门市
福州西湖大酒店	旅游饭店	福建省福州市
厦门国际会议中心酒店有限公司	旅游饭店	福建省厦门市
泉州悦华酒店有限公司	旅游饭店	福建省泉州市
漳州宾馆	旅游饭店	福建省漳州市
厦门东方酒店有限公司	旅游饭店	福建省厦门市
厦门京闽中心酒店	旅游饭店	福建省厦门市
厦门福隆体育产业发展有限公司艾美酒店	旅游饭店	福建省厦门市
福州大饭店有限公司	旅游饭店	福建省福州市
福州美伦大饭店有限公司	旅游饭店	福建省福州市
晋江市荣誉国际酒店有限责任公司	旅游饭店	福建省泉州市
晋江市荣誉大酒店有限责任公司	旅游饭店	福建省泉州市
江西省		
江西嘉莱特和平国际酒店有限公司	旅游饭店	江西省南昌市
江西明月山天沐温泉度假有限公司	旅游饭店	江西省宜春市
山东省		
青岛香格里拉大酒店有限公司	旅游饭店	山东省青岛市
山东大厦	旅游饭店	山东省济南市
济南舜耕山庄	旅游饭店	山东省济南市
青岛奥海投资发展有限公司海尔洲际酒店	旅游饭店	山东省青岛市
山东银座佳驿酒店有限公司	一般旅馆	山东省济南市
青岛海景花园大酒店	旅游饭店	山东省青岛市
赤山集团有限公司赤山大酒店	旅游饭店	山东省威海市
济南海尔绿城置业有限公司喜来登酒店	旅游饭店	山东省济南市
青岛颐中国际大酒店有限公司	旅游饭店	山东省青岛市
港中旅(青岛)海泉湾有限公司	旅游饭店	山东省青岛市
青岛黄海饭店	旅游饭店	山东省青岛市
青岛汇泉王朝大饭店有限公司	旅游饭店	山东省青岛市
青岛万达广场置业有限公司万达艾美酒店	旅游饭店	山东省青岛市
青岛黄岛蓝海大饭店有限公司	旅游饭店	山东省青岛市
青岛府新大厦	旅游饭店	山东省青岛市
青岛海情大酒店	旅游饭店	山东省青岛市
山东银座泉城大酒店有限公司	旅游饭店	山东省济南市
河南省		
郑州裕达国贸酒店有限公司	旅游饭店	河南省郑州市
河南省黄河迎宾馆	旅游饭店	河南省郑州市
河南大河锦江饭店有限责任公司	旅游饭店	河南省郑州市
开封中州国际饭店有限公司	旅游饭店	河南省开封市
河南雅高国际饭店有限公司	旅游饭店	河南省郑州市
郑州市黄河饭店	旅游饭店	河南省郑州市
郑州兆丰中油投资有限公司花园酒店分公司	旅游饭店	河南省郑州市

4-3 续表 6

企业名称	所属行业	企业所在地
郑州中都饭店管理有限公司	旅游饭店	河南省郑州市
郑州市嵩山饭店	旅游饭店	河南省郑州市
湖北省		
武汉香格里拉大饭店有限公司	旅游饭店	湖北省武汉市
武汉武昌万达广场投资有限公司万达威斯汀酒店	旅游饭店	湖北省武汉市
湖北尚一特酒店管理有限公司	一般旅馆	湖北省襄阳市
武汉华美达光谷大酒店	旅游饭店	湖北省武汉市
武汉市七天酒店管理有限公司	旅游饭店	湖北省武汉市
湖北洪山宾馆有限公司	旅游饭店	湖北省武汉市
武汉江城明珠酒店有限公司	旅游饭店	湖北省武汉市
武汉马哥孛罗酒店有限公司	旅游饭店	湖北省武汉市
武汉扬子江游船有限公司	旅游饭店	湖北省武汉市
武汉光谷金盾大酒店有限公司	旅游饭店	湖北省武汉市
湖南省		
湖南运达酒店管理有限公司	旅游饭店	湖南省长沙市
湖南华雅国际大酒店有限公司	旅游饭店	湖南省长沙市
华天酒店集团股份有限公司	旅游饭店	湖南省长沙市
湖南国际金融大厦有限公司(潇湘华天大酒店)	旅游饭店	湖南省长沙市
湖南芙蓉国酒店管理有限公司	旅游饭店	湖南省长沙市
长沙通程国际广场置业发展有限公司	旅游饭店	湖南省长沙市
长沙世纪金源大饭店有限公司	旅游饭店	湖南省长沙市
衡阳四海神龙实业有限公司神龙大酒店	旅游饭店	湖南省衡阳市
湖南富丽华大酒店	旅游饭店	湖南省长沙市
湖南圣爵菲斯投资有限公司	旅游饭店	湖南省长沙市
长沙神农酒店管理有限公司	旅游饭店	湖南省长沙市
长沙明城国际大酒店有限责任公司	旅游饭店	湖南省长沙市
株洲华天大酒店有限责任公司	旅游饭店	湖南省株洲市
湖南湘投金源大酒店有限公司	旅游饭店	湖南省长沙市
中国长沙蓉园宾馆	旅游饭店	湖南省长沙市
长沙通程龙腾投资发展有限公司通程温泉大酒店	旅游饭店	湖南省长沙市
衡阳四海神龙实业有限公司神龙寿岳国际大酒店	旅游饭店	湖南省衡阳市
广东省		
七天酒店深圳有限公司	一般旅馆	广东省广州市
广州长隆集团有限公司长隆酒店分公司	旅游饭店	广东省广州市
广州花园酒店	旅游饭店	广东省广州市
香格里拉大酒店(广州琶洲)有限公司	旅游饭店	广东省广州市
深圳华侨城大酒店有限公司	旅游饭店	广东省深圳市
中国大酒店	旅游饭店	广东省广州市
香格里拉大酒店(深圳福田)有限公司	旅游饭店	广东省深圳市
佛山宾馆有限公司	旅游饭店	广东省佛山市
港中旅(珠海)海洋温泉有限公司	旅游饭店	广东省珠海市
广州富力恒盛置业发展有限公司富力丽思卡尔?酒店分公司	旅游饭店	广东省广州市
七天四季酒店(广州)有限公司	旅游饭店	广东省广州市
广州市东方宾馆股份有限公司	旅游饭店	广东省广州市
广州富力鼎盛置业发展有限公司富力君悦大酒店分公司	旅游饭店	广东省广州市
江门市逸豪酒店有限公司	旅游饭店	广东省江门市
星河实业(深圳)有限公司星河丽思卡尔顿酒店	旅游饭店	广东省深圳市
东莞市塘厦三正半山酒店有限公司	旅游饭店	广东省东莞市
东莞市会展国际大酒店	旅游饭店	广东省东莞市
惠州市康帝国际酒店有限公司	旅游饭店	广东省惠州市
广州市城建天誉房地产开发有限公司威斯汀酒店	旅游饭店	广东省广州市

4-3 续表 7

企业名称	所属行业	企业所在地
深圳圣廷苑酒店有限公司	旅游饭店	广东省深圳市
广东新白云宾馆有限公司	旅游饭店	广东省广州市
深圳市大中华喜来登酒店有限公司	旅游饭店	广东省深圳市
深圳香格里拉大酒店有限公司	旅游饭店	广东省深圳市
中山市京华世纪酒店有限公司	旅游饭店	广东省中山市
东莞市松山湖酒店有限公司	旅游饭店	广东省东莞市
保利(佛山)酒店有限公司	旅游饭店	广东省佛山市
深圳威尼斯酒店	旅游饭店	广东省深圳市
珠海度假村酒店有限公司	旅游饭店	广东省珠海市
金茂深圳酒店投资有限公司金茂深圳万豪酒店	旅游饭店	广东省深圳市
深圳市益田假日广场有限公司威斯汀酒店	旅游饭店	广东省深圳市
广东亚洲国际大酒店	旅游饭店	广东省广州市
广东省机场管理集团公司白云机场铂尔曼大酒店	旅游饭店	广东省广州市
梅县雁南飞茶田有限公司	旅游饭店	广东省梅州市
江门市名冠金凯悦大酒店有限公司	一般旅馆	广东省江门市
深圳市五洲宾馆有限责任公司	旅游饭店	广东省深圳市
中国对外贸易广州物业开发公司	旅游饭店	广东省广州市
东莞市帝豪花园酒店有限公司	旅游饭店	广东省东莞市
广州大厦有限公司	一般旅馆	广东省广州市
东莞旗峰山酒店有限公司	旅游饭店	广东省东莞市
东莞市嘉华酒店有限公司	旅游饭店	广东省东莞市
湛江康益广场娱乐有限公司	旅游饭店	广东省湛江市
深圳恒丰海悦国际酒店有限公司	旅游饭店	广东省深圳市
深圳市华侨城城市客栈有限公司	一般旅馆	广东省深圳市
揭西县京明温泉度假村有限公司	旅游饭店	广东省揭阳市
深圳好日子酒店有限公司	旅游饭店	广东省深圳市
广州市嘉逸国际酒店有限公司	旅游饭店	广东省广州市
加福投资(深圳)有限公司福朋喜来登酒店	旅游饭店	广东省深圳市
广州流花宾馆集团股份有限公司	旅游饭店	广东省广州市
广州市九龙湖旅游娱乐开发有限公司	旅游饭店	广东省广州市
广州华威达商务大酒店有限公司	旅游饭店	广东省广州市
东莞市宏远酒店有限公司	旅游饭店	广东省东莞市
增城市碧桂园凤凰城酒店有限公司	旅游饭店	广东省广州市
东莞市长安国际酒店有限公司	旅游饭店	广东省东莞市
广州凯旋大酒店有限公司凯旋华美达大酒店	旅游饭店	广东省广州市
东莞市太子酒店有限公司	旅游饭店	广东省东莞市
龙门县南昆山温泉旅游大观园有限公司	旅游饭店	广东省惠州市
珠海海湾大酒店	旅游饭店	广东省珠海市
广州市星河湾酒店有限公司	旅游饭店	广东省广州市
广州翡翠皇冠假日酒店有限公司	旅游饭店	广东省广州市
东莞市昌明实业有限公司喜来登酒店	旅游饭店	广东省东莞市
广州市七天酒店管理有限公司	一般旅馆	广东省广州市
深圳阳光酒店	旅游饭店	广东省深圳市
广东大厦	旅游饭店	广东省广州市
东莞御景湾酒店	旅游饭店	广东省东莞市
湛江海滨宾馆有限责任公司	旅游饭店	广东省湛江市
广州从化碧水湾温泉度假村有限公司	旅游饭店	广东省广州市
广州首旅建国酒店有限公司	旅游饭店	广东省广州市
广州万达广场投资有限公司万达希尔顿酒店	旅游饭店	广东省广州市
汕头帝豪酒店有限公司	旅游饭店	广东省汕头市
湛江市金辉煌酒店有限公司	旅游饭店	广东省湛江市

4-3 续表 8

企业名称	所属行业	企业所在地
东莞市凯景酒店有限公司	旅游饭店	广东省东莞市
佛山市顺德区华财企业投资公司顺德喜来登酒店	旅游饭店	广东省佛山市
广州远洋宾馆有限公司	旅游饭店	广东省广州市
广州华侨大厦企业有限公司	旅游饭店	广东省广州市
广州三寓宾馆	旅游饭店	广东省广州市
深圳市京基晶都酒店管理有限公司	旅游饭店	广东省深圳市
中山香格里拉大酒店有限公司	旅游饭店	广东省中山市
余彭年管理(深圳)有限公司	旅游饭店	广东省深圳市
东莞市龙泉国际大酒店	旅游饭店	广东省东莞市
深圳海景奥思廷酒店有限公司	旅游饭店	广东省深圳市
清远国际酒店有限公司	旅游饭店	广东省清远市
东莞市丰泰花园酒店有限公司	旅游饭店	广东省东莞市
珠海德翰大酒店有限公司	旅游饭店	广东省珠海市
广东新大地宾馆	旅游饭店	广东省广州市
深圳市东方银座酒店有限公司	旅游饭店	广东省深圳市
开平潭江半岛酒店	旅游饭店	广东省江门市
广西壮族自治区		
广西红林大酒店有限公司	旅游饭店	广西壮族自治区南宁市
广西沃顿国际大酒店有限公司	旅游饭店	广西壮族自治区南宁市
广西南宁饭店	旅游饭店	广西壮族自治区南宁市
香格里拉大酒店(桂林)有限公司	旅游饭店	广西壮族自治区桂林市
柳州饭店	旅游饭店	广西壮族自治区柳州市
桂林漓江大瀑布饭店有限责任公司	旅游饭店	广西壮族自治区桂林市
南宁明园饭店	旅游饭店	广西壮族自治区南宁市
广西鑫伟酒店管理有限公司	旅游饭店	广西壮族自治区南宁市
海南省		
金茂(三亚)旅业有限公司	旅游饭店	海南省三亚市
三亚天域实业有限公司	旅游饭店	海南省三亚市
三亚盈湾酒店有限公司	旅游饭店	海南省三亚市
金茂(三亚)度假酒店有限公司	旅游饭店	海南省三亚市
三亚红树林旅业有限公司	旅游饭店	海南省三亚市
三亚家化旅业有限公司	旅游饭店	海南省三亚市
中粮酒店(三亚)有限公司	旅游饭店	海南省三亚市
三亚国光豪生度假酒店有限公司	旅游饭店	海南省三亚市
三亚海韵度假酒店有限公司	旅游饭店	海南省三亚市
海南新佳和实业有限公司三亚分公司	旅游饭店	海南省三亚市
三亚中港渔业有限公司	旅游饭店	海南省三亚市
三亚鹿回头旅游区开发有限公司三亚半山半岛洲际度假酒店	旅游饭店	海南省三亚市
三亚湘投瑞达置业有限公司三亚湘投银泰度假酒店	旅游饭店	海南省三亚市
三亚华宇旅业有限公司	旅游饭店	海南省三亚市
华能海南实业有限公司海口喜来登温泉度假酒店	旅游饭店	海南省海口市
三亚海宇旅业投资有限公司	旅游饭店	海南省三亚市
三亚万达大酒店有限公司万达希尔顿逸林酒店	旅游饭店	海南省三亚市
三亚林海房地产开发有限公司三亚湾海居铂尔曼度假酒店	旅游饭店	海南省三亚市
三亚亚龙湾开发股份有限公司亚龙湾凯莱仙人掌度假酒店	旅游饭店	海南省三亚市
海口明光酒店管理有限公司	旅游饭店	海南省海口市
三亚鸿洲国际游艇会有限公司	旅游饭店	海南省三亚市
海南南山文化旅游开发有限公司	旅游饭店	海南省三亚市
海南海景乐园国际有限公司三亚蜈支洲岛度假中心	旅游饭店	海南省三亚市

4-3 续表 9

企业名称	所属行业	企业所在地
重庆市		
重庆世纪金源时代大饭店有限公司	旅游饭店	重庆市江北区
重庆市金科大酒店有限公司	旅游饭店	重庆市渝北区
重庆君豪大饭店有限责任公司	旅游饭店	重庆市江北区
重庆天来酒店有限公司	旅游饭店	重庆市渝北区
重庆皇石大酒店有限公司	旅游饭店	重庆市渝中区
重庆洲际酒店投资有限公司	旅游饭店	重庆市渝中区
四川省		
香格里拉大酒店(成都)有限公司	旅游饭店	四川省成都市
城市名人城市酒店管理(中国)股份有限公司	旅游饭店	四川省成都市
成都世纪城新国际会展中心有限公司世纪天堂洲际大饭店	旅游饭店	四川省成都市
四川九寨天堂国际会议度假中心有限公司	旅游饭店	四川省阿坝藏族羌族自治州
成都市向阳凯宾斯基饭店有限公司	旅游饭店	四川省成都市
四川锦江宾馆有限责任公司	旅游饭店	四川省成都市
成都建工集团旅游有限公司青城国际酒店	旅游饭店	四川省成都市
成都世纪城新国际会展中心有限公司假日酒店	旅游饭店	四川省成都市
四川富豪首座酒店管理有限公司	一般旅馆	四川省成都市
九寨沟喜来登国际大酒店	旅游饭店	四川省阿坝藏族羌族自治州
绵阳绵州酒店有限公司	旅游饭店	四川省绵阳市
成都尚雅饭店有限公司	旅游饭店	四川省成都市
西昌邛海宾馆置业有限责任公司	旅游饭店	四川省凉山彝族自治州
四川岷山饭店有限公司	旅游饭店	四川省成都市
贵州省		
贵阳世纪金源大饭店管理有限责任公司	旅游饭店	贵州省贵阳市
贵州饭店有限责任公司	旅游饭店	贵州省贵阳市
云南省		
昆明世纪金源大饭店有限公司	旅游饭店	云南省昆明市
云南红河投资有限公司酒店分公司	旅游饭店	云南省红河哈尼族彝族自治州
昆明国际会展中心有限公司	旅游饭店	云南省昆明市
昆明翠湖宾馆有限公司	旅游饭店	云南省昆明市
西双版纳世纪金源大饭店有限责任公司	旅游饭店	云南省西双版纳傣族自治州
云南天恒大酒店	旅游饭店	云南省昆明市
陕西省		
香格里拉大酒店(西安)有限公司	旅游饭店	陕西省西安市
陕西人民大厦有限公司	旅游饭店	陕西省西安市
陕西宾馆有限责任公司	旅游饭店	陕西省西安市
西安曲江惠宾苑宾馆有限公司	旅游饭店	陕西省西安市
陕西华清爱琴海生态发展有限责任公司	其他住宿业	陕西省西安市
陕西金信实业发展有限公司	旅游饭店	陕西省西安市
陕西世纪金源大饭店有限责任公司	旅游饭店	陕西省西安市
甘肃省		
甘肃宁卧庄宾馆	旅游饭店	甘肃省兰州市
青海省		
青海宾馆有限责任公司	旅游饭店	青海省西宁市
宁夏回族自治区		
宁夏悦海宾馆	旅游饭店	宁夏回族自治区银川市
新疆维吾尔自治区		
新疆尊茂银都酒店有限责任公司	旅游饭店	新疆维吾尔自治区乌鲁木齐市
新疆尊茂鸿福酒店有限责任公司	旅游饭店	新疆维吾尔自治区乌鲁木齐市
新疆机场集团天缘酒店管理有限责任公司	一般旅馆	新疆维吾尔自治区乌鲁木齐市
新疆边疆宾馆	旅游饭店	新疆维吾尔自治区乌鲁木齐市
新疆瑞豪国际酒店有限责任公司	旅游饭店	新疆维吾尔自治区乌鲁木齐市

4-4 分地区大型餐饮业企业名单

企业名称	所属行业	企业所在地
北京市		
北京肯德基有限公司	快餐服务	北京市东城区
北京必胜客比萨饼有限公司	正餐服务	北京市东城区
北京麦当劳食品有限公司	快餐服务	北京市东城区
呷哺呷哺餐饮管理有限公司	快餐服务	北京市大兴区
北京吉野家快餐有限公司	快餐服务	北京市西城区
海鸿达(北京)餐饮管理有限公司	正餐服务	北京市大兴区
中国全聚德(集团)股份有限公司	正餐服务	北京市西城区
北京星巴克咖啡有限公司	咖啡馆服务	北京市朝阳区
北京首都机场餐饮发展有限公司	正餐服务	北京市顺义区
顺峰饮食酒店管理股份有限公司	正餐服务	北京市门头沟区
眉州东坡餐饮管理(北京)有限公司	正餐服务	北京市朝阳区
聚德华天控股有限公司	正餐服务	北京市西城区
北京俏江南餐饮管理有限公司	正餐服务	北京市朝阳区
北京真功夫快餐连锁管理有限公司	快餐服务	北京市朝阳区
北京大董烤鸭店有限责任公司	正餐服务	北京市朝阳区
北京永和大王餐饮有限公司	快餐服务	北京市东城区
北京嘉和一品企业管理股份有限公司	正餐服务	北京市顺义区
北京郭林家常菜食品有限责任公司	正餐服务	北京市西城区
北京索迪斯服务有限公司	餐饮配送服务	北京市朝阳区
北京和合谷餐饮管理有限公司	快餐服务	北京市西城区
北京金鼎轩酒楼有限责任公司	正餐服务	北京市东城区
北京市新宏状元餐饮管理有限公司	正餐服务	北京市海淀区
北京湘鄂情股份有限公司	正餐服务	北京市海淀区
北京便宜坊烤鸭集团有限公司	正餐服务	北京市东城区
北京金钱豹餐饮有限公司	正餐服务	北京市东城区
北京好伦哥餐饮有限公司	快餐服务	北京市海淀区
净雅食品股份有限公司	正餐服务	北京市朝阳区
北京眉州酒店管理有限公司	正餐服务	北京市朝阳区
北京金钱豹餐饮管理有限公司	正餐服务	北京市朝阳区
北京市西单麻辣诱惑餐饮有限公司	正餐服务	北京市西城区
北京德克士食品有限公司	快餐服务	北京市东城区
北京小南国餐饮管理有限公司	正餐服务	北京市东城区
北京味千餐饮管理有限公司	快餐服务	北京市朝阳区
北京凯瑞豪门餐饮有限公司	正餐服务	北京市海淀区
北京金钱豹国际美食有限公司	快餐服务	北京市朝阳区
北京金悦航天桥餐饮有限公司	正餐服务	北京市海淀区
北京东来顺集团有限责任公司	正餐服务	北京市东城区
北京为之味餐饮有限公司	快餐服务	北京市密云县
北京恒泰丰餐饮有限公司	正餐服务	北京市东城区
北京万龙洲饮食有限责任公司	正餐服务	北京市东城区
北京星物语餐饮管理有限公司	其他未列明餐饮业	北京市东城区
北京蓝海钟鼎楼食府有限公司	正餐服务	北京市海淀区
北京倪氏海泰餐饮有限公司	正餐服务	北京市海淀区
北京无名居美食有限公司	正餐服务	北京市海淀区
北京天使食府餐饮有限责任公司	正餐服务	北京市丰台区
北京联合渝乡人家餐饮有限公司	正餐服务	北京市朝阳区
北京华卓餐饮连锁股份有限公司	正餐服务	北京市顺义区
央视后勤服务发展(北京)有限责任公司	正餐服务	北京市海淀区
北京金白领餐饮有限公司	正餐服务	北京市海淀区
北京翔达投资管理有限公司	正餐服务	北京市西城区

4-4 续表1

企业名称	所属行业	企业所在地
北京禾绿回转寿司饮食有限公司	快餐服务	北京市西城区
北京萨莉亚餐饮管理有限公司	正餐服务	北京市东城区
北京旺顺阁美食有限公司	正餐服务	北京市朝阳区
北京乙十六餐饮有限公司	正餐服务	北京市东城区
正院大宅门(北京)餐饮管理有限公司	正餐服务	北京市海淀区
北京航天华盛科贸发展有限公司	正餐服务	北京市丰台区
北京市天安门旅游服务集团	正餐服务	北京市东城区
天津市		
天津肯德基有限公司	快餐服务	天津市南开区
天津麦当劳食品有限公司	快餐服务	天津市河西区
天津德克士食品开发有限公司	快餐服务	天津市滨海新区
狗不理集团股份有限公司	正餐服务	天津市和平区
天津狗不理水上大酒楼有限公司	正餐服务	天津市南开区
河北省		
唐山凤凰园美食城	正餐服务	河北省唐山市
三河市燕龙绿色生态园有限公司	正餐服务	河北省廊坊市
山西省		
太原肯德基有限公司	快餐服务	山西省太原市
山西东港海逸饮食有限公司	正餐服务	山西省太原市
山西丽华大酒店有限责任公司	正餐服务	山西省太原市
山西海外海酒店投资管理有限公司	正餐服务	山西省太原市
山西唐都生态园餐饮有限公司	正餐服务	山西省太原市
山西芙蓉餐饮有限公司	正餐服务	山西省太原市
太原滨河一号餐饮有限公司	正餐服务	山西省太原市
太原华康帝景酒店有限公司	正餐服务	山西省太原市
内蒙古自治区		
内蒙古小尾羊牧业科技股份有限公司	正餐服务	内蒙古自治区包头市
包头万达广场商业管理有限公司	正餐服务	内蒙古自治区包头市
辽宁省		
百胜餐饮(沈阳)有限公司	快餐服务	辽宁省沈阳市
大连肯德基有限公司	快餐服务	辽宁省大连市
沈阳麦当劳(餐厅食品)有限公司	快餐服务	辽宁省沈阳市
大连亚惠快餐有限公司	快餐服务	辽宁省大连市
大连麦当劳餐厅食品有限公司	快餐服务	辽宁省大连市
沈阳顺峰饮食有限公司	正餐服务	辽宁省沈阳市
大连万宝海鲜舫	正餐服务	辽宁省大连市
大连合兴快餐有限公司	快餐服务	辽宁省大连市
沈阳筷道餐饮有限公司	正餐服务	辽宁省沈阳市
吉林省		
吉林省南湖宾馆	正餐服务	吉林省长春市
长春华天酒店管理有限公司	正餐服务	吉林省长春市
长春开元名都大酒店有限公司	正餐服务	吉林省长春市
黑龙江省		
黑龙江麦当劳餐厅食品有限公司	快餐服务	黑龙江省哈尔滨市
哈尔滨东方众合餐饮有限责任公司	正餐服务	黑龙江省哈尔滨市
上海市		
上海必胜客有限公司	正餐服务	上海市徐汇区
上海肯德基有限公司	快餐服务	上海市杨浦区
上海统一星巴克咖啡有限公司	咖啡馆服务	上海市黄浦区
上海麦当劳食品有限公司	快餐服务	上海市黄浦区
杏花楼食品餐饮股份有限公司	正餐服务	上海市黄浦区

4-4 续表2

企业名称	所属行业	企业所在地
津味(上海)餐饮管理有限公司	咖啡馆服务	上海市静安区
上海适达餐饮管理有限公司	其他饮料及冷饮服务	上海市奉贤区
上海领先餐饮管理有限公司	正餐服务	上海市黄浦区
上海一茶一坐餐饮有限公司	正餐服务	上海市虹口区
上海永和大王餐饮有限公司	快餐服务	上海市黄浦区
上海杏花楼(集团)股份有限公司	正餐服务	上海市黄浦区
上海老城隍庙餐饮(集团)有限公司	快餐服务	上海市黄浦区
上海绿捷快餐有限公司	快餐服务	上海市闵行区
上海棒约翰餐饮管理有限公司	正餐服务	上海市奉贤区
上海新旺餐饮管理有限公司	正餐服务	上海市黄浦区
上海萨莉亚餐饮有限公司	正餐服务	上海市徐汇区
上海避风塘美食有限公司	正餐服务	上海市黄浦区
上海金萌苏浙汇餐饮有限公司	正餐服务	上海市浦东新区
上海巴贝拉意舟餐饮管理有限公司	快餐服务	上海市浦东新区
上海广成餐饮管理有限公司	正餐服务	上海市长宁区
上海宝莱纳餐饮有限公司	正餐服务	上海市徐汇区
上海沃歌斯餐饮有限公司	快餐服务	上海市静安区
上海大富贵酒楼有限公司	正餐服务	上海市黄浦区
上海金钱豹宴会餐饮管理有限公司	正餐服务	上海市闵行区
呷哺呷哺餐饮管理(上海)有限公司	正餐服务	上海市徐汇区
上海博海餐饮有限公司	正餐服务	上海市金山区
上海新亚大家乐餐饮有限公司	快餐服务	上海市浦东新区
上海新区小南国餐饮管理有限公司	正餐服务	上海市浦东新区
康帕斯(中国)企业管理服务有限公司	餐饮配送服务	上海市黄浦区
上海银湖酒店有限公司	正餐服务	上海市松江区
上海外滩三号饮食文化有限公司	正餐服务	上海市黄浦区
上海避风塘美食餐饮有限公司	正餐服务	上海市虹口区
上海禾绿饮食有限公司	正餐服务	上海市长宁区
上海功德林素食有限公司	正餐服务	上海市黄浦区
上海海舟餐饮服务管理有限公司	其他未列明餐饮业	上海市浦东新区
上海红子鸡美食总汇有限公司	正餐服务	上海市普陀区
上海怡乐食食品科技服务有限公司	快餐服务	上海市黄浦区
蓝蛙餐饮管理(上海)有限公司	正餐服务	上海市浦东新区
上海展圆餐饮管理有限公司	正餐服务	上海市长宁区
上海常州大娘水饺餐饮有限公司	快餐服务	上海市黄浦区
汉堡王(上海)餐饮有限公司	快餐服务	上海市黄浦区
上海日益餐饮有限公司	正餐服务	上海市浦东新区
上海豪普生达商业管理有限公司	正餐服务	上海市浦东新区
江苏省		
南京肯德基有限公司	快餐服务	江苏省南京市
苏州肯德基有限公司	快餐服务	江苏省苏州市
无锡肯德基有限公司	快餐服务	江苏省无锡市
大娘水饺餐饮集团股份有限公司	快餐服务	江苏省常州市
南京麦当劳餐饮食品有限公司	快餐服务	江苏省南京市
常州丽华快餐集团有限公司	快餐服务	江苏省常州市
迪欧餐饮管理有限公司	咖啡馆服务	江苏省苏州市
和夏(南京)餐饮管理有限公司	其他未列明餐饮业	江苏省南京市
南京味千餐饮管理有限公司	快餐服务	江苏省南京市
无锡麦当劳餐厅食品有限公司	快餐服务	江苏省无锡市
苏州松鹤楼餐饮管理有限公司	正餐服务	江苏省苏州市
苏州白金汉爵大酒店有限公司	正餐服务	江苏省苏州市

4-4 续表3

企业名称	所属行业	企业所在地
江苏天水雅居餐饮管理有限公司	正餐服务	江苏省无锡市
南京狮王府美食(休闲)有限公司	正餐服务	江苏省南京市
苏州市大娘水饺餐饮有限公司	其他未列明餐饮业	江苏省苏州市
南京梅山生活服务发展有限公司	正餐服务	江苏省南京市
南京百年同庆餐饮有限公司	正餐服务	江苏省南京市
江阴市龙希国际大酒店有限公司	正餐服务	江苏省无锡市
江苏百盛酒店管理有限公司	正餐服务	江苏省泰州市
南通市文峰饭店有限公司	正餐服务	江苏省南通市
南京金都饮食服务有限公司	正餐服务	江苏省南京市
南京大娘水饺餐饮有限公司	快餐服务	江苏省南京市
常州福记餐饮投资管理有限公司	正餐服务	江苏省常州市
扬州富春饮服集团有限公司	正餐服务	江苏省扬州市
浙江省		
杭州肯德基有限公司	快餐服务	浙江省杭州市
浙江凯旋门澳门豆捞控股集团有限公司	正餐服务	浙江省杭州市
浙江麦当劳餐厅食品有限公司	快餐服务	浙江省杭州市
绍兴市咸亨酒店有限公司	正餐服务	浙江省绍兴市
浙江老娘舅餐饮有限公司	快餐服务	浙江省湖州市
杭州饮食服务集团有限公司	正餐服务	浙江省杭州市
浙江两岸食品连锁有限公司	正餐服务	浙江省杭州市
浙江外婆家餐饮有限公司	正餐服务	浙江省杭州市
宁波南苑环球酒店管理有限公司	正餐服务	浙江省宁波市
平湖白金汉爵大酒店有限公司	正餐服务	浙江省嘉兴市
杭州楼外楼实业集团股份有限公司	正餐服务	浙江省杭州市
杭州味千餐饮管理有限公司	正餐服务	浙江省杭州市
嘉兴市金悦大酒楼有限公司	正餐服务	浙江省嘉兴市
杭州金沙港旅游文化村有限公司	正餐服务	浙江省杭州市
振石大酒店有限公司	正餐服务	浙江省嘉兴市
杭州知味观味庄餐饮有限公司	正餐服务	浙江省杭州市
杭州新开元大酒店有限公司	正餐服务	浙江省杭州市
乐清市罗马假日大酒店有限公司	正餐服务	浙江省温州市
温州滨海大酒店有限公司	正餐服务	浙江省温州市
杭州新丰小吃有限公司	小吃服务	浙江省杭州市
安徽省		
安徽同庆楼餐饮发展有限公司	正餐服务	安徽省合肥市
安徽省驿达高速公路服务区经营管理有限公司	快餐服务	安徽省合肥市
芜湖汉爵阳明大酒店有限公司	正餐服务	安徽省芜湖市
安徽麦当劳(餐厅食品)有限公司	快餐服务	安徽省合肥市
安徽蜀王美心快餐管理有限责任公司	快餐服务	安徽省合肥市
安徽金满楼餐饮股份有限公司	正餐服务	安徽省合肥市
安徽老乡鸡餐饮有限公司	快餐服务	安徽省合肥市
福建省		
福州曼伯罗食品有限公司	正餐服务	福建省福州市
厦门肯德基有限公司	快餐服务	福建省厦门市
百胜餐饮(福州)有限公司	快餐服务	福建省福州市
福州麦当劳餐厅食品有限公司	快餐服务	福建省福州市
厦门麦当劳食品发展有限公司	快餐服务	福建省厦门市
福州德克士食品有限公司	快餐服务	福建省福州市
福建鑫富肥牛世界餐饮(连锁)管理服务有限公司	正餐服务	福建省南平市
厦门佰翔空厨食品有限公司	餐饮配送服务	福建省厦门市
佳客来(福建)餐饮连锁管理有限公司	正餐服务	福建省福州市

4-4 续表4

企业名称	所属行业	企业所在地
江西省		
南昌肯德基有限公司	快餐服务	江西省南昌市
山东省		
青岛肯德基有限公司	快餐服务	山东省青岛市
山东蓝海股份有限公司	正餐服务	山东省东营市
山东麦当劳(餐厅食品)有限公司	快餐服务	山东省济南市
青岛良友饮食股份有限公司	正餐服务	山东省青岛市
青岛麦当劳(餐厅食品)有限公司	快餐服务	山东省青岛市
济南南郊宾馆	正餐服务	山东省济南市
山东天河酒店集团有限公司	正餐服务	山东省东营市
山东华盛江泉城酒店有限公司	正餐服务	山东省临沂市
山东舜和国际酒店有限公司	正餐服务	山东省济南市
青岛健力源营养配餐管理有限公司	餐饮配送服务	山东省青岛市
德州双鸿大酒店有限公司	正餐服务	山东省德州市
淄博蓝海国际大饭店有限公司	正餐服务	山东省淄博市
临沂蓝海国际大饭店	正餐服务	山东省临沂市
河南省		
郑州肯德基有限公司	快餐服务	河南省郑州市
郑州德克士食品开发有限公司	快餐服务	河南省郑州市
河南麦当劳(餐厅食品)有限公司	快餐服务	河南省郑州市
洛阳餐饮旅游集团有限公司	正餐服务	河南省洛阳市
郑州百顺国际酒店有限公司	正餐服务	河南省郑州市
湖北省		
百胜餐饮(武汉)有限公司	快餐服务	湖北省武汉市
武汉艳阳天商贸发展有限公司	正餐服务	湖北省武汉市
武汉麦当劳餐饮食品有限公司	快餐服务	湖北省武汉市
武汉市亢龙太子酒轩有限责任公司	正餐服务	湖北省武汉市
湖北星巴克咖啡有限公司	咖啡馆服务	湖北省武汉市
湖北湘鄂情餐饮投资有限公司	正餐服务	湖北省武汉市
武汉湖锦娱乐发展有限公司江汉分公司	正餐服务	湖北省武汉市
武汉市小蓝鲸健康美食酒店管理有限公司	正餐服务	湖北省武汉市
湖北三五醇食品配送有限公司	正餐服务	湖北省武汉市
湖北巴山夜雨酒店管理有限公司	正餐服务	湖北省武汉市
武汉湖锦娱乐发展有限责任公司	正餐服务	湖北省武汉市
武汉永昌餐饮有限公司	快餐服务	湖北省武汉市
湖南省		
长沙肯德基有限公司	快餐服务	湖南省长沙市
湖南麦当劳(餐厅食品)有限公司	快餐服务	湖南省长沙市
湖南省徐记餐饮有限公司	正餐服务	湖南省长沙市
长沙饮食集团长沙火宫殿有限公司	正餐服务	湖南省长沙市
湖南金太阳大酒店有限公司	正餐服务	湖南省长沙市
广东省		
百胜餐饮(广东)有限公司	快餐服务	广东省广州市
广东三元麦当劳食品有限公司	快餐服务	广东省广州市
百胜餐饮(深圳)有限公司	快餐服务	广东省深圳市
麦当劳餐厅(深圳)有限公司	快餐服务	广东省深圳市
广州真功夫快餐连锁管理有限公司	快餐服务	广东省广州市
深圳真功夫餐饮管理有限公司	快餐服务	广东省深圳市
深圳面点王饮食连锁有限公司	快餐服务	广东省深圳市
东莞肯德基有限公司	快餐服务	广东省东莞市
广州酒家集团股份有限公司	正餐服务	广东省广州市

4-4　续表5

企业名称	所属行业	企业所在地
广东星巴克咖啡有限公司	咖啡馆服务	广东省广州市
深圳市宝利来投资有限公司	正餐服务	广东省深圳市
广州渔民新村饮食有限公司	正餐服务	广东省广州市
真功夫餐饮管理有限公司	快餐服务	广东省东莞市
深圳永和大王餐饮有限公司	快餐服务	广东省深圳市
广州白云国际会议中心有限公司	正餐服务	广东省广州市
星巴克咖啡(深圳)有限公司	咖啡馆服务	广东省深圳市
春满园饮食管理服务(深圳)有限公司	正餐服务	广东省深圳市
东莞麦华食品有限公司	快餐服务	广东省东莞市
广州萨莉亚餐饮有限公司	正餐服务	广东省广州市
广州市绿茵阁饮食连锁有限公司	正餐服务	广东省广州市
南海渔村有限公司	正餐服务	广东省广州市
中山麦当劳食品有限公司	快餐服务	广东省中山市
东莞麦长食品有限公司	快餐服务	广东省东莞市
汕头高新区新梅园大酒楼有限公司	正餐服务	广东省汕头市
广州市番禺中国旅行社	正餐服务	广东省广州市
深圳航空食品有限公司	餐饮配送服务	广东省深圳市
江门麦当劳(餐厅食品)有限公司	快餐服务	广东省江门市
深圳领鲜稻香饮食有限公司	正餐服务	广东省深圳市
深圳威耀饮食有限公司	快餐服务	广东省深圳市
广州市越秀区艺都燕窝鱼翅酒家	正餐服务	广东省广州市
惠州麦当劳(餐厅食品)有限公司	快餐服务	广东省惠州市
广州陶陶居饮食有限公司	正餐服务	广东省广州市
深圳市粤菜王府餐饮管理有限公司	正餐服务	广东省深圳市
深圳市嘉旺餐饮连锁有限公司	快餐服务	广东省深圳市
深圳南联食品有限公司	其他未列明餐饮业	广东省深圳市
中山市海港商务酒店有限公司	正餐服务	广东省中山市
广州蕉叶饮食服务有限公司	正餐服务	广东省广州市
深圳市禾绿餐饮管理有限公司	快餐服务	广东省深圳市
广州泛亚饮食有限公司	快餐服务	广东省广州市
深圳新语餐饮管理有限公司	小吃服务	广东省深圳市
珠海金濠汉堡食品有限公司	快餐服务	广东省珠海市
佛山大家乐饮食有限公司	快餐服务	广东省佛山市
广州市金成潮州酒楼饮食有限公司	正餐服务	广东省广州市
深圳市迈志豪餐饮实业有限公司	正餐服务	广东省深圳市
深圳市百岁村餐饮连锁有限公司	正餐服务	广东省深圳市
湛江市赤坎大天然海鲜居有限公司	正餐服务	广东省湛江市
广州南园酒家饮食有限公司	正餐服务	广东省广州市
深圳市海珠城美食会有限公司	正餐服务	广东省深圳市
广州市番禺区南村四海一家美食城	正餐服务	广东省广州市
广州市泮溪酒家有限公司	正餐服务	广东省广州市
湛江市君豪酒店有限公司	正餐服务	广东省湛江市
宏茂饮食管理(深圳)有限公司	正餐服务	广东省深圳市
佛山市绿湖实业发展有限公司绿湖温泉度假酒店	正餐服务	广东省佛山市
广州市番禺祈福新邨渡假俱乐部有限公司	正餐服务	广东省广州市
广西壮族自治区		
南宁肯德基有限公司	快餐服务	广西壮族自治区南宁市
南宁市好友缘国宴饭店有限公司	正餐服务	广西壮族自治区南宁市
广西禾唛餐饮有限公司	快餐服务	广西壮族自治区南宁市
重庆市		
重庆兴红得聪餐饮管理有限公司	正餐服务	重庆市渝中区

4-4 续表6

企业名称	所属行业	企业所在地
重庆和之吉饮食文化有限公司	正餐服务	重庆市渝中区
重庆骑龙饮食文化有限责任公司	正餐服务	重庆市北碚区
重庆佳永小天鹅餐饮有限公司	正餐服务	重庆市江北区
重庆味千餐饮文化有限公司	快餐服务	重庆市九龙坡区
重庆陶然居饮食文化(集团)股份有限公司	正餐服务	重庆市九龙坡区
重庆肯德基有限公司	快餐服务	重庆市渝中区
重庆申基房地产开发有限公司申基索菲特大酒店	正餐服务	重庆市九龙坡区
重庆兴红得聪餐饮管理有限公司沙坪坝店	正餐服务	重庆市渝中区
重庆阿兴记产业(集团)有限公司	正餐服务	重庆市渝北区
重庆市小八仙餐饮有限公司	正餐服务	重庆市万州区
重庆德庄酒店管理有限公司	正餐服务	重庆市南岸区
四川省		
四川海底捞餐饮股份有限公司	其他未列明餐饮业	四川省资阳市
百胜餐饮成都有限公司	快餐服务	四川省成都市
四川麦当劳餐厅食品有限公司	快餐服务	四川省成都市
四川乡村基餐饮有限公司	快餐服务	四川省成都市
四川请你来餐饮管理有限公司	正餐服务	四川省自贡市
四川省成都市饮食公司	正餐服务	四川省成都市
成都巴国布衣餐饮发展有限公司	正餐服务	四川省成都市
绵阳四维餐饮娱乐有限公司	正餐服务	四川省绵阳市
成都大蓉和酒店有限公司	正餐服务	四川省成都市
成都银杏金阁餐饮股份有限公司	正餐服务	四川省成都市
四川森林雨餐饮有限公司	其他未列明餐饮业	四川省绵阳市
成都红杏酒家有限责任公司	正餐服务	四川省成都市
四川泰来餐饮管理有限责任公司	正餐服务	四川省成都市
成都国际会议展览中心	正餐服务	四川省成都市
成都金牛山庄有限责任公司	正餐服务	四川省成都市
贵州省		
贵州雅园饮食娱乐有限责任公司	正餐服务	贵州省贵阳市
云南省		
昆明肯德基有限公司	快餐服务	云南省昆明市
昆明桂影餐饮有限公司	正餐服务	云南省昆明市
昆明饮食服务有限公司	正餐服务	云南省昆明市
云南空港华卓航空食品有限公司	正餐服务	云南省昆明市
宣威市为君开餐饮有限公司	正餐服务	云南省曲靖市
云南麦当劳餐厅食品有限公司	快餐服务	云南省昆明市
陕西省		
百胜餐饮(西安)有限公司	正餐服务	陕西省西安市
西安饮食股份有限公司	正餐服务	陕西省西安市
陕西松茂食品餐饮有限公司	快餐服务	陕西省西安市
西安真爱服务产业有限公司	正餐服务	陕西省西安市
西安麦当劳(餐厅食品)有限公司	快餐服务	陕西省西安市
西安小六汤包餐饮有限责任公司	正餐服务	陕西省西安市
西安百姓厨房大馄饨餐饮有限责任公司	正餐服务	陕西省西安市
西安新纪元国际俱乐部有限公司	正餐服务	陕西省西安市
榆林市永昌国际大酒店有限公司	正餐服务	陕西省榆林市
西安福迎门大香港鲍翅酒楼有限公司	正餐服务	陕西省西安市
甘肃省		
兰州肯德基有限公司	快餐服务	甘肃省兰州市
新疆维吾尔自治区		
新疆肯德基有限公司	快餐服务	新疆维吾尔自治区乌鲁木齐市
新疆百富餐饮股份有限公司	快餐服务	新疆维吾尔自治区乌鲁木齐市

附　录

简要说明:

附录Ⅰ：统计上大中小微型企业划分办法

附录Ⅱ：批发和零售业、住宿和餐饮业统计限额标准

附录Ⅲ：主要统计指标解释

附录Ⅰ　统计上大中小微型企业划分办法

一、根据工业和信息化部、国家统计局、国家发展改革委、财政部《关于印发中小企业划型标准规定的通知》(工信部联企业〔2011〕300 号)，结合统计工作的实际情况，特制定本办法。

二、本办法适用对象为在中华人民共和国境内依法设立的各种组织形式的法人企业或单位。个体工商户参照本办法进行划分。

三、本办法适用范围包括:农、林、牧、渔业，采矿业，制造业，电力、热力、燃气及水生产和供应业，建筑业，批发和零售业，交通运输、仓储和邮政业，住宿和餐饮业，信息传输、软件和信息技术服务业，房地产业，租赁和商务服务业，科学研究和技术服务业，水利、环境和公共设施管理业，居民服务、修理和其他服务业，文化、体育和娱乐业等 15 个行业门类以及社会工作行业大类。

四、本办法按照行业门类、大类、中类和组合类别，依据从业人员、营业收入、资产总额等指标或替代指标，将我国的企业划分为大型、中型、小型、微型等四种类型。具体划分标准见附表。

五、企业划分由政府综合统计部门根据统计年报每年确定一次，定报统计原则上不进行调整。

六、本办法自印发之日起执行，国家统计局 2003 年印发的《统计上大中小型企业划分办法(暂行)》(国统字〔2003〕17 号)同时废止。

附表：统计上大中小微型企业划分标准

行业名称	指标名称	计量单位	大型	中型	小型	微型
农、林、牧、渔业	营业收入(Y)	万元	Y≥20000	500≤Y<20000	50≤Y<500	Y<50
工业 *	从业人员(X)	人	X≥1000	300≤X<1000	20≤X<300	X<20
	营业收入(Y)	万元	Y≥40000	2000≤Y<40000	300≤Y<2000	Y<300
建筑业	营业收入(Y)	万元	Y≥80000	6000≤Y<80000	300≤Y<6000	Y<300
	资产总额(Z)	万元	Z≥80000	5000≤Z<80000	300≤Z<5000	Z<300
批发业	从业人员(X)	人	X≥200	20≤X<200	5≤X<20	X<5
	营业收入(Y)	万元	Y≥40000	5000≤Y<40000	1000≤Y<5000	Y<1000
零售业	从业人员(X)	人	X≥300	50≤X<300	10≤X<50	X<10
	营业收入(Y)	万元	Y≥20000	500≤Y<20000	100≤Y<500	Y<100
交通运输业 *	从业人员(X)	人	X≥1000	300≤X<1000	20≤X<300	X<20
	营业收入(Y)	万元	Y≥30000	3000≤Y<30000	200≤Y<3000	Y<200
仓储业	从业人员(X)	人	X≥200	100≤X<200	20≤X<100	X<20
	营业收入(Y)	万元	Y≥30000	1000≤Y<30000	100≤Y<1000	Y<100
邮政业	从业人员(X)	人	X≥1000	300≤X<1000	20≤X<300	X<20
	营业收入(Y)	万元	Y≥30000	2000≤Y<30000	100≤Y<2000	Y<100
住宿业	从业人员(X)	人	X≥300	100≤X<300	10≤X<100	X<10
	营业收入(Y)	万元	Y≥10000	2000≤Y<10000	100≤Y<2000	Y<100
餐饮业	从业人员(X)	人	X≥300	100≤X<300	10≤X<100	X<10
	营业收入(Y)	万元	Y≥10000	2000≤Y<10000	100≤Y<2000	Y<100
信息传输业 *	从业人员(X)	人	X≥2000	100≤X<2000	10≤X<100	X<10
	营业收入(Y)	万元	Y≥100000	1000≤Y<100000	100≤Y<1000	Y<100
软件和信息技术服务务业	从业人员(X)	人	X≥300	100≤X<300	10≤X<100	X<10
	营业收入(Y)	万元	Y≥10000	1000≤Y<10000	50≤Y<1000	Y<50
房地产开发经营	营业收入(Y)	万元	Y≥200000	1000≤Y<200000	100≤Y<1000	Y<100
	资产总额(Z)	万元	Z≥10000	5000≤Z<10000	2000≤Z<5000	Z<2000
物业管理	从业人员(X)	人	X≥1000	300≤X<1000	100≤X<300	X<100
	营业收入(Y)	万元	Y≥5000	1000≤Y<5000	500≤Y<1000	Y<500
租赁和商务服务业	从业人员(X)	人	X≥300	100≤X<300	10≤X<100	X<10
	资产总额(Z)	万元	Z≥120000	8000≤Z<120000	100≤Z<8000	Z<100
其他未列明行业 *	从业人员(X)	人	X≥300	100≤X<300	10≤X<100	X<10

说明：

1.大型、中型和小型企业须同时满足所列指标的下限，否则下划一档；微型企业只须满足所列指标中的一项即可。

2.附表中各行业的范围以《国民经济行业分类》（GB/T4754-2011）为准。带*的项为行业组合类别，其中，工业包括采矿业，制造业，电力、热力、燃气及水生产和供应业；交通运输业包括道路运输业，水上运输业，航空运输业，管道运输业，装卸搬运和运输代理业，不包括铁路运输业；信息传输业包括电信、广播电视和卫星传输服务，互联网和相关服务；其他未列明行业包括科学研究和技术服务业，水利、环境和公共设施管理业，居民服务、修理和其他服务业，社会工作，文化、体育和娱乐业，以及房地产中介服务，其他房地产业等，不包括自有房地产经营活动。

3.企业划分指标以现行统计制度为准。（1）从业人员，是指期末从业人员数，没有期末从业人员数的，采用全年平均人员数代替。（2）营业收入，工业、建筑业、限额以上批发和零售业、限额以上住宿和餐饮业以及其他设置主营业务收入指标的行业，采用主营业务收入；限额以下批发与零售业企业采用商品销售额代替；限额以下住宿与餐饮业企业采用营业额代替；农、林、牧、渔业企业采用营业总收入代替；其他未设置主营业务收入的行业，采用营业收入指标。（3）资产总额，采用资产总计代替。

附录Ⅱ 批发和零售业、住宿和餐饮业统计限额标准

<table>
<tr><th>行业类别</th><th>统计指标名称</th><th>限额标准</th></tr>
<tr><td>批发业</td><td>年主营业务收入</td><td>2000 万元</td></tr>
<tr><td>零售业</td><td>年主营业务收入</td><td>500 万元</td></tr>
<tr><td>住宿业</td><td rowspan="2">年主营业务收入</td><td rowspan="2">200 万元</td></tr>
<tr><td>餐饮业</td></tr>
</table>

附录III　主要统计指标解释

一、批发和零售业、住宿和餐饮业主要财务指标解释

1. **资产总计**：指企业过去的交易或者事项形成的、由企业拥有或者控制的、预期会给企业带来经济利益的资源。资产一般按流动性分为流动资产和非流动资产。其中流动资产可分为货币资金、交易性金融资产、应收票据、应收账款、预付款项、其他应收款、存货等；非流动资产可分为长期股权投资、固定资产、无形资产及其他非流动资产等。

2. **流动资产合计**：资产满足以下条件之一应归为流动资产：（1）预计在一个正常营业周期中变现、出售或耗用，主要包括存货、应收账款等；（2）主要为交易目的而持有；（3）预计在资产负债表日起一年内（含一年）变现；（4）自资产负债日起一年内，交换其他资产或清偿负债的能力不受限制的现金或现金等价物。包括货币资金、应收票据、应收账款、存货等项目。

3. **固定资产原价**：指固定资产的成本，包括企业在购置、自行建造、安装、改建、扩建、技术改造某项固定资产时所发生的全部支出总额。

4. **固定资产折旧**：指企业在固定资产的使用寿命内，按照确定的方法对应计折旧额进行系统分摊。

5. **累计折旧**：指企业在报告期末提取的历年固定资产折旧累计数。

6. **负债合计**：指企业过去的交易或者事项形成的，预期会导致经济利益流出企业的现时义务。负债一般按偿还期长短分为流动负债和非流动负债。

7. **所有者权益合计**：指企业资产扣除负债后由所有者享有的剩余权益。公司的所有者权益又称股东权益。包括实收资本、资本公积、盈余公积、未分配利润等。

8. **实收资本**：指企业各种投资者实际投入的资本(或股本)总额，包括货币、实物、无形资产等各种形式的投入。实收资本按投资主体可分为国家资本、集体资本、法人资本、个人资本、港澳台资本和外商资本。

9. **国家资本**：指有权代表国家投资的政府部门或机构、直属事业单位对企业形成的资本金。

10. **集体资本**：指由本企业职工等自然人集体投资或各种机构对企业进行扶持形成的集体性质的资本金。

11. **法人资本**：指法人以其依法可支配的资产投入企业形成的资本金。

12. **个人资本**：指自然人实际投入企业的资本金。

13. **港澳台资本**：指我国香港、澳门和台湾地区投资者实际投入企业的资本金。

14. **外商资本**：指外国投资者实际投入企业的资本金。

15. **营业收入**：指企业经营主要业务和其他业务所确认的收入总额。营业收入包括“主营业务收入”和“其他业务收入”。

16. **主营业务收入**：指企业确认的销售商品、提供劳务等主营业务的收入。

17. **主营业务成本**：指企业经营主要业务所发生的成本总额。

18. **主营业务税金及附加**：指企业经营主要业务应负担的营业税、消费税、城市维护建设税、教育费附加等。

19. **主营业务利润**：指企业在从事商品销售、提供服务等主要业务中所产生的利润之和。

20. **其他业务利润**：指企业除主要业务以外的其他业务实现的利润。

21. 销售费用: 指企业在销售商品和材料、提供劳务的过程中发生的各项费用，包括保险费、包装费、展览费和广告费、商品维修费、预计产品质量保证损失、运输费、装卸费等以及为销售本企业商品而专设的销售机构（含销售网点、售后服务网点等）的职工薪酬、业务费、折旧费等经营费用。

22. 管理费用: 指企业为组织和管理企业生产经营所发生的费用，包括企业在筹建期间内发生的开办费、董事会和行政管理部门在企业经营管理中发生的，或者应当由企业统一负担的公司经费等。

23. 财务费用: 指企业为筹集生产经营所需资金等而发生的筹资费用，包括企业生产经营期间发生的利息支出(减利息收入)、汇兑损失(减汇兑收益)以及相关的手续费等。

24. 营业利润: 指企业从事生产经营活动所产生的利润。

25. 利润总额: 指企业在一定会计期间的经营成果，是生产经营过程中各种收入扣除各种耗费后的盈余，反映企业在报告期内实现的盈亏总额。

26. 应交所得税: 指企业按税法规定，应从生产经营等活动的所得中缴纳的税金。

27. 应付职工薪酬: 指企业为获得职工提供的服务而给予各种形式的报酬以及其他相关支出。包括职工工资、奖金、津贴和补贴，职工福利费，医疗保险费、养老保险费、失业保险费、工伤保险费和生育保险费等社会保险费，住房公积金，工会经费和职工教育经费，非货币性福利，因解除与职工的劳动关系给予的补偿，其他与获得职工提供的服务相关的支出。

28. 应交增值税: 指企业按税法规定，从事货物销售或提供加工、修理修配劳务等增加货物价值的活动本期应交纳的税金。计算公式为:

本年应交增值税=销项税额-(进项税额-进项税额转出)-出口抵减内销产品应纳税额-减免税款+出口退税

二、批发和零售业商品购、销、存情况指标解释

1. 商品购进额: 指从本企业以外的单位和个人购进（包括从国外直接进口）作为转卖或加工后转卖的商品金额（含增值税）。它反映批发和零售业从国内外市场上购进商品的总价。

2. 进口: 指直接从国外进口或委托外贸企业代理进口的商品金额，不包括从国内有关单位购进的进口商品。对外贸企业只统计自主经营进口的商品，不统计受托代理进口的商品。

3. 商品销售额: 指对本单位以外的单位和个人出售的商品金额（包括售给本单位消费用的商品，含增值税)，在批发和零售业中，本指标反映在国内市场上销售商品以及出口商品的总量。

4. 出口: 指直接向国（境）外出口商品和委托外贸企业代理出口的商品金额，商品出口不包括售给外贸企业出口或加工后出口的商品，以及在国内市场以外币销售的商品。外贸企业只统计自主经营出口的商品，不包括受托代理出口的商品。

5. 期末商品库存额: 指报告期末各种登记注册类型的批发和零售业企业（单位）已取得所有权的全部商品金额（含增值税)。它反映批发和零售业企业的商品库存情况,以及对市场商品供应的保证程度。

三、住宿和餐饮业经营情况指标解释

1. 营业额:指住宿和餐饮业单位在经营活动中因提供服务或销售商品等取得的全部收入，包括: 客房收入、餐费收入、商品销售额（含增值税）和其他收入。

2. 客房收入:指住宿和餐饮业单位在经营活动中因提供住宿服务取得的收入。

3. 餐费收入:指本单位为顾客提供就餐服务取得的收入。包括: 经烹饪、调制加工后出售的各种食品，如主食、炒菜、凉拌菜等的收入。

4. 商品销售额:指住对本单位以外的单位和个人出售商品的销售金额（包括售给本单位消费用的商品，含增值税)。

5. 其他收入:指营业额中除客房收入、餐费收入、商品销售额（含增值税）以外的其他收入。

四、批发和零售业、住宿和餐饮业主要经济效益分析指标解释

1. **负债率**：指企业负债总额与资产总额之比。它表示企业资产总额中，债权人提供资金所占的比重，以及企业资产对债权人权益的保障程度。其计算公式为：

负债率 =（负债总额 ÷ 资产总额）×100%

2. **主营业务毛利率**：指企业主营业务收入和主营业务成本之间的差额与主营业务收入之比，其计算公式为：

主营业务毛利率 =（主营业务收入 － 主营业务成本）÷ 主营业务收入×100%

3. **人均营业收入**：指企业营业收入与年末从业人员数之比，其计算公式为：

人均营业收入 ＝ 营业收入 ÷ 年末从业人员数

4. **费用率**：指销售费用、管理费用和财务费用三项之和与营业收入之比。其计算公式为：

费用率 =（销售费用 ＋ 管理费用 ＋ 财务费用）÷营业收入×100%